全国外经贸院校规划教材

经济法概论

（2011 年版）

主　编　巩丽霞

副主编　刘中梅　宗艳霞

主　审　吕红军

中国商务出版社

图书在版编目（CIP）数据

经济法概论：2011年版／巩丽霞主编．—2版．—
北京：中国商务出版社，2011.8（2015.8重印）
全国外经贸院校规划教材
ISBN 978-7-5103-0549-8

Ⅰ．①经…　Ⅱ．①巩…　Ⅲ．①经济法－中国－高等学
校－教材　Ⅳ．①D922.29

中国版本图书馆CIP数据核字（2011）第176653号

全国外经贸院校规划教材
经济法概论（2011年版）
JINGJIFA GAILUN
主　编　巩丽霞
副主编　刘中梅　宗艳霞
主　审　吕红军

出　版：中国商务出版社
发　行：北京中商图出版物发行有限责任公司
社　址：北京市东城区安定门外大街东后巷28号
邮　编：100710
电　话：010—64269744（编辑室）
　　　　010—64286917（发行部）
　　　　010—64263201（零售、邮购）
网　址：www.cctpress.com
邮　箱：cctp@cctpress.com
照　排：北京开和文化传播中心
印　刷：北京密兴印刷有限公司
开　本：787毫米×980毫米　1/16
印　张：33.75　　字　数：588千字
版　次：2011年8月第2版　　2015年8月第4次印刷

书　号：ISBN 978-7-5103-0549-8
定　价：40.00元

修 订 说 明

本教材于 2007 年 6 月初版出书至今已历四载有余。

四年多来，国际、国内社会经济发生了很大变化，其中，与经济法这门课程教学相关的三个因素促成了本教材的再版修订：

一、经济法教学改革的挑战。基于我国市场经济的发展，近年来很多学者从市场需求、人才培养目标这一角度审视和检讨了高校的经济法教育，并由此推动了经济法教学的改革。面向本科层面的经济法教学改革的趋势是更加注重"应用"的培养，即学生不仅要具有一定的理论和扎实的基本知识，更重要的是具备应用这些理论和知识的能力。

二、我国经济法律体系的不断完善。作为经济法律体系"龙头"的反垄断法的颁布与实施，商标法、专利法的修订以及对各个单行法的立法解释、司法解释等。

三、经济法学在研究的基础上形成不少新理论。如法人制度新理论、公司社会责任的新观点、政府宏观调控新理论以及国外经济法学的新成果和新理论等。

上述三个因素决定了本教材的修订及修订内容。

本次修订的宗旨是为了更有利于实现经济法课程的教学目标，即培养学生的规则意识、法律责任意识以及具有一定经济法学基础理论和基本的实务知识，并能运用这些理论和知识分析判断与解决经济活动中的法律实务问题。基于这一宗旨，修订的主要内容如下：

将原有二十章内容删减为十八章，即删减了"财政税收法律制度"和"金融法律制度"两章。在每章前面增加了本章导读、知识结构图；在章节里的重要知识点之前增加案例导入，在具体介绍知识点时，结合案例进行适当阐释；每章后面的案例讨论，删掉分析，只留问题。此外，还根据具体章节的法律动向，或增加前沿动向或增加理论争鸣，如《消费者权益保护法》（简称《消法》）正在修改中，就对该法修改的可能动态做简要介绍。

参加本次修订工作的有以下几位教师，他们是巩丽霞教授（本书主编，负责第一章、第二章、第三章、第五章、第八章、第十三章、第十七章的修订以及第二版修订说明）、宗艳霞副教授（本书修订版副主编，负责第九章、第十一章、第十二章、第十八章的修订）、刘中梅（大连理工大学博士生在读，本书副主编，负责第四章、第六章、第七章的修订）、赵文燕讲师（负责第十章、第十四章的修订）、范兰宁讲师（负责第十五章、第十六章的修订）。

本教材的修订版由吕红军教授主审，吕红军教授对本次修订给予了总体上的指导和审查。

本教材自始至终受到了中国商务出版社领导、同仁的关心与帮助，谨致衷心的感谢。

由于掌握的相关资料不全、学术水平有限，编写过程中疏漏与错误难免，谨请大家指正与提出建议。

著　者
2011 年 7 月

前　　言

　　经济法作为国家管理经济的基本法律形式，是克服和消除市场失灵或市场缺陷，维护市场经济秩序，以实现实质正义和社会效率价值目标的重要法律，是我国法律体系中一个独立的重要的部门法。

　　经济法是经济贸易类、管理类专业的必修课程。市场经济就是法治经济，经济法是市场经济的"游戏规则"。企业、公司、金融、证券等经济贸易类、管理类专业毕业生的择业领域，规则性更强。不论是从参与国际经济活动的角度，还是从国内法与国际规则接轨的角度，抑或是从相关国内法的有效实施的角度，都要求经济贸易、工商管理等专业人才必须具备相应的经济法律知识及法律素养。也正是因为如此，大多数高校的经济类、管理类本科专业都将经济法课程设置为专业基础课甚至是专业核心课。为了适应市场化、国际化、现代化的经济发展的新形势，满足外经贸高等院校教学的需要，我们在认真总结多年的经济贸易法律教育与实践经验，充分吸收我国经济立法最新成果的基础上，编写了这部经济法教材。

　　由于经济法在我国是一门新型学科，理论界对经济法的定义尚有不同见解如"协调——干预说"、"国家协调经济运行说"等。经济法体系亦因此而异。本书以全面推进素质教育为着眼点，面向现代化，面向经济全球一体化，以现行的经济立法为依据，以学科体系的完备性、系统性为出发点安排本教材的体系。

　　本教材围绕培养外经贸实用型人才的目标，在对教材内容的选择以及确定知识体系时，着眼于素质教育，着重于应用能力、实践能力的综合培养。为此，编者适当突破了较为狭隘的部门法划分界限，以我国市场经济运行过程中最为基本的经济法律制度为基础，吸收并整合近年我国经济法律规范的最新立法和研究成果以及前沿知识，适当考虑涉外经济法律规则，并把握立法走向，以树立法律意识、熟悉我国主要的经济贸易法律，掌握市场经济运行中的基本法律规则为指向，力求做到体例规范科学，知识实用合理。

《经济法概论》以市场经济法律体系中重要的具有很强实务性和技术性的市场组织制度、市场运行管理制度为主要内容。全书分为十八章，每章节的内容依次为：本章导读、学习目标、知识结构图、基本内容、本章小结、关键名词或概念、简答题和案例讨论。

本教材具有较强的理论性和实用性，适合用做外经贸类高等院校本专科学生的经济法学课程的教材。

本教材由吕红军教授主审，吕红军教授对全书予以了总体上的指导和审查。巩丽霞任主编，书稿经全体撰稿人完成后，由主编修改定稿。参加编写的人员有：巩丽霞（第一章、第二章、第五章、第八章、第十三章）、魏洪涛（第三章、第九章）、刘中梅（第四章、第六章、第七章）、赵阳（第十章、第十四章、）、宗艳霞（第十一章、第十二、第十七章）、范兰宁（第十五章、第十六章）、吕瑛（第十八章）。

限于编者水平，本教材中疏漏与不妥之处在所难免，诚恳希望广大师生及使用者批评指正。

他山之石可以攻玉，本教材在编写过程中，参考了上述名家学者及网站的著作和论文，在此深表谢意。

著　者

2011 年 7 月

目　录

第一章　经济法概述

法律是一切人类智慧聪明的结晶，包括一切社会思想和道德。

——柏拉图

【本章导读】

经济法作为国家干预或管理社会经济活动的法律形式，是法律体系中的一个重要的、独立的法律部门。经济法的调整对象是在经济管理和经济运行过程中形成的经济关系。现代市场经济必然要求经济法治，要求国家依法规范市场主体，监管市场行为，维护市场秩序，应运法律手段，防止和消除经济运行中的总量失衡和结构失调，优化资源配置，以实现经济法主体利益的协调发展。经济法是市场经济的"游戏规则"。尤其是经济贸易类、管理类专业毕业生的择业领域，规则性更强，要求从业者必须具备相应的经济法律知识及法律素养。本章简述了经济法的基本理论、作用和地位问题。

【学习目标】

本章重点要求学生了解经济法的产生和发展，理解并掌握经济法的概念、特征、调整对象和体系，并在此基础上通过对经济法与其他部门法的比较，进一步理解经济法在法律体系中的地位和作用。

【知识结构图】

经济法概述
- 经济法的产生和发展
  - 西方国家经济法的产生和发展
  - 中国经济法的产生和发展
- 经济法的基本理论
  - 经济法的概念
  - 经济法的调整对象
  - 经济法的体系和渊源
- 经济法的地位和作用
  - 法律体系与经济法
  - 市场经济就是法治经济

第一节　经济法的产生和发展

为了知道经济法是什么，我们必须了解它的过去。经济法的产生和发展，是法学史上令人瞩目的事件之一，也是 20 世纪人类文明发展的重要成果。经济法是社会经济发展的必然结果。

一、西方国家经济法的产生和发展

经济法在资本主义国家的兴起，出现在自由资本主义向垄断资本主义过渡时期。当资本主义发展到垄断阶段后，资本主义基本矛盾和各种矛盾空前激化，"市场调节失灵"现象愈演愈烈，鉴此，政府不得不加大对社会经济生活的参与和干预力度，而无法再单纯地扮演"守夜人"的被动角色，由此而带动了经济法的产生与发展。

18 世纪到 19 世纪末的西方处于自由资本主义时期，刚从封建专制和教权中摆脱出来的资产阶级，强烈要求宽松的经济发展环境。以英国政治经济学家亚当·斯密为代表的自由放任经济学理论，适时地反映了当时社会的要求，而广为资本主义社会所接受。在这一时期，国家对经济运行采取不干预的政策，国家的任务是保障个人享有财产的绝对权利和缔结契约的自由权，在立法上以个人主义和自由主义为宗旨，并由此形成了资本主义的三大法律原则，即私有财产神圣不可侵犯原则、契约自由原则、权利平等原则，经济生活完全由市场这一"看不见的手"来调节。当自由资本主义发展到末期，随着社会生产力水平的不断提高，资本不断集中并最终走向了垄断，而垄断组织的竞相出现破坏了自由竞争的环境，这个自由竞争的孪生兄弟使得市场经济所固有的竞争机制和自发调节失去了应有的效应，市场失灵导致各种社会矛盾激化，严重威胁着资本主义的经济制度和政治制度。因此，资本主义国家不得不放弃对经济生活不加干预的政策，实行全面干预。国家的这种干预主要是通过法律来调整特定的经济关系，规范市场主体和市场运行，如此，经济法作为一个独立的法律部门渐次形成。

（一）19 世纪末至第一次世界大战前后，是经济法的产生阶段，其标志是德国在 1919 年颁布的《煤炭经济法》，这是世界上第一部以经济法命名的法律。德国在这部法律及随后颁布的经济法规中否认了绝对所有权和契约自由的原则，确定了国家干预经济的权力。

（二）1929—1933 年经济危机至第二次世界大战后，是经济法在世界范围内迅速扩展的阶段。这段时期各国经济法立法的特点是：

1. 由于各国政府综合运用各种手段全面干预经济，所以立法内容和领域大大扩展；

2. 政府除采用行政和军事强制手段外，还大量直接参与生产经营活动，国家垄断资本极度膨胀；

3. 战后反垄断措施普遍受到重视；

4. 现代经济法体系初步形成，经济立法涉及经济法所包含的各个基本方面的内容；

5. 经济立法多与经济危机和战争相关，其非经济性因素和行政法色彩十分浓烈。

（三）20 世纪 50 年代至 80 年代，是经济法从其立法中逐渐剔除非经济因素，立法体系趋于完备的阶段。这一阶段经济法发展的主要特点是：

1. 各国经济经过第二次世界大战后的恢复、重建而进入和平发展时期，各国政府把经济发展放在头等重要地位，国家经济管理职能进一步发达，经济法的立法进一步加强并日益完善其体系；

2. 经济法立法的非经济性因素减弱，经济调节性因素突出；

3. 国家调节经济的各种基本方式综合运用法律化，作为经济法核心的反垄断法、限制竞争法以及国家投资法、计划法和对国民经济的宏观调控法，都得到了长足的发展和完善。

（四）20 世纪 80 年代至今，这是经济法内容和体系趋于更加完善和科学化的阶段。

至此，经济法在经历了浅表层次的初级经济法（战争经济法）、消极被动的危机应付经济法之后，最终完成了向自觉主动维护经济协调发展的现代经济法的转型，人们对经济法的认识渐趋其本质。

二、中国经济法的产生和发展

我国经济法学产生于 20 世纪 70 年代末，是随着中国体制改革的推进而同步发展起来的，我国经济法的产生与发展是市场经济得以确立并发展的结果。

（一）以市场经济为导向的经济体制改革是我国经济法产生、发展的经济基础

法是社会关系的反映，社会关系特别是以生产关系为核心的人们各种物质利益关系及经济关系，是法的本源。马克思说："无论是政治立法或是市民立法，都是表明和记载经济关系的要求而已。"经济法是与现代市场经济相对应的，没有需要进行调控的市场经济这一基础，经济法就没有产生和发展的必要和理由。在经济体制改革以前，我国对经济主要依靠执政党和国家的政令、领袖及各级党政领导人的权威和指示，实施组织管理。即使制定了一些管理经济的法律也带有浓厚的行政法色彩，体现的是国家对经济的直接干预。我国在 20 世纪 70 年代末开始体制改革，从改革不同阶段所采用的提法，即"以计划经济为主，市场经济为辅"、"有计划的商品经济"到最终的"市场经济"，我们不难断言，我国的改革在总体上一直是沿着减少计划指令，增强市场作用的导向前进的。随着市场经济在我国的确立及不断发展，适应国家管理经济需要的经济法应运而生，且发展迅速。当然，相应于我国市场经济体制框架的初步形成，我国的经济法也还只能说尚且在迅速的完善之中。

（二）大量的经济法律规范的制定是我国经济法产生和发展的规范基础

所谓法律部门是为了更好地研究和运用法律的学术分类，是指具有同一性质的法律规范的总称。任何法律部门的产生和独立都必须以大量的同类法律规范为基础。

1. 从 1979 年到 1992 年是我国经济法的产生时期。这一时期，我国的改革开始从过去高度集中的计划经济体制走向实行计划经济与市场调节相结合的体制，以法律为手段调控经济逐渐受到重视，这一时期颁布了大量管理经济的法律、法规，如不同所有制的工业企业法、外商投资企业法等，这一时期的经济法立法总的来说与民商法、行政法的区分不明确，宏观调控的计划色彩明显，并且经济法中非常重要的市场管理法立法缺位。

2. 从 1992 年至今是我国经济法迅速发展的时期。这一时期，我国正式确

立了要建立和发展社会主义市场经济体制，围绕这一目标，立法机关制定了大量的经济法律、法规。以颁行《反不正当竞争法》、《消费者权益保护法》为起点，我国进入了制定真正意义上的经济法的阶段，陆续出台了有关产业政策、财政、金融等宏观调控的法律、法规以及有关市场规制的法律、法规，居于经济法核心地位的《反垄断法》的制定也提上了议事日程。我国经济法体系正在迅速形成，经济法也随之而成为了一个独立的、重要的法律部门。

第二节　经济法的概念、调整对象与体系

【案例 1-1】　　2011 年 7 月 11 日，雀巢和徐福记同时宣布，雀巢以 111 亿元收购徐福记 60% 股权。商务部已于 7 月 14 日收到了该项收购案相关材料的申报，正在就其完整性进行审查。

一、经济法的概念

经济法的概念，最早是由法国空想社会主义者摩莱里在其 1755 年出版的《自然法典》一书中首先提出来的。但摩莱里所说的经济法一词，并不同于现代意义上的经济法。直到 1919 年第一次世界大战后，德国为了恢复和调节本国经济而颁布的《煤炭经济法》中所使用的经济法一词，才接近于现代经济法这一概念的真正含义。自经济法概念被引入我国后，数十年来，对经济法概念的研讨始终是我国经济法学界乃至整个法学界所高度关注的热点问题之一。学者们仁者见仁，智者见智，对经济法的概念做出了种种不同的界定，并由此形成了不同的经济法学说。迄今，虽无定论，却也日趋一致。大部分学者认为：经济法是国家从整体经济发展的角度，对具有社会公共性的经济活动进行干预、管理和调控的法律规范的总称。经济法是法律体系中的一个重要的、独立的法律部门。

经济法作为一个独立的法律部门，其区别于其他部门法的特征，与经济法的调整对象存在着内在的一致性，具有"经济性"和"规制性"两大特征。

第一，经济性特征。从经济法的作用领域、调整对象、调整目的、调整手段等诸多方面来看，经济法具有突出的经济性，即经济法的调整具有降低社会成本，增进总体收益，从而使主体行为及其结果更为"经济"的特性。这至少表现在以下几个方面：其作用于市场经济，直接调整特定的经济关系；

其调整的目标是节约交易成本，提高市场运行的效率，提高社会整体福利、社会总体的经济效益和社会效益；其内容反映的是市场经济规律，国家对经济的管理是以市场经济为前提，以市场规律为基础的，旨在修正市场缺陷而非取代市场的作用；其调整所运用的是法律化的经济手段；因而经济法在这个意义上也可以称为效益法。

第二，规制性特征。规制性是指经济法在调整的目标和手段方面，其所具有的把积极的鼓励促进和消极的限制禁止两大方面相结合的特性。这种结合是一种高层次的综合，是为解决现实复杂的经济和社会问题而在法律上做出的制度安排。同经济性一样，规制性在宏观调控法和市场管理法方面都体现得非常明显。

二、经济法的调整对象

经济法之所以能够成为一个独立的法律部门，是因为其有自己的调整对象，即特定的经济关系。经济法的产生源于国家对经济运行管理和协调的必要性，因此，其调整对象即在经济管理和经济运行过程中形成的经济关系。经济法的这一调整对象体现了我国经济体制改革和建立社会主义市场经济的目标，主旨在于维护社会整体利益。具体来说，主要包括四个方面：

（一）国民经济管理关系

国民经济管理关系是指国家为了实现经济总量基本平衡，促进经济结构优化，对国民经济总体活动进行调节和控制过程中发生的经济关系。这是一种纵向的经济关系，如对计划的管理、企业的管理、金融税收的管理、资源的管理以及对专利、商标、审计等活动的管理，在这个过程中形成的经济关系简称为国民经济管理关系。

（二）市场经济运行关系

市场经济运行关系是指国家对市场经济的运行进行干预所发生的经济关系。实行社会主义市场经济，必须建立统一、开放的市场体系，这就要求实行各种生产要素的自由流动，禁止不正当竞争、封锁和垄断，实现资源的优化配置。但是市场本身是无法消除垄断和不正当竞争的。要实现这个目的，必须通过政府进行干预，加强市场管理，维护市场经济秩序。在这个过程中形成的经济关系简称为市场运行关系。案例 1－1 中，商务部对雀巢收购徐福记的审查就体现了政府对市场经济运行的一种干预，其目的是防止垄断的形成。雀巢公司作为世界最大的食品公司，如果成功收购中国第一大糖果公司徐福记，由于两者在中国糖果业的市场占有率均位于前五位，将对我国糖果市场格局造成巨大影响，因此，为了保证社会有一个正常、自由的竞争环境，对于这类可能形成对我国相关产品市场的垄断的经济行为，政府将通过法律手段给予必要的干预。

（三）市场主体内部经济管理关系

市场主体内部经济管理关系是指企业、其他经济组织在设立、变更、终止以及内部管理过程中发生的经济关系。社会主义市场经济的运行，要求建立活跃的市场主体体系，而在市场主体体系中，企业是最主要的主体。国家为了协调本国经济运行，必须对企业的设立、变更、终止以及企业内部机构的设置与职责、企业的财务会计管理等进行必要的干预。这个过程形成的经济关系简称为市场主体内部经济管理关系。

（四）社会经济保障关系

社会经济保障关系，是指国家在对劳动力资源的劳动者实行社会保障过程中发生的经济关系。为了保障社会成员的基本生活权利，维护社会稳定，使社会成员在遇到风险后能够有最基本的生活保障，国家还必须通过强制手段进行干预，建立强制实施、互济互助、社会化管理的社会保障制度。在这个过程中发生的经济关系简称为社会保障关系。

所有这四个方面的关系不是一种简单的干预、调解或者管理关系，而是这几方面的综合利用。

三、经济法的体系和渊源

（一）经济法的体系

经济法的体系是指对已有的或应有的经济法律、法规，按一定的逻辑关系建立起各个经济法部门，由各个经济法部门所组成的有机联系的经济法系统。经济法的体系是由经济法的调整对象决定的。由于经济法是调整国家在经济管理和经济运行过程中产生的经济关系的法律规范的总称。因而经济法体系应当包括以下四个方面：

1. 市场主体法律制度

发展市场经济首先必须以法律形式规范市场主体的资格、法律地位、权利与义务以及基本组织活动规则。市场主体主要是企业，所以关于市场主体的法律也就主要是企业立法。相关法律主要是分别于1993年、1997年、1999年颁布的《公司法》（2005年修订）、《合伙企业法》（2006年修订）、《个人独资企业法》三部法律以及外商投资企业法、破产法。这些关于市场主体的法律，从总体上打破了我国以往以所有制为标准来划分企业的做法，而根据市场经济的要求以企业资本构成和投资者责任形式为标准来设定企业的类型，这样，有利于实现市场主体之间真正的平等，有利于保障交易安全和公平竞争秩序，因而符合市场经济运行的需要。

2. 市场行为法律制度

市场经济就是法治经济，市场主体从事生产经营活动必须依法进行。市场行为法主要就是规范市场主体交易行为的规则。相关的法律规范主要是合同法、票据法、保险法、担保法、商标专利法、招标投标法、广告法等。

3. 市场管理法律制度

市场经济的运行，要求建立统一、开放的市场体系，为市场主体合法、公平地竞争创造必要的外部环境。然而，由于竞争存在着副作用以及市场主体自利本能的驱动，在市场活动中主体破坏公平竞争的垄断行为和不正当竞争行为的发生几乎是不可避免的，这些行为的出现，都会妨碍市场功能的发挥，扰乱市场秩序。垄断与不正当竞争行为不仅是市场自身所无力消除的，也是调整平等主体关系的民法所无能为力的。这就需要国家的干预，需要加强国家对市场的管理。国家在管理市场的过程中所发生的经济关系，就是市场规制法的调整对象。市场管理法调整市场管理关系的目的是反对垄断，制止不正当竞争，保护消费者的合法权益，维护市场经济秩序，以确保市场经济的有序运行。市场规制法，主要包括反垄断法、反不正当竞争法、消费者权益保护法、产品质量法、食品卫生法、药品管理法、反洗钱法及房地产管理法等。

4. 宏观调控法律制度

所谓宏观调控法律制度是指对调整国家在宏观调控过程中发生的行政管理性经济关系的法律规范的统称。在市场经济条件下，市场调节是基础层次的调节，但是由于市场调节具有自发性、盲目性与滞后性，因而当市场主体的自利行为失控时，就会出现"市场失灵"，"看不见的手"就会无所适从。为此，就必须建立必要的宏观调控体系，用国家的自觉调节来弥补乃至于在必要时取代市场的自发调节。宏观调控法调整宏观调控经济关系的目的是为了弥补市场调节的缺陷，防止或消除经济发展中的总量失衡和结构失衡。通过综合运用法律化了的行政手段和经济手段，优化资源配置，优化政府的经济管理行为，平衡市场经济中的公平与效率，引导经济活动与社会发展。宏观调控法主要包括计划法、财政法、税法、金融法、价格法等，它们分别采用或综合运用行政手段和经济手段，对宏观经济关系进行调整。

在这里，需要说明的是，经济法体系中的部分法律制度与民商法是重叠的，如公司法、合同法、专利商标法等。

（二）经济法的渊源

经济法的渊源是指经济法的表现形式。我国各级立法机关制定的各种成文法是我国经济法律最主要的渊源。具体形式主要有由全国人大及其常委会制定的宪法、由全国人大常委会制定的法律、由国家行政机关依据宪法的授权制定的行政法规、由地方人大和政府依据宪法的授权制定的地方法规、部门规章。

此外，法律解释也是经济法的表现形式。法律解释根据解释机关的不同又可分为立法解释、司法解释和行政解释。最后，经济法的渊源还包括国际条约或协定等。

第三节　经济法的地位和作用

一、法律体系与经济法

（一）经济法是一个重要的、独立的法律部门

法律的调整对象是行为关系，法律通过对行为的作用来调整社会关系。一个国家的法律规范所调整的社会关系是多种多样的，凡是调整同一种类的社会关系的法律规范的总和，就构成一个独立的法律部门。我国的法律体系是与社会主义市场经济相适应的、以宪法为中心，以行政法、民商法、社会法、经济法、刑法、诉讼和非诉讼程序法七个部门的法为骨架而构建起来的。经济法是我国法律体系中一个重要的、独立的法律部门。

经济法是一个独立的法的部门。法的独立部门应具备的前提条件是：其具有特定的调整对象，即所调整的社会关系是特定的。我们知道，正是由于社会经济关系随着垄断等现象的产生越来越复杂，传统的民商法对新的经济关系无力调整，经济法才应运而生的。经济法是国家对市场进行调节和控制的产物，这种调节所产生的经济管理关系具有社会公共性，是着眼于社会整体利益的。所以说，经济法所调整的特定范围的经济关系，是其他部门法所不可替代的。而且，经济法还具有其调整的不同方式。国家在调整社会经济关系时所采用的各种法律手段和方法，包括对违法行为制裁的形式都与其他法律部门有所不同。因此，经济法是一个法的独立部门是确定无疑的。

从经济关系的法律性质上考察，以经济为内容的社会关系可以分为两类，即平等主体之间的经济关系和不平等主体之间的经济关系。平等主体之间的

经济关系由民法和商法统一进行调整，而不平等主体之间的经济关系则由经济法予以调整。亦即国家在调控社会经济运行、管理社会经济活动的过程中，在政府机关与市场主体之间发生的经济关系。这种经济关系发生于政府机关与市场主体之间，因此，这种经济关系是不平等主体之间的经济关系。由此可见，经济法与民商法共同构成市场经济法律体系的核心，经济法是一个重要的法律部门，健全和完善市场经济的法律体系，经济法不可或缺。

（二）经济法与其他法律部门的关系

经济法的地位还涉及其与相邻法律部门的关系。说明经济法与相邻法律部门之间的区别与联系，有助于说明经济法是法的独立部门，也更有助于确立经济法在法的体系中的地位。

经济法与民法的关系。两者同为调整市场经济关系的相对独立的法律部门，区别主要在于调整对象和利益本位的不同。民法体现自由、平等、意思自治，在市场经济条件下，民法的根本作用是保证各种合法主体能够按照自己真实、自主的意愿参与经济关系及从事其他活动，保证其合法意愿能够正常地实现。民法所规范的物权、债权、民事主体制度等是市场经济的基础，也是对经济的"初次调整"。经济法体现公平、秩序，是通过国家力量对市场经济存在的盲目和无序性进行规范，经济法的根本作用，则是为了保证社会有一个正常、自由的竞争环境，从而使民法能够按照社会的需要和利益发挥其积极作用。是经济的"二次调整"。具体来说，两者调整的对象即具体经济关系不同，经济法主要调整国家在干预经济中产生的不平等主体之间的经济管理关系，以社会整体利益为本位。而民法则主要调整的是平等主体之间的经济关系，以个体利益为本位。在调整方法方面，经济法以积极的和主动的方式调整经济管理关系，而且运用宏观导向、命令和经济监督、惩罚等手段。而民法则采用的是平等协商、不告不究的方式。

经济法与商法的关系。商法是民事特别法。与民法一样都是调整平等主体之间民事关系的规范。对市场关系来说，商法主要是提供各种商事组织和商事交易的具体规则。作为调整市场运行机制之法与经济法发挥着功能互补的作用。商法是市场运行机制之法，其从保护商人的利益出发，着眼于商事交易秩序，提高商事交易效率，保障商事交易安全；而经济法则从保护社会整体利益出发，维护市场的整体秩序。相对来说，商法具有基础性、前置性，经济法则主要解决市场已经运行，但在运行过程中产生的问题，如贫富分化、市场失灵等现象危及整个市场秩序存在时，才由政府自上而下，对这些运行机制进行纠偏。

经济法与行政法的关系。它们在调整对象、方法、程序上都有所不同。在调整对象方面，行政法调整的是行政管理关系，而经济法则调整经济管理关系，虽然两者都属于纵向的管理关系，但具体内涵是显然不同的，行政法主要规范行政机关的行为，是控权法，而不关注市场主体经济上的具体权利义务，而经济法主要规范市场主体的行为，关注市场主体经济上的具体权利义务。在调整方式方面，行政法使用行政命令、行政制裁的方法，而经济法则使用综合的方法。在处理程序方面，违反行政法时按行政诉讼程序解决。违反经济法时除了采用上述程序之外，还可运用民事诉讼程序解决。

经济法与刑法的关系。经济法与刑法是既有联系又有区别的两个独立的法律部门。刑法是规定有关罪犯和刑罚的法律规范。因此，涉及经济领域内的犯罪和刑罚也都由刑法加以规定。例如，我国刑法规定了"破坏社会主义经济秩序罪"、"贪污罪"和"渎职罪"。同时，对有关经济犯罪和量刑问题做出了具体规定。但是，在经济法规中，也有对经济犯罪处以刑罚的规定。虽然我们可以将这些规定看做是刑事法律规范，但是，毕竟出现在经济法规的条款之中。从这个意义上说，刑法与经济法也有密切的关系。

在法律体系中，经济法与民法的关系是最为密切的。经济法由民法演化而来，民法是私法和私法特别法，以权利为本位，以个体利益为出发点。经济法是公法，以社会责任为本位，即强调社会整体利益。经济法并不是不关心个体利益，而是试图限制、禁止与整体利益冲突的个体利益，鼓励、支持与整体利益一致的个体利益，以追求个体利益与整体利益的协调。经济法注重总体下各结构层面的多样性，注重对某些社会弱势群体的特殊关怀与保护，如消费者权益保护法对消费者是权利本位，对经营者则是义务本位；两者相辅相成，共同构建着市场经济秩序规则。

二、市场经济就是法治经济

【案例1-2】　2011年国家继续严格实施差别化住房信贷、税收政策和住房限购措施，遏制投机投资性购房，合理引导住房需求，要求各地规范住房租赁市场，抑制租金过快上涨。

经济法具有确立市场主体地位、规范市场行为、维护市场秩序、宏观调控经济、确保劳动和社会保障等作用。

现代市场经济的建立与发展需要以法治为基础。没有法治就不可能有市场经济的正常运行。市场经济对于法治的依赖是由市场经济的本质决定的。市场经济是以市场在资源配置中起主要作用或基础性作用的经济体制，其通过广泛的市场交易、竞争机制等使相对稀缺的社会资源得以合理的优化配置。

市场虽有其不可替代的作用，但缘于构成市场的微粒分子——市场主体的自利本性和理性不及（人的知识及对社会认识能力等的有限性），市场也存在摧毁自身的倾向性。市场经济的固有缺陷首当是市场竞争失灵。竞争是市场经济的核心和灵魂，然而竞争具有否定自身的倾向：激烈的竞争必然导致优胜劣汰，优胜劣汰的结果必是资本和生产的集中乃至垄断。垄断组织透过经济权力对自由、平等进行控制和扭曲，从而达到对竞争的限制和排斥。从而妨碍市场功能的发挥，扰乱市场秩序。垄断与不正当竞争行为不仅是市场自身所无力消除的，也是调整平等主体关系的民法所无能为力的。同时，导源于市场调节的盲目性和时滞性，积累到一定程度，还可能会使宏观经济失衡不稳。这就需要国家的干预，需要加强国家对市场的管理。这样在现代市场经济条件下就必然要求经济法治，要求国家依法规范市场主体，监管市场行为，维护市场秩序，运用法律手段防止和消除经济运行中的总量失衡和结构失调，优化资源配置，以实现经济法主体利益的协调发展。

平衡协调与社会本位是经济法的精髓和本质。经济法的价值取向即以社会为本位，对本国经济运行依法进行国家平衡协调，实现经济发展和社会全面进步。案例 1－2 中国家通过信贷、税收等经济法律手段控制房价过快上涨，说明了经济法是公法，以社会责任为本位，即强调社会整体利益，经济法追求个体利益与整体利益的协调。经济法体现的是公平、秩序，是通过国家力量对市场经济存在的盲目和无序性进行规范。经济法为市场调节和政府干预的平衡之法；为政府干预和干预政府并举之法；为利益协调基础上的社会本位之法。具体来说，经济法的作用主要体现在以下方面：

（一）培育真正合格的活跃的市场主体，从而奠定发展市场经济的微观基础，需要经济法

活跃的市场主体是一切发达市场经济的必要条件和基础，企业和其他经济组织是构成市场的基本细胞。经济法通过公司法、合伙企业法、个人独资企业法等法律规范市场主体的设立、组织机构、运营、清算和终止，确立各种市场主体的法律地位，赋予其权利并明确其义务，使之在市场中得以自主地、独立地经营，在谋求自身发展的同时，促进整个市场的繁荣和社会经济的增长。

（二）对市场经济的运行进行有效规制，需要经济法

竞争是市场经济的必然要求，无竞争则无市场。然而竞争优胜劣汰的规则会使得市场主体之间实力差距拉大，这一差距达到一定程度之后，垄断和限制竞争就会随之而产生。同时，竞争的发展还必然伴随着不正当竞争。无

论是垄断还是不正当竞争都会使市场机制失灵，进而影响到国家经济的整体发展。因此，国家就需要制定和实施反不正当竞争法、反垄断法、产品质量法、消费者权益保护法、合同法等法律以规范其经营活动，对市场行为进行管理，使市场公平有序。如果没有反垄断法、反不正当竞争法、消费者保护法等规范，正常的自由竞争秩序是无法维持的。

（三）保证国家对市场经济的宏观调控，需要经济法

现代市场经济的运行是一个极其复杂的过程，当经济运行到一定复杂与发达的程度，由于"市场之手"的缺陷，市场机制调节所存在自发的、盲目的以及事后的局限性，社会经济的发展往往就会陷入资源配置无序化的境地，需要国家之手对经济运行进行全面干预与调控。市场经济离不开国家通过计划、产业政策、财政、金融、税收、物价等手段的宏观规划和调节。

（四）科学技术的进步和应用需要经济法

现代国家经济的增长和国力增强的主要与原因之一是科技的进步。振兴经济首先要振兴科技。建立和完善科技与经济有效结合的机制，加速科技成果的商品化和科技成果向现实生产力的转化，需要法律的手段，特别是关于知识产权法律的规范和实施。

【本章小结】

经济法在资本主义国家作为法律体系中的独立法律部门，出现在自由资本主义向垄断资本主义过渡时期。当资本主义发展到垄断阶段后，资本主义基本矛盾和各种矛盾空前激化，"市场调节失灵"现象愈演愈烈，鉴此，政府不得不加大对社会经济生活的参与和干预力度，政府的这种干预主要是通过法律来调整特定的经济关系，规范市场主体和市场运行，因此，经济法作为一个独立的法律部门渐次形成。我国的经济法是伴随着经济体制改革，市场经济的确立和发展而产生和发展起来的。以市场经济为导向的经济体制改革是我国经济法产生、发展的经济基础，大量的经济法律规范的制定是我国经济法产生和发展的规范基础。

经济法是国家从整体经济发展的角度，对具有社会公共性的经济活动进行干预，管理和调控的法律规范的总称，是国家干预或管理社会经济活动的法律表现，是法律体系中的一个重要的、独立的法律部门。经济法作为一个独立的法律部门，其区别于其他部门法的特征，与经济法的调整对象存在着内在的一致性，具有"经济性"和"规制性"两大特征。

经济法的产生源于国家对经济运行管理和协调的必要性，因此，其调整对象即在经济管理和经济运行过程中形成的经济关系，主要包括四个方面的经济关系：国民经济管理关系、市场经济运行关系、市场主体内部经济管理关系、社会保障经济关系。经济法的体系是指对已有的或应有的经济法律、法规，按一定的逻辑关系建立起各个经济法部门，由各个经济法部门所组成的有机联系的经济法系统。具体包括四个方面的内容：市场主体法律制度、市场行为法律制度、市场管理法律制度以及宏观调控法律制度。

经济法与民法同为调整市场经济关系的相对独立的法律部门，区别主要在于调整对象和利益本位的不同，经济法主要调整国家在干预经济中产生的不平等主体之间的经济管理关系，以社会整体利益为本位。而民法则主要调整的是平等主体之间的经济关系，以个体利益为本位。市场经济就是法治经济。平衡协调与社会本位是经济法的精髓和本质。经济法的价值取向即以社会为本位，对本国经济运行依法进行国家平衡协调，实现经济发展和社会全面进步。经济法为市场调节和政府干预的平衡之法；为政府干预和干预政府并举之法；为利益协调基础上的社会本位之法。经济法具有确立市场主体地位、规范市场行为、维护市场秩序、宏观调控经济、确保劳动和社会保障等作用。

【前沿动态】

经济法一直到目前为止也没有一部龙头法，主要表现为大量的、分散的法律法规，最主要的、起提纲挈领式作用的是《反垄断法》。目前的经济立法主要表现在如下两个方面：

1. 对原有的法律进行修订，如修订《消费者权益保护法》、《保险法》等；

2. 对市场经济尚缺位的法律进行制定，如《住房保障法》、《征收法》、《房地产税法》等。

经济法律体系是一个开放和包容的体系。随着社会经济的发展，这个体系将日益完善和成熟。

【关键名词或概念】

经济法

市场经济关系

法治经济

政府干预

【简答题】

1. 谈谈你对经济法产生和发展的理解。
2. 简述经济法的概念和调整对象。
3. 简述经济法体系的内容。
4. 为什么说经济法是一个重要的、独立的法律部门？
5. 如何理解经济法与民法、商法以及行政法的关系？
6. 如何理解经济法的作用？

【案例讨论】

案例一

法国 SEB 集团并购苏泊尔案

【案情】

苏泊尔公司因其独创"安全到家"的品牌诉求，使苏泊尔牌压力锅一举成为国内压力锅市场的领头羊。作为一家民族品牌企业，苏泊尔压力锅在国内的市场占有率为47%左右，2005年销售额为9.9亿元，出口额为5.6亿元。

SEB 集团是一家用电器和炊具业务领域内享有盛誉的法国企业，是全球最大的小型家用电器和炊具生产商之一。SEB 具有近 150 年的历史，到 2005 年，SEB 集团的销售收入为 24.63 亿欧元。

2006 年 8 月，双方达成协议，根据协议，SEB 国际将通过三种方式完成对苏泊尔的战略投资：一是受让苏泊尔集团、苏增福、苏显泽所持有的 2532.0116 万股苏泊尔股票；二是认购苏泊尔向其定向发行的 4000 万股股票；三是以部分要约方式，在二级市场收购不低于 4860.5459 万股、不高于 6645.2084 万股的苏泊尔股票。"协议转让＋定向增发＋部分要约"全部完成后，SEB 国际持有股份将占苏泊尔定向发行后总股本的比例为 52.74% 至

61.00%，成为苏泊尔的控股股东。现持有苏泊尔 40.04% 股权的第一大股东苏泊尔集团，届时最高持股比例只有 22.26%。

这一收购案不仅在国内炊具业引起极大震动，而且成为中国有史以来第一起反垄断听证的案例。

【问题讨论】

为什么我国政府会对法国 SEB 集团并购苏泊尔进行听证？从这个案例我们如何认识经济法的精髓和本质？

案例二

个人所得税法的修改

2011 年 6 月 30 日全国人大常委会表决通过关于修改个人所得税法的决定，并于 9 月 1 日起施行。其主要内容是：

1. 个人所得税起征点标准由原来的 2000 元/月提高到 3500 元/月。

2. 调整工薪所得税率结构，由 9 级调整为 7 级，取消了 15% 和 40% 两档税率，将最低的一档税率由 5% 降为 3%。

3. 调整个体工商户生产经营所得和承包承租经营所得税率级距。

将个税起征点由原来的 2000 元提高到 3500 元，起征点调整，使得国家全年税收减少 1600 亿元左右，月应纳税收入 3500 元以下的人，将不再缴纳个税，纳税人数由约 8400 万人减至约 2400 万人，也就是说约 6000 万人之前须缴纳个税的人无须再缴纳，工薪收入者的纳税面经过调整以后，由目前的约 28% 下降到约 7.7%，意味着这些群体的生活负担将进一步减轻。根据测算，月收入 3.86 万元成为个税增减临界点，即月应纳税收入低于 3.86 万元缴纳的个税将减少，高于 3.86 万元则将多缴税。个人所得税法还扩大了最高税率 45% 的覆盖范围，将现行适用 40% 税率的应纳税所得额，并入 45% 税率，加大了对高收入者的调节力度。

【问题讨论】

通过本实例谈谈经济法的作用。

第二章　经济法律关系

【本章导读】

　　经济法律关系是由经济法律规范所确认的人与人之间具有权利义务内容的社会关系。经济法律关系和其他法律关系一样，是由主体、客体和内容三个要素构成。经济法律关系的产生、变更和终止是由于某种经济法律事实的出现，使特定的经济法律关系主体间产生具体的权利义务关系，或者使已经生效的经济法律关系的要素发生变化，或者使法律关系主体之间的权利义务归于终止。经济法律事实包括法律行为和法律事件两大类。我国主要采取追究民事责任、行政责任和刑事责任来保护经济法律关系。本章简述了经济法律关系的概念、构成要素、经济法律关系的产生、变更和终止以及保护。

【学习目标】

　　本章重点要求学生掌握经济法律关系的概念、特征及其构成要素，理解法律事实的含义及分类，为以后各分部门法的学习打下较好的基础。

【知识结构图】

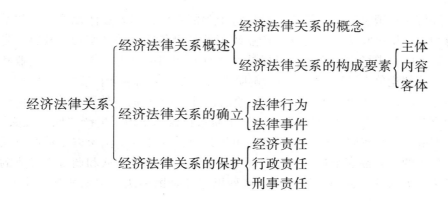

第一节　经济法律关系概念及构成要素

【案例2－1】　　上海华联等超市多年销售"问题馒头"，即馒头的生产过程中出现了将旧馒头贴上最新生产的日期、过期馒头回炉加工为"新馒头"、乱使用甜蜜素、山梨酸钾和防腐剂等现象。为此，上海市质量技监局吊销了生产"问题馒头"的上海盛禄食品有限公司分公司食品生产许可证，市公安机关对叶维禄等五名犯罪嫌疑人依法予以刑事拘留。

一、经济法律关系的概念

经济法律关系是法律关系之一，法律关系是指法律规范所确认和调整的人们之间的权利和义务关系。法律关系是社会关系的一种特殊形态，这种社会关系是以法律上的权利、义务为内容，以国家强制力作为保障手段的。法律关系的种类很多，如民事法律关系、行政法律关系、刑事法律关系和经济法律关系等。

经济法律关系是指由经济法律规范所确认和调整的在经济管理和经济运行过程中所形成的权利和义务关系。案例2－1中，上海盛禄食品有限公司依法负有生产质量合格馒头和接受政府相关部门监督查处的义务，而市质量技监局则依法具有对产品质量予以监督、查处的权力。经济法正是通过经济法律关系实现其对社会关系调整的职能的，它是经济法调整社会经济关系的具体法律形式。其主要特征如下：

（一）作为法律关系的一种，经济法律关系具有强烈的国家思想性

经济法是国家对社会经济活动进行干预的手段，其处处体现着国家的某种意图。如反垄断法，它与国家产业政策的制定和执行关系密切，其要旨是从宏观上防止市场竞争不足，以保持经济具有相当的活力，提升本国企业和整个经济的竞争力。所以，它具有鲜明的政策性、灵活性和行政主导性特征。其他经济法律、法规（如反不正当竞争法）、财政金融法、外贸法等，均体现着国家的某种意图。案例2－1中上海市质量技监局吊销了生产"问题馒头"的上海盛禄食品有限公司分公司食品生产许可证便体现了国家以法治的方式维护公民的"食品安全权"的主导思想。所以，经济法确认和调整而形成的经济法律关系具有强烈的思想性。这种思想性是民事法律关系所达不到的。

当然，经济法律关系强烈的思想性仍是以相应物质的社会关系为基础的。这就意味着，无论经济法律关系主体，尤其是政府其主观性多大，都必须尊重和遵循相应的市场经济客观规律要求。

（二）经济法律关系独具社会公共的经济管理性

经济法律关系区别于民事法律关系、行政法律关系就在于它是具有社会公共性的经济管理关系。其中，经济管理性是经济法律关系同民事法律关系区别之所在，而社会公共性是其同行政法律关系区别之所在。

首先，经济法律关系是具有经济管理性的社会关系。经济法律关系是由经济法加以确认和调整而形成的权利、义务关系，而经济法是政府干预经济之法，由此决定了经济法律关系必然是具有经济管理性的社会关系。这种管理性首先弥补了民法等传统法律部门的不足，并为恢复和维护市场机制发挥其正常、有效的作用而营造良好的竞争环境和秩序空间。无论是宏观调控法所产生的经济法律关系，还是市场管理法产生的经济法律关系，它们都是具有经济管理性的社会关系。

其次，经济法律关系同时具有社会公共性。经济法律关系的经济管理是社会公共性的，换言之，并非所有的具有经济性的社会关系都可成为经济法律关系，它们必须同时具有社会公共性。所谓经济法律关系的社会公共性是指经济法律关系的运作和实现都是为了社会公共利益，案例2-1中上海市质量技监局对于上海盛禄食品有限公司分公司做出的吊销食品生产许可证的处罚，虽然其表面上针对的是个体，但其实质是为了整个社会经济秩序和广大消费者利益的保护。这种政府及其经济管理机关以社会管理者的名义实施经济管理，是一种普遍性的措施，着眼于社会整体，而不是着眼于某个个体。

二、经济法律关系的构成要素

经济法律关系由主体、内容和客体三个要素构成。该三要素缺一不可。在某具体法律关系中，其中一个要素发生变更，原来的法律关系即发生变化。

（一）经济法律关系的主体

1. 经济法律关系主体的概念与取得

经济法律关系的主体，是指参加经济管理和经济运行活动，并依法享有经济权利和承担经济义务的当事人。经济法律关系主体具有以下特征：

（1）政府及其经济管理机关具有主导性。经济法是体现国家干预经济之法，因此代表国家进行干预的政府及其经济管理机关在经济法律关系主体中具有主导性。所谓主导性是指任何一种经济法律关系中，都必然有一方为政府或政府经济管理机关，另一方可能是某个经济组织，也可能为某个公民，而且，政府及其经济管理机关对经济组织或公民具有优先权，即政府及其经济管理机关在行使经济管理权时依法享有职务上的优惠条件，如先行处置权、获得社会协助权、推定有效权等。

（2）经济组织和公民具有独立性。经济法尽管是体现国家干预经济之法，但国家之干预是在维护社会公共利益和充分尊重市场主体合法的前提下而进行的利益，政府及其经济管理机关行使经济管理权时应首先认识到相对方的独立性，企事业单位和个人不是它们的附属，而是具有相对独立利益的个体。所以，经济组织和个人在经济法律关系中不是被动者，有时甚至是主动者，他们有权依法对抗任何人、任何机关对他们合法权益的侵犯。

（3）主体的法定性。经济法是体现国家干预经济生活的法律，因此，谁有权参与经济法律关系，什么时候参与经济法律关系，如何参与经济法律关系等均应由相关法律明定。这是保证合理干预的需要，反映了经济法是规范、确认国家干预之法的本质。这一点，对于政府及其经济管理机关尤为重要，它们必须严格依法干预。如案例 2 - 1 中，上海市质量技监局只有权吊销相关企业的食品生产许可证，而其营业执照只有发证机关才有权利吊销。

经济法律关系主体资格的取得有两种方式：一是法定取得。即因符合法律规定的一定条件或规定一定程序成立的方式而为法律所确认，如案例 2 - 1 中的上海盛禄食品有限公司分公司作为市场主体，其当初领取食品生产许可证就是一种法定取得。二是授权取得。上海市质量技监局具有吊销问题企业食品生产许可证的主体资格就是基于国家的授权。

经济法律关系的主体是经济法律关系的构成要素，是经济法律关系产生的先决条件，是客体的占有者、使用者和行为的实践者。

2. 经济法律关系主体的种类

我国经济法律关系主体的范围大致可以分为以下两类：

（1）经济管理主体。主要是指国家机关，即依据宪法和法律授权而行使国家经济管理、经济调控职能的组织或机构，如国务院及其各部委和地方政府及其相应机构等。

（2）经济活动主体。是指依据法律设立的从事经济活动的组织和个人。主要包括各类法人组织、非法人经济组织、个体工商户、农村承包经营户、农民专业合作社、公民个人以及外国经营者。

其中，企业等法人是经济法律关系中最为活跃的、最为重要的主体。我国法人包括国家机关法人、事业单位法人、社会团体法人和企业法人。我国的企业法人主要是依法经过工商登记，领取《企业法人营业执照》的各类公司。

非法人经济组织是指依法取得营业执照，具有生产经营资格的非法人组织。主要包括：合伙企业、分公司、个人独资企业以及不具备法人资格的中外合作经营企业和外资企业。

个体工商户是指依法经过核准登记从事工商业经营的公民；农村承包经营户是指依据承包合同规定，在法律允许的范围之内从事商品经营活动的农村集体经济组织的成员。

农民专业合作社是指在农村家庭承包经营基础上，同类农产品的生产经营者或者同类农业生产经营服务的提供者、利用者，自愿联合、民主管理的互助性经济组织。这种经济组织以其成员为主要服务对象，提供农业生产资料的购买，农产品的销售、加工、运输、贮藏以及与农业生产经营有关的技术、信息等服务。农民专业合作社经依法登记，取得法人资格，以法人形式从事生产经营活动。

公民个人即指具有中国国籍的自然人。公民作为经济法律关系的主体，其参与的经济法律关系领域也十分广泛。如公民是个人所得税的纳税主体；公民购买和转让商品房；公民就其发明创造申请专利并获得专利权；公民作为技术合同的一方当事人，订立技术开发、技术转让、技术咨询合同等。

外国经营者是指与我国进行经济技术合作和往来的外国公司、其他经济组织及个人。它们因在我国境内从事经济活动而与我国相关经济管理机关发生经济管理关系，与我国相关经济组织发生经济协作关系，因此，也是经济法律关系的主体之一。

（二）经济法律关系的内容

经济法律关系的内容，是指经济法律关系主体所享有的经济权利和承担的经济义务。这是经济法律关系的实质或者核心，它是联结各主体的纽带。正是由于各项具体的权利、义务关系才使各个主体之间形成了各种具体的经济法律关系。经济法律关系内容还是联结主体与客体之间的桥梁。有了主体、客体，不通过权利和义务相互联结，也不可能构成经济法律关系。所以，经济法律关系内容也是经济法律关系的基本构成要素。

1. 经济权利

经济权利是指经济法律关系主体依法自己从事或要求他人从事一定经济行为和不为一定经济行为的资格。直接体现了经济法律关系主体的要求和利益。

经济权利主要包括：

（1）经济管理权

经济管理权是国家机关进行经济管理时依法享有的权力，其基于国家授权或法律的直接规定而产生。经济管理权具有如下特征：

① 主体的特定性，即行使经济管理权的只能是依法成立的经济管理机关或社会经济团体，其他任何机关或团体无权为之。

② 权力的法定性或章程规定性。对于经济管理机关而言，其经济管理权只能是明确法定的；对于社会经济团体而言，其经济管理权则来自于成员的约定而表现为它们制定的章程。权力的法定性或章程规定性强调的是经济管理权的行使必须严格依法或依章程规定，不能超越，否则构成权力滥用而要产生相应法律后果。

③ 权力行使的积极性。经济管理权的积极性就是体现国家对经济生活的积极干预，经济管理机关应积极主动行使其经济管理权，如监督检查等，主动发现问题、解决问题，而不采取不告不理原则。

经济管理权具体包括：决策权；命令权；禁止权；许可权；批准权；撤销权；免除权；审核权；确认权；协调权以及监督权。经济管理权既是权力，也是义务。

（2）财产权

财产权是对财产依法享有的独立支配权，除法律规定以外，这种支配权不受任何限制，是一种绝对排他的权利，具有直接的经济内容并为经济利益所决定的权益。财产权在经济生活中内容主要包括所有权，即所有者对其财产依法享有的独立支配权，包括占有权、使用权、处分权和收益权；经营权，即企业等市场主体进行生产经营活动时依法享有的权利，包括生产经营决策权、定价权、销售权等；工业产权；承包权；债权、股权等其他具体权利。

（3）请求权

请求权是指经济法律关系主体的合法权益受到侵犯时依法享有要求侵权人为一定的行为或者不为一定行为以及要求国家机关保护其合法权益的权利。请求权虽然不具有等价有偿的性质，但是它与经济法律关系主体的经济利益直接相关，所以它是我国经济法赋予经济法律关系主体的一项重要权利。其主要包括：要求赔偿权、请求调解权、申请仲裁权、诉讼权等。

2. 经济义务

经济义务是指经济法律关系主体依法必须为一定行为和不为一定行为的责任。

经济义务主要有：遵守法律、法规；履行经济管理职责；全面履行合同；不得侵犯其他市场主体的合法权益等。经济法律关系主体必须在法律规定的范围内正确履行其经济义务，否则，就要承担相应的法律责任。

（三）经济法律关系的客体

经济法律关系客体，是指经济法律关系主体之间的经济权利和经济义务所共同指向的对象。是经济法律关系主体享有经济权利和承担经济义务的目标。没有客体，权利和义务就会落空，主体的存在和主体的活动就失去了意义。因此，经济法律关系客体同样是经济法律关系不可缺少的构成要素。

归纳起来，可以作为经济法律关系客体的有：物、行为和无形财产。

1. 物

物是可以为人们控制和支配，具有一定的经济价值的财产。包括天然存在的实物和人工制造的实物，以及充当一般等价物的货币和有价证券如股票、债券、票据等。物是最为广泛的经济法律关系的客体。

2. 行为

行为是指经济法律关系主体为达到一定目的所进行的活动。它包括完成一定的工作、提供一定的劳务和经济管理行为，如工商管理、征税等。

3. 无形资产

主要指科学技术成果，即人们脑力劳动所创造的非物质财富。如商标、专利、技术秘密、商誉等。这些无形资产可以转化为生产力，因而它也是经济法律关系的客体。

第二节 经济法律关系的确立与保护

【案例2-2】 居民甲在某商场购得一台"多功能食品加工机"，回家试用后发现该产品只有一种功能，并伴有漏电现象，遂向商场提出退货，商场答复："该产品说明书未就其性能做明确说明，包括漏电这都是厂家的责任，所以顾客应向厂家索赔，商场概不负责。"

一、经济法律关系的确立

经济法律关系的发生、变更与终止必须以法律事实为根据，没有法律事实，不可能形成任何法律关系。能够引起经济法律关系的发生、变更与终止的客观情况即为法律事实。法律事实依是否包括当事人的意志，可区分为法律行为和法律事件两大类。

（一）法律行为

法律行为是经济法律关系主体为一定的经济目的而进行的有意识的活动。根据法律行为的性质，又可具体划分为合法行为和违法行为。合法行为包括经济管理行为，如征税行为；经济法律行为，如案例 2 - 2 中居民甲与某商场之间购买食品加工机的合同行为；经济审判行为等。违法行为则根据其社会危害程度，可分为触犯刑律的经济违法行为和一般经济违法行为。

（二）法律事件

法律事件是不以经济法律关系主体的意志为转移而发生的客观现象。包括自然现象和社会现象。前者如由于自然原因而发生的火灾、水灾等。后者如战争、特殊时期国家的戒严令等。法律事件是基于客观上不可抗拒的因素而引起经济法律关系的产生、变更或终止的。案例 2 - 2 中假设居民甲在索赔过程中，突发心脏病而亡，这在法律上就被称之为是法律事件，将导致其与某商场之间经济法律关系的变更或终止。

并不是任何自然现象和人的活动都可以成为法律事实，客观事实只有为法律所规定并同一定法律后果相联系，才能成为法律事实。

二、经济法律关系的保护

经济法律关系的保护，其实质就在于保证经济法律关系权利与义务的实现。按照我国经济法的规定，主要采取以下方法保护经济法律关系：

（一）追究经济责任

追究经济责任是对经济法律关系保护的一种最普遍的行之有效的方法。其种类主要有：赔偿经济损失、支付违约金、滞纳金、罚款、强制收购和没收非法所得等。案例 2 - 2 中居民甲不仅有权退货，而且有权依产品质量法和消费者权益保护法的有关规定，要求商场给予赔偿损失。

（二）追究行政责任

追究行政责任是指对违反经济法的个人和单位依法采取的行政性制裁措施。这种制裁有两类：对企业和经济组织，有警告、责令停业整顿、吊销营业执照及其他许可证书等处罚；对有关责任人员个人，则给予警告、记过、记大过、降级、降职、撤职、留用察看和开除等处分；案例 2 - 2 中，如果生产厂家因使用劣质材料而导致食品加工机漏电，则有关政府部门有权给予其停业整顿等行政处罚。

（三）追究刑事责任

追究刑事责任是指对情节和后果都非常严重地违反经济法的行为所给予

的刑事制裁。根据我国现行法律，法人犯罪可对该法人单位处以罚金；对有关责任人员个人，可以按其所犯罪行的大小判处管制、拘役、有期徒刑、无期徒刑和死刑，或者附加或独立判处罚金，剥夺政治权利和没收财产。

经济法律关系的保护和监督机构，主要是行政机关和司法机关。前者如工商管理机关、产品质量监督管理机关、专利管理机关、税务机关、审计机关等，后者指人民法院和人民检察院。

【本章小结】

经济法律关系是指由经济法律规范确认和调整的在经济管理和经济运行过程中所形成的权利和义务关系。经济法律关系的特征有二，一是具有强烈的国家思想性。经济法是国家对社会经济活动进行干预的手段，其处处体现着国家的某种意图。二是经济法律关系独具社会公共的经济管理性。经济法律关系区别于民事法律关系、行政法律关系就在于它是具有社会公共性的经济管理关系。其中，经济管理性是经济法律关系同民事法律关系区别之所在，而社会公共性是其同行政法律关系区别之所在。

经济法律关系由主体、内容和客体三个要素构成。

经济法律关系的主体，是指参加经济管理和经济运行活动，并依法享有经济权利和承担经济义务的当事人。我国经济法律关系主体的范围大致可以分为两类，即经济管理主体和经济活动主体，后者是指依据法律设立的从事经济活动的组织和个人。主要包括各类法人组织、非法人经济组织、个体工商户、农村承包经营户、公民个人以及外国经营者。经济法律关系的内容，是指经济法律关系主体所享有的经济权利和承担的经济义务。这是经济法律关系的实质或者核心，它是联结各主体的纽带。经济法律关系客体，是指经济法律关系主体之间的经济权利和经济义务所共同指向的对象。可以作为经济法律关系客体的有：物、行为和无形财产。

经济法律关系的发生、变更与终止必须以法律事实为根据，没有法律事实，不可能形成任何法律关系。能够引起经济法律关系的发生、变更与终止的客观情况即为法律事实。法律事实依是否包括当事人的意志，可区分为法律行为和法律事件两大类。

经济法律关系的保护，其实质就在于保证经济法律关系权利与义务的实现。按照我国经济法的规定，主要采取追究民事责任、行政责任和刑事责任来保护经济法律关系。

【关键名词或概念】

经济法律关系

法律事实

经济法律关系主体

法律责任

【简答题】

1. 简述经济法律关系与民事法律关系、行政法律关系的异同。
2. 试述经济法律关系的构成要素。
3. 简述法律事实的分类。
4. 经济法律关系的保护方法有哪些？
5. 如何理解经济管理职权的法定性？
6. 经济法律关系主体具有哪些特征？

【案例讨论】

案例一

微软公司垄断案

【案情】

1998 年年底，SUN Microsystems 向欧盟委员会（欧委会）投诉微软拒绝提供其必需的有关界面信息，令其无法开发与 Windows OS 相匹配的软件产品，从而被剥夺了在服务器操作系统（Server OS）市场上竞争的机会。随后该案不断升级，欧委会成立了历史上最大的针对单一公司的调查组，并于 2000 年自主决定扩大调查范围，将 Windows OS 和 WMP 捆绑销售问题纳入审查的内容。2004 年 3 月欧委会就微软公司垄断一案做出决定，认定其违反欧盟法反垄断条款，包括拒绝向竞争厂商提供 Windows 操作系统和网络服务器之间的界面兼容信息，以及将 Media Player 与 Windows 操作系统捆绑销售。据此责令微软向竞争厂家公布特定界面兼容信息，同时推出包含和不包含 Media

Player 的两项 Windows OS 供市场选择，并支付近 5 亿欧元的罚款。微软不服该决定于 2004 年 6 月 8 日向欧盟初审法院（CFI, European Court of First Instance）提出起诉，请求废除该决定，或是降低罚款数额。6 月底又申请暂缓执行欧委会决定，等待 CFI 对该决定的全面审理结果。而案件实体部分的审理程序至少可持续 3 年，最长可达 5 年。

【问题讨论】

通过本案例，谈谈你对经济法律关系的理解。

案例二

涉嫌虚假宣传　王海告金山毒霸经销商案

【案情】

打假名人王海在 2010 年 5 月 17 日花 220 元在北京连邦软件股份有限公司购买了一套金山毒霸。在使用过程中，他发现，生产该产品的北京金山安全软件有限公司，对金山毒霸产品存在多处虚假宣传的行为，如金山公司在其官方网站上宣称金山毒霸在 AV－C（一家国际性独立杀毒软件测试机构）国际评测中病毒检测率全球第一，但是王海从 AV－C 官网上查询得知，金山毒霸在所有参加检测的 20 款产品中，病毒检测率最低，是倒数第一。再如，王海还指出金山公司所宣传的"100% 识别率"、"100% 诊断率"等，也非真实。王海认为，金山公司存在欺诈消费者的行为和故意，连邦软件公司作为经销商，没有对金山公司的虚假宣传行为尽到合理的审查义务，因而他起诉要求连邦软件公司返还购货款 220 元，并一倍赔偿 220 元及合理费用10725 元。

【问题讨论】

1. 在本案中，构成经济法律关系的主体有哪些？王海有什么经济权利？谁是经济义务主体，这些义务主体又应该承担哪些经济义务？

2. 假设金山毒霸产品确实存在虚假宣传的行为，而连邦软件公司或金山公司拒不返还购货款、退货，也不赔偿，王海可以通过哪些途径保护自己的合法权益？

第三章　市场主体与市场准入制度

【本章导读】

　　市场准入制度是国家通过立法规定市场主体资格的条件及取得程序，以审批和登记的方式对企业进入市场进行的规制和管理。市场准入制度是国家对市场经济进行干预的重要法律制度之一，是经济法的重要组成部分。本章简述了企业的法定分类、工商登记制度以及审批许可制度的基本规定。

【学习目标】

　　本章重点要求学生了解市场主体的构成及种类，理解并掌握市场准入制度的主要内容及意义。

【知识结构图】

```
                        ┌ 市场主体的概念和范围
               市场主体概述┤ 企业的概念和种类
                        └ 企业的立法
                        ┌ 市场准入制度的概念和意义
               市场准入制度┤ 设立市场准入制度的原则
                        └ 市场准入制度体系
                                          ┌ 工商登记的概念和作用
市场主体法      一般市场准入的工商登记制度┤ 工商登记的基本类型
                                          └ 工商登记机关及程序
                                          ┌ 审批许可制度的概念及适用范围
               特殊市场准入的审批许可制度┤ 审批许可的机构
                                          └ 审批许可的方式和分类
               涉外的市场准入
```

第一节　市场主体概述

一、市场主体的概念和范围

市场主体即市场经济主体，是指在市场上从事经济活动，享有经济权利、承担经济义务的个人和组织体。市场经济以市场主体为基本要素。一般来说，市场主体包括企业、个人（消费者、投资者、经营者、劳动者）、政府和其他非营利性机构。

企业是市场上从事经济活动数量最多也最为活跃的市场主体，其中既有生产有形商品和服务的生产性企业，又有进行商品交换的商业企业，实现商品移位保管的运输仓储企业，融通资金的金融企业，提供信息和管理服务的咨询企业，还有以资本为主要联结纽带的母子公司为主体，以集团章程为共同行为规范的母公司、子公司、参股公司及其他成员企业或机构共同组成的具有一定规模的企业法人联合体即企业集团；而在现代市场经济中，中介机构，如律师事务所、会计事务所、资产评估机构、审计事务所、专利商标代理、拍卖招标代理以及各种经纪机构等的作用越来越重要。个人一方面提供劳动力、资本等生产要素；另一方面又是商品和服务的购买者和最终消费者。政府不仅是市场经济运行的宏观调控者，同时又以某些方式直接介入市场活动；政府还是国有资产的所有者，公共物品的提供者以及一般商品和劳务的购买者和消费者。非营利性机构如医院、学校等，它们以特定方式向社会提供服务，同时又是商品、劳务的购买者和消费者。

各类市场主体在法律地位上是平等的，都具有与自己的市场主体资格相对应的权利和义务。

二、企业的概念和种类

（一）企业的概念

企业是指依法设立的，以营利为目的的，从事经营活动并具有独立或相对独立的法律人格的组织。其与其他市场主体相比，具有以下特征：

1. 企业必须依法设立。企业必须依照法律规定的设立条件和设立程序才能成立，并取得权利能力和行为能力。企业依法设立还意味着企业必须依法确定其组织形式，企业只能在法律规定的范围内选择自己的组织形式。

2. 企业是一个组织体。这一特征使之与非组织的个人、个体工商户区别开来。

3. 企业从事经营性活动，以营利为目的。这一特征使之与其他社会组织如国家机关、事业单位、社会团体区别开来。企业从事的经营活动范围很广，既包括物质资料的生产、销售等生产经营活动，也包括信息、技术等服务活动。一般来说，企业从事经营性活动的目的是为了获得利益并将所得利益分配于成员，从这个意义上，企业又被称为商事企业。但也有的企业从事政策性或公益性经营，如政府设立的水、电等公用企业、政策性银行等。这类企业不以营利为目的或主要不以营利为目的，其经营目的是为了追求某种社会效益。

4. 企业具有独立的或相对独立的法律人格。这是对企业法律地位的概括。企业的基本法律形态有两种类型，一种是有法人资格的企业，如有限责任公司和股份有限公司，具体表现为公司的财产和债务责任与股东的个人财产和责任是完全分开的，公司拥有可以独立支配的财产，并以其所有的全部财产对企业债务承担责任；另一类是不具备法人资格的企业，如合伙企业、个人独资企业等。这类企业的财产与企业主或合伙人的财产不完全分离，企业的债务由企业主或合伙人承担无限连带责任，其中合伙企业中的有限合伙人以其出资额为限承担有限责任。然而，即使是非法人企业，法律仍赋予与其一定的主体资格，企业可以以自己的名义对外从事经营活动，可以以自己的名义起诉、应诉，在财产和责任上也表现为相对的独立性。

（二）企业的种类

作为基本的市场主体，企业在长期的发展过程中形成了多种形态，根据不同的标准，企业可以分为不同的种类。通常采用的是企业的法定分类，即国家通过立法，对该国的企业进行分类，亦即国家通过立法来规定的企业种类。对各类企业进行法律上的界定，使企业的类别规范化、标准化，并具有法律约束力的意义在于，使企业的设立人（包括企业的投资者）根据企业的法定种类，确定自己对企业种类的选择，一般情况下设立人应在法律规定的范围内确定对企业种类的选择。同时，企业的设立人在设立企业时必须按照法律对不同类别企业的具体需求，如设立的条件、设立的程序、内部组织机构等来组建企业。依照我国各种企业立法的规定，主要有以下几种分类：

1. 依据投资者的出资方式和对企业风险承担责任形式不同，企业可以划分为：个人独资企业、合伙企业和公司。

这是对企业在法律上最基本的分类。也可以说，这三类企业是企业法定分类的基本形态。法律对这三种企业划分的内涵基本做了概括，即企业的资本构成、企业的责任形式和企业在法律上的地位。由于这三种基本企业法律形态，反映了市场经济对企业制度的共同性和规律性的要求，所以为世界各国立法所普遍确立。从我国的立法实践来看，随着社会主义市场经济体制的逐步建立，企业改革的进一步深化，我们也逐步地改变了以往按所有制形式划分企业类型的做法。目前，我国已颁布《中华人民共和国公司法》、《中华人民共和国合伙企业法》和《中华人民共和国独资企业法》。在法律上确定了独资企业、合伙企业、公司为企业的基本法律形态。

2. 依据企业投资者是否具有涉外因素，企业可以划分为：内资企业、外商投资企业和港澳台商投资企业。这种以企业投资者的身份是否含有涉外因素为标准的分类是我国对外开放、吸引外商直接投资的产物。

企业全部由中国内地投资者举办的，为内资企业；在中国境内由内地投资者和外国投资者共同举办或者仅由外国投资者举办的企业，为外商投资企业，俗称"三资企业"包括中外合资经营企业、中外合作经营企业、外资企业三种形式；港澳台地区投资者依照有关外商投资企业法的规定与内地投资者共同举办或单独举办的企业，为港澳台商投资企业。在法律适用上，后两类涉外企业均以中华人民共和国涉外经济法律、法规为依据。

3. 依据企业的所有制性质的不同，企业又可以划分为：全民所有制企业即国有企业、集体企业、私营企业和混合所有制企业。

国有企业是指企业的全部财产属于国家，由国家出资兴办的企业。国有企业的范围包括中央和地方各级国家机关、事业单位和社会团体使用国有资产投资所举办的企业，也包括实行企业化经营、国家不再核拨经费或核发部分经费的事业单位及从事生产经营性活动的社会团体，还包括上述企业、事业单位、社会团体使用国有资产投资所举办的企业；集体所有制企业是指一定范围内的劳动群众出资举办的企业。它包括城乡劳动者使用集体资本投资兴办的企业以及部分个人通过集资自愿放弃所有权并依法经工商行政管理机关认定为集体所有制的企业；私营企业是指企业的资产属于私人所有，有法定数额以上的雇工的营利性经济组织，在我国这类企业由公民个人出资兴办并由其所有和支配，而且其生产经营方式是以雇佣劳动为基础，雇工数额应在 8 人以上；混合所有制企业主要是指企业股权的混合状态，即各种所有制经济能够融为一体，形成以股份制为主要形式的混合所有制的经济组织。

混合所有制的最早提法出现在西方社会，当今，它已成为市场经济国家企业非常重要的组织形式。十六届三中全会在论述公有制的实现形式时，首次明确提出了要大力发展国有资本、集体资本和非公有资本等参股的混合所有制经济，实现投资主体多元化，使股份制成为公有制的主要实现形式。推进建立以混合所有制形式为主要内容的国有企业改革将是中国经济持续快速增长的长久动力。

除此之外，企业还有许多种分法，如从企业所属的经济部门分，可划分为农业企业、工业企业、交通运输企业、金融企业等；根据企业使用的技术装备及生产力要素所占比重可分为技术密集型企业、劳动密集型企业；根据企业规模，可划分为大型企业、中型企业和小型企业等。

三、企业的立法

在市场经济条件下，企业是市场的基础经济单元和竞争主体，因此，企业法律制度是市场经济法律体系的重要组成部分。企业法是规定企业的法律地位及其调整其内外部组织关系的法。企业法的调整对象是企业这种组织或者主体，规定或调整企业的设立、变更、终止、企业的法律地位和能力、企业的资本、出资者相互之间及其与企业的关系、企业的内部组织机构、企业与其他组织之间的控制与被控制之间的关系等。

我国企业法由于是在经济体制改革过程中逐渐产生和发展的，所以现在有一个过渡的阶段，表现为核心法律和相关以及配套法规的模式。

主要的法律、法规有：

《公司法》、《合伙企业法》、《个人独资企业法》、《中外合资经营企业法》、《中外合作经营企业法》、《外资企业法》《企业破产法》、《农民专业合作社法》以及《全民所有制工业企业法》、《城镇集体所有制企业条例》、《乡村集体所有制企业条例》、《中小企业促进法》、《私营企业暂行条例》等。

第二节　市场准入制度概述

一、市场准入制度的概念和意义

（一）市场准入制度的概念

市场准入制度是指国家通过立法规定市场主体资格的条件及取得程序，以审批和登记的方式对公民和法人进入市场从事经营活动进行的规制和管理。市场准入制度是国家对市场经济进行干预的重要法律制度之一，是经济法的重要组成部分。

（二）设立市场准入制度的意义

市场主体是市场经济的微观基础。完善的市场准入制度对一国经济安全和经济效益都可发挥重要的作用。市场准入制度是基于市场经济运行的要求而产生的，其意义在于：

1. 保障交易安全，维护市场秩序。为了维护交易双方的利益，保证交易安全，需要对拟进入市场的企业规定相应的资格，即实体性条件，如对资金、信誉、经营范围等方面的要求。

2. 保护资源，维护社会公共利益。由于市场对资源配置具有一定的盲目性，并可能会损害社会公共利益，因此，需要对拟进入市场的企业，限制其经营行为和经营领域。如通过对市场主体的准入审查实现国家淘汰落后生产能力和实现节能降耗、污染减排、安全生产等目标的要求。

3. 通过确定市场主体的合法经营范围，促进经济和文化事业健康发展。

4. 在国际经济投资与贸易活动中，保护本国经济安全。

5. 有利于政府获取市场信息，进行经济调控。

二、设立市场准入制度的原则

（一）公开的原则

公开是现代法制最重要的特点，公开的法律更加具有公信力，能够得到市场参与者的信任和遵守。

市场准入资格既是对市场主体进入市场的约束，又是引导和鼓励市场主体进入市场确定性的表示。市场准入制度通过法律的形式向社会公开，宣布了国家对市场主体资格的态度，明确了禁止什么，限制什么和鼓励什么，使欲进入市场的主体能够对政府行为，甚至间接对其他市场主体的性质状况抱有一定确定的合理预期。

公开市场准入制度，不仅仅是制度内容的公开，更是程序的公开。市场准入的程序、结果、依据以及有关机构和人员的职责、权限都要公开，未经公开的，不得作为依据，建立便于公民、法人和其他组织监督的制度。接受社会监督，让市场主体能够平等地通过此程序获得市场主体资格，在市场上进行竞争。

（二）合法的原则

市场准入制度赋予政府重要的行政权力，直接涉及公民、法人和其他组织的合法权益，关系到社会主义市场经济的发展。市场准入制度的立法和执法应当遵循我国的立法体制和依法行政的要求，符合法定权限和法定程序。

法律、行政法规可以设定市场准入制度，地方法规可以在不与上位法抵触的条件下制定关于本行政区域的市场准入制度，其他效力级别的法律都无权设定市场准入。

政府严格执行依法行政，没有法律依据，任何限制市场主体进入的行为都是非法的。

（三）必要的原则（有效，不可替代，适度原则）

设定市场准入制度要符合经济规律，符合社会主义市场经济发展的要求，应尽量发挥市场机制本身的作用，充分利用市场主体、民间机构的自律和辅助监管作用。避免政府在市场准入问题上掌握过度的控制权同时又流于形式。

凡是通过市场机制能够解决的，应当由市场机制去解决；通过市场机制难以解决，但通过公正、规范的中介组织、行业自律能够解决的，应当通过中介组织和行业自律去解决；通过事中事后监督能更好地解决问题的，不采取市场准入的方式规制。概括起来就是"市场优先"、"自律优先"、"事后机制优先"的原则。

市场准入的产业主要涉及资源利用、交通、电信、电力等公用事业以及原材料、建筑工程承包、零售、外贸、金融、中介服务、高度危险业、新闻出版和文化建设等这些关系到公共安全、人民生命财产安全的行业。

竞争性行业的市场准入实行准则制，加强事中和事后的监管；不完全竞争领域实行核准制，加强资格审查和事中和事后监管；非竞争性领域实行审批制，全面重视全程的监管。

（四）效能的原则

市场准入制度是存在制度的成本的，这不仅包括立法成本、执法成本，还包括市场准入制度给市场主体行为带来的成本以及给社会造成的成本。所以市场准入制度的建立和执行必须是经济的，收益要实质地高于成本。应合理划分和调整执行市场准入制度的部门的职责，简化程序，减少环节，加强和改善管理，提高效率，强化服务。

（五）责任的原则

在赋予行政机关市场准入的行政权的同时，还应规定其相应的责任。执行机关不但要对相对人的市场进入进行规制，还应当依法对市场主体动态的市场行为实施有效监督，并承担相应责任。行政机关不按规定的市场准入条件、程序行政，越权、滥用职权、徇私舞弊，以及对相对人不依法履行监督责任或者监督不力、对违法行为不予查处的，有关工作的领导和直接责任人员必须承担相应的法律责任。

三、市场准入制度体系

根据我国现行的市场主体登记法律、法规，市场主体准入制度是通过市场主体登记注册方式实现的，各类市场主体通过工商部门的登记注册，取得营业执照即标志着获得了政府认可的市场主体资格，可以从事政府核准范围内的各类经济活动。就我国市场主体登记制度的内容及程序而言，市场主体登记职能不仅承担和体现着市场主体准入的管制职能，同时也是维护市场秩序的重要方式。具体来说，市场准入制度包括以下三个层面的制度：

（1）一般市场准入制度，是指市场经营主体进入市场，从事市场经营活动都必须遵守的一般条件和程序规则。

（2）特殊市场准入制度，是指市场经营主体进入特殊市场从事经营活动所必须具备的特别条件和程序规则。

（3）涉外市场准入制度，是指一国对外国资本进入国内市场而规定的各种条件和程序规则和一国对本国资本进入国际市场而规定的各种条件和程序规则。

第三节　一般市场准入的工商登记制度

一般市场准入制度是市场主体取得经营资格的重要前提，是国家对经济的初始干预。

一、工商登记的概念

工商登记是政府在对申请者进入市场的条件进行审查的基础上，通过注册登记，确认申请者从事市场经营活动资格，使其获得实际经营权的各项活动的总称。工商登记是一种政府认可行为，未经政府认可，即未经登记取得营业执照而擅自以市场经营主体的名义从事生产经营活动，将构成非法经营。

为与 WTO 规则相适应，我国在工商登记方面，采取审批与准则相结合的企业登记注册制度，以组织形式、责任形式为登记条件，统一规范外资企业、国内企业、个体私营企业的登记注册，基本建立了统一的市场准入制度。2005 年年底修改的《公司法》确认了一人公司的市场主体准入资格、放宽了有限公司和股份有限公司进入市场的条件，实现了从审批制与准则制并存向准则制的转变，这是一般市场准入的重要改革。2005 年 5 月 29 日我国首个以促进非公有制经济发展为主题的中央文件《国务院关于鼓励支持和引导个体私营等非公有制经济发展的若干意见》（简称《意见》）出台。该《意见》是近年来关于放宽市场准入方面最为系统、内容最为丰富的重要政策规定。

二、工商登记制度的作用

工商登记制度之所以必要，是因为这一制度具有以下基本的作用：

（1）规范市场主体，确认企业取得一定的法律地位，使市场主体具备从事市场经营活动的资格。通过登记制度，使每一市场主体在进入市场之前，就具备作为市场主体的基本条件，否则不准入场，从而为稳定市场秩序，保证市场功能的充分发挥奠定了基础。

（2）掌握市场主体的基本情况，保证国家对市场经营活动进行有效的管理和监督。

（3）公开市场主体的基本情况，保护消费者和其他市场经营主体的利益。通过市场登记等市场准入制度，将市场主体的基本情况告知公众，让消费者和其他经营者在与其进行交易时，对交易对象有一个基本的了解，以保障市场交易活动的有序进行。

三、工商登记的基本类型

根据现行法律规定，我国工商登记有两种：一为企业法人登记；一为营业登记。

（一）企业法人登记

根据我国法律规定，拟设立的企业符合法人条件的，可以申请企业法人登记。企业法人登记又有两种类型：一种为一般的企业法人登记，适用《中华人民共和国企业法人登记管理条例》；另一种为公司登记，公司类型包括有限责任公司和股份有限公司，适用《中华人民共和国公司登记管理条例》。

1. 一般的企业法人登记的条件

（1）有自己的名称、组织机构和章程；

（2）有固定的经营场所和必要的设施及从业人员；

（3）有符合国家规定并与其生产经营和服务规模相适应的资金数额和从业人员；

（4）能够独立承担民事责任；

（5）有符合国家法律、法规和政策规定的经营范围。

2. 公司登记的条件

根据公司登记管理条例的规定，除国有独资公司外，其他公司的登记应符合下列条件：

（1）股东人数符合法定人数；

（2）股东出资达到法定最低限额；

（3）股东共同制定公司章程；

（4）有公司名称，建立符合要求的组织机构；

（5）有固定的生产经营场所和必要的生产经营条件。

此外，法律、行政法规或者国务院决定规定设立公司必须报经批准，或者公司经营范围中属于法律、行政法规或者国务院决定规定在登记前须经批准的项目的，应当经过批准。

以募集方式设立的股份有限公司，除了具备上述条件外，还应符合下列条件：股份的发行符合法律规定；依法召开创立大会，并通过设立公司的决议。

（二）营业登记

不具备法人条件的企业、企业法人所属的分支机构、事业单位和科技性社会团体设立的经营单位、从事经营活动的事业单位和科技性社会团体、个体工商户等，具备国家规定的营业条件的，可以申请营业登记，发给《营业执照》，也可以进入市场，成为合法的市场经营主体，可在登记的范围内从事市场经营活动。但该组织并不具有独立、完整的市场人格，通常不能独立地承担民事责任。

四、工商登记机关及程序

工商登记的登记机关是工商行政管理部门。根据申请登记的市场主体的类别、规模、隶属关系的不同，分别由不同级别的工商行政管理部门进行登记。

工商登记的一般程序包括：

（一）申请与受理

一般由企业组建负责人或投资者向有管辖权的登记机关提出申请，由受理申请的登记机关进行初步审查，初步审查的内容主要是申请登记的企业或其他社会组织或个人是否属于应当登记的范围，有关文件和手续是否齐备等。

（二）审查

登记机关审查的内容主要包括两个方面：第一，形式审查，即申请人提交的材料是否真实、合法、有效；第二，实质审查，即申请登记的企业是否具备法律规定的设立条件。

（三）核准并颁发营业执照

经审查符合登记条件的，核发营业执照，企业的营业执照签发之日，为企业的成立日期；不符合条件的，应当及时通知申请人。

（四）公告

企业设立登记后，企业登记机关应发布企业登记公告，旨在向社会宣告该企业的成立，使社会了解该企业的情况。

第四节　特殊市场准入的审批许可制度

特殊市场准入的法律规制对市场结构和市场秩序的调整具有重要的意义。就市场结构而言，市场结构取决于产业内企业的数量以及企业间的相互关系，并在很大程度上决定市场竞争或垄断的程度。要从动态上保持有效竞争的格局，就必须通过市场准入才能实现。市场准入的规制是对市场结构进行有效调控的重要手段之一。市场准入标准的确定，取决于政府管理经济的意图与偏向。通过市场准入管制放松的程度和各业务领域准入的分布情况标准的确立与实施，有助于规范市场竞争秩序和提高市场竞争效率。

一、审批许可制度的概念及适用范围

（一）审批许可制度的概念

审批许可制度是指政府依法对申请设立的企业所进行特定的生产经营活动进行审查，在符合法律规定的情况下，准许其进入相关市场从事生产经营活动的一种市场准入制度。

（二）审批许可制度的适用范围

审批许可制度主要适用于从事与社会公共利益密切相关的经济活动。所谓与社会公共利益密切相关的经济活动，是指对国家主权、社会公共安全、人民群众身心健康、社会经济的总体发展等可能带来直接影响的经济活动。依据现行立法，审批许可制度主要适用于以下企业：

1. 药品生产经营企业，包括专门从事药品生产加工的企业或兼营药品加工的企业，专营或兼营药品分销、批发、零售等业务的企业；

2. 金融组织，包括各种商业银行、证券交易所以及其他从事金融业务的

机构；

3. 外商投资企业，包括在中国设立的中外合资经营企业、中外合作经营企业、外商独资经营企业；

4. 文物经营企业；

5. 计量器具的生产、修理企业；

6. 食品生产经营企业和食品摊贩；

7. 烟草经营企业；

8. 化学危险品经营企业；

9. 麻醉药品经营企业；

10. 广告经营企业；

11. 通讯服务经营企业；

12. 锅炉压力容器生产企业等。

二、审批许可的机构

审批许可机构根据市场主体经营的商品服务类别的不同而不同。从事药品生产经营的，由卫生行政部门负责审批；金融业经营机构的设立，由中国人民银行负责审批；从事证券业务的，由证监会审批；设立外商投资企业的，由国家商务部门审批；从事文物经营的，由文物管理部门审批；从事计量器具生产、修理的，由技术监督行政管理部门审批；从事烟草业经营的，由烟草专卖行政管理部门审批等。

三、审批许可的方式

根据申请人要求进入市场的类型不同，国家有关部门可以采取以下三种不同的批准许可方式。

1. 立法特许。国家立法机关或行政机关对某一市场主体从事特定类型的市场经营活动进行审查，并在此基础上，通过发布法规，设立该市场主体。

2. 专项批准。政府对某一市场主体从事特定市场经营活动进行审查，并做出行政决定，批准其设立的行为。

3. 许可证审批。政府对从事某许可范围内经营的企业的设立和现有企业要求从事某许可范围内经营的申请进行审查，认为符合条件的给予颁发许可证，准许其从事该范围内的生产经营活动的行为。

四、审批许可的分类

根据审批许可内容不同，又可将审批许可制度分为两类，企业设立审批和经营许可制度。

设立审批。设立企业从事依法需要国家审批许可才能经营的业务，必须经国家的审批才能成立。

经营许可审批。已成立的企业，从事法律规定需要国家许可才能经营的业务，就必须履行这一审批程序，取得国家有关部门批准和许可的行为。

第五节　涉外的市场准入

在涉外市场准入方面，如何确定一国的涉外市场准入标准、市场开放度，关系到一国经济安全、产业安全、一国对外贸易对外依存度，甚至整个国民经济的发展。从 WTO 的根本目标来看，WTO 所谓追求贸易在世界范围自由化，无非要求各国开放本国市场，放宽实行市场准入条件。从某种意义上讲，WTO 的国民待遇、最惠国待遇、关税壁垒、非关税壁垒、反补贴、反倾销、争端解决机制等均为一国货物、服务或资本进入另一国的市场准入而服务的，可以说市场准入是 WTO 的重要目标。尽管对外开放、实现贸易自由化是符合历史潮流的，但不合时宜的开放也会对我国产业安全造成损害。在我国企业国际竞争力还较弱的情况下，没有了关税或非关税保护，有些行业可能整个行业就面临严重威胁。如我国数控机床、民用飞机制造、感光材料都是典型的例子。实际上，准许外商进入什么行业，是国家主权问题，一国本没有义务向非本国公民和企业无条件开放所有行业、尤其是经济命脉行业。我国应从全球化中获得收益，必须依据自己的比较优势，依据 WTO 的承诺表逐步、适度的开放。在开放的同时，保持民族经济独立性；从国家经济（产业）安全出发，吸引外商投资也要适度，警惕跨国公司对我国企业的并购，不能放弃国家对基础性的、"命脉"产业的控制权，不能丧失在某些高技术产业领域中保持技术追赶的能力。

【本章小结】

市场主体即市场经济主体，是指在市场上从事经济活动，享有经济权利、承担经济义务的个人和组织体。市场经济以市场主体为基本要素。一般来说，市场主体包括企业、个人（消费者、投资者、经营者、劳动者）、政府和其他非营利性机构。企业是依法设立的，以营利为目的的，从事经营活动并具有独立或相对独立的法律人格的组织。基本的企业法律形态有三种即个人独资企业、合伙企业和公司，这是依据投资者的出资方式和对企业风险承担责任形式不同而做出的划分，这三类企业是企业法定分类的基本形态。

市场准入制度是国家通过立法规定市场主体资格的条件及取得程序，以审批和登记的方式对企业进入市场进行的规制和管理。市场准入制度是国家对市场经济进行干预的重要法律制度之一，是经济法的重要组成部分。

市场准入制度是基于市场经济运行的要求而产生的。其意义在于：保障交易安全，维护市场秩序；保护资源，维护社会公共利益；通过确定市场主体的合法经营范围，促进经济和文化事业健康发展；在国际经济投资与贸易活动中，保护本国经济安全；有利于政府获取市场信息，进行经济调控。

设立市场准入制度的原则是：公开的原则；合法的原则；必要的原则；效能的原则；责任的原则。根据我国现行的市场主体登记法律、法规，市场主体准入制度是通过市场主体登记注册方式实现的，各类市场主体通过工商部门的登记注册，取得营业执照即标志着获得了政府认可的市场主体资格，可以从事政府核准范围内的各类经济活动。市场主体登记职能不仅承担和体现着市场主体准入的管制职能，同时也是维护市场秩序的重要方式。具体来说，市场准入法律制度体系主要由三个制度构成，即一般市场准入制度、特殊市场准入制度和涉外市场准入制度。为与 WTO 规则相适应，我国在工商登记方面，采取审批与准则相结合的企业登记注册制度，以组织形式、责任形式为登记条件，统一规范外资企业、国内企业、个体私营企业的登记注册，基本建立了统一的市场准入制度。我国现行的审批许可制度主要适用于从事与社会公共利益密切相关的经济活动。

【关键名词或概念】

市场主体
市场准入制度
企业
登记注册

【简答题】

1. 简述我国市场主体的主要种类。

2. 简述市场准入制度的意义。

3. 简述我国工商登记的基本类型。

4. 如何理解特殊市场准入制度？

5. 如何理解市场准入制度的设立原则？

6. 我国在设置涉外市场准入制度时，应该考虑的问题是什么？

【案例讨论】

案例一

某公司办事处违法经营处罚案

【案情】

　　某食品集团公司 S 市子公司在 N 市设立办事处，指定王某为办事处承包经营负责人，该办事处未进行工商登记，也未办理卫生许可证，仅租用已取得卫生许可证的食品生产企业的冷库贮藏食品，该办事处负责从事食品配送，催要销售货款，食品销售货款汇入 S 市子公司账户。N 市卫生监督机构调查证实，该办事处销售超保质期限的食品，违法所得 5 万余元。为此，N 市卫生监督机构对该办事处送达了听证告知书，拟做出没收违法所得，并处违法所得 3 倍的罚款。

【问题讨论】

　　在该案中，谁是违法主体？为什么？

案例二

非法买卖卷烟案

【案情】

　　近些年来，一些地方非法买卖卷烟活动猖獗，严重破坏了市场秩序。为此，国家相关主管机关和公安部门依法多次进行了以查禁非法卷烟贩运为主要内容的专项整治。2005 年 1 月 16 日，西安市烟草专卖局稽查支队会同西安市公安局经侦支队，在西安市自强西路铁路工房家属院内依法查获非法卷烟37件，价值7.2万元，当场抓获违法当事人朱某。经数月调查取证、审理，西安市莲湖区人民法院认定朱某未领取烟草经营许可证，属于非法经营卷烟，以非法经营罪判处朱某有期徒刑6个月，并处罚金1万元。

【问题讨论】

为什么政府要对朱某买卖卷烟的行为进行查处？从这个案例我们如何认识市场准入制度？

第四章 企业法

【本章导读】

　　个人独资企业是与公司、合伙企业并行的企业法律形态。与其他企业形态相比，个人独资企业独特的产权结构和责任承担方式使得其具有自身的特点，其中特别应强调的是，投资人以其个人财产对企业的债务承担无限责任；合伙企业是指自然人、法人和其他组织依照本法在中国境内设立的普通合伙企业和有限合伙企业。普通合伙企业最大的特点是其合伙性以及合伙人对企业的债务承担无限连带责任，而有限合伙企业则主要适用于风险投资。本章主要介绍了个人独资企业及合伙企业的概念和特征、设立条件、相关管理以及清算、解散的法律规定。

【学习目标】

　　本章重点要求学生了解个人独资企业、合伙企业的概念和特征，掌握个人独资企业设立的条件及事务管理、合伙企业中普通合伙企业、有限合伙企业的设立、财产及事务执行、合伙人与第三人的关系，入伙和退伙的有关内容，并了解个人独资企业和合伙企业的清算和解散等内容。

【知识结构图】

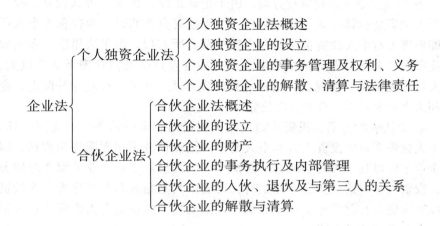

第一节　个人独资企业法

一、个人独资企业法概述

（一）个人独资企业概念

个人独资企业是指依照《中华人民共和国个人独资企业法》（以下简称《个人独资企业法》）在中国境内设立，由一个自然人投资，财产为投资人个人所有，投资人以其个人财产对企业债务承担无限责任的经济组织。个人独资企业是最简单、最古老的企业形态之一，个人独资企业的产生和发展往往与投资者个人职业选择及谋生手段相符合，这种古老的企业形式在现代市场经济中仍然以其独有的生存方式占有一席之地。

（二）个人独资企业特征

个人独资企业是与公司、合伙企业并行的企业法律形态。与其他企业形态相比，个人独资企业独特的产权结构和责任承担方式使得个人独资企业具有自身的特点，主要表现在以下几方面：

1. 在投资主体方面，个人独资企业是由一个自然人投资设立的。根据《个人独资企业法》的规定，投资设立个人独资企业只能是一个自然人，国家机关、国家授权投资的机构或者国家授权的部门、企业、事业单位等都不能作为个人独资企业的设立人。同时，外商独资企业不适用《个人独资企业法》。因此，这里的自然人只限于具有完全民事行为能力的中国公民。

2. 在产权关系和经营管理方面，由于企业是以"独资"方式设立，投资人对个人独资企业具有完全的控制权，个人独资企业的财产为投资人个人所有，即投资人对个人独资企业的财产依法享有所有权。由于法律没有强制规定企业所有与企业经营分离的机制，个人独资企业的经营管理灵活性较大，投资人可以视企业的情况自主选择经营管理方式。此外，在利益分配上，企业盈利由企业主独自享有和自由处分。

3. 在责任承担方面，投资人以其个人财产对企业的债务承担无限责任。由于个人独资企业的投资人以其个人财产对企业债务承担无限连带责任，因此，企业主应以其个人的全部财产而不是仅以其投资于该企业的财产对债务负责，投资人在申请企业设立登记时，明确以其家庭共有财产作为个人投资的，以其家庭共有财产对企业债务承担无限责任。这也是个人投资企业区别于其他企业形式的基本特征。

4. 在法律地位方面，个人独资企业不具有法人资格。独资企业是自然人从事商业经营的一种组织形式，但由于其没有独立的财产，没有独立承担民事责任的能力，在权利、义务上，企业和个人融为一体，其民事或商事活动都是以独资企业主的个人人格或主体身份进行的，因此可以说个人独资企业是自然人进行经济活动的特殊形态。

（三）个人独资企业法

个人独资企业法是指规定独资企业的设立、事务管理、解散清算和投资人及其委托聘用人的权利、义务的法律规范的总称。1999年8月30日第九届全国人民代表大会常务委员会第十一次会议上通过《中华人民共和国个人独资企业法》，并于2000年1月1日起实施。《个人独资企业法》的颁布和实施，对于规范个人独资企业的行为，保护个人独资企业的投资人和债权人的合法权益，促进市场经济健康发展起着重要作用。

【案例3-1】　37岁的吴××从北京市海淀工商分局拿到了注册号为1101082118596的个人独资企业营业执照，申报的出资额为20万元人民币。这是2000年1月1日《个人独资企业法》实施后，北京海淀工商分局受理登记的第一家个人独资企业。据了解，这也是北京市乃至全国的第一家个人独资企业。吴××给自己的企业起了一个颇有中关村科技园区特色的时髦的名字：北京知本家投资顾问事务所。该事务所主要从事中关村科技园区项目建设的宣传、咨询、文本制作、联络等中介服务，以及项目前期包装、立项、融资、规划、建设等相关服务。

二、个人独资企业的设立

（一）个人独资企业的设立条件

《个人独资企业法》第8条规定了设立个人独资企业应当具备的条件，具体如下：

1. 投资人为一个自然人，且只能是中国公民。这一法定条件意味着自然人之外的法人、其他组织不能投资设立个人独资企业，外国人或外国机构也不能设立个人独资企业。而且，作为个人独资企业的投资人，在数量上仅限于一人。由于设立个人独资企业是一种经营行为，投资人应当有相应的民事权利能力和民事行为能力。此外，法律、行政法规禁止从事营利性活动的人，不得作为投资人申请设立个人独资企业。

2. 有合法的企业名称。企业名称是标志企业的文字符号，应当真实地表现出企业的组织形式及特征，符合法律、法规的规定，不得标明与其从事营业不相符的内容。个人独资企业的名称应当与其责任形式及从事的业务相符合，而且应当与公司和合伙企业区别开来，不得使用"有限"、"有限责任"或者"公司"字样。

3. 有投资人申报的出资。《个人独资企业法》对个人独资企业出资的规定只要求有出资，且投资人申报的出资额应当与企业的生产经营规模相适应，而并没有规定最低资本数额的要求。这是因为个人独资企业的投资人以其个人财产对企业债务承担无限责任，债权人可以通过追究投资人个人的财产责任来保障自己的债权的实现。案例4-1中的吴××申报的出资额为20万元人民币。创办个人独资企业，吴××无疑成为了第一个"吃螃蟹者"，在企业出资方式一栏中清楚地写着：家庭共有财产。吴××坦承用家庭共有财产出资办企业意味着吴××应当依法以家庭共有财产对企业债务承担无限责任。

4. 有固定的生产经营场所和必要的生产经营条件。生产经营场所包括企业的住所以及与生产经营相适应的处所。住所是企业的主要办事机构所在地，是企业的法定地址。固定的生产经营场所和必要的生产经营条件都是企业开展经营活动的物质基础。

5. 有必要的从业人员。从业人员是企业开展经营活动必不可少的人的要素和条件，关于从业人员的人数，法律并没有做具体规定，由企业视其经营情况而定。

（二）个人独资企业的设立程序

个人独资企业的设立程序主要如下：

1. 提出申请。申请设立个人独资企业，应当由投资人或者其委托的代理人向个人独资企业所在地的登记机关提交设立申请书、投资人身份证明、生产经营场所使用证明等文件。

个人独资企业设立申请书应当载明的事项包括：企业的名称和住所；投资人的姓名和居所；投资人的出资额和出资方式；生产经营范围等。

个人独资企业不得从事法律、行政法规禁止经营的业务。个人独资企业拟从事法律、行政法规规定须报经有关部门审批的业务，如烟草、旅店、印刷、音像制品等，应当在申请设立登记时提交有关部门的批准文件。

2. 工商登记。登记机关应当在收到设立申请文件之日起 15 天内，对符合《个人独资企业法》规定条件的予以登记，发给营业执照；对不符合《个人独资企业法》规定条件的，不予登记的应当以书面方式通知申请人并说明驳回理由。个人独资企业的营业执照签发之日，为个人独资企业的成立日期。在领取个人独资企业营业执照前，投资人不得以个人独资企业名义从事经营活动。违反此规定，未领取营业执照，以个人独资企业名义从事经营活动的，责令停止经营活动，处以 3000 元以下的罚款。案例 4－1 中的吴先生选择设立个人独资企业，就是利用法律上设立个企无须验资，本行业无须前置审批，很快就能拿到营业执照，从事投资咨询业，高新技术企业很适合这种企业类型。

（三）对个人独资企业的登记管理

个人独资企业可以设立分支机构，设立分支机构时应当由投资人或者其委托的代理人向分支机构所在地的登记机关申请登记，领取营业执照。分支机构经核准登记后，应将登记情况报该分支机构隶属的个人独资企业的登记机关备案。分支机构的民事责任由设立该分支机构的个人独资企业承担。

在个人独资企业存续期间登记事项发生变更的，应当在做出变更决定之日起的 15 天内依法向登记机关申请办理变更登记。

三、个人独资企业的事务管理及权利、义务

（一）个人独资企业事务管理

个人独资企业投资人可以自行管理企业事务，也可以委托或者聘用其他具有民事行为能力的人负责企业的事务管理。投资人委托或者聘用他人管理个人独资企业事务，应当与受托人或者被聘用的人签订书面合同，明确委托的具体内容和授予的权利范围。投资人对受托人或者被聘用的人员职权的限制，不得对抗善意第三人。所谓善意第三人，是指第三人在与该个人独资企业的有关经济业务事项交往中，本着正当的交易目的，没有与受托人或者被

聘用的人员串通，故意损害投资人利益的人。个人独资企业的投资人与受托人或者被聘用的管理人之间有关独资企业事务的限制对善意第三人没有约束力，受托人或者被聘用的人员超出投资人的限制与善意第三人的有关业务交往应当有效。

为了保护投资人的合法权益，《个人独资企业法》规定了受托人或被聘用的人员的责任和义务。首先，受托人或者被聘用的人员应当履行诚信、勤勉义务，按照与投资人签订的合同负责个人独资企业的事务管理。投资人委托或者聘用的人员管理个人独资企业事务时违反双方订立的合同，给投资人造成损害的，承担民事赔偿责任。其次，投资人委托或者聘用的管理个人独资企业事务的人员不得有下列行为：

1. 利用职务上的便利，索取或者收受贿赂；
2. 利用职务或者工作上的便利侵占企业财产；
3. 挪用企业的资金归个人使用或者借贷给他人；
4. 擅自将企业资金以个人名义或者以他人名义开立账户储存；
5. 擅自以企业财产提供担保；
6. 未经投资人同意，从事与本企业相竞争的业务；
7. 未经投资人同意，同本企业订立合同或者进行交易；
8. 未经投资人同意，擅自将企业商标或者其他知识产权转让给他人使用；
9. 泄露本企业的商业秘密；
10. 法律、行政法规禁止的其他行为。

（二）个人独资企业的权利和义务

1. 个人独资企业的权利

根据《个人独资企业法》的有关规定，个人独资企业主要享有以下五方面的权利：

（1）生产经营自主权。个人独资企业在依法核定的生产经营范围内，可以自主选择经营方式，对企业的生产经营活动享有完全的决策权和管理权。

（2）依法申请贷款权。根据《商业银行法》、《合同法》、中国人民银行发布的《贷款通则》等法律规定，个人独资企业有权根据法律规定申请取得贷款。

（3）依法取得土地使用权的权利。根据《土地管理法》等有关法律规定，个人独资企业有权依法取得土地使用权。

（4）摊派拒绝权。任何单位和个人不得违反法律、行政法的规定，以任何方式强制个人独资企业提供财力、物力、人力；对于违法强制提供财力、物力、人力的行为，个人独资企业有权拒绝。

（5）法律、行政法规规定的其他权利。个人独资企业依据我国法律规定还享有其他广泛的权利。例如：根据《商标法》、《专利法》的规定个人独资企业可以取得商标和专利的保护，根据《外贸法》的规定，个人独资企业可以依法取得外贸经营权或委托有外贸经营权的单位代为办理进出口业务等。

2. 个人独资企业的义务

根据《个人独资企业法》的有关规定，个人独资企业主要享有以下五方面的权利：

（1）遵守法律、法规，遵守诚实信用原则，个人独资企业从事经营活动不得损害社会公共利益以及其他组织或个人的合法权益。

（2）依法履行纳税义务。个人独资企业应当按照税法的有关规定，缴纳相关税款，依法履行纳税义务。

（3）保障和维护企业职工的合法权益。个人独资企业招用职工的，应当与职工签订劳动合同，保障职工的劳动安全，按时足额发放职工工资。同时，个人独资企业应当按照国家规定参加社会保险，为职工缴纳社会保险费。

（4）依法建立企业财务会计制度。个人独资企业应当依照我国《会计法》有关规定设置会计账簿，依法进行会计核算。

四、个人独资企业的解散、清算与法律责任

（一）个人独资企业的解散与清算

1. 个人独资企业的解散

个人独资企业的解散是指个人独资企业终止其活动使其民事主体资格消灭的行为。根据《个人独资企业法》第 26 条的规定，个人独资企业有以下情形之一的，应当解散：

（1）投资人决定解散；

（2）投资人死亡或者被宣告死亡，无继承人或者继承人决定放弃继承；

（3）被依法吊销营业执照；

（4）法律、行政法规规定的其他情形。

2. 个人独资企业的清算

个人独资企业解散时，应由投资人自行清算或者由债权人申请人民法院指定清算人进行清算。清算制度的目的是为规范企业清算行为，保护债权人、投资人和其他利害关系人的合法权益。《个人独资企业法》对企业清算做了如下规定：

（1）通知和公告债权人。根据《个人独资企业法》第27条规定，投资人自行清算的，应当在清算前15天内书面通知债权人，无法通知的，应当予以公告。债权人应当在接到通知之日起30天内，未接到通知的应当在公告之日起60天内，向投资人申报其债权。

（2）财产清偿顺序。为了保护债权人、投资人、企业职工以及其他利害关系人的合法权益，《个人独资企业法》第29条规定，个人独资企业解散的，财产应当按照下列顺序清偿：①所欠职工工资和社会保险费用；②所欠税款；③其他债务。个人独资企业财产不足以清偿债务的，投资人应当以其个人的其他财产予以清偿。

（3）清算期间对投资人的要求。《个人独资企业法》第30条规定，清算期间，个人独资企业不得开展与清算项目的无关的经营活动；在按法定的顺序清偿债务前，投资人不得转移、隐匿财产。

（4）投资人清偿责任的除斥期间。个人独资企业解散后，原投资人对个人独资企业存续期间的债务仍应承担偿还责任，但债权人在5年内未向债务人提出偿债请求的，该责任消灭。

（5）注销登记。个人独资企业清算结束后，投资人或者人民法院指定的清算人应当编制清算报告，并于15天内到原登记机关办理注销登记。个人独资企业办理注销登记时，应当缴回营业执照。

（二）违反个人独资企业法的法律责任

1. 违法登记的法律责任

（1）个人独资企业投资人提交虚假文件或采取其他欺骗手段，取得企业登记的，责令改正，处以5000元以下的罚款；情节严重的，并处吊销营业执照。

（2）个人独资企业使用的名称和其在登记机关登记的名称不相符合的，责令限期改正，处以2000元以下的罚款。

（3）个人独资企业投资人未领取营业执照，以个人独资企业名义从事经营活动的，责令停止经营活动，处以3000元以下的罚款。

（4）个人独资企业登记事项发生变更时，未按法律规定办理有关变更登记的，责令限期办理变更登记；逾期不办理的，处以2000元以下的罚款。

2. 违法经营的法律责任

（1）个人独资企业成立后无正当理由超过6个月未开业的，或者开业后自行停业连续6个月以上的，吊销营业执照。

（2）个人独资企业投资人涂改、出租、转让营业执照的，责令改正，没收违法所得，处以 3000 元以下的罚款；情节严重的，吊销营业执照。

（3）个人独资企业伪造营业执照的，责令停止，没收违法所得，处以 5000 元以下的罚款。构成犯罪的，依法追究刑事责任。

3. 违法清算的法律责任

个人独资企业及其投资人在清算前或清算期间隐匿或转移财产，逃避债务的，依法追回其财产，并按照有关规定予以处罚；构成犯罪的，依法追究刑事责任。

第二节　合伙企业法

一、合伙企业法概述

（一）合伙企业的概念和特征

合伙企业是指依照《中华人民共和国合伙企业法》（以下简称《合伙企业法》）由自然人、法人和其他组织依照本法在中国境内设立的普通合伙企业、有限合伙企业。

普通合伙企业可以分为两种，一种是一般的普通合伙企业，普通合伙企业由普通合伙人组成，每一个普通合伙人对合伙企业债务均承担无限连带责任；另外一种是特殊普通合伙企业，即各合伙人仍对合伙债务承担无限责任，但仅对本人负责的业务或过错所导致的合伙债务承担无限责任，对因其他合伙人过错造成的合伙债务不负无限连带责任。这是普通合伙的一种发展形式，以专业知识和专门技能为客户提供有偿服务的专业服务机构，可以设立为特殊的普通合伙企业。

有限合伙企业由普通合伙人和有限合伙人组成，普通合伙人对合伙企业债务承担无限连带责任，有限合伙人以其认缴的出资额为限对合伙企业债务承担责任。这种组织形式主要适用于风险投资，由具有良好投资意识的专业管理机构或个人作为普通合伙人，承担无限连带责任，行使合伙事务执行权，负责企业的经营管理；作为资金投入者的有限合伙人则依据合伙协议享受合伙收益，对企业债务只承担有限责任，不对外代表合伙，也不直接参与企业经营管理。

合伙企业是一种具有悠久历史的企业组织形式。由于合伙企业在投资来源、经营管理以及风险承担等方面的社会化程度较低，所以，在现代市场经济社会中，与公司企业相比，合伙企业在功能上已经退居到次要的地位。但合伙企业具有设立简便，组织形式简单，经营管理灵活等优势，因此它仍然是一种相当普遍的企业组织形式。由于就我国的历史条件和种种其他因素导致各地的生产力发展水平并不一致，合伙企业在发展经济、扩大就业、方便人们生活和满足社会多样化需要方面仍然具有重要的作用。

作为一种市场主体，合伙企业与其他企业形式相比具有以下特征：

1. 从组织形态上看，合伙企业是契约性组织。合伙企业不是单个主体的行为，而是多个自然人或自然人与法人或其他组织的联合。也就是说，合伙企业至少有两个以上的主体作为合伙人。所有有关合伙人之间的关系、合伙企业的内部管理等事项均需要合伙人通过合伙协议来约定，例如，合伙人的出资、利润分配和亏损分担办法、合伙企业事务的执行、入伙与退伙、合伙企业的解散与清算、违约责任、争议的解决方式等。如果没有合伙协议，合伙企业就不能成立，同时也无法运作。因此，合伙协议是合伙企业得以设立的前提或基础。

2. 从内部关系上看，合伙企业属于合伙关系，所谓的合伙关系，就是共同出资、共同经营、共享收益、共担风险的关系。尽管不同的合伙企业的管理有很大差别，但必须遵循前述基本规则。正是在这个意义上，合伙企业也称人合企业，合伙企业的资本由全体合伙人的共同出资构成，由于合伙人共同出资，合伙人之间有着共同的经济目的和紧密一致的经济利害关系，因此，合伙人在原则上均享有平等地参与执行合伙企业事务的权利，每一个合伙人都有权利分享合伙经营的收益，也有义务分担合伙的经营风险。

3. 从责任形态上来看，不同类型的合伙企业都要求有合伙人对合伙企业的债务承担无限连带责任。无限连带责任的含义是当合伙企业财产不足以清偿其债务时，合伙人应以其在合伙企业出资以外的财产清偿债务；每一个合伙人对企业债务都有清偿的义务，债权人可以就合伙企业财产不足以清偿的那部分债务，向任何一个合伙人要求全部偿还。如果部分合伙人清偿了企业的全部债务，清偿者可以向其他合伙人追偿其额外分担的部分。无限连带责任的规定目的是使合伙人能够最大限度地谨慎、勤勉地执行合伙企业的事务，使合伙企业的债权人的合法权益能够得到保障和实现。

（二）合伙企业法的概念

合伙企业法是规定合伙企业的设立、事务执行、解散清算以及合伙企业与第三人关系的法律规范的总称。1997 年 2 月 23 日第八届全国人民代表大会常务委员会第二十四次会议通过《中华人民共和国合伙企业法》，于 1997 年 8

月 1 日起实施。该法于 2006 年 8 月 27 日修订，新的《合伙企业法》自 2007年 6 月 1 日起施行。《合伙企业法》的立法宗旨是规范合伙企业的行为，保护合伙企业及其合伙人、债权人的合法权益，维护社会经济秩序，促进社会主义市场经济的发展。

【案例 4－2】 2007 年 6 月 26 日，南海成长创业投资有限合伙企业（以下简称"南海成长"）在深圳成立，我国《中华人民共和国合伙企业法》生效后国内第一家以有限合伙方式组织的私募股权基金。该合伙企业由创投机构同创伟业有限公司作为一般（普通）合伙人，负责该公司的日常经营管理，并承担无限责任。由投资者作为有限合伙人，其准入门槛为 200 万元。按照国际惯例，投资者将资金交由创投机构即一般合伙人来打理，以获得投资收益，每年需要交纳一定的管理费。南海成长创业投资有限合伙企业的成立，开创了我国有限合伙制私募股权基金的新纪元。

二、合伙企业的设立

（一）合伙企业的设立条件

1. 设立主体合法

普通合伙企业的设立应有两个以上合伙人，并且都依法承担无限责任。合伙人可以是自然人或法人或其他组织。有限合伙企业由两个以上 50 个以下合伙人设立；但是，法律另有规定的除外。有限合伙企业至少应当有一个普通合伙人。普通合伙人对合伙企业债务承担无限连带责任，有限合伙人以其认缴的出资额为限对合伙企业债务承担责任。作为合伙人的自然人应当为具有完全民事行为能力的人。国有独资公司、国有企业、上市公司以及公益性的事业单位、社会团体不得成为普通合伙人。法律、行政法规禁止从事营利性活动的人，不得成为合伙企业的合伙人。

2. 有书面合伙协议

（1）合伙协议订立的原则。合伙协议依法由全体合伙人协商一致、以书面形式订立。订立合伙协议、设立合伙企业，应当遵循自愿、平等、公平、诚实信用原则。

（2）合伙协议的内容。根据《合伙企业法》第 18 条规定，合伙协议应当载明下列事项：

① 合伙企业的名称和主要经营场所的地点；

② 合伙目的和合伙企业的经营范围；

③ 合伙人的姓名及其住所；

④ 合伙人出资的方式、数额和缴付出资的期限；

⑤ 利润分配和亏损分担办法；

⑥ 合伙企业事务的执行；

⑦ 入伙与退伙；

⑧ 争议解决办法；

⑨ 合伙企业的解散与清算；

⑩ 违约责任。

有限合伙企业的合伙协议除符合上述规定外，还应当载明下列事项：

① 普通合伙人和有限合伙人的姓名或者名称、住所；

② 执行事务合伙人应具备的条件和选择程序；

③ 执行事务合伙人权限与违约处理办法；

④ 执行事务合伙人的除名条件和更换程序；

⑤ 有限合伙人入伙、退伙的条件、程序以及相关责任；

⑥ 有限合伙人和普通合伙人相互转变程序。

合伙协议经全体合伙人签名、盖章后生效。

合伙协议经全体合伙人协商一致，可以修改或者补充，合伙人违反合伙协议的，应当依法承担违约责任。

3. 有各合伙人实际缴付的出资

合伙协议生效后，合伙人应当按照合伙协议约定的出资方式、数额和缴付出资的期限履行出资义务。各合伙人按照合伙协议实际缴付的出资，为对合伙企业的出资。合伙人可以用货币、实物、土地使用权、知识产权或者其他财产权利出资；上述出资应当是合伙人的合法财产及财产权利。以非货币财产出资的，依照法律、行政法规的规定，需要办理财产权转移手续的，应当依法办理。

对货币以外的出资需要评估作价的，可以由全体合伙人协商确定，也可以由全体合伙人委托法定评估机构进行评估。经全体合伙人协商一致，合伙人也可以用劳务出资，其评估办法由全体合伙人协商确定，并在合伙协议中载明。

有限合伙企业中，有限合伙人可以用货币、实物、知识产权、土地使用权或者其他财产权利作价出资。有限合伙人不得以劳务出资。案例 4－2 中，"南海成长"首期募集就达到 1.62 亿元资金。有限合伙作为风险投资的一种通行组织形式，其对促进一国高科技产业发展的重要作用将体现得更加明显。有限合伙人应当按照合伙协议的约定按期足额缴纳出资；未按期足额缴纳的，应当承担补缴义务，并对其他合伙人承担违约责任。

4. 有合伙企业名称

合伙企业的名称对于维护合伙企业自身的利益、保障其交易相对人的利益以及维护社会经济秩序等方面均具有重要的法律意义。如同所有企业一样，合伙企业的名称是代表合伙企业的文字符号，是与其他企业相区别并被社会识别的标志。合伙企业的名称应当符合我国有关企业名称的管理规定。企业名称一般由企业所在地行政区划名称、字号（商号）、行业或经营特点、组织形式等部分组成。合伙企业在其名称中不得使用"有限责任"字样。普通合伙企业的名称中应当标明"普通合伙"字样，且在其名称中不得使用"有限"或者"有限责任"字样。有限合伙企业名称中应当标明"有限合伙"字样。特殊的普通合伙企业名称中应当标明"特殊普通合伙"字样。合伙企业未在其名称中标明"普通合伙"、"特殊普通合伙"或者"有限合伙"字样的，由企业登记机关责令限期改正，处以 2000 元以上 10000 元以下的罚款。

5. 有经营场所和从事合伙经营的必要条件

合伙企业的经营场所是合伙企业进行业务活动的必要条件。同时，经营场所还是确定合伙企业住所的重要依据。而合伙企业住所的确定，又是确定债务履行地、企业登记地、诉讼管辖地、诉讼文书收受地的依据。

（二）合伙企业的设立程序

根据《合伙企业法》及《合伙企业登记管理办法》的规定，合伙企业的设立程序主要如下：

1. 申请。申请设立合伙企业，应当向企业所在地的登记机关提交全体合伙人签署的合伙申请书、全体合伙人的身份证明、合伙协议、出资权属证明、经营场所使用证明等文件。合伙企业的经营范围中有属于法律、行政法规规定在登记前须经批准的项目的，该项经营业务应当依法经过批准，并在登记时提交批准文件。

2. 登记。申请人提交的登记申请材料齐全、符合法定形式，企业登记机关能够当场登记的，应予当场登记，发给营业执照。除此情形外，企业登记机关应当自受理申请之日起 20 天内，做出是否登记的决定。予以登记的，发给营业执照；不予登记的，应当给予书面答复，并说明理由。

合伙企业的营业执照签发日期，为合伙企业成立日期。有限合伙企业登记事项中应当载明有限合伙人的姓名或者名称及认缴的出资数额。

合伙企业在领取营业执照前，合伙人不得以合伙企业的名义从事经营活动，否则，由企业登记机关责令停止，处以 5000 元以上 50000 元以下的罚款。

合伙企业成立后无正当理由超过 6 个月未开业的，或者开业后自行停业连续 6 个月以上的，吊销营业执照。

合伙企业设立分支机构，应当向分支机构所在地的企业登记机关申请登记，领取营业执照。

合伙企业存续期间登记事项发生变更的，应当在做出变更决定之日起的 15 天内依法向登记机关申请办理变更登记。未依法办理变更登记的由企业登记机关责令限期登记；逾期不登记的，处以 2000 元以上 20000 元以下的罚款。

合伙企业登记事项发生变更，执行合伙事务的合伙人未按期申请办理变更登记的，应当赔偿由此给合伙企业、其他合伙人或者善意第三人造成的损失。

违反法律规定，提交虚假文件或者采取其他欺骗手段，取得合伙企业登记的，由企业登记机关责令改正，处以 5000 元以上 50000 元以下的罚款；情节严重的，撤销企业登记，并处以 5000 元以上 200000 元以下的罚款。

三、合伙企业的财产

【案例 4-3】 甲、乙合伙经营一建材商店，合伙协议中约定：凡 5 万元以上的业务须经甲乙两人一致同意。乙为负责人。某日，甲外出采购，乙与前来购买建材的丙签订了一份购买合同。因流动资金不足，乙向银行贷款 5 万元，银行要求提供担保，乙以该商店的一辆货车作为抵押。丁见甲和乙的商店生意很红火，便向乙提出入伙的请求，乙给甲打电话，却没能联系上甲。乙怕丁反悔，遂自行答应了丁的入伙请求。由于丙未及时缴纳货款，导致建材商店无力偿还银行贷款，甲认为乙向银行贷款未经自己同意，因此，银行债务应该由乙自己偿还，乙则认为贷款是为商店经营，应该由两人共同偿还。甲与乙因此发生争议。

（一）合伙企业财产的构成与性质

根据《合伙企业法》第 20 条的规定，合伙企业存续期间，合伙人的出资、以合伙企业名义取得的收益和依法取得的其他财产，均为合伙企业的财产。案例 4-3 中建材商店的财产为甲、乙两人共同所有，因此，按照调整财产共有关系的法律规定，建材商店的财产由甲、乙两人依照《合伙企业法》的规定及合伙协议的约定共同管理和使用。合伙企业及其合伙人的合法财产及其权益受法律保护。

为了维护合伙企业财产的完整，并且保障合伙企业交易相对人的合法权益，除法律另有规定外，合伙企业进行清算前，合伙人不得请求分割合伙企业的财产。

（二）合伙企业财产的转让

合伙企业财产的转让是指合伙人将自己在合伙企业中的财产份额转让给他人。由于合伙企业及其财产性质的特殊性，其财产的转让，将会影响到合伙企业以及各合伙人的切身利益，因此，《合伙企业法》对合伙企业的财产转让做了以下限制性规定：

1. 合伙企业存续期间，除合伙协议另有约定外，合伙人向合伙人以外的人转让其在合伙企业中的全部或者部分财产份额时，须经其他合伙人一致同意。在同等条件下，其他合伙人有优先购买权；合伙人以外的人依法受让合伙人在合伙企业中的财产份额的，经修改合伙协议即成为合伙企业的合伙人，依照《合伙企业法》和修改后的合伙协议享有权利，履行义务。

2. 合伙人之间转让在合伙企业中的全部或者部分财产份额时，应当通知其他合伙人。此外，合伙人以其在合伙企业中的财产份额出资的，须经其他合伙人一致同意，否则，其出资行为无效，或者作为退伙处理；由此给其他合伙人或善意第三人造成损失的，由行为人依法承担赔偿责任。案例 4 - 3 中乙以该商店作为抵押向银行贷款，须经甲同意，未经甲同意，抵押无效，但银行为善意第三人时例外。

有限合伙人可以将其在有限合伙企业中的财产份额出资；但是，合伙协议另有约定的除外。

有限合伙人可以按照合伙协议的约定向合伙人以外的人转让其在有限合伙企业中的财产份额，但应当提前 30 天通知其他合伙人。

四、合伙企业的事务执行及内部管理

（一）合伙企业事务的执行

根据《合伙企业法》第 25 条规定，合伙企业中各合伙人对合伙企业事务的执行享有同等的权利。除合伙协议另有规定外，各合伙人均有权执行合伙企业的事务、对外代表合伙企业。

1. 合伙企业事务执行的形式

（1）共同执行

全体合伙人共同执行合伙企业事务是合伙企业事务执行的基本形式，也是在合伙企业中经常使用的一种形式。在采取这种形式的合伙企业中，按照合伙协议约定，每个合伙人都直接参与经营，合伙企业的事务由全体合伙人共同决定，相互监督。合伙协议中对此没有约定的，可由全体合伙人共同决定。

（2）委托执行

合伙企业的事务也可以由合伙协议约定或者全体合伙人决定，委托一名或者数名合伙人执行合伙企业事务。委托一名或者数名合伙人执行合伙企业事务的，其他合伙人不再执行合伙企业事务，不执行合伙事务的合伙人有权监督执行事务合伙人执行合伙事务的情况。由一个或者数个合伙人执行合伙事务的，执行事务合伙人应当定期向其他合伙人报告事务执行情况以及合伙企业的经营和财务状况，其执行合伙事务所产生的收益归合伙企业，所产生的费用和亏损由合伙企业承担。被委托执行合伙企业事务的合伙人不按照合伙协议或者全体合伙人的决定执行事务的，其他合伙人可以决定撤销该委托。

合伙协议约定或者经全体合伙人决定，合伙人分别执行合伙企业事务时，合伙人可以对其他合伙人执行的事务提出异议。提出异议时，应暂停该项事务的执行。如果发生争议，可由全体合伙人共同决定。

无论采取哪种执行的方式，根据《合伙企业法》第31条规定，合伙企业的下列事务都必须经全体合伙人同意：处分合伙企业的不动产；改变合伙企业名称；转让或者处分合伙企业的知识产权和其他财产权利；向企业登记机关申请办理变更登记手续；以合伙企业名义为他人提供担保；聘任合伙人以外的人担任合伙企业的经营管理人员；依照合伙协议约定的有关事项。

合伙人对上述规定或者合伙协议约定必须经全体合伙人一致同意始得执行的事务擅自处理，给合伙企业或者其他合伙人造成损失的，依法承担赔偿责任。案例4-3中，乙以建材商店的货车作为贷款抵押，未经甲同意，就是违反合伙企业法的行为，如果因此给商店或甲造成损失，乙要承担赔偿责任。

（3）有限合伙企业中合伙执行的规定

在有限合伙企业中，由普通合伙人执行合伙事务，执行事务合伙人可以要求在合伙协议中确定执行事务的报酬及报酬提取方式。案例4-2中，南海成长创业投资有限合伙企业的一般合伙人为同创伟业有限公司，由公司委派执行事务合伙人作为基金管理人。

有限合伙人不执行合伙事务，不得对外代表有限合伙企业。有限合伙人的下列行为，不视为执行合伙事务：

① 参与决定普通合伙人入伙、退伙；

② 对企业的经营管理提出建议；

③ 参与选择承办有限合伙企业审计业务的会计师事务所；

④ 获取经审计的有限合伙企业财务会计报告；

⑤ 对涉及自身利益的情况，查阅有限合伙企业财务会计账簿等财务资料；

⑥ 在有限合伙企业中的利益受到侵害时，向有责任的合伙人主张权利或

者提起诉讼；

⑦ 执行事务合伙人怠于行使权利时，督促其行使权利或者为了本企业的利益以自己的名义提起诉讼；

⑧ 依法为本企业提供担保。

有限合伙人未经授权以有限合伙企业名义与他人进行交易，给有限合伙企业或者其他合伙人造成损失的，该有限合伙人应当承担赔偿责任。

2. 合伙人在执行合伙企业事务中的权利和义务

各合伙人对执行合伙企业事务享有同等的权利，合伙人为了解合伙企业的经营状况和财务状况，有权查阅账簿。

合伙人在执行合伙企业事务中的义务主要包括：普通合伙人不得自营或者同他人合作经营与本合伙企业相竞争的业务；除合伙协议另有约定或者经全体合伙人同意外，合伙人不得同本合伙企业进行交易。合伙人不得从事损害本合伙企业利益的活动。但合伙协议另有约定的除外，有限合伙人可以自营或者同他人合作经营与本有限合伙企业相竞争的业务，也可以同本有限合伙企业进行交易。

合伙人违反上述规定或者合伙协议的约定，从事与本合伙企业相竞争的业务或者与本合伙企业进行交易的，该收益归合伙企业所有；给合伙企业或者其他合伙人造成损失的，依法承担赔偿责任。

不具有事务执行权的合伙人擅自执行合伙事务，给合伙企业或者其他合伙人造成损失的，依法承担赔偿责任。

合伙人执行合伙事务，或者合伙企业从业人员利用职务上的便利，将应当归合伙企业的利益据为己有的，或者采取其他手段侵占合伙企业财产的，应当将该利益和财产退还合伙企业；给合伙企业或者其他合伙人造成损失的，依法承担赔偿责任。

3. 合伙企业事务执行的决议办法

合伙人依法或者按照合伙协议对合伙企业有关事项做出决议时，除法律另有规定或者合伙协议另有约定外，经全体合伙人决定可以实行一人一票的表决办法。

（二）合伙企业的利润分配、亏损分担及纳税的规定

1. 《合伙企业法》第33条规定，合伙企业的利润分配、亏损分担，按照合伙协议的约定办理；合伙协议未约定或者约定不明确的，由合伙人协商决定；协商不成的，由合伙人按照实缴出资比例分配、分担；无法确定出资比例的，由合伙人平均分配、分担。另外，合伙协议不得约定将全部利润分配

给部分合伙人或者由部分合伙人承担全部亏损。有限合伙企业也不得将全部利润分配给部分合伙人；但是，合伙协议另有约定的除外。

2. 合伙企业存续期间，合伙人依照合伙协议的约定或者经全体合伙人决定，可以增加对合伙企业的出资，用于扩大经营规模或者弥补亏损，也可以减少对合伙企业的出资。合伙企业年度的或者一定时期的利润分配或者亏损分担的具体方案，由全体合伙人协商决定或者按照合伙协议约定的办法决定。

3. 合伙企业的生产经营所得和其他所得，按照国家有关税收规定，由合伙人分别缴纳所得税。这改变了我国的合伙企业重复纳税的问题，是对投资人设立合伙企业的鼓励。

（三）非合伙人参与经营管理

经全体合伙人同意，合伙企业可以聘任合伙人以外的人担任合伙企业的经营管理人员。被聘任的合伙企业的经营管理人员应当在合伙企业授权范围内履行职务。超越合伙企业授权范围从事经营活动，或者因故意或者重大过失，给合伙企业造成损失的，依法承担赔偿责任。

五、合伙企业的入伙、退伙及与第三人的关系

（一）合伙企业的入伙

入伙是指在合伙企业存续期间，合伙人以外的第三人加入合伙，从而取得合伙人资格。《合伙企业法》第43条、第44条对入伙做了如下规定：

1. 新合伙人入伙时，除合伙协议另有约定外，应当经全体合伙人同意，并依法订立书面入伙协议。订立入伙协议时，原合伙人应当向新合伙人告知原合伙企业的经营状况和财务状况。案例4-3中，乙自行答应了丁的入伙要求，是无效行为。

2. 入伙的新合伙人与原合伙人享有同等权利，承担同等责任。入伙协议另有约定的，从其约定。

3. 入伙的新合伙人对入伙前合伙企业的债务承担连带责任。

（二）合伙企业的退伙

退伙是指合伙人在合伙企业存续期间退出合伙企业、从而失去合伙人资格。

1. 退伙的种类

根据《合伙企业法》的规定，基于退伙的原因不同，退伙可以分为自愿退伙、法定退伙和除名退伙三种情形。

（1）自愿退伙。自愿退伙，又称声明退伙，是合伙人基于自愿而退伙。

自愿退伙可以分为协议退伙和通知退伙两种类型。

① 协议退伙，《合伙企业法》第 45 条规定，合伙协议约定合伙企业的经营期限的，有下列情形之一时，合伙人可以退伙：合伙协议约定的退伙事由出现；经全体合伙人一致同意退伙；发生合伙人难于继续参加合伙企业的事由；其他合伙人严重违反合伙协议约定的义务。

② 通知退伙，《合伙企业法》第 46 条规定，合伙协议未约定合伙企业的经营期限的，合伙人在不给合伙企业事务执行造成不利影响的情况下，可以退伙，但应当提前 30 天通知其他合伙人。

合伙人在不符合以上两种自愿退伙的法定条件时，擅自退伙的，应当赔偿由此给其他合伙人造成的损失。

（2）法定退伙。法定退伙，又称当然退伙，是指合伙人因出现法律规定的事由而退伙。根据《合伙企业法》第 48 条的规定，合伙人有下列情形之一的，当然退伙：

① 作为合伙人的自然人死亡或者被依法宣告死亡；

② 个人丧失偿债能力；

③ 作为合伙人的法人或者其他组织依法被吊销营业执照、责令关闭撤销，或者被宣告破产；

④ 法律规定或者合伙协议约定合伙人必须具有相关资格而丧失该资格；

⑤ 合伙人在合伙企业中的全部财产份额被人民法院强制执行。

在有限合伙企业中，作为有限合伙人的自然人在有限合伙企业存续期间丧失民事行为能力的，其他合伙人不得因此要求其退伙。合伙人被依法认定为无民事行为能力人或者限制民事行为能力人的，经其他合伙人一致同意，可以依法转为有限合伙人，普通合伙企业依法转为有限合伙企业。其他合伙人未能一致同意的，该无民事行为能力或者限制民事行为能力的合伙人退伙。

当发生上述情形时，法定退伙以实际发生之日为退伙生效日。

（3）除名退伙。除名退伙是指经其他合伙人一致同意，将符合法律规定的除名条件的合伙人强制清除出合伙企业而发生的退伙。根据《合伙企业法》第 49 条的规定，合伙人有下列情形之一的，经其他合伙人一致同意，可以决议将其除名：

① 未履行出资义务；

② 因故意或者重大过失给合伙企业造成损失；

③ 执行合伙企业事务时有不正当行为；

④ 发生合伙协议约定的其他事由。

对合伙人的除名决议应当书面通知被除名人。被除名人自接到除名通知之日起，除名生效，被除名人退伙。被除名人对除名决议有异议的，可以在接到除名通知之日起 30 天内，向人民法院起诉。

2. 退伙的法律后果

合伙人退伙，不影响其他合伙人之间的合伙关系，合伙企业继续存在。退伙的法律后果，分为两类情况：一是财产继承；二是退伙结算。

（1）财产继承

合伙人死亡或者被依法宣告死亡的，对该合伙人在合伙企业中的财产份额享有合法继承权的继承人，依照合伙协议的约定或者经全体合伙人同意，从继承开始之日起，即取得该合伙企业的合伙人资格。合法继承人不愿意成为该合伙企业的合伙人的，合伙企业应退还其依法继承的财产份额。合法继承人为未成年人的，经其他合伙人一致同意，可以在其未成年时由监护人代行其权利。

（2）退伙结算

合伙人退伙的，其他合伙人应当与该退伙人按照退伙时的合伙企业的财产状况进行结算，退还退伙人的财产份额，退伙人对给合伙企业造成的损失负有赔偿责任的，相应扣减其应当赔偿的数额。退伙时有未了结的合伙企业事务的，待了结后进行结算。退伙人在合伙企业中财产份额的退还办法，由合伙协议约定或者由全体合伙人决定，可以退还货币，也可以退还实物。合伙人退伙时，合伙企业财产少于合伙企业债务的，由各合伙人按照合伙协议约定的比例分担亏损；合伙协议未约定比例的，由各合伙人平均分担。退伙人对其退伙前已发生的合伙企业债务，与其他合伙人承担连带责任。

（三）合伙企业的债务清偿及与第三人关系

1. 合伙企业的债务清偿与合伙人的关系

合伙企业对其债务，应先以其全部财产进行清偿。普通合伙企业不能清偿到期债务的，各合伙人应当承担无限连带清偿责任。以合伙企业财产清偿合伙企业债务时，其不足的部分，由各合伙人按照合伙协议约定的比例，用其在合伙企业出资以外的财产承担清偿责任；合伙协议未约定分担比例的，由各合伙人平均分担。此外，合伙人由于承担连带责任，所清偿数额超过其应当承担的数额时，有权向其他合伙人追偿。案例 4 - 3 中，对于银行贷款，首先应当以建材商店的财产偿还，商店的财产不足以清偿，则甲、乙应承担无限连带清偿责任。

在特殊普通合伙企业中，一个合伙人或者数个合伙人在执业活动中因故意或者重大过失造成合伙企业债务的，应当承担无限责任或者无限连带责任，其他合伙人以其在合伙企业中的财产份额为限承担责任。合伙人在执业活动中非因故意或者重大过失造成的合伙企业债务以及合伙企业的其他债务，由全体合伙人承担无限连带责任。合伙人执业活动中因故意或者重大过失造成的合伙企业债务，以合伙企业财产对外承担责任后，该合伙人应当按照合伙协议的约定对给合伙企业造成的损失承担赔偿责任。

特殊的普通合伙企业应当建立执业风险基金、办理职业保险。

执业风险基金用于偿付合伙人执业活动造成的债务。执业风险基金应当单独立户管理。

有限合伙企业中普通合伙人对合伙企业债务承担无限连带责任，有限合伙人以其认缴的出资额为限对合伙企业债务承担责任。有限合伙人退伙后，对基于其退伙前的原因发生的有限合伙企业债务，以其退伙时从有限合伙企业中取回的财产承担责任。有限合伙人转变为普通合伙人的，对其作为有限合伙人期间有限合伙企业发生的债务承担无限连带责任。普通合伙人转变为有限合伙人的，对其作为普通合伙人期间合伙企业发生的债务承担无限连带责任。

2. 合伙人的债务清偿与合伙企业的关系

由于合伙企业与其合伙人之间是不同的利益主体，因此，合伙人个人所负债务不应当影响合伙企业的正常经营，不应当影响其他合伙人的正当权益。为了避免合伙企业以及其他合伙人被某一合伙人的个人债务所累，保障合伙企业和其他合伙人的合法权益，《合伙企业法》规定，合伙人发生与合伙企业无关的债务，相关债权人不得以其债权抵消其对合伙企业的债务；也不得代位行使合伙人在合伙企业中的权利。

合伙人个人财产不足清偿其个人所负债务的，该合伙人只能以其从合伙企业中分取的收益用于清偿；债权人也可以依法请求人民法院强制执行该合伙人在合伙企业中的财产份额用于清偿。此时，对该合伙人的财产份额，其他合伙人有优先受让的权利。

有限合伙人的自有财产不足清偿其与合伙企业无关的债务的，该合伙人可以以其从有限合伙企业中分取的收益用于清偿；债权人也可以依法请求人民法院强制执行该合伙人在有限合伙企业中的财产份额用于清偿。人民法院强制执行有限合伙人的财产份额时，应当通知全体合伙人。在同等条件下，其他合伙人有优先购买权。

3. 合伙企业与善意第三人的关系

在处理合伙企业与善意第三人的关系时，应当遵循自愿、公平和诚实信用的原则，合伙企业对合伙人执行合伙企业事务以及对外代表合伙企业权利的限制，不得对抗不知情的善意第三人。在有限合伙企业中，第三人有理由相信有限合伙人为普通合伙人并与其交易的，该有限合伙人对该笔交易承担与普通合伙人同样的责任。

六、合伙企业的解散与清算

（一）合伙企业解散

合伙企业解散是指各合伙人解除合伙协议，合伙企业终止活动。根据《合伙企业法》第85条的规定，合伙企业有下列情形之一时，应当解散：

1. 合伙期限届满，合伙人决定不再经营；

2. 合伙协议约定的解散事由出现；

3. 全体合伙人决定解散；

4. 合伙人已不具备法定人数满30天；

5. 合伙协议约定的合伙目的已经实现或者无法实现；

6. 依法被吊销营业执照、责令关闭或者被撤销；

8. 法律、行政法规规定的其他原因。

此外，有限合伙企业仅剩有限合伙人的，应当解散；有限合伙企业仅剩普通合伙人的，转为普通合伙企业。

（二）合伙企业的清算

合伙企业解散的，应当进行清算，并通知和公告债权人。《合伙企业法》对合伙企业清算的规定如下：

1. 清算人的确定

合伙企业解散，清算人由全体合伙人担任；经全体合伙人过半数同意，可以自合伙企业解散事由出现后15天内指定一个或者数个合伙人，或者委托第三人，担任清算人。自合伙企业解散事由出现之日起15天内未确定清算人的，合伙人或者其他利害关系人可以申请人民法院指定清算人。

2. 清算人的职责

清算人自被确定之日起10天内将合伙企业解散事项通知债权人，并于60天内在报纸上公告。债权人应当自接到通知书之日起30天内，未接到通知书的自公告之日起45天内，向清算人申报债权。债权人申报债权，应当说明债权的有关事项，并提供证明材料。清算人应当对债权进行登记。

清算期间，合伙企业存续，但不得开展与清算无关的经营活动。清算人在清算期间执行下列事务：

（1）清理合伙企业财产，分别编制资产负债表和财产清单；

（2）处理与清算有关的合伙企业未了结的事务；

（3）清缴所欠税款；

（4）清理债权、债务；

（5）处理合伙企业清偿债务后的剩余财产；

（6）代表合伙企业参与民事诉讼活动。

清算人执行清算事务，牟取非法收入或者侵占合伙企业财产的，应当将该收入和侵占的财产退还合伙企业；给合伙企业或者其他合伙人造成损失的，依法承担赔偿责任。

清算人违反法律规定，隐匿、转移合伙企业财产，对资产负债表或者财产清单作虚假记载，或者在未清偿债务前分配财产，损害债权人利益的，依法承担赔偿责任。

3. 财产清偿顺序

合伙企业财产在支付清算费用后，按下列顺序清偿：

（1）合伙企业所欠招用的职工工资、社会保险费用、法定补偿金；

（2）合伙企业所欠税款；

（3）合伙企业的债务；

（4）清偿债务后的剩余财产，按照以下顺序分配，先按照合伙协议的约定办理；合伙协议未约定或者约定不明确的，由合伙人协商决定；协商不成的，由合伙人按照实缴出资比例分配；无法确定出资比例的，由合伙人平均分配。

合伙企业清算时，其全部财产不足清偿其债务的，其不足的部分，由各合伙人按照合伙协议约定的比例，用其在合伙企业出资以外的财产承担清偿责任；合伙协议对此未约定的，由各合伙人用其在合伙企业出资以外的财产平均分担清偿责任。合伙人由于承担连带责任，所清偿数额超过其应当承担的数额时，有权向其他合伙人追偿。

合伙企业不能清偿到期债务的，债权人可以依法向人民法院提出破产清算申请，也可以要求普通合伙人清偿。合伙企业依法被宣告破产的，普通合伙人对合伙企业债务仍应承担无限连带责任。

4. 清偿的结束

在清算期间，如果全体合伙人以个人财产承担清偿责任后，仍不足清偿合伙企业债务的，应当结束清算。清算结束后，清算人应当编制清算报告，经全体合伙人签名、盖章后，在 15 天内向企业登记机关报送清算报告，办理合伙企业注销登记手续。

合伙企业注销后，原普通合伙人对合伙企业存续期间的债务仍应承担无限连带责任。对于未能清偿的债务，由原合伙人继续承担连带清偿责任。但债权人在 5 年内未向债务人提出偿债请求的，该责任消灭。

【本章小结】

个人独资企业是指依法在中国境内设立，由一个自然人投资，财产为投资人个人所有，投资人以其个人财产对企业债务承担无限责任的经营实体。设立个人独资企业应当具备的条件是：投资人为一个自然人；有合法的企业名称；有投资人申报的出资；有固定的生产经营场所和必要的生产经营条件；有必要的从业人员。个人独资企业投资人可以自行管理企业事务，也可以委托或者聘用其他具有民事行为能力的人负责企业的事务管理。个人独资企业解散时，应当进行清算。企业解散后，原投资人对个人独资企业存续期间的债务仍应承担偿还责任。

合伙企业是指自然人、法人和其他组织依照本法在中国境内设立的普通合伙企业和有限合伙企业。新修改后的《合伙企业法》在规范普通合伙企业的同时，还确立了有限合伙制度和特殊普通合伙制度。在普通合伙企业中，全体合伙人对企业债务承担无限连带责任。合伙企业存续期间，合伙企业的财产为合伙人共同所有，由全体合伙人依法及合伙协议的约定共同管理和使用。各合伙人对执行合伙企业事务享有同等的权利，法定的重大事务必须经全体合伙人同意。普通合伙企业对其债务，应先以其全部财产进行清偿，其不足的部分，由各合伙人以其在合伙企业出资以外的财产承担清偿责任，合伙人由于承担连带责任，所清偿数额超过其应当承担的数额时，有权向其他合伙人追偿。

有限合伙制度主要规定了有限合伙人的权利与义务，有限合伙的事务执行，以及有限合伙不同于普通合伙的特殊规定等内容。在有限合伙企业中，由普通合伙人执行合伙事务，有限合伙人不执行合伙事务，不得对外代表有限合伙企业。有限合伙企业中普通合伙人对合伙企业债务承担无限连带责任，有限合伙人以其认缴的出资额为限对合伙企业债务承担责任。在特殊普通合伙企业中，一个合伙人或者数个合伙人在执业活动中因故意或者重大过失造成合伙企业债务的，应当承担无限责任或者无限连带责任，其他合伙人以其在合伙企业中的财产份额为限承担责任。

新合伙人对入伙前合伙企业的债务承担连带责任。退伙人对其退伙前已发生的合伙企业债务，与其他合伙人承担连带责任。合伙企业解散的，合伙企业财产在支付清算费用和职工工资、社会保险费用、法定补偿金以及缴纳所欠税款、清偿债务后的剩余财产，返还合伙人的出资。清算结束后，对于未能清偿的债务，由原合伙人继续承担连带清偿责任。但债权人在 5 年内未向债务人提出偿债请求的，该责任消灭。

【前沿动态】

我国《合伙企业法》对隐名合伙、合伙企业的纳税以及法人成为合伙人资格的问题规定不明晰；《合伙企业法》对有限合伙企业合伙人人数的限制，是为了防止发生大规模的变相非法集资，但该规定的不利影响是，将使创投机构无法进行大规模的私募基金活动；应推进有限合伙型私募股权基金（PE）的发展，通过修改相应法规，在适当时候推动其在证券交易所挂牌上市。

《合伙企业法》规定合伙企业不能清偿到期债务的，债权人可以向法院提出对合伙企业进行破产清算的申请，但对于合伙企业自身能否提出破产清算申请，其中有限合伙企业能否以债务人的身份自己提出破产申请，法律未做明确规定，这些给我国合伙企业的发展造成了障碍；我国已经允许外国企业或者个人在中国境内设立合伙企业，外商投资合伙企业要求普通合伙人对合伙企业债务承担无限连带责任，投资风险责任的追究需要不断完善立法予以解决。

【关键名词或概念】

无限责任

无限连带责任

合伙企业

有限合伙

【简答题】

1. 简述个人独资企业的法律特征。
2. 简述合伙企业的特征及种类。
3. 试述入伙和退伙的条件及后果。

4. 普通合伙企业与特殊普通合伙企业的异同有哪些？

5. 什么叫有限合伙企业？其主要规定有哪些？

6. 简述合伙企业的财产管理制度。

【案例讨论】

案例一

某装饰材料厂委托管理越权案

【案情】

2010 年 5 月下旬，周某依照《个人独资企业法》规定，投资 60 万元设立了湖南省常德市堂皇装饰材料厂。同年 8 月 12 日，周某结识了当地一家国有建材厂的待岗人员胡某，两人相谈甚欢，周某当即表示由胡某担任该厂经营厂长并兼任业务员，主要负责企业内部管理和对外采购、销售事宜，周某同时明确要求对于标的额 20 万元以上的交易必须得到他本人的同意。胡某遂于次日起开始上班，周某从当月起每月发给胡某工资 8000 元。2011 年 2 月，胡某利用外出采购原材料的机会，将其经手的 17 万元货款借给某个体户用于经营活动，胡某私下从该个体户处接受利息（好处费）9000 元。胡某的行为使得装饰材料厂资金周转困难，影响了正常的生产经营活动。周某知情后，要求胡某尽快归还借出的资金，但胡某不仅不归还资金，反而不辞而别。周某遂向公安机关报案。此后不久，衡阳市一家装潢工程公司（以下简称"衡阳公司"）通知周某要求其双倍返还定金 10 万元，经了解，周某方知 2010 年 12 月 20 日，胡某持本厂合同专用章与该装潢公司签订了标的额为 50 万元的装饰材料购销协议，并收取该公司定金 5 万元，双方约定 2011 年 2 月 20 日交货。据胡某交代，定金已全部被其挥霍，而周某却对此一无所知。周某以胡某超越自己授权为由拒绝双倍返还定金，并要求衡阳公司以涉嫌诈骗举报胡某，衡阳公司不同意，并将周某起诉至法院。

【问题讨论】

1. 周某是否有权拒绝返还衡阳公司的双倍定金？为什么？

2. 本案中胡某应承担哪些法律责任？

案例二

合伙企业纠纷案

【案情】

甲、乙、丙、丁四人决定投资设立一合伙企业，主要经营范围是加工制作面包糕点，并签订了书面合伙协议。合伙协议的部分内容如下：（1）甲、乙以货币出资；（2）丁以劳务折价出资，但丁不得过问企业事务，每月工资固定为 3000 元，企业的亏损与其无关；（3）丙以自有产权房屋一套折价出资，并以其出资额为限承担有限责任，丙不过问合伙企业的任何事务，但每年按其出资额的 10% 领取分红；（4）由甲执行合伙企业事务，对外全权代表合伙企业，并有权自行决定包括处分企业不动产在内的所有经营业务，但签订标的 1 万元以上的合同应经其他合伙人同意。合伙企业名称为：绿康食品加工有限公司。合伙协议中未约定合伙企业的经营期限。

【问题讨论】

1. 合伙协议中是否有不合法之处？并说明理由。根据以上资料，结合合伙企业法的规定，讨论列出以上不妥之处。

2. 合伙企业在存续期间，甲擅自以合伙企业的名义与第三人 A 公司签订标的额为 2 万元合同，乙合伙人得知后，认为该合同不符合合伙企业利益，经与丙、丁商议后，即向 A 公司表示对该合同不予承认。

甲以合伙企业名义与 A 公司所签的代销合同是否有效？并说明理由。

3. 执行合伙事务的合伙人甲为了改善企业经营管理，于企业设立后不久便独自决定聘任合伙人以外的 B 担任该合伙企业的经营管理人员；并以合伙企业名义为 C 公司提供担保。

甲聘任 B 担任合伙企业的经营管理人员及为 C 公司提供担保的行为是否合法？并说明理由。

4. 合伙人丁提出退伙，合伙企业又吸收戊新入伙。后合伙企业的债权人 A 公司就合伙人丁退伙前发生的债务 24 万元要求合伙企业的现合伙人甲、乙、丙、戊及退伙人丁共同承担连带清偿责任。丁以自己已经退伙为由，拒绝承担清偿责任。戊以自己新入伙为由，拒绝对其入伙前的债务承担清偿责任。

丁的主张是否成立？并说明理由。如果丁向 A 公司偿还了 24 万元的债务，丁可以向哪些当事人追偿？

戊入伙时应注意那些事项，原合伙人有什么义务，为什么？戊的主张是否成立？并说明理由。

5. 合伙企业经营期间，乙合伙人要求转换为有限合伙人，什么叫有限合伙人？

第五章 公 司 法

【本章导读】

　　《中华人民共和国公司法》（以下简称《公司法》）作为规范市场主体的法律，是建立我国现代企业法律制度的里程碑，其基本价值就是维护市场主体之间自由公平的竞争，与市场经济发展最为息息相关，可以说，《公司法》全面渗入商业生活和法律实务的每一个角落。学好《公司法》不仅是掌握与公司相关的法律规定，而且为整个企业法部分的学习打下了良好的基础。本章简述了公司的法律特征、公司的种类以及我国《公司法》对公司的具体法律规定。

【学习目标】

　　本章重点要求学生了解公司的种类、合并分立、解散和清算，熟悉公司财务会计、公司债务的有关规定；理解公司的概念、特征，公司法的基本原则；掌握有限责任公司与股份有限公司的设立规定、资本及股份制度和公司治理结构等有关内容。

【知识结构图】

公司法
- 公司与公司法概述
  - 公司的概念、种类和法律特征
  - 公司法的调整对象和基本原则
- 公司的设立
  - 设立的概念和发起人
  - 设立的方式、条件、程序
  - 设立的法律责任
- 公司的资本制度
  - 公司资本的概念及意义
  - 我国公司的资本制度
    - 法定资本制度
    - 出资方式
    - 出资期限
    - 出资的转让
    - 股份与股票
- 公司的治理结构
  - 股东
  - 有限责任公司的治理结构
  - 股份有限公司的治理结构
  - 上市公司的组织机构、治理规则的特别规定
  - 董事、监事及高级管理人员
- 特殊形态公司
  - 一人有限责任公司
  - 国有独资公司
- 公司的管理规则
  - 公司债券
  - 公司财务、会计制度
  - 公司合并、分立
- 公司的解散和清算
  - 公司的解散
  - 公司的清算

第一节　公司与公司法概述

　　【案例5-1】　　A有限责任公司注册资本100万元，按照公司章程规定，由B、C两个股东各出资50万元。A公司依法登记设立后在某银行贷款90万元。贷款到期后，A公司仅偿还10万元本金及其利息，尚欠贷款本金80万元

及其利息未还。银行起诉后，法院在审理中发现：A 公司是由 B、C 两家企业共同出资开办的，但 B、C 两股东均未实际投资。

对如何处理本案，有三种观点：

其一，A 公司具有法人资格，先由 A 公司清偿债务，B、C 在出资不足范围内承担补充性有限责任。

其二，A 公司不具有法人资格，B、C 对 A 公司债务直接承担无限连带责任。

其三，A 公司不具有法人资格，首先以 A 公司的财产清偿债务，不足部分由 B、C 承担补充性的无限连带责任。

一、公司的概念和法律特征

（一）公司的概念

在不同的国家，由于立法习惯及法律体系的差异，公司的概念也不尽相同。按照我国《公司法》规定，公司是指依《公司法》设立的，全部资本由股东出资构成，股东以其出资额或所持股份为限对公司承担责任，公司以其全部资产对公司债务承担责任的企业法人。

（二）公司的法律特征

公司作为现代企业的一种重要组织形式，完全不同于合伙、独资企业，三者并存，共同构成了市场经济的主体。其区别于其他企业的法律特征如下：

1. 公司是依法设立的企业法人

在现代社会，企业的组织形态在法律上可分为两种，一种是法人企业，一种是非法人企业。法人是一个法律概念，是指法律赋予企业组织以人格，使其如同自然人一样具有民事权利能力和民事行为能力，是相对于自然人（公民）的另一种民事权利主体。而法人的资格是需要经过国家承认的，只有依照法律规定的条件和程序才能够取得法人的资格。法人必须依法成立，目的是为了保证交易的安全，保持市场经济的良好秩序。因此，作为现代企业制度典型形式的公司作为企业法人，其设立必须符合法律规定的条件、程序和类型。我国设立公司应当依据的法律，主要是我国的《公司法》以及与之配套的法规，如《公司登记管理条例》等。此外，公司的设立还必须符合相关法律的规定。为了防止滥设公司，加强对公司的监督，许多国家在公司的设立上都采用了严格准则主义。我国《公司法》在体现这一国际通行做法上，除对公司设立规定了严格的条件外，在《公司法》第 6 条第 2 款还明确规定："法律、行政法规规定设立公司必须报经批准的，应当在公司登记前依法办理批准手续。"

2. 公司是具有公司人格的企业法人

公司人格是指公司作为法人所具有的类似于自然人的独立主体资格。公司独立人格的含义主要包括以下几点：

（1）公司有自己独立的财产。公司独立人格根源于其独立主体财产。公司的财产来自于股东的投资，股东一旦把自己的财产作为投资交给公司，就丧失了对该财产的所有权，而取得了股权，股东投资于公司的财产构成公司的资本，除法定情形之外，股东无权抽回自己的出资。公司对自己的财产享有充分、完整的支配权，作为股东个人则无任何直接处置公司财产的权利，公司和股东是两个不同的、各自独立的财产主体。我国《公司法》第3条明确规定，公司"有独立的法人财产，享有法人财产权。"

（2）公司应独立承担民事责任。公司能够独立承担责任在于它有自己独立的财产。案例5－1中，A公司的两个股东即B、C在实际投资的情况下，其出资就构成了A公司的法人财产，A公司以其法人财产独立承担民事责任，这是其法人资格的最终体现。我国《公司法》第3条规定，"公司以其全部财产对公司的债务承担责任。"公司独立承担责任的含义：

一是公司的债务只能由公司以公司的资产承担责任，股东不对公司的债务直接承担责任。

二是公司股东仅就其出资额或者所认购的股份对公司的债务承担责任，除此之外，对公司的债务不承担任何个人责任。我国《公司法》第3条对此做了规定："有限责任公司的股东以其认缴的出资额为限对公司承担责任；股份有限公司的股东以其认购的股份为限对公司承担责任。"

三是公司对其法定代表人、代理人和职员等的职务行为承担民事责任。

四是既然公司独立以其全部资产承担责任，那么公司不能清偿到期债务，其资产也不足以抵偿债务时，就应当依法宣告破产。

3. 公司是以营利为目的的法人

公司以营利为目的，这一特征体现为两点：

一是公司应当从事经营活动，其经营活动的目的，在于获取利润，并由此使公司股东得到投资利益。

二是公司所从事的以营利为目的的经营活动，具有连续性和固定性。公司在其存续期间应连续不断地按照登记注册的经营范围从事经营活动，这种经营活动具有同一性质、固定内容和确切经营项目的特性。

公司具有营利性这一显著特征，决定了公司为商法人，使之区别于公益法人。公司从事经营活动，必须遵守法律、行政法规，遵守社会公德、商业道德，诚实守信，接受政府和社会公众的监督，承担社会责任。

4. 公司是股权式的企业法人

公司是以股东投资为基础设立的股权式企业。股东投资公司，就股东而言，其投资形成股权，即一种财产权利，就公司而言，其投资则形成法人财产权，即所有权。公司机制的基础是两个主体、两种权力、两种责任，即公司和股东是两个独立的权利主体，各享有不同的权利，前者是所有权，后者是股权，各自承担不同的责任。股东的股权和公司法人的财产所有权相互依存、相互独立又相互制约。

独立法人资格和股东有限责任是构建现代公司的两大基石，两者的结合使得现代公司的投资者实现了在尽可能减少风险的前提下追逐利润的愿望，刺激了人们对公司形式的普遍化认同。

二、公司法的概念、调整对象和基本原则

（一）公司法的概念

公司法是指规定公司的设立、组织、活动和解散及其内部、外部关系的法律规范的总称。公司法有狭义和广义之分，狭义的公司法，仅指作为公司法的主要存在形式，如公司法典、商法典。就我国而言，是指生效于 1994 年 7 月 1 日并经 2005 年 10 月 27 日第三次修订，于 2006 年 1 月 1 日起施行的《中华人民共和国公司法》。广义的公司法，应该至少还包括证券法、外商投资企业法、公司管理条例等。公司法从性质上来看，是强制性规范和任意性规范相结合的法律，属于公法化了的私法。

我国《公司法》的适用范围，是在我国境内设立的有限责任公司和股份有限公司，包括外商投资设立的这两类公司。根据我国《公司法》第 218 条规定，在我国举办中外合资经营、中外合作经营、外商独资企业，凡采用公司制的，有关外商投资的法律另有规定的，适用其规定，没有规定的适用《公司法》。

（二）公司法的调整对象

1. 公司的全部组织关系。公司法作为规范市场主体地位的组织法，主要规定公司的设立、变更、解散，公司章程、组织机构及法律地位等内容，同时也调整公司的内部关系，即公司股东或发起人相互之间的关系以及股东与公司之间的关系。

2. 公司的部分经营关系。公司的经营活动是多种多样的，公司法一般只调整那些与公司组织特点密切相关的经营关系，如股票和公司债券的发行、

转让以及资本的增加、减少和出资的转让等。

从公司法的调整对象看，公司法主要是组织法。

（三）公司法的基本原则

1. 有限责任原则

所谓有限责任原则，是指股东只以其出资额或所持股份为限对公司承担责任，对超过其出资额范围的公司债务不承担责任，公司的债权人不得直接向股东主张债权或请求清偿。公司以其全部财产对其债务承担责任，公司的债权人只能向公司直接请求履行，即使公司所有的全部财产不足以承担公司债务，公司也不得主张由股东来清偿。在案例 5 - 1 中，假如 B、C 两个股东实际均投资到位，那么，某银行就只能起诉 A 公司，即使 A 公司的财产不足以清偿其债务，也不能起诉股东。有限责任原则是企业法人制度的产物，是与现代企业相伴而生的。

我国《公司法》规定了公司的两种类型，即股份有限公司和有限责任公司，这两种类型的公司均以有限责任原则为基础。

有限责任原则及建立在这一原则基础之上的有限责任制度，被视为现代公司制度的基石和核心。它具有分散投资风险，刺激投资积极性，筹集资金扩大经营规模、促进证券市场发展等巨大功能，并为所有权与经营权的分离及公司经营管理体制的革命创造了前提性条件，使企业法人制度最终得以确立和完善，因此被人称为比蒸汽机的出现还伟大的发明。但是，有限责任原则也并不是绝对的。为了防止股东利用公司人格规避法律责任，损害社会利益，大多数国家的公司法在确立有限责任原则的同时，都明确规定了有限责任的例外情况。当股东违反其诚信义务，出资不实或存在其他滥用公司人格之情形时，股东应对公司和债权人承担相应的财产责任，此即所谓的揭开"公司的面纱"。我国《公司法》在为公司的设立和经营活动提供较为宽松条件的同时，为防范滥用公司制度的风险，将英美判例法率先运用的"公司法人人格否认制度"引入我国法律。《公司法》第 20 条规定，"公司股东滥用股东权利给公司或者其他股东造成损失的，应当依法承担赔偿责任。公司股东滥用公司法人独立地位和股东有限责任，逃避债务，严重损害公司债权人利益的，应当对公司债务承担连带责任。"案例 5 - 1 中，B、C 两个股东均未按照章程规定实际投资，违反其诚信义务，违反了《公司法》应当足额缴纳出资的规定，而且其虚假出资行为与 A 公司法人财产减少、无力还债有直接的因果关系，侵害到某银行的利益，由此，导致了 A 公司法人人格的否认，某银行有权直接要求 B、C 两个股东清偿其债务。也就是说第三种观点是正确的。

2. 保护股东、公司和债权人合法权益原则

在公司这种现代企业制度中，存在着股东、公司和债权人三种既密切关联又相互独立的利益主体，保护三者的合法利益，是公司法的立法宗旨所在。

确保股东利益是调动投资者积极性的需要，是实现资本自由流通和安全流通的关键。在"所有与控制分离"的情况下，股东权利行使的局限性使股东极易受到来自董事会及经理层的非法侵害，因此，各国公司法无不将保护股东权益作为公司立法的一项重要原则并为之而规定了相应的股东权利，我国也不例外。我国《公司法》对股东尤其是中小股东利益保护机制更为健全，明确规定了公司股东的重大权益，如资产收益权、参与重大决策权和选择管理者权。不仅通过授权公司章程，给股东以更大的权利，而且，还完善了股东保护制度。主要体现为：

第一是强化了股东的知情权；第二是赋予了股东退股权；第三是赋予了股东解散公司的权利；第四是赋予了股东代表公司提起状告控制股东和公司高管的诉讼权利；第五是累积投票权。

维护公司合法利益，是公司作为市场经济竞争的主体和法人实体的前提，为此，赋予公司独立的法律人格，规定公司依法享有完整的财产权以确保公司意志和利益的独立，同样是现代公司立法的重心所在。我国《公司法》也在许多的制度上体现了这一原则，如专设第六章规定了公司董事、监事、高级管理人员任职资格与应尽的注意义务并强化其责任追究机制；关联交易规制制度的完善等，其目的都是为了防止公司的实际控制者损害公司和股东利益。

保护债权人的利益，是维护正常的交易秩序和交易安全的必须。早在中世纪时的商业习惯法就确立了商事交易中对善意第三人和债权人保护的原则，当股东的责任由无限责任转到有限责任时，债权人利益的保障就显得尤为必要，公司法所确立的资本制度、公积金制度、解散清算制度等，其出发点即保护公司债权人的利益。

3. 分权制衡原则

《公司法》设置公司内部治理规则旨在建立权力的制约和平衡，分权制衡是调整公司内部关系的重要原则。大陆法系国家大都将公司的决策、执行、监督等事务分设不同的部门来行使，以实现权利之间的制约和平衡。英美法系国家虽没有设独立的监督机关，但在其公司执行机关内部仍设有执行监督职能的机构和人员，如外部董事或会计检察或审计师等，我国《公司法》在公司治理结构的设置中也体现了这一基本原则，明确了股东会、董事会、监

事会的权力配置、职责分工及召集和议事规则。

这里还应该了解的是《公司法》的关联交易规制制度。所谓关联交易，是指在关联方之间发生转移资源或义务的事项。关联关系是指公司控股股东、实际控制人、董事、监事、高级管理人员与其直接或者间接控制的企业之间的关系，以及可能导致公司利益转移的其他关系。关联交易的市场经济条件下广为存在，但它与市场经济的竞争、公平等基本原则却不相吻合。关联交易规制制度是完善我国公司治理的重要制度保障。这一制度主要内容是：

（1）明确规定了关联交易的主体和范围为公司的控股股东①、实际控制人②和高级管理人员③。

（2）建立了关联交易回避制度。对于构成关联交易的事项，如为公司股东或者实际控制人提供担保等，为防止关联人控制而损害公司和其他股东利益，规定必须经股东会或股东大会决议，并且实行关联股东回避表决制度，上市公司关联董事回避制度及相关事项表决规则。

（3）强化了控股股东、实际控制人的义务与责任，明确了其赔偿责任。新《公司法》从公司股东（尤其是控股股东、实际控制人）权利不得滥用的基本原则出发，明确规定公司的控股股东、实际控制人、董事、监事、高级管理人员不得利用其关联关系损害公司利益。违反这一规定，给公司造成损失的，应当承担赔偿责任。

三、公司的种类

（一）公司的分类

公司可以从不同角度加以分类。

1. 以股东的责任形式进行分类

（1）无限公司。所有股东不论其出资额多少，对公司债务均负连带无限清偿责任。

（2）有限责任公司。所有股东对公司债务的清偿责任，均以其出资额

---

① 是指其出资额占有限责任公司资本总额 50% 以上或者其持有的股份占股份有限公司股本总额 50% 以上的股东；出资额或者持有股份的比例虽然不足 50%，但依其出资额或者持有的股份所享有的表决权已足以对股东会、股东大会的决议产生重大影响的股东。

② 是指虽不是公司的股东，但通过投资关系、协议或者其他安排，能够实际支配公司行为的人。

③ 是指公司的经理、副经理、财务负责人，上市公司董事会秘书和公司章程规定的其他人员。

为限。

（3）两合公司。由无限责任股东与有限责任股东共同组织的公司，要求股东中最少有一人负无限责任，同时要求最少有一人负有限责任。

（4）股份有限公司。公司全部资产分为金额相等的股份，股东仅就其所认购的股份为限，对公司的债务负清偿责任。

（5）股份两合公司。由无限责任股东与部分有限责任股东共同组成的公司，要求负有限责任股东的股金必须为金额相等的股份。

我国《公司法》只规定了有限责任公司和股份有限公司两种形式。《公司法》第 2 条明确规定："本法所称公司是指依照本法在中国境内设立的有限责任公司和股份有限公司。"这两种公司是世界上许多国家以及我国常见的两种公司组织形式。

2. 根据公司对外信用的基础分类

（1）人合公司。公司的对外信用是以股东个人的信用为基础，一般是指无限公司和两合公司。

（2）资合公司。公司的对外信用是以股东的出资为基础，典型的是股份有限公司，有限责任公司兼有资合与人合双重性。

3. 以公司的国籍分类

（1）本国公司。是指依照我国《公司法》，在我国境内设立登记，其主要办事机构即住所在我国的公司，具有中国国籍，是中国法人。

（2）外国公司。是指具有外国国籍的公司。我国《公司法》第 192 条规定："本法所称外国公司是指依照外国法律在中国境外设立的公司。"

（3）跨国公司，又称多国公司。是指拥有两个以上国籍公司的企业，一般是以本国为基地，通过对外直接投资，在其他国家和地区设立子公司或分支机构，从事国际化生产经营活动的国际垄断企业。例如，首都钢铁公司通过购买美国麦斯塔公司大部分股份等办法，在国外许多国家和地区有自己的企业，使之成为跨国界的国际性大公司。

4. 以公司的组织系统分类

（1）母公司。是指通过掌握其他公司的股票，从而能实际上控制该公司营业活动的公司。因此，又称控股公司。控股公司又可分为两种：一种是纯粹控股公司，其设立目的只是为了掌握子公司的股票或其他有价证券，本身不再从事任何其他方面的业务活动的公司。一种是混合控股公司，除掌握子公司的股份外，本身也从事自己的经营业务。我国《公司法》第 15 条规定："公司可以向其他企业投资；但是，除法律另有规定外，不得成为对所投资企业的债务承担连带责任的出资人。"可见我国《公司法》是区分控股公司和母公司的概念的。

（2）子公司。是指受母公司控制，但在法律上是独立的法人组织。我国《公司法》第 14 条第 2 款规定："公司可以设立子公司，子公司具有法人资格，依法独立承担民事责任。"

5. 以公司的管辖系统分类

（1）总公司。是指依法首先设立或同时设立，管辖全部企业组织的总机构。

（2）分公司。在法律上和经济上没有独立性的，由总公司在国内外设立的分支机构。我国《公司法》第 14 条第 1 款规定："公司可以设立分公司。设立分公司，应当向公司登记机关申请登记，领取营业执照。分公司不具有法人资格，其民事责任由公司承担。"

6. 以投资主体的数量分类

（1）独资公司。是指单一主体组建的一种特殊形态的公司，如我国《公司法》第 58 条、第 65 条规定的一人有限责任公司和国有独资公司。

（2）合资公司。是指两个以上多元投资主体组建的公司。我国《公司法》的规定说明：第一，合资公司的投资主体下限分别为 2 人；上限有限责任公司为 50 人；股份有限公司发起人不得超过 200 人，具有多元性。第二，其组织形式可以是有限责任公司，也可以是股份有限公司。

7. 以公司股票是否上市分类

（1）上市公司。是指股票可以在证券交易所挂牌公开交易的公司。我国《公司法》第 121 条规定："本法所称上市公司，是指其股票在证券交易所上市交易的股份有限公司。"可见上市公司仅限于股份有限公司，且是经批准其股票上市交易的那一部分股份有限公司。

（2）不上市公司。是指股份转让受到限制，其股份不得在市场上公开交易的公司。

（二）有限责任公司

1. 有限责任公司的概念和特征

有限责任公司，又称有限公司，是指由 50 个以下股东共同出资设立，股东以其所认缴的出资额为限对公司承担责任，公司以其全部资产对其债务承担责任的企业法人。

与股份有限公司类型相比较，有限责任公司具有以下特征：

（1）股东人数的限制性

对有限责任公司的股东人数，大多数国家的公司法都有限制性的规定。

如法国规定股东人数为 2 人以上 50 人以下；我国台湾规定 5 人以上 21 人以下。有的国家允许设立一人公司，如日本、英国虽未规定股东的最低人数，但限制了股东的最高人数。我国《公司法》第 24 条规定，"有限责任公司由 50 个以下股东出资设立"。之所以对有限责任公司的股东人数做出最高限制，是因为有限责任公司虽为资合公司，却也具有一定的人合性，股东之间须相互信任，这就决定了其股东人数不可能太多，有必要做出上限的规定。

（2）股东出资的非股份性

股份有限公司的资本，划分为金额相等的股份，股东就其所认购的股份对公司负责。而有限责任公司的资本，一般不分为股份而采取单一出资制，即每个股东只有一份出资，但其数额可以不同，股东以其出资额为限对公司负责。

（3）公司资本的封闭性

有限责任公司的资本只能由全体股东认缴，不能向社会募集，不能发行股票。公司发给股东出资的证明书被称为股单，股单不能在证券市场上流通转让。公司股东出资的转让有着严格的限制。由于有限责任公司不向社会募集股份，其会计账簿也无须公开。

（4）公司的设立及组织机构的简便性

有限责任公司的设立程序简便，只有发起设立，而无募集设立，且其组织机构也较简单，公司法对有限责任公司的股东会、董事会、监事会的设立及议事规则通过授权公司章程给予了股东和公司很大的自治空间。

（5）资合与人合的统一性

有限责任公司虽然从本质上说是一种资本的联合，但因为其股东人数有上限的规定，资本又具有封闭性的特点，故股东相互间又具有人身信任因素，具有人合的色彩，这就决定了有限责任公司一般是适合中小企业的组织形式。

2. 有限责任公司的特殊形态

我国《公司法》根据我国国情还规定了国有独资公司和一人有限公司，作为有限责任公司的特殊形式。具体将在随后的章节中介绍。

（三）股份有限公司

股份有限公司，又称股份公司，是指全部资本划分为等额股份，股东以其所持股份为限对公司承担责任，公司以其全部资产对公司债务承担责任的企业法人。股份公司产生于 18 世纪的欧洲，19 世纪后半期广泛流行于世界资本主义各国，到目前，股份公司在资本主义国家的经济中占据统治地位。

与有限责任公司类型相比较，股份有限公司具有以下特征：

1. 公司资本的股份性

股份公司的全部资本分为等额股份。股份是以金额表示的、每股金额相等的、公司资本的最小构成单位。在发行面额股份的情况下，每股面额与已发行股份总数的乘积为公司的全部资本；在发行无面额股份的情况下，股东实缴认股款总额减去列入资本公积的认股款金额，其余额为公司的全部资本。在我国，股份公司的股份都是有面额股份。相应的，股东出资具有股份性，每个股东所持有的股份数额可以不同，但每股的金额必须相等，股东就其所认购的股份对公司负责。公司以其全部资产对公司债务负责。

2. 公司资本募集的公开性

股份公司可以通过发行股票的形式来筹集公司的资本，任何人只要愿意支付股金，购买股票，就可以成为股份公司的股东。通过发行股票及其他证券，把分散的资本集中起来经营是股份公司的最大优势所在。资本募集的公开性决定了公司股东的广泛性，同时也决定了股份公司的账目必须公开，以使公司的股东对公司的经营情况予以了解。正是因为股份公司具有这一特征，一些英美法系国家才直接称其为开放式公司。

3. 公司组织的资合性

股份公司是典型的资合公司。股份公司本身的资产为清偿债务的总担保，公司的信用与公司股东的信用无关；股份公司的资本证券化，股东权利以股票为证书，股票具有流通性，可以作为交易的标的，原则上可以自由买卖，股东权利随股票的交付而转让。公司的存续与股东的变化、股东人数的增减无关。

4. 公司组织机构运行规则和治理规则具有严格性

《公司法》所确立的股份公司的股东会、董事会、监事会的设立及议事规则充分体现了分权制衡原则，相对于有限责任公司而言，股份公司的要求更为严格，股份公司因其资合性更强并更多涉及公共利益和交易安全，而比人合性与资合性并重的有限责任公司具有更多的强制性规范。

第二节 公司的设立

【案例5-2】 张三、李四和王五三人商议创业，想开设一家公司做外贸代理，他们商定拟设公司注册资本10万元，每人以现金方式各出资1万元，另外张三再以其所有的一套公寓折价出资，作为办公用房。

一、公司设立概述

（一）公司设立的概念

公司设立，是指公司发起人为组建公司，使其取得法人资格，依照法律规定的条件和程序所必须完成的一系列法律行为的总称。公司的设立，首先，是一种法律行为，只有依法进行，才能产生预期的法律效力。其次，公司设立行为围绕着取得法人资格，其目的是设立的公司形成法律上的独立人格。再次，公司设立行为由发起人负责实施，即发起人是公司设立行为的主体。

（二）公司的发起人

所谓的发起人，是指订立发起协议，提出设立公司申请，向公司出资或认购股份，并对公司设立承担责任的人。案例 5－2，张三等即为发起人，三人均负有向拟设立公司出资或认购股份的义务，因此，在公司成立后即为公司的股东。有限责任公司因只能采取发起设立方式设立公司，因此，所有创始股东均为公司的发起人。股份公司在采取募集设立方式设立公司时，发起人仅指那些实施公司设立行为、制定章程、负责召开首次股东大会的股东，其他股东则为非发起人股东。

二、公司设立的方式

根据我国《公司法》的规定，公司的设立方式有两种，即发起设立和募集设立。

（一）发起设立

发起设立是指公司的资本或股份由发起人全部认购，不向发起人之外的任何人募集而设立公司的一种方式。发起设立具有设立程序简单、对社会公众影响较小，成立后的公司的股东相对稳定和封闭等特点，多为中小型公司所采用。有限责任公司只能采取这种方式设立。案例 5－2 宜采用发起设立的方式。

（二）募集设立

募集设立是指发起人只认购公司一定比例的股份，其余部分按法律规定的程序向社会公众募集而设立公司的方式。募集设立的主要特点是向社会公开募集股份，具有开放性。当设立规模较大的股份公司时，仅凭发起人的财力往往难以实现，因此需要采取募集设立方式，向社会公众募集资金，由于其影响及社会公众，因此法律对其程序的规定严格且复杂。根据我国《公司法》第 78 条：“股份有限公司的设立，可以采取发起设立或者募集设立的方式。”

三、公司设立的条件

公司的设立条件，是指公司取得法人资格所需具备的基本要素。

（一）有限责任公司的设立条件

根据我国《公司法》第 24 条规定，设立有限责任公司，应当具备下列条件：

1. 股东符合法定人数，即由 50 个以内的股东出资设立。

2. 股东出资达到法定资本最低限额。公司的资本，也称股本，是指由全体发起人或股东认缴的股金总额。在我国，公司资本应为公司注册登记机关登记的、由股东实际缴纳的股本总额。公司的资本是公司赖以生存的“血液”，是公司运营的物质基础，因此，各国公司法均要求公司必须拥有与其生产经营规模相适应的独立的财产，并规定公司的最低资本限额。如果公司达不到法定资本最低限额，公司便不得成立。根据我国《公司法》第 26 条规定，有限责任公司注册资本的最低限额为人民币 3 万元。法律、行政法规对有限责任公司注册资本的最低限额有较高规定的，从其规定①。

3. 股东共同制定公司章程。公司章程是公司设立的必备条件之一。公司章程是规定公司组织及活动的基本规则的、体现股东共同意志的书面文件，是公司实行内部管理和对外进行经济交往的基本依据。依法制定公司章程是设立公司的前提。公司章程对公司、股东、董事、监事、高级管理人员具有约束力。案例 5－2 中，张三等人须先制定公司章程，才能申请设立公司。

公司章程应当载明下列事项：

（1）公司名称和住所。

（2）公司经营范围。我国《公司法》第 12 条规定，公司的经营范围由公司章程规定，并依法登记。公司可以修改公司章程，改变经营范围，但是应当办理变更登记。公司的经营范围中属于法律、行政法规规定须经批准的项目，应当依法经过批准。

（3）公司注册资本。注册资本是指记载于公司章程中、由股东认足并经过登记注册的公司资本，其数额不得少于法律规定的最低限额。

（4）股东的姓名或者名称。

---

① 如《保险公司管理规定》设立保险公司最低资本金为 2 亿元人民币。

（5）股东的出资方式、出资额和出资时间。

（6）公司的机构及其产生办法、职权、议事规则。

（7）公司法定代表人。我国《公司法》第 13 条规定，公司法定代表人依照公司章程的规定，由董事长、执行董事或者经理担任，并依法登记。公司法定代表人变更，应当办理变更登记。

（8）股东会会议认为需要规定的其他事项。

股东应当在公司章程上签名、盖章。

4. 有公司名称，建立符合有限责任公司要求的组织机构；必须在公司名称中标明有限责任公司或者有限公司字样。

5. 有公司住所。公司以其主要办事机构所在地为住所。

（二）股份有限公司的设立条件

依据我国《公司法》第 77 条规定，股份公司的设立条件具体如下：

1. 发起人的要件

发起人的要件，主要是指对公司发起人在人数、资格等方面的要求。

（1）发起人人数的要求

传统的公司法理论认为公司是社团法人，是人的组合，应具有鲜明的股东多元化的特点，所以，世界上除了少数国家允许一人发起设立公司外，绝大多数国家的公司法都规定公司的发起人必须是 2 人以上。对于股份公司的发起人的人数要求更高，如法国、韩国、英国规定发起人应为 7 人以上，德国规定为 5 人以上。我国《公司法》对有限责任公司的发起人没有做下限规定，只要求 50 人以下，对股份公司则在第 79 条中明确规定，发起人应当是 2 人以上 200 人以下。设立公司时发起人应当符合法定人数。

（2）发起人的资格限制

发起人的身份限制。一般来说，公司的发起人可以是自然人，也可以是法人，对国籍也并无限制。只要发起人具有民事权利能力和民事行为能力，不属于禁止管理财产者即可成为公司的发起人。依我国现行法律规定，禁止党政机关及国家公务员作为公司的发起人。

发起人的住所要求。由于股份公司设立程序复杂，涉及社会公众较多，发起人在设立股份公司及公司成立之初责任重大，为保证设立活动的顺利进行，加强国家对发起人的管理，防止发起人利用设立股份公司来损害社会公众的利益，不少国家对股份公司发起人的住所问题做出了特殊要求。我国《公司法》第 79 条规定：股份公司的发起人"其中须有半数以上的发起人在中国境内有住所。"

2. 物的要件

物的要件是指作为资合公司的股份公司所应具备的必要的物质条件，其中最主要的是资本条件。发起人认购和募集的股本应当达到法定资本最低限额。我国《公司法》第 81 条第 3 款规定："股份有限公司注册资本的最低限额为人民币 500 万元。法律、行政法规对股份有限公司注册资本的最低限额有较高规定的，从其规定。"另外，我国《公司法》还对股东的出资方式、出资构成、出资期限等做出了详尽的规定。只有符合法律规定的这些条件，公司方能成立。关于其他条件，我们将在后面的章节中再作具体介绍。

除资本之外，公司还需要有固定的作为公司住所的经营场所和其他必要的经营条件。

3. 行为要件

行为要件是指公司发起人必须完成规定的设立行为，且设立行为必须符合法律规定，否则公司不能成立。设立行为是公司发起人为创办公司所从事的一系列连续性的准备行为，包括签订发起人协议、制定公司章程、认缴出资、股份的发行、申请注册登记等筹办事项。这些设立行为均需依照法定程序和要求进行，如发起人制定的公司章程，采用募集方式设立的须经创立大会通过；再如发起人应当签订发起人协议，明确各自在公司设立过程中的权利和义务等。

在设立行为要件中，最为重要的是制定公司章程。我国《公司法》第 82 条规定了股份有限公司章程应当载明的事项：

（1）公司名称和住所；

（2）公司经营范围；

（3）公司设立方式；

（4）公司股份总数、每股金额和注册资本；

（5）发起人的姓名或者名称、认购的股份数、出资方式和出资时间；

（6）董事会的组成、职权和议事规则；

（7）公司法定代表人；

（8）监事会的组成、职权和议事规则；

（9）公司利润分配办法；

（10）公司的解散事由与清算办法；

（11）公司的通知和公告办法；

（12）股东大会会议认为需要规定的其他事项。

4. 组织要件

组织要件，包括公司的名称、种类、组织机构以及经营范围等。组织要件必须符合有关法律规定。如公司的名称必须符合国家的有关规定，公司只能使用一个名称，公司的经营范围用语应当参照国民经济行业分类标准等。

四、公司设立的程序

公司设立的程序，是指发起人设立公司时应遵循的法定步骤。一般而言，发起设立的程序比较简单，募集设立的程序则相对复杂。

（一）发起设立的程序

1. 签订发起人协议

发起人协议是指发起人之间就设立公司事项所达成的明确彼此间权利、义务关系的书面协议。与旨在规范成立后的公司及其成员的公司章程不同，发起人协议重在约束、规范发起人的行为，其性质类似于合伙协议。在公司设立程序中，组建公司的方案、股权分散和集中的程度、发起人之间的职责分工等，均由发起人协议形成最初格局，因此，拟订发起人协议不仅对公司组建至关重要，而且对公司的未来发展也有着难以磨灭的影响。

2. 订立公司章程

订立公司章程是公司设立的一个必经程序。订立公司章程的目的是为了确定公司的宗旨、设立方式、经营范围、注册资本、组织机构以及利润分配重大事项，为公司设立创造条件并为公司成立后的活动提供一个基本的行为规范。

3. 报经审批

根据我国《公司法》第6条规定，报经有关部门审批并非所有公司设立的必经程序，只有法律、行政法规规定设立公司必须报经批准的，才应当在公司登记前依法办理批准手续。

4. 缴纳出资

公司的资本来源于股东出资。缴纳出资是公司设立的关键性程序，没有股东的出资行为，公司就无从成立。股东以货币出资的，应当将货币出资足额存入所设立公司在银行开设的临时账户，以非货币财产出资的，应当依法办理其财产权的转移手续。股东全部缴纳出资后，必须经过法定的验资机构验资，并出具证明。

5. 确立机关

公司的机关是对内管理事务对外代表公司的法定机构。作为法人组织的公司，其意志的形成和实现，均依赖于法人组织机构及其成员的活动。因此，公司登记成立前，必须对公司的权力机关、业务执行机关和监督机关的组织及其成员的分工做出决定，并须符合法律的规定。

6. 申请设立登记

申请设立登记是公司成立的必经程序。我国《公司法》第 6 条、第 7 条规定，设立公司，应当依法向公司登记机关申请设立登记。

申请设立有限责任公司，应当向公司登记机关提交下列文件：

（1）公司法定代表人签署的设立登记申请书；

（2）全体股东指定代表或者共同委托代理人的证明；

（3）公司章程；

（4）依法设立的验资机构出具的验资证明，法律、行政法规另有规定的除外；

（5）股东首次出资是非货币财产的，应当在公司设立登记时提交已办理其财产权转移手续的证明文件；

（6）股东的主体资格证明或者自然人身份证明；

（7）载明公司董事、监事、经理的姓名、住所的文件以及有关委派、选举或者聘用的证明；

（8）公司法定代表人任职文件和身份证明；

（9）企业名称预先核准通知书；

（10）公司住所证明；

（11）国家工商行政管理总局规定要求提交的其他文件。

公司经登记注册即取得法人资格。依法设立的公司，由公司登记机关发给公司营业执照。公司营业执照签发日期为公司成立日期。公司营业执照应当载明公司的名称、住所、注册资本、实收资本、经营范围、法定代表人姓名等事项。公司营业执照记载的事项发生变更的，公司应当依法办理变更登记，由公司登记机关换发营业执照。

（二）募集设立的程序

采取募集方式设立股份公司，因需要对外招募股份，所以其设立程序比发起设立复杂，除了发起人签订发起人协议、制定公司章程、报送审批的程序与发起设立相同之外，其他程序与发起设立有很大不同。具体如下：

1. 发起人认足法定比例的股份

发起人认足法定比例的股份，是保证公司设立顺利进行和加重发起人责任以保护众多出资人利益的需要，因此而成为各国普遍一致的做法。我国《公司法》第 85 条规定，以募集设立方式设立股份有限公司的，发起人认购的股份不得少于公司股份总数的 35%，法律、行政法规另有规定的，从其规定。因此，发起人只有在认足上述规定的股份之后，方可进行其后的设立行为。

2. 制作招股说明书

招股说明书，又称募股章程，是指公司发起人制作的，向社会公开的旨在使社会公众了解公司的基本情况和认股具体办法，便于公众认购公司发行股份的书面文件。招股说明书是公司为获得募股资格而向证券管理部门报批的法定文件。在实质上，招股说明书是一个包含发行条件的文件，也是一种向社会公众要约认购公司股份的邀请，为了防止发起人以不当的手段招股，保护认股人的利益，各国公司法都规定，在公开招股前，发起人应制作招股说明书，并且不少国家还对招股说明书的内容及制作虚假招股说明书的法律责任做了明确规定。我国《公司法》第 87 条规定，招股说明书应当附有发起人制定的公司章程，并载明下列事项：

（1）发起人认购的股份数；

（2）每股的票面金额和发行价格；

（3）无记名股票的发行总数；

（4）募集资金的用途；

（5）认股人的权利、义务；

（6）本次募股的起止期限及逾期未募足时认股人可以撤回所认股份的说明。

3. 呈报国务院证券管理部门核准

由于公开募集股份涉及广大社会公众的利益，关系到社会经济秩序的正常和稳定，我国《公司法》要求发起人在向社会公开募集股份时，必须报经国务院证券管理部门核准。

4. 公告和招募股份

发起人在募股申请得到相关政府部门核准之后，在向社会公开募集股份前，必须向社会公告其招股说明书，邀约公众认购股份；同时，发起人还应当制作认股书供认股人填写。认股书是社会公众认购公司发行股份的一种书面凭证。认股书应当载明招股说明书所记载的有关事项，由认股人填写认购股数、金额、住所，并签名、盖章。认股书具有合同性质，手续完备，即发生法律效力，认股人须按照所认购股数额缴纳股款，否则应承担违约责任。

根据我国《公司法》规定，发起人向社会公开募集股份时，应当同依法设立的证券经营机构签订承销协议，由证券经营机构采取承销方式发行股份。

发行股份的股款缴足后，必须经依法设立的验资机构验资并出具证明。

5. 召开创立大会

（1）关于召开创立大会的要求：发起人应当自股款缴足之日起30天内主持召开公司创立大会。获得验资机构的验资证明之日即可视为股款缴足之日。

发起人应当在创立大会召开15天前将会议日期、地点通知各认股人或者予以公告。

创立大会由发起人、认股人组成。且须有代表股份总数过半数的发起人、认股人出席，方可举行。创立大会的决议，必须经出席会议的认股人所持表决权过半数通过，方为生效。

（2）关于创立大会的职权：创立大会是公司成立前的决议机关，行使与股东大会类似的职权。根据我国《公司法》第91条规定，创立大会行使下列职权：

① 审议发起人关于公司筹办情况的报告；

② 通过公司章程；

③ 选举董事会成员；

④ 选举监事会成员；

⑤ 对公司的设立费用进行审核；

⑥ 对发起人用于抵做股款的财产的作价进行审核；

⑦ 发生不可抗力或者经营条件发生重大变化直接影响公司设立的，可以做出不设立公司的决议。创立大会在选出董事会并完成其使命后即告解散。

6. 申请设立登记

董事会应于创立大会结束后30天内，向公司登记机关报送有关文件，申请设立登记：申请设立登记需要报送的文件如下：

（1）公司登记申请书；

（2）创立大会的会议记录；

（3）公司章程；

（4）验资证明；

（5）法定代表人、董事、监事的任职文件及其身份证明；

（6）发起人的法人资格证明或者自然人身份证明；

（7）公司住所证明。

以募集方式设立股份有限公司公开发行股票的，还应当向公司登记机关报送国务院证券监督管理机构的核准文件。

五、公司设立的法律责任

公司的设立责任，是指与公司设立有关的机构和人员在公司设立过程中，违反法律规定的义务所引起的不利后果。法律对设立过程中涉及的主体都规定了相应的义务，其中，主要是发起人的责任。设立责任既有民事责任，也有行政责任和刑事责任。

（一）发起人的设立责任

1. 民事责任

发起人的设立活动对于认股人、因设立活动而成立的公司都有直接的影响，为了增加发起人的责任感，防止滥设公司以及以公司名义进行欺诈活动，各国公司立法均对发起人规定了较为严格的民事责任。

（1）在公司成立的情形下，发起人所承担的民事责任

① 资本充实责任。这是发起人在公司法上的一种特殊责任，指由公司发起人共同承担的相互担保出资义务履行，确保公司章程规定的资本得以认足、实收的民事责任。大多数国家的公司法都规定，股份有限公司发行的股份未按期募足，或有限责任公司的股东未缴足出资额，或股东的非货币财产出资不实，其差额应由发起人（包括有限责任公司的创始股东）负连带认缴责任。资本充实责任是一种无过错责任，同时也是一种连带责任。我国《公司法》第31条、第94条规定，公司成立后，发起人未按照公司章程的规定缴足出资的，应当补缴；其他发起人承担连带责任。在发现作为设立公司出资的非货币财产的实际价额显著低于公司章程所定价额时，应当由交付该出资的发起人补足其差额，公司设立时的其他股东或发起人承担连带责任。

② 出资违约责任。出资违约责任是指发起人（股东）违反其约定的出资义务对公司或其他股东所应承担的民事责任。我国《公司法》第28条规定，"股东应当按期足额缴纳公司章程中规定的各自所认缴的出资额。……股东不按照前款规定缴纳出资的，除应当向公司足额缴纳外，还应当向已按期足额缴纳出资的股东承担违约责任。"我国《公司法》第84条规定，以发起设立方式设立股份有限公司的，发起人不依章程规定缴纳出资的，应当按照发起人协议承担违约责任。

③ 损害赔偿责任。损害赔偿责任是指发起人在实施设立公司行为过程中，因实施了损害公司、其他股东和第三人利益之行为而应当承担的民事赔偿责任。为了防止发起人借设立公司之名侵害公司及第三人利益，各国公司法一般均要求发起人须就自己的设立行为对公司负责。我国《公司法》第95条第3款规定："在公司设立过程中，由于发起人的过失致使公司利益受到损害的，应当对公司承担赔偿责任。"发起人的损害赔偿责任是一种过错责任，即发起人只对自己的过错行为承担责任。这与发起人的资本充实责任不同，后

者实行的是严格责任，即不论发起人与公司设立时对资本不实之事实是否知悉或应否知悉，均推定发起人有过错而承担补充责任。

（2）在公司不能成立的情形下，发起人的民事责任

① 对设立行为所产生费用和债务负连带赔偿责任。设立费用及债务应由成立后的公司承担，但当公司不能成立时，只能由实施设立行为的主体即发起人承担。我国《公司法》第 95 条第 1 款规定：发起人在"公司不能成立时，对设立行为所产生的债务和费用负连带责任"。

② 对已收股款负返还责任。在采取募集设立方式设立公司的情况下，发起人对认股人已经缴纳的股款，还负有返还股款并加算银行同期存款利息的连带责任。我国《公司法》第 95 条第 3 款规定：发起人在"公司不能成立时，对认股人已缴纳的股款，负返还股款并加算银行同期存款利息的连带责任；"第 90 条第 2 款规定："发行的股份超过招股说明书规定的截止期限尚未募足的，或者发行股份的股款缴足后，发起人在 30 天内未召开创立大会的，认股人可以按照所缴股款并加算银行同期存款利息，要求发起人返还。"

2. 行政责任和刑事责任

为确保注册资本的真实可靠，对发起人在设立公司过程中的虚假出资、虚报注册资本、抽逃出资等行为，各国公司法大都规定除应承担民事责任外，还应承担相应的行政责任，情节严重的还要受到相应的刑事处罚。根据我国《公司法》、《公司登记管理条例》以及《关于惩治违反公司法的犯罪的决定》等法律法规亦就此制定了相关规定。

（1）关于虚假出资、抽逃出资。所谓的虚假出资，是指公司的发起人、股东违反《公司法》及公司章程，未交付或者未按期交付作为出资的货币或者非货币财产而取得股份或出资证明的行为，行为的性质属于欺诈，如案例 5 - 1 中的 B、C 就属于虚假出资；所谓的抽逃出资，即指公司的发起人、股东在公司成立后，又抽逃其出资并继续持有公司股份的行为。对此两类行为，可以由公司登记机关责令改正，处以虚假出资金额或所抽逃出资金额 5% 以上 15% 以下的罚款；虚假出资或抽逃出资数额巨大，后果严重或者由其他严重情节的，处 5 年以下有期徒刑或者拘役，可以并处虚假出资金额或抽逃出资金额 10% 以下的罚金；单位犯此罪的，对单位判处罚金，并对其直接负责的主管人员和其他直接责任人员，处 5 年以下有期徒刑或者拘役。

（2）关于虚报注册资本。虚报注册资本是指在申请公司登记时，使用虚假的证明文件或采取其他欺诈手段夸大注册资本的数额，欺骗公司登记机关，取得公司登记的行为。对此类行为，由公司登记机关责令改正，对虚报注册资本的公司，处以虚报注册资本金额 5% 以上 15% 以下的罚款；对提交虚假

材料或者采取其他欺诈手段隐瞒重要事实的公司，处以 5 万元以上 50 万元以下的罚款；情节严重的，撤销公司登记或者吊销营业执照。虚报注册资本数额巨大，后果严重或者由其他严重情节的，处 3 年以下有期徒刑或者拘役，并处或单处虚假出资金额或抽逃出资金额 1% 以上 5% 以下罚金。单位违法的，对单位判处罚金，并对其直接负责的主管人员和其他直接责任人员，处 3 年以下有期徒刑或者拘役。

（二）中介服务机构及其工作人员的法律责任

在公司设立过程中，资产评估、验资或者验证的中介服务机构起着重大的作用，特别是在涉及非货币财产出资的情况下。因此，我国《公司法》及其他法律法规对中介服务机构的法律责任做出了明确的规定。

1. 民事责任

在公司设立过程中，承担资产评估、验资或者验证的机构因其出具的评估结果、验资或者验证证明不实，给公司债权人造成损失的，除能够证明自己没有过错的外，在其评估或者证明不实的金额范围内承担赔偿责任。

2. 行政责任

承担资产评估、验资或者验证的机构提供虚假材料的，由公司登记机关没收违法所得，处以违法所得 1 倍以上 5 倍以下的罚款，并可以由有关主管部门依法责令该机构停业、吊销直接责任人员的资格证书，吊销营业执照。

承担资产评估、验资或者验证的机构因过失提供有重大遗漏的报告的，由公司登记机关责令改正，情节较重的，处以所得收入 1 倍以上 5 倍以下的罚款，并可以由有关主管部门依法责令该机构停业、吊销直接责任人员的资格证书，吊销营业执照。

3. 刑事责任

承担资产评估、验资或者验证机构的人员故意提供虚假证明文件，情节严重的，处 5 年以下有期徒刑或者拘役，并处罚金；索取他人财物或者非法收受他人财物，故意提供虚假证明文件，情节严重的，处 5 年以上 10 年以下有期徒刑，并处罚金。上述人员严重不负责任，出具的证明文件有重大失实，造成严重后果的，处 3 年以下有期徒刑或者拘役，并处或单处罚金；单位构成犯罪的，对单位判处罚金，并追究其直接负责的主管人员和其他直接责任人员的责任。

（三）政府机关及其工作人员的法律责任

公司的设立登记、募集股份的核准是公司设立过程中的政府行为。政府机关及其工作人员必须按照法律规定的条件和程序履行职责。对不符合法律规定条件的登记申请或募集申请予以登记或核准，或者对符合本法规定条件的登记申请或募集申请不予登记或核准的，对直接负责的主管人员和其他直接责任人员应依法追究相应的行政责任和刑事责任。

（四）公司设立的法律责任

我国《公司法》采取设立要件主义，公司非经登记不得成立。未依法登记为有限责任公司或者股份有限公司，而冒用有限责任公司或者股份有限公司名义的，或者未依法登记为有限责任公司或者股份有限公司的分公司，而冒用有限责任公司或者股份有限公司的分公司名义的，由公司登记机关责令改正或者予以取缔，可以并处 10 万元以下的罚款。构成犯罪的，依法追究刑事责任，此外，公司成立后应及时开业，无正当理由超过 6 个月未开业的，可以由公司登记机关吊销营业执照。

第三节　公司的资本制度

一、公司资本的概念及意义

公司资本，是指在公司成立时公司章程所确定的由股东出资构成的公司法人财产的总额。公司资本是公司赖以生存和开展生产经营活动的基础，是公司对外承担责任的物质担保，因而也是衡量公司信用的主要尺度。因此，公司的资本对于公司企业法人资格的取得、生产经营活动的顺利进行、债权人利益的保障及交易安全的维护有着十分重要的意义。公司资本制度是公司法的基础性制度之一，涉及公司资本的形成、资本的维持和资本的退出等方面的内容。

各国实行的资本制度主要有三种：法定资本制、授权资本制和折衷资本制。法定资本制由大陆法系国家首创，我国即采用此制度。英美法系普遍适用的是授权资本制。

二、我国公司的资本制度

根据我国《公司法》的规定，我国公司的资本制度主要有如下内容：

（一）法定资本制

法定资本制的含义有三层：其一，最低资本额要求，即法律规定了公司的最低注册资本，低于此限额，公司不得成立。如前所述，我国《公司法》

对有限责任公司和股份有限公司注册资本的最低限额均有明确要求。其二，资本确定要求，即公司发起人在设立公司时，必须在章程中对公司的注册资本做出合法的明确规定，并在公司成立时全部发行出去即由出资人认足、募足。否则，公司不能成立。其三，资本不变要求，即公司注册资本一经确定，即应相对稳定，不得随意改变。如果增加或减少，必须按照法定程序进行。案例 5－2 中，张三等人拟设公司的注册资本数额为 10 万元，符合公司法关于有限责任公司注册资本最低限额为 3 万元的规定，10 万元注册资本除去由三人出资的现金外，张三作为出资的公寓必须作价在 7 万元才能满足法定资本制的要求。

此外，为了保证公司资本的真实，维持与之相应的财产，我国《公司法》还做了相关规定。主要是第 36 条规定：“公司成立后，股东不得抽逃出资”；第 15 条规定，“公司可以向其他企业投资；但是，除法律另有规定外，不得成为对所投资企业的债务承担连带责任的出资人”；第 16 条规定，“公司向其他企业投资或者为他人提供担保，依照公司章程的规定，由董事会或者股东会、股东大会决议；公司章程对投资或者担保的总额及单项投资或者担保的数额有限额规定的，不得超过规定的限额。公司为公司股东或者实际控制人提供担保的，必须经股东会或者股东大会决议。前款规定的股东或者受前款规定的实际控制人支配的股东，不得参加前款规定事项的表决。该项表决由出席会议的其他股东所持表决权的过半数通过。”

（二）出资方式

货币出资。全体股东的货币出资金额不得低于公司注册资本的 30%。

可以用货币估价并可以依法转让的非货币财产如实物、知识产权、土地使用权等作价出资；但是，法律、行政法规规定不得作为出资的财产除外。非货币财产作为出资必须具备以下四个条件：

1. 对公司有商业价值；案例 5－2 中，公司开业经营需要张三的公寓。

2. 能够以货币评估出来；

3. 能够依法转让；

4. 法律、行政法规不禁止。

对作为出资的非货币财产应当评估作价，核实财产，不得高估或者低估作价。法律、行政法规对评估作价有规定的，从其规定。

公司的初始股东或发起人对现金以外的出资价值承担连带责任。

（三）出资期限

除采取募集设立的股份有限公司之外，公司资本认购完毕后可由股东有期限的分期缴付。根据我国《公司法》第 26 条、第 81 条规定，有限责任公司和采取发起设立的股份公司，全体股东或发起人的首次出资额不得低于注册资本的 20%，有限责任公司还以不得低于法定的注册资本最低限额，其余部分由股东或发起人自公司成立之日起 2 年内缴足；其中，投资公司可以在 5 年内缴足。股东必须按期足额缴纳其所认缴的出资。

（四）出资的转让

因公司的性质不同，一般来说，法律对股东转让其出资的限制也就宽严有别。

1. 有限责任公司股东出资的转让

有限责任公司虽在性质上属于资合公司，但因股东人数有限，股东之间相对重视彼此的信任关系，具有一定的人合因素，因此，股东出资的转让，受到一定的限制。我国《公司法》第 72 条规定，"有限责任公司的股东之间可以相互转让其全部或者部分股权。股东向股东以外的人转让股权，应当经其他股东过半数同意。股东应就其股权转让事项书面通知其他股东征求同意，其他股东自接到书面通知之日起满 30 天未答复的，视为同意转让。其他股东半数以上不同意转让的，不同意的股东应当购买该转让的股权；不购买的，视为同意转让。公司章程对股权转让另有规定的，从其规定。"

股东依法转让其出资后，由公司将受让人的姓名或者名称、住所以及受让的出资额记载于股东名册。

2. 股份有限公司股份的转让

股份有限公司是典型的资合公司，以公司资本为其信用基础，因此，股东可以自由依法转让其股份。根据我国《公司法》规定，股份的转让应当符合以下规定：

（1）关于场所的规定

股东转让其股份，应当在依法设立的证券交易场所进行。

（2）关于特定主体的规定

① 发起人就其所持本公司股份，自公司成立之日起一年内不得转让。公司公开发行股份前已发行的股份，自公司股票在证券交易所上市交易之日起一年内不得转让；

② 公司董事、监事、经理等高级管理者在任职期间每年转让的股份不得超过其所持有本公司股份总数的 25%；所持本公司股份自公司股票上市交易之日起一年内不得转让。上述人员离职后半年内，不得转让其所持有的本公司股份。此外，公司章程对上述人员转让其所持有的本公司股份做出其他限

制性规定，还应当符合其规定。

③ 国家授权投资机构转让其所持的股份，必须经过批准。

④ 公司不能收购本公司的股份，符合法定情况的例外。

（3）关于转让方式的规定

① 记名股票的转让，由股东以背书方式或者法律、行政法规规定的其他方式进行；转让后由公司将受让人的姓名或者名称及住所记载于股东名册。

股东大会召开前 20 天内或者公司决定分配股利的基准日前 5 天内，不得进行前款规定的股东名册的变更登记。但是，法律对上市公司股东名册变更登记另有规定的，从其规定。

② 无记名股票的转让，由股东将该股票交付给受让人后即发生转让的效力。

（五）股份与股票

1. 股份

（1）股份的概念和特点

股份是股份有限公司资本构成的最小单位，即公司的全部资本分为金额均等的股份，全部股份金额的总和即为公司资本的总额。股份与其他类型公司的股东出资相比较，其特点是：股份是资本构成的最小单位，具有不可分性；股份是对资本的等额划分，具有金额的均等性；股份是股东权的基础，具有权利上的平等性；股份表现为有价证券，即采取股票的形式，具有自由转让性。

（2）股份的种类

① 根据股份所代表的股东权利性质的不同，可分为普通股和特别股。普通股是指股东权利平等而无差别待遇的股份。普通股股东毫无例外地享有对公司事务的表决权，因此享有普通股的数量标志着对公司的控制和支配的实力，它是公司最为基本的股份，也是公司中风险最大的股份。优先股，是指对公司享有比普通股优先内容或优先权利的股份。如优先股可以优先获得股息且一般股息固定；在公司破产或解散清算时，可优先分配公司的财产。但这种股份一般均无表决权。

② 根据股票票面是否记载股东的姓名为标准，可分为记名股和无记名股。记名股是将股东的姓名或名称记载于股票的股份。记名股份的权利只能由股东本人享有，非股东持有股票，无资格行使股权。无记名股，是股票尚不记载股东姓名或名称的股份。无记名股份与股票不可分离，凡持有股票者，即为公司股东，享有股东权。

③ 根据股票票面是否记载金额为标准，可分为面额股与无面额股。面额股，是在股票票面上标明了一定金额的股份。面额股的每股金额必须一致，但具体数额多少，各国规定不一。我国就此并无明文规定，在实践中以不低于人民币 1 元为限。无面额股，又称比例股或部分股，即股票票面不表示一定金额，只表示其占公司资本总额的一定比例的股份。这种股份的价值随公司财产的增减而增减。我国法律禁止发行无面额股票，只允许发行面额股。

④ 根据股份有无表决权，可分为表决权股和无表决权股。表决权股，即享有表决权的股份，表决权股的股东在任免董事人选等公司重大事项上，可以通过依法行使表决权来表达自己的意愿。无表决权，是依法或依据章程被剥夺了表决权的股份，如公司的自有股份以及依据章程自愿放弃表决权的股份。

此外，我国还根据国情，形成有独具特色的股份种类，如按照投资主体和产权管理制度的不同，将股份分为国家股、法人股、个人股和外资股等。依据是否以人民币认购或交易股份，将股份分为 A 股与 B 股等。前者以人民币认购或买卖；后者以人民币表明股票面值，但以外币认购和进行交易。

2. 股票

（1）股票的概念和特征

股票是公司签发的证明股东所持股份的凭证。股票是股份的形式。股票具有以下特征：

① 股票是一种权利证券。股票体现着股东与公司之间股权关系，具有权利证书的法律效力。

② 股票是一种有价证券。股票所代表的股东权主要是一种财产权利。股票是证明持券人有限的一定金额收益的权利的凭证。股票持有人可借此要求公司分配股息和红利。可以作为交易的标的流通、转让、还可以抵押、赠与、继承。

③ 股票是一种流通证券。股票可以在市场上流通，其流通方式有二，一是上市交易，即到证券交易市场挂牌交易；二是柜台交易。

④ 股票是一种要式证券。股票必须按法定的方式和内容制作，必须载明法定的主要事项。

⑤ 股票是一种风险证券。股票所代表的权利及其价值的实现，始终都具有一定的可变性和风险性。

（2）股票的发行

① 股票发行的概念和种类。股票发行也可以称为股份发行，是指股份有

限公司为设立公司筹集资本或增加资本，通过法定方式分配或出售公司股份的行为。

股票发行可分为：设立发行和新股发行。设立发行即原始发行，是指公司设立时的股票发行。目的是为了募足公司得以成立的资本；新股发行即增资发行，是指股份有限公司成立后，依照法律规定和股东大会决议，为增加资本而再次和继续发行股份的行为。关于新股发行，应由股东大会做出决议并经国务院证券监督管理机构核准。公开发行新股时，必须公告新股招股说明书和财务会计报告，并制作认股书。

② 股票发行的原则。股票发行应遵循三大原则，即公开、公平、公正原则。公开原则，是指公司发行股票应当面对所有投资者，不得有非法隐瞒、幕后交易活动；公平原则，是指投资者地位一律平等，同股同权、同股同利；同次发行的股票，每股的发行条件和价格应当相同；公正原则，是指发行工作要公平合理，不得弄虚作假、徇私舞弊。

③ 股份发行的价格。关于股票发行价格，发行价格可以按票面金额，也可超出票面金额，但不得低于票面金额，以超过票面金额发行（溢价发行）时，须经国务院证券管理部门批准，所得溢价款应列入公司资本公积金。

（3）股票的种类

公司发行的股票，可以为记名股票，也可以为无记名股票。公司向发起人、法人发行的股票，应当为记名股票，并应当记载该发起人、法人的名称或者姓名，不得另立户名或者以代表人姓名记名。发行无记名股票的，公司应当记载其股票数量、编号及发行日期。

第四节　公司的治理结构

公司治理结构，是指公司内部机关设置及权力制衡的各项机制，涉及公司机关权力来源、运作和权限，界定公司机关及其成员的权利、义务与责任。公司权力的行使者主要包括公司的股东、董事、经理和监事。公司的权力如何分配，又如何制约，直接关系到公司的运行效率和活力。公司的治理结构也是公司的重要制度之一。

一般来说，各国公司法设置的公司治理结构均建立在分权与制衡上，我国也不例外。根据我国《公司法》的有关规定，我国公司治理结构的框架是：股东会是公司的最高权力机关，董事会是公司的经营决策及业务执行机关，监事会则为公司的业务监督机关。公司的治理结构实质上就是所有者（股东）、经营决策者和监督者之间通过公司权力机构、经营决策机构和监督机构而形成各自独立、责任明确、相互制约的关系，并以法律、公司章程等规定予以制度化的统一机制。

一、股东

（一）股东及股东资格的取得

一般来说，股东是指因出资、继承、受赠与而取得公司股权或股份而对公司享有权利和承担义务的人，包括自然人和法人。股东是公司的所有者。就股东资格取得的时间和原因而论，可分为原始取得和继受取得。前者以对公司设立时的出资为必要条件，后者以转让、继承、公司合并等概括承继为条件。

（二）股东的法律地位

股东的法律地位既表现在股东与公司的法律关系之中，又表现在股东相互间的法律关系之中。可以从股东享有股东权和股东平等两个方面来理解。

1. 股东享有股东权

基于股东地位而可对公司主张的权利，为股东权。《公司法》第4条规定，公司股东依法享有资产收益、参与重大决策和选择管理者等权利。可以说，股东的权利和权益均是围绕上述权利展开的。具体来说，股东权可以分为自益权与共益权。

股东为自身利益而可单独主张的权利，为股东的自益权。具体有：按照其出资或所持股份取得股利，即公司盈余分配的请求权，与此相联系，在公司新增资本时，除非公司章程另有约定，股东有权优先按照实缴的出资比例认缴出资；公司终止后依法取得公司的剩余财产分配权；转让权，即按照公司法及公司章程的规定转让其出资或股份。

股东为公司利益兼为自身利益而行使的权利为共益权。具体有：

（1）股东会议出席权及表决权

① 表决权的含义

表决权是指股东基于股东地位而享有的，就股东会的议案做出一定意思表示的权利。股东通过表决权的行使，参与公司重要事项的决策，实现对公司的控制。出席股东会及行使表决权是公司股东权利的中心内容，除非依据法律规定，不得以公司章程或股东会决议予以剥夺或限制。作为一种特殊的民事权利，当表决权为公司所侵害时，股东得以此为由提起股东会决议撤销之诉，可对直接参与此种侵权行为的董事请求损害赔偿；当表决权为第三人所侵害时，股东可依侵权法的一般原则，向侵权人请求停止侵害、排除妨碍和损害赔偿。

② 股东表决权行使的一般原则及例外

由公司的资合性特点所决定，多数国家的公司立法都确立了股东行使表决权的基本原则，即多数资本表决原则或一股一票原则。但也有一些国家的公司法规定，公司得以章程特别规定其表决权。我国《公司法》第43 条也规定，有限责任公司股东会会议由股东按照出资比例行使表决权；但是，公司章程另有规定的除外。以此规定，我国《公司法》允许有限责任公司章程对股东表决权做出另行规定，可以不必按照出资比例行使表决权。

③ 表决权行使的方式

股东可以亲自出席股东会并行使其表决权，也可以委托他人代为出席，还可以采用书面投票方式，即不出席股东会议的股东在书面投票用纸就股东会议决议中的有关事项表明自己的意愿，并将该书面投票用纸在股东会召开前提交公司。

（2）公司账册、股东会会议记录查阅权

股东对公司账册、股东会会议记录的查阅权也就是所谓的知情权。股东知情权是股东所享有的一项极其重要的权利。股东知情权的行使，不仅直接关涉股东自身权益的实现，而且与公司管理能否规范化的问题紧密相连。因而，世界各国在制定公司法时都对股东的知情权做出一定的规范。我国《公司法》也不例外。新《公司法》规定的有限责任公司股东知情权的行使范围为"有权查阅公司章程、股东会会议记录、董事会会议决议、监事会会议决议和财务会计报告"以及公司的会计账簿，并有权复制公司章程、股东会会议记录、董事会会议决议、监事会会议决议和财务会计报告；而股份有限公司行使知情权的范围则扩张到"有权查阅公司章程、股东名册、公司债券存根、股东大会会议记录、董事会会议决议、监事会会议决议、财务会计报告"。

为维护公司的合法权益，法律对股东知情权的行使也做了一定的限制。如对于诸如公司账簿等公司文件就没有赋予股东复制权。再如有限责任公司的股东在提出查阅的要求时，股东必须向公司递交书面的请求并说明理由。公司有合理根据认为股东查阅会计账簿有不正当目的，可能损害公司合法利益的，可以拒绝提供查阅，并应当自股东提出书面请求之日起 15 天内书面答复股东并说明理由。公司拒绝提供查阅的，股东可以请求人民法院要求公司提供查阅。

（3）召集股东临时会请求权

根据我国《公司法》第 40 条规定，代表 1/10 以上表决权的股东有权提议召开临时会议。

（4）股东会、董事会决议的撤销权

我国《公司法》第 22 条规定："股东会或者股东大会、董事会的会议召集程序、表决方式违反法律、行政法规或者公司章程，或者决议内容违反公司章程的，股东可以自决议做出之日起 60 天内，请求人民法院撤销。"

（5）股权收购请求权

根据我国《公司法》第 75 条规定，有下列情形之一的，对股东会该项决议投反对票的股东可以请求公司按照合理的价格收购其股权：

① 公司连续 5 年不向股东分配利润，而公司该 5 年连续盈利，并且符合本法规定的分配利润条件的；

② 公司合并、分立、转让主要财产的；

③ 公司章程规定的营业期限届满或者章程规定的其他解散事由出现，股东会会议通过决议修改章程使公司存续的。

（6）诉讼权

根据我国新《公司法》规定，股东的诉权有两种，一种是直接诉讼，是指股东为自己的利益而提起的诉讼，即股东因公司及其高级管理人员的侵权行为或违约行为直接侵害其股东权利时，以侵权人或违约人为被告提起的诉讼。新《公司法》第 153 条规定，董事、高级管理人员违反法律、行政法规或者公司章程的规定，损害股东利益的，股东可以向人民法院提起诉讼。另一种是派生诉讼，是指股东为公司的利益提起的诉讼，即当公司利益受到他人，特别是控股股东、董事及其他高级管理人员等的侵害，而公司怠于追究侵害人责任时，符合法定条件的股东可以以自己名义为公司利益对侵害人提起的诉讼。新《公司法》第 152 条明确规定了股东的派生诉权。

（7）解散公司权

根据新公司法第 183 条规定，当公司经营管理发生严重困难，继续存续会使股东利益受到重大损失，通过其他途径不能解决的，持有公司全部股东表决权 10% 以上的股东，可以请求人民法院解散公司。

2. 股东一律平等

法律基于股东的资格，对其权利、义务给予平等的对待。各股东按其所持有的股份比例或拥有的出资额享有权利，承担义务，不得对任何股东予以歧视。股东平等原则是公司得以存在的基础，《公司法》中的股东平等，是在资本平等基础上的平等，是同股同权，同股同利。具体的股东的权利、义务可以由公司章程规定，而公司章程是股东共同一致的意思表示，这本身也是股东平等原则的体现。

（三）股东的义务

各国公司法对股东义务的规定大同小异，基本上共同确认了股东应承担以下义务：

1. 向公司缴纳股款的义务，即出资义务。股东应按其所承诺的出资额所认购的股份金额，向公司缴纳股款。出资是股东基于股东资格对公司所为的一种给付。凡股东都必须履行约定的出资义务。这一义务的履行，是认股人取得股东资格的前提条件。认股人只要缴纳了首期出资，即取得了股东资格，其此后所负的出资义务，则为股东义务。且在公司登记后不得抽回其出资。

2. 对公司所负债务的义务。股东对公司的债务仅以其出资额或认缴的股款为限，此外，不负其他财产责任。

3. 遵守公司章程的义务。

二、有限责任公司的治理结构

与有限责任公司的股权结构相适应，我国《公司法》所设置有限责任公司治理结构充分体现了分权制衡的原则。

（一）股东会

1. 股东会的性质

股东会是有限责任公司的权力机构，是公司的意思形成机构。股东会由全体股东组成。股东会是公司法定但非常设机构。

2. 股东会的职权

（1）决定公司的经营方针和投资计划；

（2）选举和更换非由职工代表担任的董事、监事，决定有关董事、监事的报酬事项；

（3）审议批准董事会的报告；

（4）审议批准监事会或者监事的报告；

（5）审议批准公司的年度财务预算方案、决算方案；

（6）审议批准公司的利润分配方案和弥补亏损方案；

（7）对公司增加或者减少注册资本做出决议；

（8）对发行公司债券做出决议；

（9）对公司合并、分立、解散、清算或者变更公司形式做出决议；

（10）修改公司章程；

（11）公司章程规定的其他职权。

3. 股东会的召集

（1）召集人

股东会的召集人为董事会。首次股东会会议由出资最多的股东召集和主持。我国《公司法》第41条规定，有限责任公司设立董事会的，股东会会议由董事会召集，董事长主持；董事长不能履行职务或者不履行职务的，由副董事长主持；副董事长不能履行职务或者不履行职务的，由半数以上董事共同推举一名董事主持。有限责任公司不设董事会的，股东会会议由执行董事召集和主持。

董事会或者执行董事不能履行或者不履行召集股东会会议职责的，由监事会或者不设监事会的公司的监事召集和主持；监事会或者监事不召集和主持的，代表1/10以上表决权的股东可以自行召集和主持。

（2）召集程序

股东会之召集应以书面形式与会议召开的一定期限之前通知或通告股东。对于通知期限，各国公司法规定并不完全一致，一般对有限责任公司的要求相对宽松。我国《公司法》第42条规定，召开股东会会议，应当于会议召开15天前通知全体股东；但是，公司章程另有规定或者全体股东另有约定的除外。

基于股东会会议应有一定的代表性，应能反映多数股东意愿，许多国家的公司法都规定了参加股东会的股东须达到法定人数，股东会才能合法召开，通过的决议方为有效。但我国的《公司法》对此却未做规定。可以说此为我国公司立法上的一大缺憾。

4. 股东会的种类

依据会议召开的原因及实践和方式的不同，股东会通常分为定期会议和临时会议两种。

（1）定期会议

定期会议，是指公司按照章程规定的时间应当召开的股东会议。定期会议行使股东会的法定职权，是全体股东行使最高决议权的基本形式。

（2）临时会议

临时会议，是指在必要时召开的不定期股东会议。按照各国公司法的规定和习惯做法，召开临时股东会议的法定情形主要有以下几种：董事会或监事会按照公司章程的规定，认为必要时而决定召开；应持有法定比例以上股份的股东提议或请求而召开；法院责令召开。我国《公司法》第 40 条规定，代表 1/10 以上表决权的股东，1/3 以上的董事，监事会或者不设监事会的公司的监事提议召开临时会议的，应当召开临时会议。

5. 股东会议决议

（1）决议的种类

对于股东会的不同决议事项，法律规定了不同的多数标准。根据具体的决定事项和多数标准，股东会的决议分为普通决议和特别决议。

普通决议是指决定公司的普通事项时采用的，以简单多数通过的决议，即出席会议的 1/2 的表决权通过决议即可生效。在我国，除了《公司法》明文规定应以特别决议进行的事项外，一般均以普通决议进行。

特别决议是指决定公司的特别事项时采用的，以绝对多数才能通过的决议。根据我国《公司法》第 44 条规定，股东会会议做出修改公司章程、增加或者减少注册资本的决议，以及公司合并、分立、解散或者变更公司形式的决议，必须经代表 2/3 以上表决权的股东通过。

（2）股东会的议事记录

各国公司法一般都规定，股东会的决议事项应有完备的记录。我国《公司法》第 42 条也规定：股东会应当对所议事项的决定做成会议记录，出席会议的股东应当在会议记录上签名。

（3）股东会议决议的无效和撤销

股东会议的决议是公司股东的意思表示，一经依法形成，即发生法律效力。然而由于各种原因的存在，股东会议的决议可能存在瑕疵，或内容或程序违反法律、章程的规定，因此，西方国家公司法一般均视瑕疵存在的具体情况，确立了股东会议决议无效和可撤销制度。

股东会议决议的无效。股东会议决议内容违反法律或章程的，该决议即属于无效决议。由于决议内容是否违反法律或章程，由决议本身即可做出判断，因此，这种无效被称做当然无效，与民法中的绝对无效的民事行为相同，自始无效，绝对无效。

股东会议决议的撤销。股东会的召集程序或决议方法违反法律和章程规定时，股东在一定期限内，可以请求法院做出撤销其决议的判决，宣告其决议无效。因程序上或方法上的瑕疵较为轻微，所以，需要通过司法程序才能判定是否应该撤销，宣告相关决议无效。所以，这种无效属于相对无效，而非当然无效。

（二）董事会及经理

1. 董事会的性质

董事会或执行董事是由股东会选举产生的，行使公司经营决策和管理权的常设性业务执行机构。股东人数较少和规模较小的公司可不设董事会，仅设一名执行董事。

尽管股东是公司财产的最终所有人，股东会是权力机构，但股东会的特点和弱点决定了股东会只能是公司的意思形成机关，股东会做出的各项决议必须由董事会负责主持实施和执行。

2. 董事会的职权

董事会不仅仅是股东会之下的业务执行机关，其还有独立的权限和责任。对于董事会的职权，各国公司法的规定不尽相同。我国《公司法》第47条规定，董事会对股东会负责，行使下列职权：

（1）召集股东会会议，并向股东会报告工作；

（2）执行股东会的决议；

（3）决定公司的经营计划和投资方案；

（4）制订公司的年度财务预算方案、决算方案；

（5）制订公司的利润分配方案和弥补亏损方案；

（6）制订公司增加或者减少注册资本以及发行公司债券的方案；

（7）制订公司合并、分立、解散或者变更公司形式的方案；

（8）决定公司内部管理机构的设置；

（9）决定聘任或者解聘公司经理及其报酬事项，并根据经理的提名决定聘任或者解聘公司副经理、财务负责人及其报酬事项；

（10）制定公司的基本管理制度；

（11）公司章程规定的其他职权。

3. 董事会的产生和组成

（1）董事会的组成。董事会由股东会选举的、符合条件的董事组成，我国《公司法》第45条规定，有限责任公司设董事会，其成员为3人至13人。两个以上的国有企业或者两个以上的其他国有投资主体投资设立的有限责任公司，其董事会成员中应当有公司职工代表；其他有限责任公司董事会成员中可以有公司职工代表。董事会中的职工代表由公司职工通过职工代表大会、职工大会或者其他形式民主选举产生。

董事会设董事长一人，可以设副董事长。董事长、副董事长的产生办法由公司章程规定。

（2）董事的任期。董事任期由公司章程规定，但每届任期不得超过 3 年。董事任期届满，连选可以连任。

4. 董事会会议

（1）董事会会议的分类。与股东会会议的分类相一致，董事会会议亦可分为定期会议和临时会议。定期会议是公司章程规定的定期召开的会议，临时会议是不定期的，于必要时召开的会议。

（2）董事会会议的召集。为保证董事会会议的效率，一般国际公司立法都特别确定有权召集董事会会议的人。我国《公司法》第 49 条规定，董事会会议由董事长召集和主持；董事长不能履行职务或者不履行职务的，由副董事长召集和主持；副董事长不能履行职务或者不履行职务的，由半数以上董事共同推举一名董事召集和主持。

（3）董事会会议的议事方式和表决程序。《公司法》第 49 条规定，董事会的议事方式和表决程序，除本法有规定的以外，由公司章程规定。

董事会决议的表决，实行一人一票。董事会应当对所议事项的决定做成会议记录，出席会议的董事应当在会议记录上签名。

5. 经理

经理是公司董事会聘任的主持日常管理工作的高级职员，其对董事会负责，行使下列职权：

（1）主持公司的生产经营管理工作，组织实施董事会决议；

（2）组织实施公司年度经营计划和投资方案；

（3）拟订公司内部管理机构设置方案；

（4）拟订公司的基本管理制度；

（5）制定公司的具体规章；

（6）提请聘任或者解聘公司副经理、财务负责人；

（7）决定聘任或者解聘除应由董事会决定聘任或者解聘以外的负责管理人员；

（8）董事会授予的其他职权。

公司章程对经理职权另有规定的，从其规定。

经理列席董事会会议。

（三）监事会

1. 监事会的性质

监事会为有限责任公司的监督机构，是对公司执行机构的业务活动进行专门监督的机构。

2. 监事会的组成

关于监事会的人数，各国立法一般视公司的股本规模、职工人数而定，大多数国家对监事会的人数都未做上限规定，授权公司根据具体情况以章程确定。我国《公司法》第52条规定，有限责任公司的监事会，其成员不得少于3人。股东人数较少或者规模较小的有限责任公司，可以设1名至两名监事，不设监事会。

监事会成员一般是在有行为能力的股东和职工中选举。我国《公司法》第52条规定，监事会应当包括股东代表和适当比例的公司职工代表，其中职工代表的比例不得低于1/3，具体比例由公司章程规定。监事会中的职工代表由公司职工通过职工代表大会、职工大会或者其他形式民主选举产生。

监事会设主席一人，由全体监事过半数选举产生。监事会主席召集和主持监事会会议。

董事、高级管理人员不得兼任监事。

监事的任期每届为3年。监事任期届满，连选可以连任。

3. 监事会或监事的职权

对监事会的职权，各国的规定也不相同。我国《公司法》第54条规定，监事会、不设监事会的公司的监事行使下列职权：

（1）检查公司财务；

（2）对董事、高级管理人员执行公司职务的行为进行监督，对违反法律、行政法规、公司章程或者股东会决议的董事、高级管理人员提出罢免的建议；

（3）当董事、高级管理人员的行为损害公司的利益时，要求董事、高级管理人员予以纠正；

（4）提议召开临时股东会会议，在董事会不履行本法规定的召集和主持股东会会议职责时召集和主持股东会会议；

（5）向股东会会议提出提案；

（6）依照本法第152条的规定，对董事、高级管理人员提起诉讼；

（7）公司章程规定的其他职权。

监事可以列席董事会会议，并对董事会决议事项提出质询或者建议。

4. 监事会会议

根据我国《公司法》第56条规定，监事会每年度至少召开一次会议，监事可以提议召开临时监事会会议。

监事会的议事方式和表决程序，除本法有规定的以外，由公司章程规定。

监事会决议应当经半数以上监事通过。

监事会应当对所议事项的决定做成会议记录，出席会议的监事应当在会议记录上签名。

三、股份有限公司的治理结构

（一）股东大会

1. 股东大会的性质

股份公司的股东大会由全体股东组成。股东大会是公司的权力机构，其职权与有限责任公司股东会的职权相同。

2. 股东大会的类型

股东大会分为股东常会和股东临时会。股东常会应当每年召开一次。股东临时会在出现下列情形之一时，应当在两个月内召开：

（1）董事人数不足本法规定人数或者公司章程所定人数的 2/3 时；

（2）公司未弥补的亏损达实收股本总额 1/3 时；

（3）单独或者合计持有公司 10% 以上股份的股东请求时；

（4）董事会认为必要时；

（5）监事会提议召开时；

（6）公司章程规定的其他情形。

3. 股东大会的召集、主持

股东大会会议由董事会召集，董事长主持；董事长不能履行职务或者不履行职务的，由副董事长主持；副董事长不能履行职务或者不履行职务的，由半数以上董事共同推举一名董事主持。

董事会不能履行或者不履行召集股东大会会议职责的，监事会应当及时召集和主持；监事会不召集和主持的，连续 90 天以上单独或者合计持有公司 10% 以上股份的股东可以自行召集和主持。

召开股东大会会议，应当将会议召开的时间、地点和审议的事项于会议召开 20 天前通知各股东；临时股东大会应当于会议召开 15 天前通知各股东；发行无记名股票的，应当于会议召开 30 天前公告会议召开的时间、地点和审议事项。

4. 股东大会的决议

（1）表决权。股东出席股东大会会议，所持每一股份有一表决权。但是，公司持有的本公司股份没有表决权。无记名股票持有人出席股东大会会议的，应当于会议召开五天前至股东大会闭会时将股票交存于公司。

（2）决议事项。股东大会的决议事项必须是股东大会召开前通知中所列事项。此外，单独或者合计持有公司 3% 以上股份的股东，可以在股东大会召开 10 天前提出临时提案并书面提交董事会；董事会应当在收到提案后 2 天内通知其他股东，并将该临时提案提交股东大会审议。临时提案的内容应当属于股东大会职权范围，并有明确议题和具体决议事项。股东临时提案权的这一规定表明董事会无权对提案进行实质审查并裁量是否提交股东大会，提案的合法性、适当性和关联性由提案股东负责。股东大会不得对前两款通知中未列明的事项做出决议。

（3）决议效力。股东大会做出决议，必须经出席会议的股东所持表决权过半数通过。但是，股东大会做出修改公司章程、增加或者减少注册资本的决议，以及公司合并、分立、解散或者变更公司形式的决议，必须经出席会议的股东所持表决权的 2/3 以上通过。

（4）累积投票制。股份公司股东大会选举董事、监事，可以根据公司章程的规定或者股东大会的决议，实行累积投票制。所谓累积投票制，是指股东大会选举董事或者监事时，每一股份拥有与应选董事或者监事人数相同的表决权，股东拥有的表决权可以集中使用。

（二）董事会

1. 董事会的组成、任期及职权

股份有限公司设董事会，其成员为 5 人至 19 人。

董事会成员中可以有公司职工代表。董事会中的职工代表由公司职工通过职工代表大会、职工大会或者其他形式民主选举产生。

董事会设董事长一人，可以设副董事长。董事长和副董事长由董事会经全体董事的过半数选举产生。

关于股份有限公司董事的任期、董事会的职权，适用有限责任公司董事和董事会的规定。

2. 董事会的召开

董事长召集和主持董事会会议，检查董事会决议的实施情况。副董事长协助董事长工作，董事长不能履行职务或者不履行职务的，由副董事长履行职务；副董事长不能履行职务或者不履行职务的，由半数以上董事共同推举一名董事履行职务。

董事会每年度至少召开两次会议，每次会议应当于会议召开 10 天前通知全体董事和监事。

代表 1/10 以上表决权的股东、1/3 以上董事或者监事会，可以提议召开董事会临时会议。董事长应当自接到提议后 10 天内，召集和主持董事会会议。这是对董事长限期召集和主持董事会会议的法定义务的要求。董事会召开临时会议，可以另定召集董事会的通知方式和通知时限。

3. 董事会的议事规则

董事会会议应有过半数的董事出席方可举行。董事会做出决议，必须经全体董事的过半数通过。董事会决议的表决，实行一人一票。

董事会会议，应由董事本人出席；董事因故不能出席，可以书面委托其他董事代为出席，委托书中应载明授权范围。

董事会应当对会议所议事项的决定做成会议记录，出席会议的董事应当在会议记录上签名。

我国《公司法》通过强化股东对董事会临时会议的提议权和股东会的召集权以及股份公司股东临时提案权。加强了股东和股东会对管理层的约束。既有助于保护股东权益，完善公司治理，又体现了股东自治的原则和精神。

4. 关于董事的特别规定

公司不得直接或者通过子公司向董事、监事、高级管理人员提供借款，这属于股份公司法定的禁止行为，属于强行性规范。此外，董事、高级管理人员与本公司订立合同或者进行交易，或者将公司资金借贷给他人或者以公司财产为他人提供担保，必须符合公司章程的规定或经股东会、股东大会或者董事会同意。

公司应当定期向股东披露董事、监事、高级管理人员从公司获得报酬的情况。

四、上市公司的组织机构、治理规则的特别规定

上市公司是指该公司所发行的股票经国务院或国务院授权的证券管理部门批准在证券交易所上市面上交易的股份有限公司。由于上市公司涉及更为广泛的社会公众利益，因此，《公司法》对其组织机构、治理规则做出了一些特别的规定。主要内容如下：

（一）重大交易决策机制

即一年内购买、出售重大资产或担保金额超过公司资产总额 30% 的，应当由股东大会做出决议，并经出席会议的股东所持表决权的 2/3 以上通过。

（二）设立独立董事制度

我国《公司法》对于上市公司既采用大陆法系的监事会制度并强化其职权，又引进英美法系的独立董事制度，将两者结合起来，构筑了强有力双层监督机制：

其一，监事会属于对经营管理班子的外部监督，具体职权在公司法中明

确规定。而独立董事属于经营管理班子内部的自我监督。

其二，监事会不参与公司经营问题的决策，就监事会自己职权范围内的问题提出监督，董事会可以接受，也可不接受。在董事会不予接受的情况下，监事会只能继续依照法律规定行使职权，让监督升级。但独立董事直接参与公司决策过程。因此，监事会重在进行合法性监督，通常不能就公司决策的合理性提出不同意见。而独立董事可以就合理性问题进行监督。

其三，监事会属于事中和事后监督，具有事后检查和矫正作用，而独立董事主要具有事前监督制约作用。

这是我国上市公司治理中的重大制度创新，有助于从根本上解决我国证券市场国有股东一股独大以及干部管理体制等缺陷所造成的监事会监督不力的弊端。

（三）设立董事会秘书

董事会秘书的法律地位与具体职责，即负责公司股东大会和董事会会议的筹备、文件保管、股东资料管理和办理信息披露事务等事宜，有助于完善上市公司治理结构。

（四）关联董事回避制度及相关事项表决规则

上市公司中与董事会决议事项所涉及的企业有关联关系的董事，为关联董事，不得对该项决议行使表决权，也不得代理其他董事行使表决权，即必须自行回避。该董事会决议由过半数的非关联董事出席且由过半数的非关联董事通过。为了避免董事会表决时董事人数过少，决议不能体现董事会整体意志，明确规定表决时非关联董事最低法定人数为 3 人，不足最低法定人数时，董事会须将该事项提交股东大会审议。

五、董事、监事及高级管理人员

公司高级管理人员，是指公司的经理、副经理、财务负责人，上市公司董事会秘书和公司章程规定的其他人员。

（一）董事、监事及高级管理人员的任职资格

我国《公司法》对董事、监事、高级管理人员的任职资格，除了国家公务员不得兼任之外，还在第 147 条中规定了有下列情形之一的，不得担任公司的董事、监事、高级管理人员：

（1）无民事行为能力或者限制民事行为能力；

（2）因贪污、贿赂、侵占财产、挪用财产或者破坏社会主义市场经济秩序，被处刑罚，执行期满未逾 5 年，或者因犯罪被剥夺政治权利，执行期满

未逾 5 年；

（3）担任破产清算的公司、企业的董事或者厂长、经理，对该公司、企业的破产负有个人责任的，自该公司、企业破产清算完结之日起未逾 3 年；

（4）担任因违法被吊销营业执照、责令关闭的公司、企业的法定代表人，并负有个人责任的，自该公司、企业被吊销营业执照之日起未逾 3 年；

（5）个人所负数额较大的债务到期未清偿。

公司违反前款规定选举、委派董事、监事或者聘任高级管理人员的，该选举、委派或者聘任无效。

（二）董事、监事及高级管理人员的义务

基于公司的董事、监事及高级管理人员在公司中的重要地位，各国公司法无不明确规定其义务。尽管不同法系的国家对于公司董事等高层人员与公司的关系上采取的理论各有不同，如大陆法系将之视为委任关系，英美法系将之视为代理关系或信托关系，但总体上规定公司董事等高层人员的义务却极为相似。即注意义务或称为善管义务和勤勉义务，要求公司董事等高层人员谨慎用心、克尽勤勉地管理公司事务；忠实义务，即公司董事等高层人员对公司负有忠实履行其职务的义务，简言之，就是禁止背信弃义和自我交易，不得使自身利益与公司利益发生冲突；竞业禁止义务，所谓的"竞业禁止"是指公司董事等高层人员不得从事与公司营业范围相同的业务或以其他方式与公司竞争。

根据我国《公司法》第 148 条、第 149 条规定，我国法律对公司董事等高层人员义务规定的基本原则是：董事、监事、高级管理人员应当遵守法律、行政法规和公司章程，对公司负有忠实义务和勤勉义务。具体主要包括以下几个方面：

（1）董事、监事、高级管理人员不得利用职权收受贿赂或者其他非法收入，不得侵占公司的财产。否则，即构成对忠实义务的违反，须承担没收违法所得，由公司给予行政处分的责任，构成犯罪的，追究刑事责任。

（2）董事、高级管理人员不得有下列行为：

挪用公司资金；将公司资金以其个人名义或者以其他个人名义开立账户存储；接受他人与公司交易的佣金归为己有；违反公司章程的规定，未经股东会、股东大会或者董事会同意，将公司资金借贷给他人或者以公司财产为他人提供担保；董事和高级管理人员对公司财产的管理和处分权的取得是建立在公司投资者对其信赖的基础之上的，"得人之信，受人之托，代人理财"乃是其对外活动个人身份的本质特征，因此，其负有维护公司财产完整性的

义务，无论是挪用公司资金，还是私立账户及违规借贷、担保，同样是对其忠实义务的违反。

违反公司章程的规定或者未经股东会、股东大会同意，与本公司订立合同或者进行交易。此项构成对交易禁止义务的违反。做出这一规定的目的是为了避免董事和高级管理人员自身利益同公司利益发生冲突，以致损害公司的利益。

未经股东会或者股东大会同意，利用职务便利为自己或者他人谋取属于公司的商业机会，自营或者为他人经营与所任职公司同类的业务。此项构成对竞业禁止义务的违反。从事此类营业或活动的，所得收入应当归公司所有。

擅自披露公司秘密等其他违反对公司忠实义务的行为。保守公司秘密，是董事和高级管理人员对公司应负的基本义务，是忠实维护公司利益的必然要求。

（3）接受股东质询的义务

（三）董事、监事及高级管理人员的责任

公司董事等高层人员违反了法律法规和章程规定的各项义务就要承担相应的法律责任。法律责任包括民事责任、行政责任及刑事责任三个方面。就《公司法》作为民商法的特别法而言，董事及高层人员的民事责任殊为重要。董事及高层人员之所以对产生对公司的民事责任，实质上是其违反善良管理人应尽的义务致使公司遭受损害的结果。一般来说，董事等高层人员承担民事责任有四个要件：

（1）对公司或股东负有义务；

（2）有违反义务的主观过错行为（包括积极行为和消极行为以及故意行为和严重过失行为）；

（3）对公司造成了损害；

（4）不属于股东会可豁免的范围。

我国《公司法》设置了对董事及高层人员的责任追究机制。第150条规定："董事、监事、高级管理人员执行公司职务时违反法律、行政法规或者公司章程的规定，给公司造成损失的，还应当承担赔偿责任"。第21条规定："公司的控股股东、实际控制人、董事、监事、高级管理人员不得利用其关联关系损害公司利益。违反前款规定，给公司造成损失的，应当承担赔偿责任。从而确立了董事等高层人员对公司承担民事责任的一般原则。一般来说，董事及高层人员对公司的民事责任应包括如下几个方面：

（1）董事参与董事会决议而产生的对公司的民事责任。董事管理公司事

务，通常是依董事会的意思决定而进行，但如果董事会的决议违反法律、行政法规或者公司章程，致使公司遭受严重损失的，参与决议的董事对公司应负赔偿责任。但经证明在表决时曾表明异议并记载于记录的，该董事可免除责任。

（2）董事及高层人员违反董事会合法、有效的决议而产生的对公司的民事责任。董事及高层人员管理公司应遵从董事会决议，否则，如果给公司造成损失的应负赔偿责任。

（3）董事及高层人员越权行为而产生的对公司的民事责任。所谓越权即指超越其职权范围的行为。如违反公司章程的规定，未经股东会、股东大会或者董事会同意，将公司资金借贷给他人或者以公司财产为他人提供担保，致使公司受到损害的，董事及高层人员应对公司承担赔偿责任。

（4）董事及高层人员违反竞业禁止、交易禁止的规定给公司造成损失而产生的民事责任。我国《公司法》在规定董事等高层人员违反竞业禁止、交易禁止等义务时，公司可以依法行使归入权，即其所得收入应当归公司所有。在公司无法行驶归入权或归入权的行使不足以弥补其损失时，公司应有权追究董事及高层人员的赔偿责任。

（5）董事及高层人员对其在管理公司事务中故意或过失给公司造成严重损失的，应负赔偿责任。

除了以上民事责任外，董事及高层人员的行为构成犯罪的，还应追究刑事责任。

第五节　特殊形态公司的特别规定

一、一人有限责任公司的特别规定

一人有限责任公司是我国《公司法》在 2005 年第三次修改时的一项制度创新，其目的是鼓励投资兴业。这项制度的设置既有利于对实际存在的一人公司进行科学规范，又有利于维护交易安全和公司债权人利益之保护。

（一）一人有限责任公司的概念

一人有限责任公司，是指只有一个自然人股东或者一个法人股东的有限责任公司。这就是说，一人公司的股东可以是自然人和法人两种。鉴于我国《公司法》首次允许设立一人有限责任公司，为稳妥起见，此类公司仅限于有限责任公司范围，股份公司中不适用。

（二）一人有限责任公司的防弊措施

一人有限责任公司的股东可能难以慎独，因此，《公司法》对此类公司特别设计了六大防弊措施：

1. 更高的最低注册资本，一人有限责任公司的注册资本最低限额为人民币10万元，并且股东应当一次足额缴纳公司章程规定的出资额，即实行严格的法定资本制。

2. 一个自然人只能设立一个一人有限责任公司，该公司不得再投资设立新的一人有限责任公司。但法人单位或国有独资公司作为股东则不受该限制，可设立多个一人或独资公司并组成集团性公司。

3. 名称披露的要求。为了让与公司交易的人方便识别一人有限责任公司及其独资股东，法律规定一人有限责任公司的登记文件和营业执照上应当注明自然人独资或法人独资。

4. 一人有限责任公司不设股东会，由股东直接制定公司章程，并采取书面形式行使股东会的法定职权。就是说《公司法》要求一人股东就属于股东会法定职权范围内事项做出的决议，必须采取书面形式，由股东签字后置备于公司。这是为了在最大可能性上确保公司对于其唯一股东拉开法律的距离。

5. 法定审计。一人有限责任公司应当在每一年度终了时须编制财务会计报告，并经会计师事务所审计。这是公司的财产与股东的财产相分离原则的制度保障。

6. 法人人格滥用推定制度。为了保障与一人有限责任公司交易的当事人的合法权益，法律规定一人有限责任公司的股东对于自己与公司的人格、财务的独立性承担举证责任，不能证明的承担连带责任。就是说，首先推定一人股东滥用公司人格，但是允许他以反证的形式推翻这种推定，从而对公司债务承担有限责任。如果一人股东证明不了自己财产与公司财产的这种界限，就要对公司的债权人承担连带债务清偿责任。

上述规定，比其他国家关于一人公司的规定更为严格，既为公众投资创业增加了一条途径，多了一种方式，又能够制约一人公司股东的行为，防范社会风险，防止一人公司可能产生的弊端。

二、国有独资公司的特别规定

（一）国有独资公司的概念

国有独资公司，是指国家单独出资、由国务院或者地方人民政府授权本级人民政府国有资产监督管理机构履行出资人职责的有限责任公司。国有独资公司是我国《公司法》针对我国的特殊国情，专门设定的一种特殊的有限责任公司类型。特殊之处在于其由国家作为投资者设立，具体由国务院或者地方人民政府授权本级人民政府国有资产监督管理机构履行出资人职责。鉴此，《公司法》对其做出了特别规定。

（二）国有独资公司的内部组织机构

国有独资公司股东的单一性，决定了在这类公司中没有设立股东会的必要，根据我国《公司法》第 67 条规定，国有独资公司不设股东会，由国有资产监督管理机构行使股东会职权。公司章程由国有资产监督管理机构制定，或者由董事会制定报国有资产监督管理机构批准。

1. 董事会

根据《公司法》规定，国有独资公司必须设立董事会。国有独资公司董事会有别于一般有限责任公司的董事会，主要表现在，第一，国有独资公司董事会除一般有限责任公司董事会职权外，基于国有资产监督管理机构授权，还可以行使股东会的部分职权。我国《公司法》第 67 条规定，国有资产监督管理机构可以授权公司董事会行使股东会的部分职权，决定公司的重大事项，但公司的合并、分立、解散、增加或者减少注册资本和发行公司债券，必须由国有资产监督管理机构决定；其中，重要的国有独资公司合并、分立、解散、申请破产的，应当由国有资产监督管理机构审核后，报本级人民政府批准。第二，对董事会的成员有特殊要求，即董事会成员中应当有公司职工代表。我国《公司法》第 67 条规定，董事会成员由国有资产监督管理机构委派；但是，董事会成员中的职工代表由公司职工代表大会选举产生。董事每届任期不得超过三年。

董事会设董事长一人，可以设副董事长。董事长、副董事长由国有资产监督管理机构从董事会成员中指定。

2. 经理

国有独资公司设经理，由董事会聘任或者解聘。经理的职权与一有限责任公司经理的职权相同。经国有资产监督管理机构同意，董事会成员可以兼任经理。

3. 国有独资公司高级管理人员的专任制度

我国《公司法》第 70 条规定，国有独资公司的董事长、副董事长、董事、高级管理人员，未经国有资产监督管理机构同意，不得在其他有限责任公司、股份有限公司或者其他经济组织兼职。国有独资公司高级管理人员的这种专任制度，不论兼职是否存在竞业禁止的事由，也不问兼职是否损害本公司利益，一律禁止，由此可见，这一专任制度较之竞业禁止的规定更为严格。其目的是为了防止因兼职而疏于对公司的管理，并避免因此可能造成的对国有资产的损害。

4. 监事会

国有独资公司监事会成员不得少于 5 人，其中职工代表的比例不得低于 1/3，具体比例由公司章程规定。监事会成员由国有资产监督管理机构委派；但是，监事会成员中的职工代表由公司职工代表大会选举产生。监事会主席由国有资产监督管理机构从监事会成员中指定。监事的职权与一般有限责任公司监事的职权相同。

第六节 公司债券与公司财务、会计

一、公司债券

（一）公司债券的概念

公司债券是指公司依照法定程序发行的，约定在一定期限还本付息的有价证券。公司债券是公司为发展和扩大经营而向社会公众公开募集筹措资金的一种方式。

（二）公司发行债券的条件

公开发行公司债券，应当符合下列条件：

1. 股份有限公司的净资产不低于人民币 3000 万元，有限责任公司的净资产不低于人民币 6000 万元；

2. 累计债券余额不超过公司净资产的 40%；

3. 最近 3 年平均可分配利润足以支付公司债券一年的利息；

4. 筹集的资金投向符合国家产业政策；

5. 债券的利率不超过国务院限定的利率水平；

6. 国务院规定的其他条件。

公开发行公司债券筹集的资金，必须用于核准的用途，不得用于弥补亏损和非生产性支出。上市公司发行可转换为股票的公司债券，除应当符合第一款规定的条件外，还应当符合有关法律规定的公开发行股票的条件，并报国务院证券监督管理机构核准。

（三）公司发行债券的规则

发行公司债券的申请经国务院授权的部门核准后，应当公告公司债券募集办法。公司债券募集办法中应当载明下列主要事项：

1. 公司名称；
2. 债券募集资金的用途；
3. 债券总额和债券的票面金额；
4. 债券利率的确定方式；
5. 还本付息的期限和方式；
6. 债券担保情况；
7. 债券的发行价格、发行的起止日期；
8. 公司净资产额；
9. 已发行的尚未到期的公司债券总额；
10. 公司债券的承销机构。

公司以实物券方式发行公司债券的，必须在债券上载明公司名称、债券票面金额、利率、偿还期限等事项，并由法定代表人签名，公司盖章。

公司债券，可以为记名债券，也可以为无记名债券。

发行记名公司债券的，应当在公司债券存根簿上载明债券持有人的姓名或者名称及住所；债券持有人取得债券的日期及债券的编号；债券总额，债券的票面金额、利率、还本付息的期限和方式；债券的发行日期。

发行无记名公司债券的，应当在公司债券存根簿上载明债券总额、利率、偿还期限和方式、发行日期及债券的编号。

上市公司经股东大会决议可以发行可转换为股票的公司债券，并在公司债券募集办法中规定具体的转换办法。上市公司发行可转换为股票的公司债券，应当报国务院证券监督管理机构核准。

发行可转换为股票的公司债券，应当在债券上标明可转换公司债券字样，并在公司债券存根簿上载明可转换公司债券的数额。

（四）公司债券的转让

公司债券可以转让，转让价格由转让人与受让人约定。

公司债券在证券交易所上市交易的，按照证券交易所的交易规则转让。

记名公司债券，由债券持有人以背书方式或者法律、行政法规规定的其他方式转让；转让后由公司将受让人的姓名或者名称及住所记载于公司债券存根簿。

无记名公司债券的转让，由债券持有人将该债券交付给受让人后即发生转让的效力。

二、公司财务、会计制度

（一）财务会计报告

公司应当在每一会计年度终了时编制财务会计报告，并依法经会计师事务所审计。

财务会计报告应当依照法律、行政法规和国务院财政部门的规定制作。有限责任公司应当依照公司章程规定的期限将财务会计报告送交各股东。

股份有限公司的财务会计报告应当在召开股东大会年会的 20 天前置备于本公司，供股东查阅；公开发行股票的股份有限公司必须公告其财务会计报告。

（二）公积金和公益金

公司分配当年税后利润时，应提取利润的 10% 列入公司法定公积金；公司法定公积金金额累计达公司注册资本的 50% 以上，可以不再提取。公司从税后利润中提取法定公积金后，经股东会或者股东大会决议，还可以从税后利润中提取任意公积金。法定公积金转为资本时，所留存的该项公积金不得少于转增前公司注册资本的 25%。股份有限公司股票发行的溢价款应列为公司资本公积金。公司的公积金用于弥补公司的亏损，扩大公司生产经营或者转增公司资本。公司分配当年税后利润时，应提取利润的 5%～10% 列入公司法定公益金。它用于本公司职工的集体福利。

（三）利润分配制度

公司上年度亏损，其法定公积金不足以弥补时，应先用当年利润弥补亏损。公司弥补亏损和提取法定公积金、法定公益金之后所余利润才可分配。有限责任公司的股东按章程规定分配利润；股份有限公司按照股东持有的股份比例分配，但股份有限公司章程规定不按持股比例分配的除外。

股东会、股东大会或者董事会违反前款规定，在公司弥补亏损和提取法定公积金之前向股东分配利润的，股东必须将违反规定分配的利润退还公司。

公司持有的本公司股份不得分配利润。

第七节　公司的合并与分立

一、公司合并

（一）公司合并的概念及形式

公司合并是指两个或两个以上的公司依照法定程序归并为其中的一个公司或创设另一个新公司的法律行为。

公司合并的法定形式有吸收合并和新设合并两种。所谓的吸收合并，是指一个公司吸收其他公司而存续，被吸收的公司解散。所谓新设合并是指两个以上公司合并设立一个新的公司，合并各方解散。

（二）公司合并的程序

1. 签订协议。公司合并，应当由合并各方签订合并协议，并经全体股东或股东会通过合并决议。根据我国《公司法》规定，股份有限公司的合并必须经出席股东会议的股东所持表决权的 2/3 以上通过。有限责任公司的合并必须经代表 2/3 以上表决权的股东通过。

2. 编制资产负债表及财产清单。为了明确合并各方的财产状况，便于公司债权人了解，公司合并时必须编制资产负债表和财产清单。

3. 通知和公告债权人。公司应当自做出合并决议之日起 10 天内通知债权人，并于 30 天内在报纸上公告。债权人自接到通知书之日起 30 天内，未接到通知书的自公告之日起 45 天内，可以要求公司清偿债务或者提供相应的担保。

4. 办理合并登记。公司合并必然引起公司的消灭、新设和变更，公司应在法定期限内向登记机关办理有关登记手续。

关于债务承担规则，公司合并时，合并各方的债权、债务，应当由合并后存续的公司或者新设的公司承继。

二、公司分立

（一）公司分立的概念及形式

公司的分立是指一个公司依法定程序分为两个或两个以上公司的法律行为。公司分立可分为新设分立和派生分立两种。新设分立是指将一个公司的资产进行分割，然后分别设立两个或两个以上的公司，原公司因此而消灭的法律行为。派生分立是指不消灭原公司的基础上，将原公司资产分出一部分或若干部分而再成立一个或数个公司的法律行为。

（二）公司分立的程序

1. 股东会议决议。公司分立应由董事会提出分立的议案，并由股东会议特别决议通过。

2. 编制资产负债表及财产清单。公司分立，应当编制资产负债表及财产清单，以便能够确定财产，进行相应的分割。

3. 通知和公告债权人。公司分立，公司应当自做出分立决议之日起 10 天内通知债权人，并于 30 天内在报纸上公告。

4. 办理合并登记。

关于债务承担规则，公司分立前的债务由分立后的公司承担连带责任。但是，公司在分立前与债权人就债务清偿达成的书面协议另有约定的除外。

第八节　公司的解散和清算

一、公司的解散

（一）公司解散的概念和原因

公司的解散是指公司因法律或章程规定的解散事由出现而停止营业活动并逐渐终止其法人资格的行为，它是公司主体资格消灭的必经的法律程序。公司因下列原因解散：

1. 公司章程规定的营业期限届满或者公司章程规定的其他解散事由出现；

2. 股东会或者股东大会决议解散；

3. 因公司合并或者分立需要解散；

4. 依法被吊销营业执照、责令关闭或者被撤销；

5. 人民法院依法予以解散。根据我国《公司法》第 183 条规定，公司经营管理发生严重困难，继续存续会使股东利益受到重大损失，通过其他途径不能解决的，持有公司全部股东表决权 1/10 以上的股东，可以请求人民法院解散公司。

（二）公司解散的效力

公司解散虽不直接消灭公司的法人资格，但产生一系列的法律后果。主要如下：

1. 公司一经解散，其权利能力便受到限制，除为了清算的必要外，公司不得进行任何业务活动，不得处理公司的财产。

2. 公司原来的代表机关和业务执行机关即董事会和经理等均丧失其地位和职权，不得代表公司行使职权，其地位由清算组取代。但公司的股东会和监事会仍然存在，必要时，可行使法律或章程规定的职权。公司解散后，公司与股东的法律关系仍然存在，公司法中关于股东与公司关系的规定依然适用。

二、公司的清算

（一）公司清算的概念

公司的清算是指公司解散后，处分其财产，终结其法律关系，从而消灭公司法人资格的法律程序。公司除因合并或分立而解散外，其余原因引起的解散，均须经过清算程序。公司的清算分为解散清算与破产清算，我国《公司法》以规范解散清算为重心，并以第 188 条、第 191 条进行制度衔接，即在解散清算过程中，若发现公司财产不足清偿债务的，应依法进入破产清算程序。

清算期间，公司存续，但不得开展与清算无关的经营活动。即公司仍具有民事主体资格和地位，但其民事权利能力和民事行为能力受到了一定限制。公司在清算期间开展与清算无关的经营活动的，由公司登记机关予以警告，没收违法所得。

（二）清算组

1. 清算组的成立与人员的选任

清算组也可称为清算人，即公司清算事务的执行人。在公司解散后，清算终结前，清算人在清算目的范围内接管公司的财产和事务。根据我国《公司法》第 184 条规定，有限责任公司的清算组由股东组成，股份有限公司的清算组由董事或者股东大会确定的人员组成。

2. 清算组的职权

清算组在清算期间行使下列职权：

（1）清理公司财产，分别编制资产负债表和财产清单；

（2）通知、公告债权人；

（3）处理与清算有关的公司未了结的业务；

（4）清缴所欠税款以及清算过程中产生的税款；

（5）清理债权、债务；

（6）处理公司清偿债务后的剩余财产；

（7）代表公司参与民事诉讼活动。

3. 清算组的义务和责任

（1）清算组成员应当忠于职守，依法履行清算义务。公司在进行清算时，隐匿财产，对资产负债表或者财产清单作虚假记载或者在未清偿债务前分配公司财产的，由公司登记机关责令改正，对公司处以隐匿财产或者未清偿债务前分配公司财产金额 5% 以上 10% 以下的罚款；对直接负责的主管人员和其他直接责任人员处以 1 万元以上 10 万元以下的罚款。

（2）清算组成员不得利用职权收受贿赂或者其他非法收入，不得侵占公司财产。清算组成员利用职权徇私舞弊、谋取非法收入或者侵占公司财产的，由公司登记机关责令退还公司财产，没收违法所得，并可以处以违法所得一倍以上五倍以下的罚款。

（3）清算组成员因故意或者重大过失给公司或者债权人造成损失的，应当承担赔偿责任。

4. 清算程序

（1）成立清算组。公司解散应当在解散事由出现之日起 15 天内成立清算组，开始清算。逾期不成立清算组进行清算的，债权人可以申请人民法院指定有关人员组成清算组进行清算。人民法院应当受理该申请，并及时组织清算组进行清算。

（2）通知与公告债权人。清算组应当自成立之日起 10 天内通知债权人，并于 60 天内在报纸上公告。

（3）申报债权。债权人应当自接到通知书之日起 30 天内，未接到通知书的自公告之日起 45 天内，向清算组申报其债权。债权人申报债权，应当说明债权的有关事项，并提供证明材料。清算组应当对债权进行登记。

在申报债权期间，清算组不得对债权人进行清偿。

（4）清理公司财产。包括及时收回公司债权；限期追缴股东在清算开始后仍未缴足其认缴的出资；及时变卖，不及时变卖将无法挽回损失的清算财产；分别编制资产负债表和财产清单。

（5）制订清算方案并报股东会、股东大会或者人民法院确认。

（6）分配公司清算财产。公司财产在分别支付清算费用、职工的工资、社会保险费用和法定补偿金，缴纳所欠税款，清偿公司债务后的剩余财产，有限责任公司按照股东的出资比例分配，股份有限公司按照股东持有的股份比例分配。

（7）清算结束。公司清算结束后，清算组应当制作清算报告，报股东会、股东大会或者人民法院确认，并报送公司登记机关，申请注销公司登记，公告公司终止。

【本章小结】

公司是指依《公司法》设立的，全部资本由股东出资构成，股东以其出资额或所持股份为限对公司承担责任，公司以其全部资产对公司债务承担责任的企业法人。根据我国《公司法》的规定，我国的公司主要有两类，即依法在我国境内设立的有限责任公司和股份有限公司。《公司法》是规定公司的设立、组织、活动和解散及其内部、外部关系的法律规范的总称。1994 年 7 月 1 日生效并经 2005 年 10 月 27 日第三次修订的《中华人民共和国公司法》为我国公司的活动提供了主要法律依据，其基本原则是：有限责任原则、保护股东、公司和债权人合法权益原则和分权制衡原则。

有限责任公司，是指由 50 个以下股东共同出资设立，每个股东以其所认缴的出资额为限对公司承担责任，公司以其全部资产对其债务承担责任的企业法人。股份有限公司，是指全部资本划分为等额股份，股东以其所持股份为限对公司承担责任，公司以其全部资产对公司债务承担责任的企业法人。

公司的设立方式有两种，发起设立和募集设立。发起设立是指公司的资本或股份由发起人全部认购，不向发起人之外的任何人募集而设立公司的一种方式。募集设立是指发起人只认购公司一定比例的股份，其余部分按法律规定的程序向社会公众募集而设立公司的方式。公司的设立必须符合法定的条件。

我国《公司法》实行法定资本制，公司发起人在设立公司时，必须在章程中对公司的注册资本做出合法的明确规定，并在公司成立时全部发行出去即由出资人认足、募足。除采取募集设立的股份有限公司之外，公司资本认购完毕后可由股东有期限的分期缴付。出资方式可以是货币出资，也可以用货币估价并可以依法转让的非货币财产如实物、知识产权、土地使用权等作价出资；但是，法律、行政法规规定不得作为出资的财产除外。有限责任公司的股东之间可以相互转让其全部或者部分股权。股东向股东以外的人转让股权，应当经其他股东过半数同意。股份有限公司的股东可以自由依法转让其股份。但其发起人和董事、监事等高层管理人员有特定限制。

公司治理结构，是指公司内部机关设置及权力制衡的各项机制，涉及公司机关权力来源、运作和权限，界定公司机关及其成员的权利、义务与责任。我国公司治理结构的框架是：股东会是公司的最高权力机关，董事会是公司的经营决策及业务执行机关，监事会则为公司的业务监督机关。公司股东享有资产收益权、参与重大决策权和选择管理者权。

一人有限责任公司是我国《公司法》在 2005 年第三次修改时的一项制度创新，仅限于有限责任公司范围。为防范社会风险，《公司法》对其的规定更为严格，适用了法人人格滥用推定制度。

公司不得在弥补亏损和提取法定公积金之前向股东分配利润。

公司除因合并或分立而解散外，其余原因引起的解散，均须经过清算程序。

【理论争鸣】

关于公司治理结构中权力制衡问题，著名法学家江平教授认为，目前《公司法》没有明确法定代表人究竟拥有哪些权限，由此导致了在公司管理方面权力过于集中，在很大程度上影响了公司决策的科学性、民主性。

【关键名词或概念】

公司
有限责任
法定资本制
股份

【简答题】

1. 简述公司的基本特征。
2. 简述股份有限公司的设立方式和设立条件。
3. 比较有限责任公司与股份有限公司的异同及法律特征。
4. 我国公司资本制度的主要内容是什么？
5. 我国公司法对一人有限责任公司的特别规定有哪些，为什么？
6. 如何理解公司法的基本原则？

【案例讨论】

案例一

某房地产股份有限公司临时股东大会是否合法案

【案情】

某房地产股份有限公司注册资本为人民币 2 亿元。后来由于房地产市场不景气，公司年底出现了无法弥补的经营亏损，亏损总额为人民币 7000 万元。某股东据此请求召开临时股东大会。公司决定于次年 4 月 10 日召开临时股东大会，并于 3 月 30 日在报纸上刊登了向所有的股东发出了会议通知。通知确定的会议议程包括以下事项：

1. 选举更换部分董事，选举更换董事长；
2. 选举更换全部监事；
3. 更换公司总经理；
4. 就发行公司债券做出决议；
5. 就公司与另一房地产公司合并做出决议。

在股东大会上，上述各事项均经出席大会的股东所持表决权的半数通过。

【问题讨论】

根据上述材料，回答以下问题：

1. 本次临时股东大会的召开有无法律和事实依据？
2. 公司在临时股东大会的召集、召开过程中，有无与法律规定不相符的地方？如有，请指出，并说明理由。

案例二

北京博士伦"揭开公司面纱"案

【案情】

原告北京博士伦眼睛护理产品有限公司，在向法院提交的追加被告申请书中称，原告在案件诉讼中发现被告长沙市佳健眼镜有限公司的股东朱某利用其持有被告 80% 的股份及法定代表人的身份掌控着被告。在本案中，朱某以被告的名义在长沙向原告购货，嗣后，将从原告处所购买货物的 90% 转交给了上海佳健眼镜有限公司进行销售。被告只是名义上的货主，实际上是货物中转仓库，上海公司才是直接受益人。而上海公司的股东也为朱某及其丈夫，两人各持股 50%。原告还提供了证据证明，朱某在将被告的资产转移到其上海公司之后，在长沙已经退租店面，撤走人员，使被告仅剩下一个法律空壳，债权人即使取得胜诉判决，也难以得到执行。因此，作为债权人的原告提出申请追加股东朱某为本案共同被告，对长沙公司的对外债务承担连带责任。

【问题讨论】

法院是否会支持原告的诉讼请求？为什么？

第六章　外商投资企业法

【本章导读】

外商投资企业是外国人依照中国法律，在中国境内以私人直接投资方式参与或者独立设立的各类企业的总称。外商投资企业因投资构成和经营管理方式等方面的不同，分为中外合资经营企业、中外合作经营企业和外商独资企业三种类型。合营企业的组织形式为有限责任公司，是中国的法人，受中国法律的管辖和保护。合作企业可以设立为法人型企业，其组织形式主要为有限责任公司；合作经营企业也可以设立非法人型企业，其组织形式主要是合伙企业。外资企业的组织形式为有限责任公司。本章主要介绍了三种外商投资企业的特征、设立、出资方式和经营管理等法律规定。

【学习目标】

本章重点要求学生了解有关外商投资企业的立法概况，掌握外商投资企业的含义、种类、设立的条件与程序、组织形式、资本及出资方式、经营管理的有关内容。

【知识结构图】

```
                        ┌ 外商投资企业法的概念与特征
              外资企业概述┤ 外商投资企业类型
                        └ 外商投资企业立法及基本原则
                        ┌ 中外合资经营企业概念和特征
                        │ 中外合资经营企业的设立
            中外合资经营企业┤ 中外合资经营企业的资本
                        │ 中外合资经营企业的组织机构和管理
                        └ 中外合资经营企业的期限、解散和清算
外商投资企业法┤            ┌ 中外合作营企业概念和特征
                        │ 中外合作经营企业的设立
            中外合作经营企业┤ 中外合作经营企业的组织和管理
                        │ 中外合作经营企业的投资回收和收益分配
                        └ 中外合作经营企业的经营期限和解散
                        ┌ 外资企业的概念和特征
                        │ 外资企业的设立
            外资企业法   ┤ 外资企业的组织和经营管理
                        └ 外资企业的经营期限、终止和清算
```

第一节 外商投资企业概述

一、外商投资企业的概念与特征

(一) 外商投资企业的概念

外资投资企业是相对于内资企业而言的一类企业。外商投资企业是外国人依照中华人民共和国法律的规定，在中国境内以私人直接投资方式参与或者独立设立的各类企业的总称。举办这类企业是中国直接利用外资、扩大对外经济合作、技术交流、繁荣市场经济的重要途径，是加速中国产业结构调整、增加出口创汇的重大举措，对优化中国外商投资，实现吸收外资的可持续发展起到了重大的作用。

（二）外商投资企业的法律特征

1. 外商投资企业是外国人参与或独立设立的企业。这里所说的外国人是指中国境外的投资者，包括外国企业、其他经济组织或个人。外国人"参与"设立是指外国人与中国投资者共同设立中外合资经营企业和中外合作经营企业。外国人"独立"设立是指企业的全部资本均由外国人提供，这类企业称为外资企业。中国港、澳、台地区的投资者参照适用外商投资企业的法律、法规。

2. 外商投资企业是外国人以私人直接投资方式设立的。外商投资企业吸收的是外商的直接投资，而不是间接投资。凡利用外国人的借款、租赁等间接投资方式兴办的企业均不属于外商投资企业范畴，只有外商以举办企业这种直接投资方式设立的企业才属于外商投资企业范畴。

3. 外商投资企业是中国的企业，符合法人条件的，可以取得中国企业法人资格。根据中国法律的规定，中外合资经营企业必须具备法人资格；中外合作企业和外资企业可以具备法人资格，也可以不具备法人资格。因此，外商投资企业是中国法律主体，受中国法律的管辖和保护。

二、外商投资企业的类型

外商投资企业因投资构成和经营管理方式等方面的不同，分为中外合资经营企业、中外合作经营企业和外商独资企业三种类型，俗称"三资企业"。

中外合资经营企业是指外国合营者与中国合营者依照《中华人民共和国中外合资经营企业法》（以下简称《合资经营企业法》）在中国境内共同投资、共同经营，并按投资比例分享利润、分担风险及亏损的企业。

中外合作经营企业是指依照《中华人民共和国中外合作经营企业法》（以下简称《合作经营企业法》）的规定，在中国境内由中外合作双方共同举办的，按合作企业合同约定分配收益或产品、分担风险和亏损的企业。

外商独资企业是指依照《中华人民共和国外资企业法》（以下简称《外资企业法》）在中国境内设立的，全部资本由外国投资者投资的企业，不包括外国企业和其他经济组织在中国境内的分支机构。

三、外商投资企业立法及基本原则

（一）外商投资企业法

外商投资企业法是指中国制定的调整外商投资企业在设立、管理、经营和终止过程中产生的经济关系的法律规范的总称。

中国为了规范外商投资企业的组织和行为对三种类型的外商投资企业分别制定了专门法律。1979 年 7 月 1 日，第五届全国人大第二次会议通过了《中外合资经营企业法》，2001 年 3 月 15 日第九届全国人大第四次会议通过了关于修改《中华人民共和国中外合资经营企业法》的决定，并于公布之日起施行。1988 年 4 月 13 日，第七届全国人大第一次会议通过了《中外合作经营企业法》，2000 年 10 月 31 日第九届全国人大常委会第十八次会议通过了关于修改《中华人民共和国中外合作经营企业法》的决定，并于公布之日起施行。1986 年 4 月 12 日，第六届全国人大第四次会议通过了《外资企业法》，该法于 2000 年 10 月 31 日的九届全国人大常委会第十八次会议进行了修改。《中外合资经营企业法》及其实施条例、《中外合作经营企业》及其实施细则、《外资企业法》及其实施细则、《对外合作开采海洋资源条例》、《外商投资开发经营成片土地暂行管理办法》等法律、法规构成中国外商投资企业法的基本法律体系。

（二）外商投资企业法的基本原则

中国外商投资企业立法遵循以下基本原则：

1. 维护国家主权原则。中国的外商投资企业法在立法上坚持维护国家主权，主要体现在国家对自然资源拥有永久主权和对外商投资企业的司法管辖权。对自然资源拥有永久主权是指每个国家对本国的全部财富、自然资源和全部的经济活动自由行使完整的、排他的、永久的主权。对外商投资企业的司法管辖权是指国家对外商投资企业行使属人优越权，即充分保证国家对外商投资企业的司法监督权，在有关的诉讼、仲裁等事项方面执行中国的统一的司法制度。

2. 平等互利原则。平等互利原则是调整吸引外资法律关系的基础，任何违反平等互利原则的合同、协议、章程均不具有法律效力。平等互利是指中外双方在法律地位上和权利义务方面平等，并且兼顾双方的利益。在这一原则的基础上，中国依法赋予外商投资企业以相应的自主经营权，赋予外国投资者投资选择权、投资收益的汇出权、争议解决方式选择权等。

3. 参照国际惯例原则。国际惯例是各国在长期的国际交往和国际经济活动中逐渐形成的、普遍遵守的国际准则或规则。吸收外资设立企业在世界许多国家的实践中已经形成了成熟的制度和习惯的做法，包括认缴资本制、合营企业股权制以及国民待遇等，这些在中国的外商投资企业法中均已得到体现。中国的外商投资企业法既要适应中国国情的需要，又要顺应国际惯例，以进一步完善中国的外商投资企业法，营造良好的投资环境。

第二节　中外合资经营企业法

【案例 6-1】　　成立于 1985 年的上海大众汽车有限公司（以下简称上海大众）是一家中德合资的中外合资经营企业。上海大众是国内规模最大的现代化轿车生产基地之一。鉴于上海大众在自身发展和市场竞争中的出色表现和巨大成功，上海大众曾获得中国十大最佳企业、十大最佳合资企业第一名的荣誉，中德合资双方已于 2002 年提前续签了延长合营合同，将合作期限延展至 2030 年。

一、中外合资经营企业的概念及特征

（一）中外合资经营企业的概念

中外合资经营企业是指外国合营者与中国合营者依照《中外合资经营企业法》在中国境内设立的合营企业。

（二）中外合资经营企业特征

相对于中外合作经营企业，中外合资经营企业具有如下法律特征：

1. 中外合资经营企业是由中外合营者共同投资、共同经营的企业。合营各方均应认缴出资，并应直接参加经营管理，既合资又合营，投资、经营紧密关联。

2. 中外合资经营企业中合营各方按照出资比例分享利润、分担风险。合营企业也称"股权式合营企业"，企业利润以法定方式分配，合营各方的权利、义务的大小，严格取决于各方的投资比例。

3. 中外合资经营企业采用有限责任公司的组织形式，具有法人资格。合营企业中外合资各方以其出资额为限对企业债务负有限责任，合营企业以其全部资产对其债务承担责任。合营各方委派董事，建立权力机构董事会，对企业的事务统一决策。

4. 中外合资经营企业在合营期限内，合营企业可以基于投资总额和生产经营规模等变化而依法增加或者减少其注册资本，但合营者不得撤回其出资，只可依法转让。

二、中外合资经营企业的设立

中外合资经营企业的设立是指因组织中外合资经营企业，为取得中国法

律主体资格所必须经过的法律程序。

在中国境内设立的合营企业，应当能够促进中国经济的发展和科学技术水平的提高，有利于社会主义现代化建设。国家鼓励、允许、限制或者禁止设立合营企业的行业，按照国家指导外商投资方向的规定及外商投资产业指导目录执行。案例6-1中，作为中德合资经营企业的上海大众在探索中国轿车工业合资经营的道路上，大胆探索，走出了一条利用外资、引进技术、滚动发展的道路，为中国汽车工业特别是20世纪90年代中后期轿车工业的快速发展，提供了崭新的发展理念和成功的实践模式。

（一）申请与审查

根据《合资经营企业法实施条例》的规定，申请设立合营企业，由中外合营者共同向审批机构报送下列文件：

1. 设立合营企业的申请书；

2. 合营各方共同编制的可行性研究报告；

3. 由合营各方授权代表签署的合营企业协议、合同和章程；

4. 由合营各方委派的合营企业董事长、副董事长、董事人选名单；

5. 审批机构规定的其他文件。审批机构发现报送的文件有不当之处的，应当要求限期修改。

在中国境内设立合营企业，必须经过国家商务主管部门审查批准，由其颁发批准证书。凡具备下列条件的，国家商务主管部门可以委托省、自治区、直辖市人民政府或国务院有关部门审批：

1. 投资总额在国务院规定的投资审批权限以内，中国合营者的资金来源已经落实的；

2. 不需要国家增拨原材料，不影响燃料、动力、交通运输、外贸出口配额等方面的全国平衡的。受托机关批准设立合营企业后，报国家商务主管部门备案。

（二）批准和登记

审批机构自接到中国合营者按规定报送的全部文件之日起，3个月内决定批准或者不批准。申请设立合营企业有下列情况之一的，不予批准：有损中国主权的；违反中国法律的；不符合中国国民经济发展要求的；造成环境污染的；签订的协议、合同、章程明显属于不公平，损害合营一方权益的。

申请者应当自收到批准证书之日起30天内，按照国家有关规定，由企业组建负责人向工商行政管理机关办理登记手续。登记主管机关应该在受理申请后 30 天内做出核准登记或者不予核准登记的决定；依法予以登记的，签发《企业法人营业执照》。合营企业的营业执照签发日期，即为该合营企业的成立日期。

三、中外合资经营企业的资本

（一）注册资本和投资总额

1. 注册资本

中外合资经营企业的注册资本亦称法定资本，是指为设立合营企业在登记管理机构登记的企业实有资本总额，应为合营各方认缴的出资额之和。所谓认缴出资，是指投资者许诺投资的行为。注册资本不仅是合营企业进行商业活动的基本物资条件，也是通过法律的强制性对债权人利益的担保。注册资本一旦投入就不允许投资者任意减少或撤回。合营企业的注册资本可以以人民币表示，也可以以外国货币表示。注册资本也是投资者股权的体现和利润分配的法律根据。在注册资本中，外国合营者的投资比例不得低于 25%。合营企业在经营期间，其注册资本可以增加或转让。任何一方如将注册资本转让，必须经过他方的同意，并报审批机构批准，完成变更登记。合营一方转让出资额的，他方有优先购买权。

2. 投资总额

中外合资经营企业的投资总额是指按照合营合同、章程规定的生产规模需要投入的基本建设和生产流动资金的总和，包括合营企业的注册资本和企业的借入资本。借入资本是指为弥补投资总额的不足，以合资企业的名义或者以项目的名义向金融机构融资的资本。借入资本属于企业负债，合营企业的负债不宜过大，否则有悖于合营企业直接利用外资的初衷。

3. 注册资本和投资总额的比例

合营企业的注册资本属于企业自有资本，投资总额属于营运资本，如果企业注册资本过少而负债规模过大，一旦企业经营失败时，将会把大部分经营风险转嫁给企业的债权人。为了防范这种风险的转嫁，国家工商行政管理局发布了《关于中外合资经营企业注册资本与投资总额比例的暂行规定》（简称《暂行规定》）。《暂行规定》中明确了中外合资经营企业的注册资本和投资总额的比例应当遵守如下规定：

（1）合营企业投资总额在 300 万美元以下（含 300 万美元）的，其注册资本至少应占投资总额的 7/10；

（2）合营企业投资总额在 300 万美元以上至 1000 万美元（含 1000 万美

元）的，其注册资本至少应占投资总额的 1/2，其中投资总额在 420 万美元以下的，注册资本不得低于 210 万美元；

（3）合营企业投资总额在 1000 万美元以上至 3000 万美元（含 3000 万美元）的，其注册资本至少应占投资总额的 2/5，其中投资总额在 1250 万美元以下的，注册资本不得低于 500 万美元；

（4）合营企业投资总额在 3000 万美元以上的，其注册资本至少应占投资总额的 1/3，其中投资总额在 3600 万美元以下的，注册资本不得低于 1200 万美元。

（二）合营各方的投资比例

合营各方的投资比例特指其认缴的出资额在合营企业注册资本中所占的份额。中国是发展中国家，举办合营企业目的是有效利用外资，取得特定的经济利益，因此，中国《合资经营企业法》对外国合营者的投资比例规定了最低限，一般不得低于 25%，且无法定最高限（金融、电信等特定领域的合营企业规定外方投资的上限为 49%），只要不达到外方出资 100% 就属于合营企业。案例 6－1 中，中德合资经营企业的上海大众，1984 年 10 月，中德双方在北京举行隆重的合营合同签字仪式，双方投资比例各为 50%。

（三）出资方式

按照法律规定，合营者可以用现金出资，也可以用实物、工业产权、专有技术、场地使用权等进行投资。以建筑物、厂房、机器设备或其他物料、工业产权、专有技术、场地使用权作价出资的，其作价由合营各方按照公平合理的原则协商确定，或聘请合营各方同意的第三者评定。外国合营者作为投资的技术和设备，必须确实是适合中国需要的先进技术和设备。凡是以技术作价出资的，其作价金额不得超过注册资本的 20%，但是合营企业同时申请为国家高新技术企业的除外。中国合营者以场地使用权作价出资的，应由中方向土地管理部门提出申请，经审查批准后方可进行投资，并由中方向政府补缴土地使用费。

合营企业的投资者履行出资义务必须符合法律的规定，不得进行欺诈。中外出资者按照合营合同的规定向合营企业认缴的出资，必须是投资者现有的资金，自己所有并且未设立任何担保物权的实物、工业产权、专有技术等。凡是以实物、工业产权、专有技术作价出资的，应当出具拥有所有权和处置权的证明。合营企业任何一方不得用以合营企业的名义取得的贷款、租赁的设备或者其他财产以及合营者以外的第三人的财产作为自己一方的出资，也不得以合营企业的财产和权益或者合营他方的财产和权益为其出资设定担保。

（四）出资的缴付及法律责任

1. 出资缴付

合营各方出资缴付的方式和期限应在合营企业合同中约定，并且按合同规定的期限缴清各自的出资。合营各方在合同中可以两种方式约定缴纳出资的期限，一是一次缴清；二是分期缴清。

（1）合营合同约定一次缴清出资的，出资期限从合营企业营业执照签发之日起计算，最长不超过 6 个月，即合营各方在 6 个月内必须缴清各自的出资。

（2）合营合同约定分期缴清出资的，合营各方第一期出资不得低于各自认缴出资额的 15%，并且出资期限从合营企业营业执照签发之日起计算，最长不超过 3 个月；余下出资在国家规定期限内缴清，其最后一期缴资的期限为分期出资的总期限。合营各方分期出资的总期限应遵守以下规定：

① 注册资本在 50 万美元以下（含 50 万美元的），自营业执照核发之日起 1 年内缴齐；

② 注册资本在 50 万美元以上，100 万美元以下（含 100 万美元的），自营业执照核发之日起 1 年半内缴齐；

③ 注册资本在 100 万美元以上，300 万美元以下（含 300 万美元的），自营业执照核发之日起 2 年内缴齐；

④ 注册资本在 300 万美元以上，1000 万美元以下（含 1000 万美元的），自营业执照核发之日起 3 年内缴齐；

⑤ 注册资本在 1000 万美元以上的，出资期限由审批机关根据实际情况审定。

合资各方缴纳出资后，应由中国注册会计师验资，并出具验资报告。合营企业根据验资报告发给合营各方出资证明书。出资证明书要报原审批机关和工商行政管理机关备案。

2. 法律责任

合营各方未能按规定的期限缴付出资的，视同合营企业自动解散，合营企业批准证书自动失效。合营企业应向工商行政管理机关办理注销登记手续，缴销营业执照，否则工商行政管理机关吊销其营业执照，并予以公告。

合营各方中的任何一方未按合同规定如期缴付或缴清其出资的，即构成违约。守约方可以申请解散合营企业或申请另找合营者承担违约方在合营合同中的权利和义务；守约方还可以依法要求违约方赔偿因其未缴付或未缴清出资造成的经济损失。除守约方决定撤销或选择新的合营方外，审批机关有权撤销对该企业的批准证书，登记机关可以吊销其营业执照。

四、中外合资经营企业的组织机构

中外合资经营企业的组织机构是指对内管理企业生产、财务、劳动人事等事务，对外代表企业进行采购、销售、投资等活动的常设机关。合营企业虽然采取有限责任公司的组织形式，但其组织机构却与有限责任公司不同。根据《合资经营企业法》及其实施条例的规定，合营企业的组织机构的基本形式是董事会领导下的总经理负责制，因此，其组织机构的基本管理机关是董事会和经营管理机构。

（一）董事会

1. 董事会的地位和职权。《合资经营企业法实施条例》规定，董事会是合营企业的最高权力机构，决定合营企业的一切重大问题。董事会的职权是由合营企业章程规定的，讨论决定合营企业的一切重大问题，包括企业发展规划、生产经营活动方案、收支预算、利润分配、劳动工资计划、停业，以及总经理、副总经理、总工程师、总会计师、审计师的任命或聘请及其职权和待遇等。

2. 董事会的组成、人数、议事规则。中外合资经营企业董事会由董事组成，其董事成员不得少于 3 人。董事名额的分配由合营各方参照合营各方出资比例协商确定。董事的任期为 4 年，经合营各方继续委派可以连任。董事会会议每年至少召开 1 次，由董事长负责召集并主持。董事长不能召集时，由董事长委托副董事长或者其他董事负责召集并主持董事会会议。经 1/3 以上的董事提议，可由董事长召开董事会临时会议。董事会会议应有 2/3 以上的董事出席方能举行。董事不能出席，可出具委托书委托他人代表其出席和表决。董事会根据平等互利的原则，讨论决定合营企业的一切重大问题。下列事项由出席董事会会议董事一致通过方可做出决议：

（1）合营企业章程的修改；

（2）合营企业的中止、解散合营企业注册资本的增加、减少；

（3）合营企业的合并、分立。

除此之外，由董事会讨论的其他事项，可以根据合营企业章程载明的议事规则做出决议。

3. 董事长。董事长和副董事长由合营各方协商确定或由董事会选举产生。中外合营者的一方担任董事长的，由他方担任副董事长。董事长是合资经营企业的法定代表人。董事长不能履行职责时，应当授权副董事长或者其他董事代表合营企业。

（二）经营管理机构

中外合资经营企业设立经营管理机构，负责企业的日常经营管理工作。经营管理机构设总经理 1 人，副总经理若干人。

总经理执行董事会会议的各项决议，组织领导合营企业的日常经营管理工作。在董事会授权范围内，总经理对外代表合营企业，对内任免下属人员，行使董事会授予的其他职权。副总经理协助总经理工作。总经理、副总经理由合营企业董事会聘请，可以由中国公民担任，也可以由外国公民担任。经董事会聘请，董事长、副董事长、董事可以兼任合营企业的总经理、副总经理或者其他高级管理职务。总经理、副总经理不得兼任其他经济组织的总经理或者副总经理，不得参与其他经济组织对本企业的商业竞争。总经理、副总经理及其他高级管理人员有营私舞弊或者严重失职行为的，经董事会决议可以随时解聘。

五、中外合资经营企业的经营管理

合营企业依法享有经营自主权，即在中国法律及合同、章程规定的范围内，有独立自主经营管理企业的权利；同时，合营企业在经营管理中，也应履行相应的法律义务。

1. 合营企业所需的机器设备、原材料、燃料、运输工具等物资，有权自行决定在中国购买或者在国外购买。合营企业需要在中国购置的办公、生活用品，按需要量购买，不受限制。中国政府鼓励合营企业向国际市场销售其产品。合营企业有权自行出口其产品，也可以委托外国合营者的销售机构或者中国的外贸公司代销或者经销。

2. 合营企业在合营合同规定的经营范围内，进口本企业生产所需的机器设备、零配件、原材料、燃料，凡属国家规定需要领取进口许可证的，每年编制一次计划，每半年申领一次。外国合营者作为出资的机器设备或者其他物料，可以凭审批机构的批准文件直接办理进口许可证进口。超出合营合同规定范围进口的物资，凡国家规定需要领取进口许可证的，应当另行申领。

3. 合营企业生产的产品，可以自主经营出口，凡属国家规定需要领取出口许可证的，合营企业按照本企业的年度出口计划，每半年申领一次。

4. 合营企业在国内购买物资的价格以及支付水、电、气、热、货物运输、劳务、工程设计、咨询、广告等服务的费用，享受与国内其他企业同等的待遇。

5. 合营企业应当依照《中华人民共和国统计法》及中国利用外资统计制度的规定，提供统计资料，报送统计报表。

六、中外合资经营企业的期限、解散和清算

（一）中外合资经营企业的合营期限

合营企业的合营期限，按不同行业、不同情况，作不同约定。有的行业合营企业应当在约定合营期限，如服务性行业、资源勘探开发等行业。有的行业可以不约定合营期限，但必须在合同中订立终止条款。按规定在合同中应约定合营期限的，根据不同行业和项目的具体情况，由合营各方协商确定，一般项目的合营期限为 10～30 年；对投资大、建设周期长、资金利润率低的项目以外及外国合营者提供先进技术或者关键技术生产尖端产品的项目或者在国际市场上有竞争力的项目，其合营期限可以延长到 50 年；经国务院特别批准的，可以在 50 年以上。约定合营期限的合营企业，合营各方同意延长合营期限的，应在距合营期满前 6 个月前向审批机关提出申请。审批机关应自接到申请之日起 1 个月内决定批准或不批准。

（二）中外合资经营企业的解散

合营企业的解散，是指合营企业基于法定或约定事由的出现而归于终止。已开业的合营企业，具有下列情况之一时解散：

1. 合营期限届满；

2. 企业发生严重亏损，无力继续经营；

3. 合营一方不履行合营企业协议、合同、章程规定的义务，致使企业无法继续经营；

4. 因自然灾害、战争等不可抗力因素遭受严重损失，无法继续经营；

5. 合营企业未达到其经营目的，同时又无发展前途；

6. 合营企业合同、章程所规定的其他解散原因出现。

在发生上述后五种情况时，应由董事会提出解散申请书，报审批机关批准。在发生上述第三种情况时，不履行合营企业协议、合同、章程规定义务的一方，应对合营企业由此造成的损失承担赔偿责任。

（三）中外合资经营企业的清算

合营企业宣告解散时，董事会应提出清算的程序、原则和清算委员会人选，报企业主管部门审核并监督清算。

清算委员会的成员一般应在合营企业的董事中选任。清算委员会的任务是对合营企业的财产、债权、债务进行全面清查；编制资产负债表和财

产目录，提出财产作价和计算依据，制订清算方案，提请董事会会议通过后执行。

合营企业进行清算时，其资产净额或者剩余财产减去企业未分配利润、各项基金和清算费用后的余额，超过实缴资本的部分为清算所得，应依法缴纳所得税。缴纳所得税后的剩余财产，按照合营各方的出资比例进行分配，但合营企业协议、合同、章程另有规定的除外。

清算委员会在合营企业的清算工作结束后提出清算报告，提请董事会会议通过后，报告原审批机关，并向原登记主管机关办理注销登记手续，缴销企业营业执照。该合营企业归于终止。

第三节　中外合作经营企业法

【案例 6-2】　从 2006 年开始，麦当劳与大连万达集团达成重要战略联盟协议，在全国范围内推进麦当劳"得来速"餐厅的发展，采取中外合作经营企业模式。对于规划中的成都、西安、苏州、杭州、重庆等城市的商业地产项目，大连万达也将优先入驻并开设"得来速"汽车餐厅。此外，麦当劳还分别与著名家居连锁超市东方家园有限公司和著名商业地产开发商泛华建设集团签署了重要战略联盟协议，以合作经营模式在全国范围内推进麦当劳"得来速"餐厅的业务发展。

一、中外合作经营企业概述

（一）中外合作经营企业概念

中外合作经营企业是指依照《中外合作经营企业法》的规定，在中国境内设立的由中外合作双方在中国境内共同投资举办，以合作合同约定双方权利、义务的企业。

中外合作经营企业具有中国国籍，受中国法律的管辖和保护。其中，依法取得法人资格的中外合作经营企业，其法律地位是中国法人；不具备法人资格的中外合作经营企业及其合作各方，依照中国民事法律的有关规定，承担民事责任。

（二）中外合作经营企业法律特征

中外合作经营企业与中外合资经营企业在投资、管理方面有许多的不同，其具有以下特点：

1. 投资方式更为灵活。中外合作各方可以根据投资项目的需要，以合同约定投资或者合作条件。可以共同经营，也可以委托乙方合作者经营，或者第三人经营。在合作企业中，中外合作者可以既合资又合营，也可以只合资不合营。案例6－2中，双方的合作，中方万达以大连万达大型购物广场或商业广场作为投资，在广场内建设麦当劳"得来速"汽车餐厅，并且参与经营。

2. 中外合作各方依合同的约定直接分配收益或者产品，承担风险和亏损。中外合作企业不以股份比例来分享利润和承担责任。合作各方的权利、义务的确定不取决于出资比例，而由中外合作者通过协商，用合同确定，因而也称契约型合作企业。

3. 企业的组织管理形式具有多样性。中外合作企业具备法人资格的，一般采用董事会制；不具备法人资格的，一般采用联合管理制。中外合作企业还可以采用委托管理制。

4. 中外合作者分配收益可以采取分配利润，分配产品或者各方共同商定的其他方式，在合作期限届满前，允许外方合作者先行收回其投资。

二、中外合作经营企业的设立

合作经营企业的设立由国家商务部或者国务院授权的部门和地方人民政府审查批准。审查批准机关应当自收到规定的全部文件之日起45天内决定批准或者不批准。

设立合作企业，应当由中国合作者向审查批准机关报送下列文件：

1. 设立合作企业的项目建议书，并附送主管部门审查同意的文件；

2. 合作各方共同编制的可行性研究报告，并附送主管部门审查同意的文件；

3. 由合作各方的法定代表人或其授权的代表签署的合作企业协议、合同、章程；

4. 合作各方的营业执照或者注册登记证明、资信证明及法定代表人的有效证明文件，外国合作者是自然人的，应当提供有关其身份、履历和资信情况的有效证明文件；

5. 合作各方协商确定的合作企业董事长、副董事长、董事或者联合管理委员会主任、副主任、委员的人选名单；

6. 审查批准机关要求报送的其他文件。

设立合作企业的申请经批准后，应当自接到批准证书之日起30天内向工商行政管理机关申请登记，领取营业执照。合作企业的营业执照签发日期，为该企业的成立日期。

三、中外合作经营企业的组织形式与经营管理

（一）组织形式

合作企业的经营管理方式及机构设置有一定的灵活性，可以根据具体情况分别选择适用以下三种方式。

1. 董事会制

合作企业依法取得中国法人资格的，为有限责任公司，一般实行董事会制，参照《合作经营企业法》的有关规定组建董事会。董事会是合作企业的最高权力机构，决定合作企业的重大问题。

2. 联合管理制

中外合作经营企业的组织形式也可以设立非法人型企业，其组织形式主要是合伙企业。不具有法人资格的合作企业，一般实行联合管理制，即由合作各方委派代表组成联合管理委员会，作为合作企业的最高权力机构，决定合作企业的重大问题。中外合作的一方担任联合管理委员会主任的，由他方担任副主任。联合管理委员会每届任期不得超过 3 年，委员任期届满的，连派可以连任。

3. 委托管理制

合作企业成立后，经合作各方一致同意，可以委托中外合作者一方进行经营管理，另一方不参加管理，也可以委托合作各方以外的第三方经营管理。合作企业委托第三方经营管理的，必须经董事会或者联合管理委员会一致同意，与被委托人签订委托经营管理合同，并报审批机关审批，向工商行政管理机关办理变更登记手续。

（二）经营管理

1. 合作企业的购销管理

合作企业在批准的经营范围内所需的原材料、燃料等物资，按照公平、合理的原则，可以在国内市场购买或者国际市场购买。合作企业有权在批准经营范围内，销售本企业生产的产品，其中包括出口产品。合作企业可以自行组织其产品出口，也可以按照国家规定委托代理出口。

2. 合作企业的财务管理

合作企业必须按照有关法律、法规的规定，建立财务、会计制度。合作企业必须在中国境内设置会计账簿，按规定报送会计报表，并接受财政税务机关的监督。

3. 合作企业的劳动管理

企业可以面向社会公开招聘，也可以从中国合作者推荐的人员中选聘经营管理人员、专业技术人员等。合作企业聘用的员工应该依法订立劳动合同，并在劳动合同中约定录用、辞退、报酬、福利、劳动保护、劳动保险等事项。

四、中外合作经营企业的投资回收和收益分配

（一）外国合作者投资的先行回收

中外合作者在合作企业合同中约定的合作期限届满时，合作企业的全部固定资产无偿归中国合作者所有的，外国合作者在合作期限内可以申请先行回收其投资。外国合作者提出先行回收投资的申请，应当具体说明先行回收投资的总额、期限和方式，报财税机关和审查批准机关审批。合作企业合同约定外国合作者在缴纳所得税前回收投资的，必须向财政税务机关提出申请，由财政税务机关依照国家有关税收的规定审查批准。

合作企业的亏损未弥补前，外国合作者不得先行回收投资。

外国合作者在合作期限内先行回收投资的，中外合作者应当依照有关法律的规定和合作企业合同的约定，对合作企业的债务承担责任。

（二）收益分配

中外合作者可以选择收益分配的方式，既可以实行利润分成，也可以实行产品分成或其他分配方式（如营业额、产值等），分成的比例由中外合作者在合作合同中约定。这种收益分配更具灵活性，有利于合作各方达到各自投资的目的。但是，合同中约定的收益分配条款，应遵守平等互利的原则并符合中国的法律、法规。

五、中外合作经营企业的期限和解散

（一）期限

中外合作企业的期限由中外合作者协商并在合作合同中规定。合作企业合作期满，合作各方同意延长合作期限的，应在期限届满 180 天前向审批机关提出申请。审批机关自接到申请之日起 30 天内做出批准或不批准的决定。对于外方先行回收投资的，并已回收完毕的合作企业，不再延长合作期限。但外国合作者增加投资，合作各方协商同意延长期限的，可向审批机关申请延长合作期限。合作企业延长期限一经批准，合作企业应到工商行政管理部门办理变更登记手续。

（二）解散

中外合作企业解散的原因有：合作期限届满；合作企业发生严重亏损，

或因不可抗力遭受严重损失，无力继续经营；中外合作者一方或数方不履行合作企业合同、章程规定的义务，致使合作企业无法继续经营；合作企业合同、章程规定的解散原因出现；合作企业违法，被依法责令关闭。合作企业解散后的清算事宜，应当依照国家有关法律、行政法规及合作企业合同、章程的规定办理。

第四节　外资企业法

一、外资企业概述

（一）外资企业的概念

外资企业是指依照中国有关法律在中国境内设立的全部资本由外国投资者投资的企业，不包括外国的企业和其他经济组织在中国境内的分支机构。

外资企业是具有中国国籍，依法受中国法律的管辖和保护的法人或非法人组织。

（二）外资企业的法律特征

1. 外资企业是依照中国有关法律在中国境内设立的企业。外资企业的这一法律特征使其与外国企业区别开来。所谓外国企业，是指在国外依照外国法律设立的，经东道国法律的许可在东道国境内从事经营的企业。

2. 外资企业的全部资本由外国投资者投入，因此也称"外商独资企业"。企业中没有中方的资本，这是外资企业与中外合资经营企业的主要区别。

3. 外资企业可以是外国的企业和其他经济组织在中国境内的子公司，或者是外商在中国投资新建立的企业，不包括外国的企业和其他经济组织在中国的分支机构。

4. 外资企业的组织形式为有限责任公司，符合中国法律关于法人条件的规定的，依法取得中国法人资格。外资企业经批准也可以采取其他非法人企业形式，承担无限责任和无限连带责任。

二、外资企业的设立

【案例6-3】　中国的三资企业中，1997 年之前，在外商投资企业中，合资企业占主体 70% 以上的外资是通过合资的方式进入中国的。此后，形势逆转，外商独资企业首次超过合资企业，中国外商独资经营企业占外商新设企业的比重逐年升高。近年来，由中外合资变为外商独资企业现象愈来愈明显，例如上海强生制药、东芝电脑、西门子、雅芳等众多知名跨国企业均通过收购剩余少部分中方的股权而由中外合资变为外商独资企业。

（一）设立条件

根据《外资企业法》第 3 条的规定"设立外资企业，必须有利于中国国民经济的发展。国家鼓励举办产品出口或者技术先进的外资企业。"其中，国家禁止或者限制设立外资企业的行业由国务院规定。

申请设立外资企业，有下列情况之一的，不予批准。

1. 有损中国主权或者社会公共利益的；

2. 危及中国国家安全的；

3. 违反中国法律、法规的；

4. 不符合中国国民经济发展要求的；

5. 可能造成环境污染的。

外资企业在中国境内从事经营活动，必须遵守中国的法律、法规，不得损害中国的社会公共利益。

（二）设立程序

外国投资者设立外资企业，应当通过拟设立外资企业所在地的县级或者县级以上的地方人民政府向审批机关提出申请，并报送以下文件：设立外资企业申请书；可行性研究报告；外资企业章程；外资企业法定代表人（或者董事会人选）名单；外国投资者的法律证明文件和资信证明文件；拟设立外资企业所在地的县级或者县级以上人民政府的书面答复；需要进口的物资清单以及其他需要报送的文件。

审批机关应当在收到申请设立外资企业的全部文件之日起 90 天内决定批准或者不批准。审批机关如果发现上述文件不齐备或者有不当之处，可以要求限期补报或者修改。

设立外资企业的申请经批准后，外国投资者应在收到批准证书之日起 30 天内，向工商行政管理局申请登记，领取营业执照。外资企业的营业执照签发之日，为该企业成立日期。外国投资者在收到批准证书之日起满 30 天未向工商行政管理局申请登记的，外资企业的批准证书自动失效。

（三）外资企业的资本

1. 外资企业的注册资本和投资总额

外资企业的注册资本，是指为设立外资企业在工商行政管理机关登记注册的资本总额，即外国投资者认缴的全部出资额。外资企业的投资总额指开办外资企业所需资金总额，即按其生产规模需要投入的基本建设资金和生产流动资金的总和。外资企业的注册资本要与其经营规模相适应，注册资本与投资总额的比例应当符合中国有关法律规定。

外资企业在经营期内不得减少其注册资本。因投资总额和生产经营规模等发生变化，确实需要减少的，须经审批机关批准。外资企业注册资本的增加、转让，须经审批机关批准，并向工商行政管理机关办理变更登记手续。外资企业将其财产或者权益对外抵押、转让的，须经审批机关批准并在工商行政管理机关备案。

2. 外资企业外国投资者的出资方式

外国投资者可以用可自由兑换的外币出资，也可以用机器设备、工业产权和专有技术等出资。

（1）外币出资。外国投资者一般应当用可自由兑换的外币出资。经审批机关批准，外国投资者也可以用其从中国境内举办的其他外商投资企业获得的人民币利润出资。

（2）机器设备出资。外国投资者以机器设备作价出资的，该机器设备应当是外资企业生产所必需的，并且作价不得高于同类机器设备当时的国际市场正常价格。对作价出资的机器设备，应当列出详细的作价出资清单，包括名称、种类、数量、作价等，作为设立外资企业申请书的附件一并报送审批机关。作价出资的机器设备运抵中国口岸时，外资企业应当报请中国的商检机构进行检验，由该商检机构出具检验报告。作价出资的机器设备的品种、质量和数量与外国投资者报送审批机关的作价出资清单列出的机器设备的品种、质量和数量不符的，审批机关有权要求外国投资者限期改正。

（3）工业产权、专有技术出资。外国投资者以工业产权、专有技术作价出资的，该工业产权、专有技术应当为外国投资者自己所有，并且作价应当与国际上通常的作价原则一致，且其作价金额不得超过外资企业注册资本的 20%。对作价出资的工业产权、专有技术，应当备有详细资料，包括所有权证书的复制件，有效状况及其技术性能、实用价值，作价的计算根据和标准等，作为设立外资企业申请书的附件一并报送审批机关。作价出资的工业产权、专有技术实施后，审批机关有权进行检查。该工业产权、专有技术与外国投资者原提供的资料不符的，审批机关有权要求外国投资者限期改正。

3. 外资企业外国投资者缴纳出资的期限

根据《外资企业法》规定，外资企业应当在审批机关核准的期限内在中国境内投资；工商行政管理机关对外资企业的投资情况进行检查和监督，逾期不投资的，工商行政管理机关有权吊销其营业执照。外国投资者缴付出资的期限应当在设立外资企业申请书和外资企业章程中载明。外国投资者可以分期缴付出资，但最后一期出资应当在营业执照签发之日起 3 年内缴清。其中第一期出资不得少于外国投资者认缴出资额为 15%，并应当在外资企业营业执照签发之日起 90 天内缴清。

外国投资者未能在上述规定的期限内缴付第一期出资，或者第一期出资后的其他各期出资，外国投资者无正当理由逾期 30 天不出资的，外资企业批准证书即自动失效。外资企业应当向工商行政管理机关办理注销登记手续，缴销营业执照；不办理注销登记手续和缴销营业执照的，由工商行政管理机关吊销其营业执照，并予以公告。

外国投资者有正当理由要求延期出资的，应当经审批机关同意，并报工商行政管理机关备案。

外国投资者缴付每期出资后，外资企业应当聘请中国的注册会计师验证，并出具验资报告，报审批机关和工商行政管理机关备案。

三、外资企业的组织形式与经营管理

（一）外资企业的组织形式

中国法律对外资企业的组织机构没有做出具体规定，外国投资者可以根据自己及外资企业经营管理的需要，设置企业组织机构。

根据《外资企业法实施细则》的规定，外资企业的组织形式为有限责任公司，经批准也可以为其他责任形式。外资企业为有限责任公司的，外国投资者对企业的责任以其认缴的出资额为限。外资企业为其他责任形式的，外国投资者对企业的责任适用中国相关法律、法规的规定。案例 6-3 中可以看出，外资企业合资企业增资扩股是谋求企业控制权的重要方式。外资为保证对核心技术和市场的控制能力，利用整合资源、扩大资本金、收购股权等方式加大对中国企业的控制权，逐步实现由原来的合资经营走向独资经营。通过建立中外合资企业，进而外方控股，或转为外商独资企业，是外资实现控股并购经常采用的方式。

（二）外资企业的经营管理

外资企业有权自行决定购买企业自用的机器设备、原料、运输工具和办公用品等。外资企业在中国购买物资，在同等条件下，享受与中国企业同等的待遇。外资企业可以在中国市场销售其产品，具体形式可以是自行在中国销售本企业生产的产品，也可以是委托商业机构代销其产品。外资企业出口

产品，依照中国规定需要领取出口许可证的，应当编制年度出口计划，每半年向发证机关申领一次。外资企业产品的出口价格，由外资企业参照当时的国际市场价格自行确定，但不得低于合理的出口价格。用高价进口、低价出口等方式转移定价，逃避税收的，税务机关有权根据税法规定，追究其法律责任。

四、外资企业的经营期限、终止和清算

（一）外资企业的经营期限

外资企业的经营期限由外国投资者申报，由审查批准机关批准，并从其营业执照签发之日起计算。期满需要延长，应当在期满 180 天以前向审查批准机关提出申请。审查批准机关应当在接到申请之日起 30 天内决定批准或者不批准。外资企业经批准延长经营期限的，应当自收到批准其延长期限的文件之日起 30 天内，向工商行政管理机关办理变更登记手续。

（二）外资企业的终止

外资企业应当终止的法定情形有：经营期限届满；经营不善，严重亏损，外国投资者决定解散；因自然灾害、战争等不可抗力因素而遭受严重损失，无法继续经营；破产；违反中国法律、法规，危害社会公共利益，被依法撤销；外资企业章程规定的其他解散事由已经出现。

当外资企业因出现经营不善，严重亏损，外国投资者决定解散、因自然灾害和战争等不可抗力因素而遭受严重损失，无法继续经营以及破产而终止时，应当自行提交终止申请书，报审批机关批准。外资企业终止的日期以审批机关做出核准的日期为企业的终止日期。

（三）外资企业的清算

外资企业除因破产、被依法撤销而终止外，应当在核准终止之日起 15 天内就企业的终止事宜对外公告并通知债权人，并在终止公告发出之日起 15 天内，提出清算程序、原则和清算委员会人选，报审批机关审核后进行清算。

清算结束前，外国投资者不得将该企业的资金汇出或者携带出中国境外，不得自行处理企业财产。外资企业清算处理财产时，在同等条件下，中国的企业或者其他经济组织有优先购买权。

外资企业因破产终止或依法被撤销的，参照有关中国法律、法规的规定清算。

外资企业清算结束，其净资产额或剩余财产超过注册资本的部分视同利

润，应当依法缴纳所得税。

【本章小结】

外商投资企业是外国人依照中国法律，在中国境内以私人直接投资方式参与或者独立设立的各类企业的总称。外商投资企业因投资构成和经营管理方式等方面的不同，分为中外合资经营企业、中外合作经营企业和外商独资企业三种类型。《外商投资企业法》是指中国制定的调整外商投资企业在设立、管理、经营和终止过程中产生的经济关系的法律规范的总称。

合营企业的组织形式为有限责任公司，是中国的法人，受中国法律的管辖和保护。合作企业可以设立为法人型企业，其组织形式主要为有限责任公司；合作经营企业也可以设立非法人型企业，其组织形式主要是合伙企业。外资企业的组织形式为有限责任公司，经批准也可以为其他责任形式。合营企业的组织机构的基本形式是董事会领导下的总经理负责制。合作经营企业设董事会或者联合管理委员会。中国对外资企业组织机构没有法律规定。外国投资者可以根据自己和外资企业经营管理的需要，设置企业组织机构。

合营企业的注册资本与投资总额之间应当符合法定的比例。合营企业在合营期内不得减少其注册资本。合营企业注册资本的增加、减少，应当由董事会会议通过，并报审批机构批准，向登记管理机构办理变更登记。合营一方转让其注册资本时，在转让条件相同的前提下，合营他方享有先于第三人购得被转让的出资额的权利。合营企业的注册资本中，外国合营者的投资比例一般不低于25％。合营者可以用货币出资，也可以用建筑物、厂房、机器设备或其他物料、工业产权、专有技术、场地使用权等作价出资。合作企业是一种非常灵活的企业形式，其出资方式、管理形式、利益分配等完全由中外合作者通过合同约定。中外合作者在合作企业合同中约定的合作期限届满时，合作企业的全部固定资产无偿归中国合作者所有的，外国合作者在合作期限内可以申请先行回收其投资，但合作企业的亏损未弥补前，外国合作者不得先行回收投资。外资企业是指依照中国有关法律在中国境内设立的全部资本由外国投资者投资的企业，不包括外国的企业和其他经济组织在中国境内的分支机构。外资企业应当在审批机关核准的期限内在中国境内投资。

中外合资经营企业、中外合作经营企业、外商独资企业的解散与清算等应遵守中国相关法律规定。

【前沿动态】

因受到金融危机等影响，中国吸引外资的能力开始受到挑战，中国商务部会同有关部门研究完善外商投资企业境内上市的相关政策，引导优质外商投资企业适时在境内上市。除了外资企业境内上市需要配套立法外，在进一步优化外商投资产业结构、扩大就业、区域发展和节能环保等方面的外商投资，进一步改进和加强服务方面仍待法律、法规和政策的出台予以规定。

继传统的三资企业，外商投资合伙企业是通过立法吸收外商投资的一种新的方式，是中国稳定和扩大吸收外资的重要步骤，中国已出台《外国企业或者个人在中国境内设立合伙企业管理办法》，外商投资合伙企业的组织形式和设立虽然具有诸多优势，但这一组织形式要求普通合伙人对合伙企业债务承担无限连带责任，而传统的三资企业绝大多数采取的都是公司组织形式，公司的股东仅以其认缴的出资额为限对公司债务承担有限责任。《外国企业或者个人在中国境内设立合伙企业管理办法》的实施中对外商的风险和责任规制需要予以关注，以维护投资者各方的合法权益，维护交易安全和市场秩序。

【关键名词或概念】

中外合资经营企业
中外合作经营企业
外资企业

【简答题】

1. 简述外商投资企业的主要特征。
2. 简述中外合资经营企业资本的主要法律规定。
3. 简述中外合作经营企业的法律特点。
4. 中外合作企业与中外合资经营企业的异同有哪些？
5. 中外合资经营企业与依《公司法》设立的有限责任公司在组织机构上有哪些差异？

6. 中国法律对外资企业出资规定的主要内容有哪些？

【案例讨论】

案例一

中外合营合同争议案

【案情】

中方企业 A 与美方企业 B 拟成立中外合资经营企业 C，双方签订了合营合同，合同部分条款如下：

1. 投资总额 380 万美元，注册资本 150 万美元，中方以货币、厂房、土地使用权、设备出资 100 万美元。外方以生产技术作价出资 50 万美元。

2. 以合资企业名义向中国银行贷款 200 万美元，作为合资经营企业的流动资金，此贷款由中方所在地的财政局提供担保。

3. 在合资经营期限内，双方认为必要时可减少注册资本。

4. 合资经营企业经营两年后，从利润中可先行返还外方投资。

5. 协议双方同意选择使用美国法律。

【问题讨论】

律师指出该合同存在问题，双方为此发生争议，请讨论有哪些问题？

案例二

某外商投资企业亏损债务承担纠纷案

【案情】

香港某食品有限公司与内地某食品厂投资创办企业。双方签订了一份合同。合同规定：

1. 港方以提供技术咨询、非专利技术、筹建资金作为合作条件；内地方以现金、厂房、机器设备、销售渠道等作为合作条件。

2. 双方合作期限为 10 年。

3. 合作期满后，合作企业全部资产归内地方所有，港方从利润分成中先行收回投资，内地方与港方以 4:6 的比例分配利润，承担风险责任，并设联合管理机构来经营。

双方完成出资后，香港公司委托合作者以外的另一家销售公司进行销售管理，合作企业的联合管理机构会议通过了此项议案，并决定施行。合作企业运营初期，企业利润全部用以偿还香港公司的投资，香港公司于第五年收回全部投资。后合作企业由于产品缺乏市场竞争力，连年亏损，无法履行某些合同，而香港公司以其已先行收回投资并委托其他公司管理为由拒绝履行债务。

【问题讨论】

根据合同内容，该企业属于哪类外商投资企业？香港公司是否可以拒绝履行债务？

第七章　企业破产法

【本章导读】

从法律的意义上讲，破产是指债务人不能清偿到期债务，由法院主持通过重整、和解或清算等法定程序，使债务得以延缓或公平清偿，并免除其无法偿还债务的一种诉讼程序。本章简述了宏观经济学的研究对象、研究方法和基本理论问题。

【学习目标】

本章重点要求学生了解我国企业破产法的立法宗旨和适用范围，理解破产的概念和特征，掌握破产界限、破产的申请受理程序、破产管理人制度、重整程序，熟悉破产财产、破产债权的范围及分配顺序等。

【知识结构图】

企业破产法
- 企业破产法概述
  - 破产的概念与特征
  - 破产法的概念、作用与立法
- 破产申请与受理
  - 破产申请的要件及申请人
  - 破产申请的管辖与受理
  - 受理破产案件的法律效力
- 管理人制度、债权人会议
  - 管理人任命、职责及监督
  - 债权人会议的组成与决议
  - 债权人委员会的相关规定
- 和解与重整制度
  - 和解程序及和解协议的效力
  - 重整申请和重整期间
  - 重整计划的制订与批准
- 破产宣告与破产清算
  - 破产宣告条件及效力
  - 破产财产界定
  - 破产财产分配与破产终结

第一节　企业破产法概述

一、破产的概念与特征

破产作为一种经济现象，是市场经济竞争的必然产物。在市场竞争中，部分经营者会难以避免地失败，当其全部资产不能清偿到期债务时，对债权人而言就产生了偿还顺序及偿还数额问题，为了能够公平合理地解决债务清偿问题，便产生了企业破产制度。从法律的意义上讲，破产是指债务人不能清偿到期债务，由法院主持通过重整、和解或清算等法定程序，使债务得以延缓或公平清偿，并免除其无法偿还债务的一种诉讼程序。

破产具有以下法律特征：

（一）破产以债务人不能清偿到期债务为条件

不能清偿的债务应该是能以金钱计算的利益，并且是到了支付期限的债务。只有债务人不能清偿到期债务并且严重影响债权人的合法利益及社会经济秩序时才适用破产程序清偿债务。破产通过及时消灭债务人的民事主体资格，以遏制其财产进一步耗损，疏通因债务人拖欠债务所引起的经济运行障碍，抑制其经营失败对社会经济秩序的冲击。

（二）破产以债务人存在两个以上债权人为前提

如果只有一个债权人，采用一般的民事诉讼程序即可清偿债务。当存在多个债权人时，如何分配债务人的财产，以满足全体债权人的清偿要求，以一般民事诉讼程序难以解决，需要通过破产程序合理协调债权人之间就债务人有限的财产如何分配的利益冲突。

（三）破产以公平偿债为宗旨

公平清偿既体现为对债权人的公平清偿，又体现在对债务人的公平保护。在债务人不能清偿到期债务的情况下，债务人的破产财产不能满足全体债权人的清偿要求，因而必须通过破产程序使各债权人得到的清偿同其债权的性质和债权的数额相适应，破产法中的债权申报、债权人会议、无担保债权优先等制度的设置，均旨在保障对债权人的公平清偿。而破产程序对债务人的保护则体现在设置和解制度、重整制度、免责制度等特别保护制度，通过这些制度达到拯救债务人避免破产以及免除诚实债务人未能清偿的剩余债务的公平保护的目的。

（四）破产以诉讼程序为债务清偿的手段

破产是一种诉讼程序，从破产申请到破产宣告，都应在法院主持下按法定程序进行。

二、破产法的概念、作用与立法

（一）破产法的概念、作用

破产法是指规范企业破产程序，公平清理债权债务，保护债权人和债务人的合法权益，维护社会主义市场经济秩序的法律制度。破产法是对全体债权人的一种公平救济，是对民事债权制度的延伸和完善，是一种以程序内容为主、兼有实体内容的法律制度。

由于破产法要解决债务人无力偿债的核心问题，同时破产制度又关系到社会经济健康发展，因此，其作用是多元的，体现在以下几方面：

1. 公平保护债权人的利益。债权人为防范债务人无力还债，当债务人不能清偿到期债务时，通过破产程序，迫使债务人以其最大清偿能力满足债权人的债权，同时使各种不同性质的债权获得不同清偿效果，同一性质债权按相同比例得到清偿，从而公平地保护所有债权人的利益。

2. 淘汰或拯救债务人。优胜劣汰是市场经济的竞争规律，破产法的制定和实施一方面淘汰无法挽救的债务人从而将其财产用于对债权人的公平分配；另一方面通过和解程序、重整程序以及企业的整体变价等制度治理拯救暂处困境的债务人，使债务人企业摆脱经济困境，获得复兴的机会，因此使债务人解困复兴也是破产法的重要使命。

3. 维护市场经济的有序进行。破产法通过对破产债务的及时、合理的清偿从而消除破产状态下债务的恶性循环。同时，破产法的制定和实施使得作为市场主体的企业增强危机意识，改善经营管理，积极调整本企业的产业结构，避免和减少破产的发生，实现资源的优化配置，进而促进市场经济的健康发展。

（二）我国的破产立法

1. 立法状况

1986 年，中国推出了第一部破产法——《中华人民共和国企业破产法（试行）》，但这部法律只适用于全民所有制企业，而且冠以"试行"两字。这一"试行"，一直试了 20 年。20 年间，中国诞生了数以百万计的个体、私营企业，它们都没有破产的规则可循，债权人利益无法得到有效保障。1991年第七届全国人大四次会议通过的《中华人民共和国民事诉讼法》（以下简称

《民事诉讼法》）专设第 19 章"企业法人破产还债程序"，适用于全民所有制企业以外的其他企业的破产案件。随着中国经济体制改革的不断深化，破产法律制度已不能满足市场经济发展的客观需要，为此，2006 年 8 月 27 日，《中华人民共和国企业破产法》（以下简称《企业破产法》）在十届全国人大常委会第二十三次会议上得以审议通过，这是中国转型时期的标志性事件。破产法是我国新的经济宪法，对于市场经济主体而言，它是关乎"死"与再生的法律，解决的是市场退出与重整的问题。新的《企业破产法》，填补了市场经济规则体系中关于退出法与再生法的一大缺口，是一个历史性的进步。该法自 2007 年 6 月 1 日起施行。

2.《企业破产法》的立法宗旨和适用范围

《企业破产法》的立法宗旨，是规范企业破产程序，公平清理债权债务，保护债权人和债务人的合法权益，维护社会主义市场经济秩序。

《企业破产法》的适用范围，根据该法第 2 条规定："企业法人不能清偿到期债务，并且资产不足以清偿全部债务或者明显缺乏清偿能力的，依照本法规定清理债务。企业法人有前款规定情形，或者有明显丧失清偿能力可能的，可以依照本法规定进行重整。"由此可知，破产法的适用范围是所有的企业法人，包括国有企业与法人型私营企业、三资企业，上市公司与非上市公司，有限责任公司与股份有限公司，甚至金融机构。这部法律的颁布使得市场里的投资、交易将更为公平，优胜劣汰的竞争法则将有效发挥作用。

第二节　破产申请与受理

【案例 7-1】　2009 年 3 月中旬，东星航空的债权人之一美国通用电器商业航空服务公司（GECAS）正式向武汉中院提出破产申请。3 月 30 日，武汉中院正式受理破产申请并公告正式启动破产清算。法院任命武汉市法制办、市总工会，市交通委员会等政府部门及其行政人员作为破产管理人。后来，拥有 1.8 亿元债权的中航油联合若干债权人向法院提出重整申请。法院分别做出了不予受理和驳回的裁定。2010 年 12 月，东星航空破产案落幕。负债总额为 10.76 亿元的东星航空，最终其债权人获得 2.43 亿元财产分配，平均清偿率约为 22.6%。

一、破产申请的要件及申请人

破产申请，是指当事人向法院提出要求宣告债务人破产的诉讼行为，是法院受理破产案件的前提，也是破产程序开始的依据。没有债务人或者债权人的申请，法院不得依职权启动破产程序，宣告债务人破产。

（一）破产申请要件

破产申请人行使破产请求权必须具备相应的法律要件，依据《企业破产法》规定，具体如下：

1. 达到破产界限

破产界限，亦称破产标准或原因，是指法院据以宣告债务人破产的特定事实状态。根据法律规定，破产界限为企业法人不能清偿到期债务，并且资产不足以清偿全部债务或者明显缺乏清偿能力。"不能清偿到期债务"是指：

（1）债务的清偿期限已经届满；

（2）债权人已要求清偿；

（3）债务人明显缺乏清偿能力。债务人停止支付到期债务并呈连续状态，如无相反证据，可推定为"不能清偿到期债务"。

2. 具备破产能力

破产能力是民事主体依法能够适用破产程序而被宣告破产的资格，这也是破产须具备的实质要件。我国《企业破产法》规定，具备破产能力的民事主体应当是企业法人，不具备法人资格的企业、个体工商户、合伙组织、农村承包经营户不具备破产主体资格。我国现行法律将一般自然人的破产能力也排除在外，即债务人是一般自然人时，该自然人不能自己申请或者被债权人申请破产。

（二）破产申请人

破产申请就其性质而言，属于当事人的一项诉讼权利，在我国，有权申请债务人破产的民事主体包括：债权人、债务人和其他申请人。

1. 债务人。根据《企业破产法》第2条的规定，企业法人不能清偿到期债务，并且资产不足以清偿全部债务或者明显缺乏清偿能力的，债务人可以向人民法院提出重整、和解或者破产清算申请。同时债务人被赋予免责的权利，大大调动了债务人提出破产申请的积极性。

2. 债权人。《企业破产法》第7条明确规定，债务人不能清偿到期债务，债权人可以向人民法院提出破产清算的申请。债权人的利益保护始终是破产法的主要作用之一，无论是约定之债还是法定之债，都不影响债权人提出破

产申请，启动破产程序。案例 7 - 1 是在破产法上债权人启动破产案件的典型
情况。但是债权人申请不具有集体诉讼的性质；提出破产申请的债权人只能
行使自己的请求权。

3. 其他申请人。根据《企业破产法》和《公司法》的有关规定，企业法
人已解散但未清算或者未清算完毕，资产不足以清偿债务的，依法负有清算
责任的人应当向人民法院申请破产清算。商业银行、证券公司、保险公司等
金融机构出现不能清偿到期债务，并且资产不足以清偿全部债务或者明显缺
乏清偿能力的，国务院金融监督管理机构可以向人民法院提出对该金融机构
进行重整或者破产清算的申请。

二、破产申请的管辖与受理

（一）破产案件的管辖

企业破产案件由债务人住所地人民法院管辖。债务人住所地是指债务人
的主要办事机构所在地。债务人无办事机构的，由其注册地人民法院管辖。

（二）破产申请的受理

1. 破产申请的审查

向人民法院提出破产申请，应当提交破产申请书和有关证据以备审查。
破产申请书应当载明下列事项：

（1）申请人、被申请人的基本情况；

（2）申请目的；

（3）申请的事实和理由；

（4）人民法院认为应当载明的其他事项。

债务人提出申请的，还应当向人民法院提交财产状况说明、债务清册、
债权清册、有关财务会计报告、职工安置预案以及职工工资的支付和社会保
险费用的缴纳情况。

债权人提出破产申请的，人民法院应当自收到申请之日起 5 天内通知债
务人。债务人对申请有异议的，应当自收到人民法院的通知之日起 7 天内向
人民法院提出。人民法院应当自异议期满之日起 10 天内裁定是否受理。有其
他情形的，人民法院应当自收到破产申请之日起 15 天内裁定是否受理。有特
殊情况需要延长裁定受理期限的，经上一级人民法院批准，可以延长 15 天。

2. 通知和公告

人民法院受理破产申请的，应当自裁定做出之日起 5 天内送达申请人。
债权人提出申请的，人民法院应当自裁定做出之日起 5 天内送达债务人。人

民法院裁定受理破产申请的，应当同时指定管理人。

人民法院裁定不受理破产申请的，应当自裁定做出之日起5天内送达申请人并说明理由。申请人对裁定不服的，可以自裁定送达之日起10天内向上一级人民法院提起上诉。人民法院受理破产申请后至破产宣告前，经审查发现债务人不符合清理债务情形的，可以裁定驳回申请。申请人对裁定不服的，可以自裁定送达之日起10天内向上一级人民法院提起上诉。此外，人民法院应当自裁定受理破产申请之日起25天内通知已知债权人，并予以公告。

根据《企业破产法》第14条规定，通知和公告应当载明下列事项：

（1）申请人、被申请人的名称或者姓名；

（2）人民法院受理破产申请的时间；

（3）申报债权的期限、地点和注意事项；

（4）管理人的名称或者姓名及其处理事务的地址；

（5）债务人的债务人或者财产持有人应当向管理人清偿债务或者交付财产的要求；

（6）第一次债权人会议召开的时间和地点；

（7）人民法院认为应当通知和公告的其他事项。

三、受理破产案件的法律效力

人民法院受理破产申请，意味着破产程序的开始。破产程序开始后，债务人的财产进入保全状态，债权人的权利行使受到约束。

（一）对债务人的效力

破产程序的启动就在于公平清偿债权，合理分配破产财产。人民法院受理破产申请后，债务人不得对个别债权人清偿债务，也不得以其财产设立新的担保。根据《企业破产法》第15条规定，自人民法院受理破产申请的裁定送达债务人之日起至破产程序终结之日，债务人的有关人员承担下列义务：

（1）妥善保管其占有和管理的财产、印章和账簿、文书等资料；

（2）根据人民法院、管理人的要求进行工作，并如实回答询问；

（3）列席债权人会议并如实回答债权人的询问；

（4）未经人民法院许可，不得离开住所地；

（5）不得新任其他企业的董事、监事、高级管理人员。

（二）对债权人的效力

破产程序启动目的虽然主要债务人以其最大清偿能力满足债权人的债权，同时债权人权利的实现也受到约束。

（1）债权申报的期限。债权人应当在人民法院确定的债权申报期限内向管理人申报债权。债权申报期限自人民法院发布受理破产申请公告之日起计算，最短不得少于30天，最长不得超过3个月。未到期的债权，在破产申请受理时视为到期。债权人申报债权时，应当书面说明债权的数额和有无财产担保，并提交有关证据。申报的债权是连带债权的，应当说明。连带债权人可以由其中一人代表全体连带债权人申报债权，也可以共同申报债权。

在人民法院确定的债权申报期限内，债权人未申报债权的，可以在破产财产最后分配前补充申报；但是，此前已进行的分配，不再对其补充分配。债权人未依照本法规定申报债权的，不得依法定程序行使权利。

（2）债权申报的特殊规定。未到期的债权，在破产申请受理时视为到期。附利息的债权自破产申请受理时起停止计息。

对于附条件、附期限的债权和诉讼、仲裁未决的债权，债权人可以申报。

管理人或者债务人依照本法规定解除合同的，对方当事人以因合同解除所产生的损害赔偿请求权申报债权。

债务人是委托合同的委托人，被裁定适用本法规定的程序，受托人不知该事实，继续处理委托事务的，受托人以由此产生的请求权申报债权。

债务人是票据的出票人，被裁定适用《企业破产法》规定的程序，该票据的付款人继续付款或者承兑的，付款人以由此产生的请求权申报债权。

债务人所欠职工的工资和医疗、伤残补助、抚恤费用，所欠的应当划入职工个人账户的基本养老保险、基本医疗保险费用，以及法律、行政法规规定应当支付给职工的补偿金，不必申报，由管理人调查后列出清单并予以公示。职工对清单记载有异议的，可以要求管理人更正；管理人不予更正的，职工可以向人民法院提起诉讼。

（3）债权申报的要求。债权人申报债权时，应当书面说明债权的数额和有无财产担保，并提交有关证据。申报的债权是连带债权的，应当说明。

连带债权人可以由其中一人代表全体连带债权人申报债权，也可以共同申报债权。

债务人的保证人或者其他连带债务人已经代替债务人清偿债务的，以其对债务人的求偿权申报债权。

债务人的保证人或者其他连带债务人尚未代替债务人清偿债务的，以其对债务人的将来求偿权申报债权。但是，债权人已经向管理人申报全部债权的除外。

连带债务人中，数人被裁定适用《企业破产法》规定的程序的，其债权人有权就全部债权分别在各破产案件中申报债权。

（三）对其他相关人员的效力

人民法院受理破产申请后，债务人的债务人或者财产持有人应当向管理人清偿债务或者交付财产。债务人的债务人或者财产持有人故意违反前款规定向债务人清偿债务或者交付财产，使债权人受到损失的，不免除其清偿债务或者交付财产的义务。

管理人收到债权申报材料后，应当登记造册，对申报的债权进行审查，并编制债权表。

债权表和债权申报材料由管理人保存，供利害关系人查阅。

管理人对破产申请受理前成立而债务人和对方当事人均未履行完毕的合同有权决定解除或者继续履行，并通知对方当事人。管理人自破产申请受理之日起2个月内未通知对方当事人，或者自收到对方当事人催告之日起30天内未答复的，视为解除合同。

管理人决定继续履行合同的，对方当事人应当履行；但是，对方当事人有权要求管理人提供担保。管理人不提供担保的，视为解除合同。

为了实现公平清偿，破产程序开始后，有关债务人财产的所有请求和争议都必须在破产程序中审理，其他民事程序应当中止或终结。

第三节　管理人、债权人会议

一、管理人

为了建立完整的财产管理机制，充分保障破产债权人的利益，保障公平、公正和客观，破产案件受理后指定管理人是当前国际上普遍的做法。管理人是指在企业破产程序（和解、重整、清算）中被任命为负责债务人的财产管理和其他事务的组织、机构或者个人。新破产法按照市场化、专业化的原则来确立了"破产管理人制度"，这一制度完全有别于原破产法确立的由政府组成的清算组来承担各种破产事宜的机制，摒除了政府干预的弊端，将整个破产运作交由专业化人士来处理，使破产程序更符合我国市场经济的发展要求。

（一）管理人的任命

人民法院根据债务人的实际情况，可以在征询有关社会中介机构的意见后，指定该机构具备相关专业知识并取得执业资格的人员担任管理人。管理人可以由有关部门、机构的人员组成的清算组或者依法设立的律师事务所、会计师事务所、破产清算事务所等社会中介机构担任。根据《企业破产法》第 24 条规定，有下列情形之一的，不得担任管理人：

1. 因故意犯罪受过刑事处罚；
2. 曾被吊销相关专业执业证书；
3. 与本案有利害关系；
4. 人民法院认为不宜担任管理人的其他情形。

债权人会议认为管理人不能依法、公正执行职务或者有其他不能胜任职务情形的，可以申请人民法院予以更换。

（二）管理人的职责和监督

1. 管理人的职责

根据《企业破产法》第 24 条规定，管理人履行下列职责如下：

（1）接管债务人的财产、印章和账簿、文书等资料。

（2）调查债务人财产状况，制作财产状况报告。

（3）决定债务人的内部管理事务。

（4）决定债务人的日常开支和其他必要开支。

（5）在第一次债权人会议召开之前，决定继续或者停止债务人的营业。

（6）管理和处分债务人的财产。

为了保障债权人的合法权益，打击破产欺诈，《企业破产法》设置了较以前立法更为完善的撤销权与无效行为制度，并赋予了管理人追回相应财产的权利。破产欺诈是各国破产法所严厉打击的对象，在中国，破产案件中的欺诈逃债行为尤为严重。一些债务人利用破产程序策划各种欺诈逃债行为，侵害债权人利益，损害职工利益，破坏经济秩序，有些还是在地方政府的支持、默许下进行的。为规制破产不当行为，新破产法明确规定，对因下列行为而取得债务人的财产的，管理人有权追回：

① 人民法院受理破产申请前一年内，涉及债务人财产的下列行为，管理人有权请求人民法院予以撤销并追回相应财产：无偿转让财产的；以明显不合理的价格进行交易的；对没有财产担保的债务提供财产担保的；对未到期的债务提前清偿的以及放弃债权的。

② 人民法院受理破产申请前 6 个月内，债务人业已达到破产界限，仍对个别债权人进行清偿的，管理人有权请求人民法院予以撤销并追回相应财产。但是，个别清偿使债务人财产受益的除外。

③ 涉及债务人财产的下列行为无效：为逃避债务而隐匿、转移财产以及虚构债务或者承认不真实的债务的。对因之而取得的债务人的财产，管理人

有权追回。

上述规定在一定程度上对实践中出现的"虚假破产"、"恶意破产"等行为进行了规制，从而更好地保护了债权人利益，维护了市场经济秩序，也为整个社会商业信用体制的建立和完善提供了重要的制度保证。

同时，《企业破产法》还赋予管理人如下职权：

① 人民法院受理破产申请后，债务人的出资人尚未完全履行出资义务的，管理人应当要求该出资人缴纳所认缴的出资，而不受出资期限的限制。

② 债务人的董事、监事和高级管理人员利用职权从企业获取的非正常收入和侵占的企业财产，管理人应当追回。

③ 人民法院受理破产申请后，管理人可以通过清偿债务或者提供为债权人接受的担保，取回质物、留置物。

此外，人民法院受理破产申请后，债务人占有的不属于债务人的财产，该财产的权利人可以通过管理人取回。但是，本法另有规定的除外。

债权人在破产申请受理前对债务人负有债务的，可以向管理人主张抵消。但是，有下列情形之一的，不得抵消：

① 债务人的债务人在破产申请受理后取得他人对债务人的债权的；

② 债权人已知债务人有不能清偿到期债务或者破产申请的事实，对债务人负担债务的；但是，债权人因为法律规定或者有破产申请一年前所发生的原因而负担债务的除外；

③ 债务人的债务人已知债务人有不能清偿到期债务或者破产申请的事实，对债务人取得债权的；但是，债务人的债务人因为法律规定或者有破产申请一年前所发生的原因而取得债权的除外。

（7）代表债务人参加诉讼、仲裁或者其他法律程序。

（8）提议召开债权人会议。

（9）人民法院认为管理人应当履行的其他职责。

管理人收到债权申报材料后，应当登记造册，对申报的债权进行审查，并编制债权表。债权表和债权申报材料由管理人保存，供利害关系人查阅。债务人所欠职工的工资和医疗、伤残补助、抚恤费用，所欠的应当划入职工个人账户的基本养老保险、基本医疗保险费用，以及法律、行政法规规定应当支付给职工的补偿金，不必申报，由管理人调查后列出清单并予以公示。职工对清单记载有异议的，可以要求管理人更正；管理人不予更正的，职工可以向人民法院提起诉讼。

管理人经人民法院许可，可以聘用必要的工作人员。

管理人应当勤勉尽责，忠实执行职务。

2. 管理人的监督

管理人执行职务，向人民法院报告工作，并接受债权人会议和债权人委员会的监督。管理人的报酬由人民法院确定，没有正当理由不得辞去职务，管理人辞去职务应当经人民法院许可。管理人应当列席债权人会议，向债权人会议报告职务执行情况，并回答询问。此外，管理人实施涉及土地、房屋等不动产权益的转让；探矿权、采矿权、知识产权等财产权的转让；全部库存或者营业的转让；借款；设定财产担保等行为时应当及时报告债权人委员会，未设立债权人委员会的，管理人应当及时报告人民法院。

二、债权人会议

（一）债权人会议的组成和召开

债权人会议是由全体债权人组成，以维护债权人共同利益为目的，在法院监督下讨论决定有关破产事宜，表达债权人意思的临时性机构。债权人会议应当有债务人的职工和工会的代表参加，对有关事项发表意见。债权人会议设主席 1 人，由人民法院从有表决权的债权人中指定。债权人会议主席主持债权人会议。

第一次债权人会议由人民法院召集，自债权申报期限届满之日起 15 天内召开。以后的债权人会议，在人民法院认为必要时，或者管理人、债权人委员会、占债权总额 1/4 以上的债权人向债权人会议主席提议时召开。召开债权人会议，管理人应当提前 15 天通知已知的债权人。

（二）债权人会议及其决议

1. 债权人会议的职权

根据《企业破产法》第 61 条规定，债权人会议行使下列职权：

（1）核查债权；

（2）申请人民法院更换管理人，审查管理人的费用和报酬；

（3）监督管理人；

（4）选任和更换债权人委员会成员；

（5）决定继续或者停止债务人的营业；

（6）通过重整计划；

（7）通过和解协议；

（8）通过债务人财产的管理方案；

（9）通过破产财产的变价方案；

（10）通过破产财产的分配方案；

（11）人民法院认为应当由债权人会议行使的其他职权。

2. 债权人会议的表决

依法申报债权的债权人为债权人会议的成员，有权参加债权人会议，享有表决权。

债权尚未确定的债权人，除人民法院能够为其行使表决权而临时确定债权额的外，不得行使表决权。

对债务人的特定财产享有担保权的债权人，未放弃优先受偿权利的，对于上述债权人会议职权的第一项、第七项所涉事项不享有表决权。

债权人可以委托代理人出席债权人会议，行使表决权。代理人出席债权人会议，应当向人民法院或者债权人会议主席提交债权人的授权委托书。

3. 债权人会议的决议

债权人会议的决议，对于全体债权人均有约束力。债权人会议成员享有表决权，债权人可以委托代理人出席债权人会议，行使表决权。代理人出席债权人会议，应当向人民法院或者债权人会议主席提交债权人的授权委托书。

债权人会议的决议，由出席会议的有表决权的债权人过半数通过，并且其所代表的债权额占无财产担保债权总额的 1/2 以上。但是，另有规定的除外。债权人认为债权人会议的决议违反法律规定，损害其利益的，可以自债权人会议做出决议之日起 15 天内，请求人民法院裁定撤销该决议，责令债权人会议依法重新做出决议。债权人会议应当对所议事项的决议做成会议记录。

（三）债权人委员会

1. 债权人委员会的组成

债权人会议可以决定设立债权人委员会。债权人委员会成员应当经人民法院书面决定认可。债权人委员会由债权人会议选任的债权人代表和 1 名债务人的职工代表或者工会代表组成，债权人委员会成员不得超过 9 人。

2. 债权人委员会的职权

债权人委员会行使下列职权：

（1）监督债务人财产的管理和处分；

（2）监督破产财产分配；

（3）提议召开债权人会议；

（4）债权人会议委托的其他职权。

债权人委员会执行职务时，有权要求管理人、债务人的有关人员对其职权范围内的事务做出说明或者提供有关文件。管理人、债务人的有关人员违反本法规定拒绝接受监督的，债权人委员会有权就监督事项请求人民法院做出决定；人民法院应当在 5 天内做出决定。

第四节　和解与重整制度

【案例 7－2】　　五谷道场破产重整案，是北京法院在我国新《企业破产法》实施后成功审理的第一起破产重整案件。五谷道场在 2004 年以非油炸特色突入油炸面占主流的方便面市场，到 2006 年以销售额达 15 亿元进入鼎盛时期。因扩大市场速度过快等原因，2008 年 10 月，难以维系经营的五谷道场正式向房山法院提交破产重整申请，此后，房山法院依法裁定受理五谷道场破产重整案。五谷道场破产重整案，是北京法院在我国新《企业破产法》实施后成功审理的第一起破产重整案件。其重整成功，盘活了该企业 4000 多万元的存量资产，1000 多人获得新的就业机会，数百位债权人的利益得到保护，并使全部债权人拿到了高于破产清算 5 倍的清偿款，维系了五谷道场与 300多家企业的合作关系，实现了债权人、债务人及重整投资人的多方共赢。

一、和解制度

法院在受理破产申请后，债权人会议和债务人就债务人延期清偿到期债务、减少债务数额以及债务人整顿计划等问题所达成中止破产程序、以求恢复债务人偿债能力的协议，该协议经人民法院认可后生效执行的制度称为和解制度。

（一）和解申请的提出和通过

1. 和解申请

和解申请由债务人提出。根据《企业破产法》第 95 条规定，债务人可以直接向人民法院申请和解；也可以在人民法院受理破产申请后、宣告债务人破产前向人民法院申请和解。债务人申请和解，应当提出和解协议草案。

2. 和解通过

人民法院经审查认为和解申请符合法律规定的，应当裁定和解，予以公告，并召集债权人会议讨论和解协议草案。

债权人会议通过和解协议的决议，由出席会议的有表决权的债权人过半数同意，并且其所代表的债权额占无财产担保债权总额的 2/3 以上。债权人会议通过和解协议的，由人民法院裁定认可，终止和解程序，并予以公告。管理人应当向债务人移交财产和营业事务，并向人民法院提交执行职务的报告。

和解协议草案经债权人会议表决未获得通过，或者已经债权人会议通过的和解协议未获得人民法院认可的，人民法院应当裁定终止和解程序，并宣告债务人破产。

（二）和解的法律效力

经人民法院裁定认可的和解协议，对债务人和全体和解债权人均有约束力。

1. 对和解债权人的法律效力

和解债权人是指人民法院受理破产申请时对债务人享有无财产担保债权的人。和解债权人未依法申报债权的，在和解协议执行期间不得行使权利；在和解协议执行完毕后，可以按照和解协议规定的清偿条件行使权利。和解债权人对债务人的保证人和其他连带债务人所享有的权利，不受和解协议的影响。

人民法院裁定终止和解协议执行的，和解债权人在和解协议中做出的债权调整的承诺失去效力。和解债权人因执行和解协议所受的清偿仍然有效，和解债权未受清偿的部分作为破产债权。

对债务人的特定财产享有担保权的权利人，自人民法院裁定和解之日起可以行使权利。

2. 对债务人的法律效力

债务人应当按照和解协议规定的条件清偿债务，债务人不能执行或者不执行和解协议的，人民法院经和解债权人请求，应当裁定终止和解协议的执行，并宣告债务人破产。因债务人的欺诈或者其他违法行为而成立的和解协议，人民法院应当裁定无效，并宣告债务人破产。同时，有这种情形的，和解债权人因执行和解协议所受的清偿，在其他债权人所受清偿同等比例的范围内，不予返还。

人民法院受理破产申请后，债务人与全体债权人就债权、债务的处理自行达成协议的，可以请求人民法院裁定认可，并终结破产程序。

按照和解协议减免的债务，自和解协议执行完毕时起，债务人不再承担清偿责任。

二、重整制度

重整是指不对无偿付能力债务人的财产立即进行清算，而是在法院的主持下由债务人与债权人达成协议，制订重整计划，规定在一定的期限内，债务人按一定的方式全部或部分地清偿债务，同时债务人可以继续经营其业务的制度。作为一种再建型的债务清偿程序，在"促进债务人复兴"的立法目的指导下构建的重整制度，是一个国际化的潮流，它使得破产法不仅仅是一个市场退出法、死亡法、淘汰法，还是一个企业更生法、恢复生机法、拯救法。案例 7－2 中体现了重整制度所理解的企业，其中除了债权人和企业本身外，还包括了企业的职工和它的投资者。在提出破产申请后，陷入困境的企业通过合法合规的专业化的重组，依然有可能通过有效的重整避免破产，使企业获得新生，也使得利益相关者的利益得到尽可能的保护。

由于重整制度具有对象的特定化、原因的宽松化、程序启动的多元化、重整措施的多样化、重整程序的优先化、担保物权的非优先化和参与主体的广泛化等特点，这就给了债务人企业一个自我拯救、重新开始的机会，平衡了债权人与债务人之间的利益关系。

我国《企业破产法》明确规定了重整的相关法律程序以及重整过程中各利益相关者的权利、义务关系，这是我国经济法的一个较大突破，也是国际化的一个表现。

重整成功，债务人恢复偿债能力，能够按照重整计划清偿债务时，破产程序终结；重整失败，债务人仍然不能清偿债务，则恢复破产程序，宣告债务人破产，对其全部财产进行破产清算。

（一）重整的提出

债务人或者债权人可依法直接向人民法院申请对债务人进行重整。债权人申请对债务人进行破产清算的，在人民法院受理破产申请后、宣告债务人破产前，债务人或者出资额占债务人注册资本 1/10 以上的出资人，可以向人民法院申请重整。人民法院经审查认为重整申请符合《企业破产法》规定的，应当裁定债务人重整，并予以公告。案例 7－2 中体现了除了赋予债权人以财产支配者的法律地位，也承认债务人及其出资人的已有的产权地位，我国新《企业破产法》实施以来，破产的理念逐步被社会接受，尤其是在金融危机背景下，重整制度受到社会的特别青睐，对我国市场经济的发展和完善起到一定的促进作用。

（二）重整事务的管理

自人民法院裁定债务人重整之日起至重整程序终止，为重整期间。

在重整期间，由债务人负责执行重整计划，重整事务由管理人或债务人管理。

管理人负责管理财产和营业事务的，可以聘任债务人的经营管理人员负责营业事务。经债务人申请，人民法院批准，债务人可以在管理人的监督下自行管理财产和营业事务。已接管债务人财产和营业事务的管理人应当向债务人移交财产和营业事务，债务人行使管理人的职权。

在重整期间，对债务人的特定财产享有的担保权暂停行使。但是，担保物有损坏或者价值明显减少的可能，足以危害担保权人权利的，担保权人可以向人民法院请求恢复行使担保权。

在重整期间，债务人或者管理人为继续营业而借款的，可以为该借款设定担保。

债务人合法占有的他人财产，该财产的权利人在重整期间要求取回的，应当符合事先约定的条件。

在重整期间，债务人的出资人不得请求投资收益分配，债务人的董事、监事、高级管理人员不得向第三人转让其持有的债务人的股权，但是，经人民法院同意的除外。

（三）重整计划

1. 重整计划的制订和批准

债务人或者管理人应当自人民法院裁定债务人重整之日起 6 个月内，同时向人民法院和债权人会议提交重整计划草案。超过上述法定期限未提交的，经债务人或者管理人请求，有正当理由的，人民法院可以裁定延期 3 个月。

债务人自行管理财产和营业事务的，由债务人制作重整计划草案。管理人负责管理财产和营业事务的，由管理人制作重整计划草案。

重整计划应当经债权人会议表决通过并经人民法院裁定批准。

根据《企业破产法》第 81 条规定，重整计划草案应当包括下列内容：

（1）债务人的经营方案；

（2）债权分类；

（3）债权调整方案；

（4）债权受偿方案；

（5）重整计划的执行期限；

（6）重整计划执行的监督期限；

（7）有利于债务人重整的其他方案。

人民法院应当自收到重整计划草案之日起 30 天内召开债权人会议，对重整计划草案进行表决。债权人对重整计划草案的表决根据债权的类别不同分组进行。具体按下述债权类别分组：

（1）对债务人的特定财产享有担保权的债权；

（2）债务人所欠职工的工资和医疗、伤残补助、抚恤费用，所欠的应当划入职工个人账户的基本养老保险、基本医疗保险费用，以及法律、行政法规规定应当支付给职工的补偿金；

（3）债务人所欠税款；

（4）普通债权。

重整计划不得规定减免债务人欠缴的上述第 2 类债权规定以外的社会保险费用；该项费用的债权人不参加重整计划草案的表决。

重整计划草案涉及出资人权益调整事项的，应当设出资人组，对该事项进行表决。

出席会议的同一表决组的债权人过半数同意重整计划草案，并且其所代表的债权额占该组债权总额的 2/3 以上的，即为该组通过重整计划草案。各表决组均通过重整计划草案时，重整计划即为通过。部分表决组未通过重整计划草案的，债务人或者管理人可以同未通过重整计划草案的表决组协商。该表决组可以在协商后再表决一次。双方协商的结果不得损害其他表决组的利益。

未通过重整计划草案的表决组拒绝再次表决或者再次表决仍未通过重整计划草案，但重整计划草案符合法定条件的，债务人或者管理人也可以申请人民法院批准重整计划草案。

自重整计划通过之日起 10 天内，债务人或者管理人应当向人民法院提出批准重整计划的申请。人民法院经审查认为符合法律规定的，应当自收到申请之日起 30 天内裁定批准，终止重整程序，并予以公告。

重整计划草案未获得通过且未依照法规获得人民法院批准，或者已通过的重整计划未获得批准的，人民法院应当裁定终止重整程序，并宣告债务人破产。

2. 重整计划的执行

经人民法院裁定批准的重整计划，对债务人和全体债权人均有约束力。

重整计划由债务人负责执行，重整计划经人民法院裁定批准后，已接管财产和营业事务的管理人应当向债务人移交财产和营业事务。自人民法院裁定批准重整计划之日起，在重整计划规定的监督期内，由管理人监督重整计划的执行。在监督期内，债务人应当向管理人报告重整计划执行情况和债务人财务状况。管理人向人民法院提交的监督报告，重整计划的利害关系人有权查阅。

债权人未依法申报债权的，在重整计划执行期间不得行使权利，在重整计划执行完毕后，可以按照重整计划规定的同类债权的清偿条件行使权利。按照重整计划减免的债务，自重整计划执行完毕时起，债务人不再承担清偿责任。

债务人不能执行或者不执行重整计划的，人民法院经管理人或者利害关系人请求，应当裁定终止重整计划的执行，并宣告债务人破产。人民法院裁定终止重整计划执行的，债权人在重整计划中做出的债权调整的承诺失去效力。债权人因执行重整计划所受的清偿仍然有效，债权未受清偿的部分作为破产债权。

（四）重整事务的终止

1. 非正常终止。债务人或者管理人对管理财产和营业事务的未按期提出重整计划草案或重整计划草案未获得通过或批准，人民法院应当裁定终止重整程序，并宣告债务人破产。

根据《企业破产法》第78条的规定，在重整期间，有下列情形之一的，经管理人或者利害关系人请求，人民法院应当裁定终止重整程序，并宣告债务人破产：

（1）债务人的经营状况和财产状况继续恶化，缺乏挽救的可能性；

（2）债务人有欺诈、恶意减少债务人财产或者其他显著不利于债权人的行为；

（3）由于债务人的行为致使管理人无法执行职务。

2. 正常终止。重整按照计划得以执行。按照重整计划减免的债务，自重整计划执行完毕时起，债务人不再承担清偿责任。

第五节　破产宣告与破产清算

一、破产宣告

破产宣告是指法院依照破产申请人的申请或法定职权，确认债务人确有无法清除的破产原因，从而决定宣告债务人破产并对债务人进行清算以清偿债务的司法活动。

破产宣告前，第三人为债务人提供足额担保或者为债务人清偿全部到期债务的以及债务人已清偿全部到期债务的，人民法院应当裁定终结破产程序，并予以公告。

（一）破产宣告的法定条件

债务人具备破产条件是破产宣告的前提。人民法院裁定债务人破产的法定条件有如下三种，具备其中之一即可被宣告破产：

1. 债务人不能清偿到期债务，资产不足以清偿全部债务；
2. 债务人被依法终结重整；
3. 债务人在重整期满后，不能按照重整计划清偿债务。

（二）破产宣告的效力

人民法院依法宣告债务人破产的，应当自裁定做出之日起 5 天内送达债务人和管理人，自裁定做出之日起 10 天内通知已知债权人，并予以公告。

债务人被宣告破产后，债务人称为破产人，债务人财产称为破产财产，人民法院受理破产申请时对债务人享有的债权称为破产债权。

对破产人的特定财产享有担保权的权利人，对该特定财产享有优先受偿的权利。享有优先受偿权的债权人行使优先受偿权未能完全受偿的，其未受偿的债权作为普通债权；放弃优先受偿权利的，其债权作为普通债权。

破产宣告后破产案件开始进入破产清算程序，破产宣告对债权人、债务人以及第三人等利害关系人均产生一定的法律后果。

二、破产清算

（一）破产财产

破产财产是指企业被宣告破产后用来清偿债务的财产，主要由下列财产构成：

1. 破产宣告时破产企业经营管理的全部财产；
2. 破产企业在破产宣告后至破产程序终结前所取得的财产；
3. 应当由破产企业行使的其他财产权利，如专利、商标权等。

此外，债务人依照法律规定取得代位求偿权的，依该代位求偿权享有的债权属于破产财产；财产作为担保物的，其中，担保物的价款超过其所担保的债务数额的，超过部分属于破产财产；债务人在被宣告破产时未到期的债权视为已到期，属于破产财产，但应当减去未到期的利息。破产财产的确定涉及一些特殊的财产或者财产处分的，需要结合有关法律规定具体确认。

管理人应当及时拟订破产财产变价方案，提交债权人会议讨论。管理人应当按照债权人会议通过的或者人民法院裁定的破产财产变价方案，适时变价出售破产财产。

（二）破产费用和共益债务

1. 破产费用和共益债务范围

破产费用是指为保证破产程序的顺利进行必须从破产财产中优先拨付的

费用。破产费用主要包括：

（1）破产案件的诉讼费用；

（2）管理、变价和分配债务人财产的费用；

（3）管理人执行职务的费用、报酬和聘用工作人员的费用；

（4）为债权人的共同利益而在破产程序中支付的其他费用。

共益债务（又称财团债务）是指在破产程序中为全体债权人的共同利益而管理、变卖和分配破产财产所负担的债务。包括：

（1）因管理人或者债务人请求对方当事人履行双方均未履行完毕的合同所产生的债务；

（2）债务人财产受无因管理所产生的债务；

（3）因债务人不当得利所产生的债务；

（4）为债务人继续营业而应支付的劳动报酬和社会保险费用以及由此产生的其他债务；

（5）管理人或者相关人员执行职务致人损害所产生的债务；

（6）债务人财产致人损害所产生的债务。

2. 破产费用和共益债务的清偿

根据《企业破产法》破产费用和共益债务的清偿规定如下：破产费用和共益债务由债务人财产随时清偿。债务人财产不足以清偿所有破产费用和共益债务的，先行清偿破产费用。债务人财产不足以清偿所有破产费用或者共益债务的，按照比例清偿。债务人财产不足以清偿破产费用的，管理人应当提请人民法院终结破产程序。

（三）破产分配与破产终结

1. 破产财产的分配

破产财产的分配是指管理人或者清算组将变价后的破产财产，按照符合法定顺序并经债权人会议通过的财产分配方案，对全体破产债权人进行公平清偿的程序。

破产财产分配方案应由管理人拟订，提交债权人会议讨论。根据《企业破产法》第115条规定，破产财产分配方案应当载明下列事项：

（1）参加破产财产分配的债权人名称或者姓名、住所；

（2）参加破产财产分配的债权额；

（3）可供分配的破产财产数额；

（4）破产财产分配的顺序、比例及数额；

（5）实施破产财产分配的方法。

债权人会议通过破产财产分配方案后，由管理人将该方案提请人民法院裁定认可。破产财产分配方案经人民法院裁定认可后，由管理人执行。

2. 破产财产的清偿

破产财产在优先清偿破产费用和公益债务后，根据《企业破产法》第113 条依照下列顺序清偿：

（1）破产人所欠职工的工资（破产企业的董事、监事和高级管理人员的工资按照该企业职工的平均工资计算）和医疗、伤残补助、抚恤费用，所欠的应当划入职工个人账户的基本养老保险、基本医疗保险费用，以及法律、行政法规规定应当支付给职工的补偿金；

（2）破产人欠缴的除前项规定以外的社会保险费用和破产人所欠税款；

（3）普通破产债权。破产财产不足以清偿同一顺序的清偿要求的，按照比例分配。破产财产的分配应当以货币分配方式进行。但是，债权人会议另有决议的除外。破产财产分配时，对于诉讼或者仲裁未决的债权，管理人应当将其分配额提存。

自破产程序终结之日起满两年仍不能受领分配的，人民法院应当将提存的分配额分配给其他债权人。

3. 破产终结

管理人在最后分配完结后，应当及时向人民法院提交破产财产分配报告，并提请人民法院裁定终结破产程序。破产人无财产可供分配的，管理人应当请求人民法院裁定终结破产程序。人民法院应当自收到管理人终结破产程序的请求之日起 15 天内做出是否终结破产程序的裁定。裁定终结的，应当予以公告。管理人应当自破产程序终结之日起 10 天内，持人民法院终结破产程序的裁定，向破产人的原登记机关办理注销登记。管理人于办理注销登记完毕的次日终止执行职务。

第六节　破产法律责任

破产法律责任：

对于一般企业来说，它首先是市场中的债务人，应该强调企业，尤其是其董事、监事或者高级管理人员的破产责任，否则将导致企业信用丧失。在以前破产法不完善的情况下，有的企业破产后，职工失业下岗、生活艰难，巨额债务无法清偿，而企业的负责人却无须承担任何法律责任。针对这种情况，新的《企业破产法》第 6 条明确规定："依法追究破产企业经营管理人员的法律责任。"并对其破产责任作出了具体规定，这些规定和新《公司法》、新《证券法》规定的董事、监事、高管人员应尽的注意义务、勤勉尽责义务，《刑法修正案（六）》规定的虚假破产罪，都实现了对应。企业的董事、监事等经营管理人员因为失职而致使企业破产的，将被追究刑事责任、民事责任、行政责任。依据承担责任的主体不同可分为债务人及其相关人员的责任和管理人的责任。

一、债务人及其相关人员的法律责任

1. 企业董事、监事或者高级管理人员违反忠实义务、勤勉义务，致使所在企业破产的，依法承担民事责任。而且，上述情形的人员，自破产程序终结之日起 3 年内不得担任任何企业的董事、监事、高级管理人员。

2. 有义务列席债权人会议的债务人的有关人员，经人民法院传唤，无正当理由拒不列席债权人会议的，人民法院可以拘传，并依法处以罚款。债务人的有关人员违反本法规定，拒不陈述、回答，或者作虚假陈述、回答的，人民法院可以依法处以罚款。

3. 债务人拒不向人民法院提交或者提交不真实的财产状况说明、债务清册、债权清册、有关财务会计报告以及职工工资的支付情况和社会保险费用的缴纳情况的，人民法院可以对直接责任人员依法处以罚款。

4. 债务人拒不向管理人移交财产、印章和账簿、文书等资料的，或者伪造、销毁有关财产证据材料而使财产状况不明的，人民法院可以对直接责任人员依法处以罚款。债务人的有关人员违反本法规定，擅自离开住所地的，人民法院可以予以训诫、拘留，可以依法并处罚款。

5. 在人民法院受理破产申请前一年内，债务人有涉及无偿转让财产的；以明显不合理的价格进行交易的；对未到期的债务提前清偿的；放弃债权的；为逃避债务而隐匿、转移财产等行为的，债权人可以请求人民法院按照破产财产分配方案进行追加分配，债务人的法定代表人和其他直接责任人员依法承担赔偿责任。

二、管理人的法律责任

管理人未依照法律规定勤勉尽责，忠实执行职务的，人民法院可以依法处以罚款；给债权人、债务人或者第三人造成损失的，依法承担赔偿责任。构成犯罪的，依法追究刑事责任。

第七节　其他相关规定

一、金融机构破产程序

随着经济与资本市场的发展，银行与非银行金融机构的破产问题提上了议事日程。许多金融机构经营不善，亏损严重，极大侵害了广大投资者与储户的合法权益。如近年来发生的大鹏证券、南方证券破产与德隆危机，即暴露了中国现有金融机构潜在的破产危机。而且一些商业银行和金融机构每年新增的不良资产还在大量发生，如果没有一个很好的破产机制的话，中央政府将会为这些所谓的金融机构背上沉重的财政包袱。金融机构的倒闭或破产涉及千千万万普通民众的家庭与生活，涉及市场经济的金融秩序和社会的稳定。因此，《企业破产法》对金融机构破产做出了特别规定：

商业银行、保险公司、证券公司等金融机构出现资不抵债等破产情形的，国务院金融监督管理机构可以向人民法院提出对该金融机构进行重整或者破产清算的申请。在商业银行法等法律对银行、券商、保险公司的破产问题规定的基础上，新的《企业破产法》明确了对不能支付到期债务的商业银行、券商、保险公司，其接管、托管或破产清算、重整事宜，要分别报请有关监管部门批准。

二、跨境破产问题

随着全球资本流动加速，跨国投资大量发生，一个国家的破产裁决会对另外一个国家的债权人或者债务人产生重要影响。在中国很多跨境破产已经出现，像 1998 年的广东国际信托投资公司破产案和 2000 年的广东控股集团公司破产案，涉及了许多国际和海外的债权人，引来全世界对中国破产制度的瞩目。中国原来采取的是属地主义，对国外的一律不予承认。但国际上正在进行破产法改革，特别是联合国贸易法委员会下面成立了破产法小组，推出全球破产示范法；国际破产协会和世界银行又共同推出了全球债权人应共同遵守的十八项准则。基于这种考虑，我国《企业破产法》规定，"依照本法开始的破产程序，对债务人在中华人民共和国领域外的财产发生效力"。同时，对于外国法院的破产裁决，在互惠、有司法协助或国际公约的条件下，中国法院也裁定承认和执行。这样的规定，采取的是一种有限的、有弹性、有张力的跨境破产原则，为下一步与世界上各国破产法接轨做了铺垫。

【本章小结】

破产是指债务人不能清偿到期债务，由法院主持通过重整、和解或清算等法定程序，使债务得以延缓或公平清偿，并免除其无法偿还债务的一种诉讼程序。破产申请需符合的破产条件，主要有两条，一是达到破产界限：即债务人不能清偿到期债务，资产不足以清偿全部债务；二是破产能力，根据我国现行法律的规定，申请（被申请）破产的债务人应当具备法人资格。企业破产案件由债务人住所地人民法院管辖。破产程序开始后，债务人的财产进入保全状态，债权人、债务人的权利行使均受到约束。

为了建立完整的财产管理机制，充分保障破产债权人的利益，保障公平、公正和客观，破产案件受理后指定管理人是当前国际上普遍的做法。管理人是指在企业破产程序（和解、重整、清算）中被任命为负责债务人的财产管理和其他事务的组织、机构或者个人。债权人会议是由全体债权人组成，以维护债权人共同利益为目的，在法院监督下讨论决定有关破产事宜，表达债权人意思的临时性机构。所有债权人均为债权人会议成员。债权人会议成员享有表决权，但是有财产担保的债权人未放弃优先受偿权利的除外。债权人会议的决议，由出席会议的有表决权的债权人的过半数通过，并且其所代表的债权额，必须占无财产担保债权总额的半数以上，但是通过和解协议草案的决议，必须占无财产担保债权总额的 2/3 以上。

和解，是指破产申请受理后，债权人会议和债务人就债务人延期清偿到期债务、减少债务数额以及债务人整顿计划等问题所达成的中止破产程序、以求恢复债务人偿债能力的协议。重整，是指和解协议生效后，债务人对其生产经营管理进行调整改进，以期扭亏为盈，恢复偿债能力的活动。债务人或者管理人对管理财产和营业事务的未按期提出重整计划草案或重整计划草案未获得通过或批准，人民法院应当裁定终止重整程序，并宣告债务人破产。

破产宣告是法院依照破产申请人的申请或法定职权，确认债务人确有无法清除的破产原因，从而决定宣告债务人破产并对债务人进行清算以清偿债务的司法活动。破产财产在优先清偿破产费用和公益债务后，应先清偿破产人所欠职工的工资、保险费用、补偿金；再清偿破产人欠缴的除前项规定以外的社会保险费用和破产人所欠税款，最后清偿普通破产债权。破产财产分配方案经人民法院裁定认可后，由管理人执行。破产人无财产可供分配的或破产财产分配完毕后，管理人应当请求人民法院裁定终结破产程序并向破产人的原登记机关办理注销登记。

【前沿动态】

国际上一般都是先有《个人破产法》，再有《企业破产法》。我国迄今没有"个人破产法"，建立个人破产法律制度是完善我国破产制度，实现与国际接轨，建立有中国特色社会主义法律体系的必然要求。企业破产是个人破产的延伸，对于不能清偿到期债务的自然人或消费者个人、合伙企业及其合伙人、个人独资企业及其出资人、其他依法设立的营利性组织和从事工商经营活动的自然人，如何较为彻底地处理和解决债务问题，是亟待填补立法空白。

我国至今未就银行破产专门立法，有关银行破产的规定散布在不同的法律、法规之中。《公司法》、《民事诉讼法》的相关破产规定也适用于银行。《商业银行法》、《银行业监督管理法》以及《人民银行法》中都有有关银行退市的规定。由于缺乏一套法律框架和司法制度及配套的监管框架，问题银行的清算重组过程非常漫长、效率极其低下。随着我国市场经济的不断完善，尽快制定银行破产专门立法，极具现实意义。

【关键名词或概念】

破产

债权人会议

和解

破产债权

【简答题】

1. 简述破产的概念及法律特征。
2. 简述我国企业的破产申请要件。

3. 试述法院受理破产案件的法律效力。

4. 什么是债权人会议，其职权由哪些？

5. 破产管理人制度的意义是什么？其主要规定有哪些？

6. 什么叫和解、重整？其主要内容有哪些？

【案例讨论】

案例一

公司破产抵押偿债案

【案情】

2007 年 7 月 30 日，人民法院受理了甲公司的破产申请，并同时指定了管理人。管理人接管甲公司后，在清理其债权债务过程中，有如下事项：（1）2006 年 4 月，甲公司向乙公司采购原材料而欠乙公司 80 万元货款未付。2007 年 3 月，甲乙双方签订一份还款协议，该协议约定：甲公司于 2007 年 9 月 10 日前偿还所欠乙公司货款及利息共计 87 万元，并以甲公司所属一间厂房作抵押。还款协议签订后，双方办理了抵押登记。乙公司在债权申报期内就上述债项申报了债权。（2）2006 年 7 月，甲公司与丁公司签订了一份广告代理合同，该合同约定：丁公司代理发布甲公司产品广告，期限 2 年；一方违约，应当向另一方承担违约金 20 万元。至甲公司破产申请被受理时，双方均各自履行了部分合同义务。（3）2006 年 8 月，甲公司向李某购买一项专利，尚欠李某 19 万元专利转让费未付。李某之子小李创办的戊公司曾于 2006 年 11 月向甲公司采购一批电子产品，尚欠甲公司货款 21 万元未付。人民法院受理甲公司破产申请后，李某与戊公司协商一致，戊公司在向李某支付 19 万元后，取得李某对甲公司的 19 万元债权。戊公司向管理人主张以 19 万元债权抵消其所欠甲公司相应债务。

【问题讨论】

1. 管理人是否有权请求人民法院对甲公司将厂房抵押给乙公司的行为予以撤销？并说明理由。

2. 如果管理人决定解除甲公司与丁公司之间的广告代理合同，并由此给丁公司造成实际损失 5 万元，则丁公司可以向管理人申报的债权额应为多少？

并说明理由。

3. 戊公司向管理人提出以 19 万元债权抵消其所欠甲公司相应债务的主张是否成立？并说明理由。

案例二

公司破产咨询案

【案情】

某公司因资不抵债，拟向法院申请破产。聘请你代理破产中的法律事务。经过一段时间工作后，掌握了以下情况：

1. 该公司系在省工商行政管理局注册登记的有三个企业投资设立的有限责任公司；

2. 该公司欠当地工商银行贷款 2200 万元，贷款时曾提供该企业一套进口成套设备作抵押，该套设备现值 1500 万元；

3. 该公司的债权人之一甲公司因追索 250 万元货款而在一个月前起诉该公司，此案尚在审理中；

4. 人民法院受理破产申请前 3 个月，该公司曾经将一套价值 200 万元的设备以 80 万元的低价转让给其股东控股的另一个公司；

5. 该公司资不抵债的最大原因是因为其董事长违反公司章程规定为他人提供担保所致。

【问题讨论】

根据以上情况，回答下列问题：

1. 该公司能否申请破产？如申请破产，应由谁受理？

2. 工商银行的 2200 万元贷款应如何处理？

3. 甲公司与该企业之间尚未审结的追索货款之诉应如何处理？

4. 对该公司所低价转让的设备该如何处理？为什么？

5. 向人民法院申请破产时，需要向法院提交哪些材料？

6. 人民法院受理破产申请后，该公司的法定代表人有什么义务，公司又由谁来接管呢？

7. 可否追究该公司的董事长的法律责任呢？

案例三

兴达油泵有限公司破产案件

【案情】

兴达油泵有限责任公司，因经营管理不善严重亏损，不能清偿到期债务，于 2007 年 10 月向人民法院申请宣告破产。法院受理了此案。经调查查明有下列情况：（1）该油泵公司有铲车两辆，是租赁某建筑设备公司的财产，且该油泵公司欠建筑设备公司租金 12 万元；（2）顺成商贸公司对该油泵厂有 20 万元债权，但同时又负有 15 万元债务，该债务尚未到清偿期；（3）某啤酒厂对该油泵公司有 50 万元债权，于 2008 年 1 月到期，但该油泵厂于 2007 年 7 月提前清偿该债务。

【问题】

根据上述事实及有关规定，回答下列问题：

1. 建筑设备公司应如何实现自己的债权？

2. 顺成商贸公司对兴达油泵公司的债务尚未到期，可否主张抵消权？为什么？

3. 兴达油泵公司对某啤酒厂的提前清偿行为是否有效？为什么？应如何处理？

第八章 市场管理法一般原理

【本章导读】

宏观经济学以整个国民经济活动为研究对象，考察国民经济各有关总量的决定及其变动，以解决失业、通货膨胀、经济波动与增长，以及国际收支和汇率等涉及整个国民经济的问题。微观经济学和宏观经济学是各经济学专业的入门课程，学好宏观经济学具有重要的理论意义。同时，宏观经济学的有关理论是各国政府制定宏观经济政策的依据，学好宏观经济学也具有重要的实践价值。本章简述了宏观经济学的研究对象、研究方法和基本理论问题。

【学习目标】

本章重点要求学生理解市场经济与市场经济管理法的关系以及市场经济管理法的调整对象，并在此基础上通过对市场经济管理法体系的掌握，进一步理解其作用和基本原则。

【知识结构图】

市场管理法一般原理
├─ 市场管理法概述
│   ├─ 市场管理法的概念和调整对象
│   └─ 市场管理法的社会基础
├─ 市场管理法的体系和调整方法
│   ├─ 市场管理法的体系
│   └─ 市场管理法的调整方法
└─ 市场管理法的地位和作用及基本原则
    ├─ 市场管理法的地位
    ├─ 市场管理法的作用
    └─ 市场经济就是法治经济

第一节　市场管理法概述

市场经济作为高度发达的商品经济，以其自身的复杂构成，其存在与发展的必然要求而言，它就是法律经济，也必然是法制经济，而法制经济即经济关系广泛法制化的经济。市场管理法①与宏观调控法作为经济法的两个核心构成要素，共同维护着市场经济的发展，是经济关系法制化的典型代表，在市场经济的运行中承担不同的职能，发挥着各自的作用。

一、市场管理法的概念和调整对象

【案例8-1】　食品安全事关国计民生，事关社会稳定与和谐，但近年来在食品安全方面却频频事发，据调查数据显示，在 2011 年上半年，仅新闻报道出来的食品安全事件已超过 500 件。如相继曝光的河南济源双汇公司使用瘦肉精猪肉、上海多家超市销售的小麦馒头、玉米面馒头系为染色制成，加防腐剂防止发霉、"大米镉超标"、"水果膨大剂"等，为此，各地政府的质检等相关部门同时启用了各种干预措施，如上海市政府在"问题馒头"曝光后迅速组建了食品安全委员会，向上海老字号"杏花楼"下达了命令，要求"杏花楼"尽快生产出质量过硬的"放心馒头"；广州则出台措施压缩散户养猪场，并在酒楼、食堂等食品安全重地安装摄像头监管食品操作；武汉在全市推行食品安全与金融信贷管理相挂钩的监管机制，对于有不良记录的企业和个人，银行不予借贷。经过上述市场管理和配套措施，食品安全问题正在得到有效的治理。

（一）市场管理法的概念

市场管理法是指调整国家在对市场进行监督管理过程中发生的经济关系的法律规范的总称。市场经济管理法旨在弥补市场的缺陷和克服市场的局限性。

市场管理法的本质是国家权力对市场交易活动的依法适度干预。市场管理法以国家干预理论作为其理论基础。市场经济是以市场作为对资源配置基

---

①　为了让学生对市场运行过程中最为常见和实用性较强的经济法律、法规有一个系统的理解和掌握，我们适当地突破了较为狭隘的法律部门界限，在这部分内容中涵盖了部分属于民商法范畴的法律、法规。

础性作用的商品经济，市场有着及时性、灵活性等特点，能有效地促进市场竞争，促进社会财富的增长。但其又有着自身无法克服的缺陷，如自发性、盲目性等，市场主体为追求个体利益最大化，会采取不正当的竞争方式，会不可避免地造成垄断、贫富悬殊等社会不公正问题，这些都是市场自身所无法克服的，也正是国家干预的根源所在。国家依法干预市场活动能在一定程度上保障交易的安全、防止垄断、抑制贫富差距扩大、提高交易的效率，所以，市场经济必须确立政府的干预。案例 8 - 1 的现象就充分说明政府对市场干预的必要性，但由于政府干预的失灵（如过度干预、滥用干预权等）同样会妨碍交易的正常进行，因此又必须确立对政府干预的规范，其中包括约束政府干预经济的权力，规范政府干预的行为，如案例 8 - 1 中各地政府所出台的相关措施必须于法有据，不能任意而为。市场管理法通过确立政府干预，在着重强调对市场主体的竞争行为和交易行为的约束，以维护市场的竞争秩序，交易秩序的同时，也在另一方面规范着政府的干预。

（二）市场管理法的调整对象

市场管理法的调整对象是国家管理市场过程中形成的经济关系，即市场管理关系。市场管理关系主要发生在国家规范市场主体竞争行为和交易行为的过程中，如工商行政管理部门对市场主体不正当竞争行为的依法查处中所形成的市场交易管理关系。市场管理关系主要存在于微观经济领域，具有国家干预性、社会本位性和直接强制性的特征。

具体来说主要包括以下几个方面：

1. 市场交易关系。严格地说，包括合同关系、票据关系等在内的市场交易关系应当属于私法调整的范畴，应适用"个体权利本位"、"平等自愿"、"意思自治"等原则。但市场交易关系在着重强调自由和平等的同时，也应该对滥用合同自由、利用合同形式进行欺诈等行为予以制约和规范，如合同法中关于无效合同的规定等，因为这些行为往往会破坏公平竞争的市场秩序。私法公法化、公法私法化是世界范围内的一种大趋势。立足于"社会权利本位"、"国家依法干预"等原则，对市场交易行为进行管理也是国家机关的法定职权和职责。

2. 市场竞争管理关系。竞争机制是发挥市场配置资源的基础性作用的重要机制，也是将市场主体追求利润最大化的内在动力转化为面向市场竞争的外在压力，使企业和其他经济组织富有活力、积极进取的重要机制。为维护公平竞争的市场秩序，国家必须加强反垄断、反不正当竞争方面的立法，依法加强对市场竞争活动的管理，规范市场竞争主体的市场竞争行为，查处限制竞争行为和不正当竞争行为。

3. 产品质量管理关系。产品质量管理关系是国家、产品生产者和销售者、产品用户和消费者之间，在产品质量监督过程中所发生的社会关系。我国经济已进入一个由数量型经济向质量型经济转变的新阶段，国内国际市场的经济竞争基本上是围绕着质量这一中心而展开，只有加强产品质量立法，加强国家、经营者、消费者对产品质量的管理监督，才能维护正常的市场秩序，提高我国主要产业的整体素质和国际竞争能力，案例 8－1 就是一个极好的例证。因此，产品质量管理关系是市场管理法的重要调整对象之一。

4. 保护消费者权益过程中发生的社会关系。保护消费者权益已成为世界性的潮流，对消费者合法权益的保护，实质是保护消费、促进消费，从而保护生产、促进生产，有利于社会经济的发展。

5. 广告管理关系。广告管理关系是国家、广告主、广告经营者、广告发布者、广告接受者之间，在对广告活动进行管理监督过程中发生的社会关系，是市场管理法的又一重要调整对象。由于商品经营者或服务的提供者往往利用虚假广告或语义模糊不清的广告，或者内容和形式都违反法律规定的广告，欺骗和误导消费者，损害消费者的合法权益，并以此同诚实经营者进行不正当竞争，扰乱市场秩序，扭曲了市场机制。所以，依法加强广告管理，是加强市场管理，维护市场秩序的一个重要措施和内容。

6. 价格管理关系。价格管理关系是国家、经营者、消费者之间在价格管理监督过程中发生的社会关系。在市场经济条件下，价格是商品价值以一定数量货币的标价形式，价值决定价格，价格随供求关系的变化而围绕价值波动。价格的高低，是资源相对稀缺程度的灵敏信息反映，涉及产业、行业、产品结构的调整；涉及经营者与消费者两者利益的均衡。价格机制是市场机制中最为重要的机制，价值规律、供求规律、竞争规律正常发挥作用的重要条件之一，就是价格机制能正常发挥作用。如果价格非因供求原因而过分偏离价值，必然是经营者不正当经营行为所致，正常的市场秩序将无法维持。所以，价格管理关系是市场管理法的又一重要调整对象。

此外，由于不当竞争、损害消费者权益，以及因产品质量、广告、价格违法行为造成的侵权损害赔偿关系，也应纳入市场管理法的调整对象。对这些侵权损害赔偿关系的调整，既以民法中侵权行为法的一般规定为依据，又因其具有特殊性，其特殊性的一面，还应由市场管理法律规范加以规定。如《消费者权益保护法》中规定，经营者提供商品或者服务有欺诈行为的，应按照消费者的要求增加赔偿其受到的损失，增加赔偿金额为消费者购买商品或者接受服务的费用的一倍。这就在民法的侵权损害赔偿贯彻"赔偿实际损失"

原则的基础上，贯彻了消费者权益保护法的"补偿性与惩罚性相结合"这一特殊原则。再如民事诉讼中的"谁主张权利谁举证"原则，在产品责任赔偿纠纷中变化为"举证责任倒置原则"和"推定过错责任原则"，当作为被告的产品生产者和销售者不能证明自己无过错时，则推定其有过错，应承担产品责任。

二、市场管理法的社会基础

市场经济在其发展过程中形成了促进商品经济、市场经济发展的客观规律，即价值规律、供求规律、竞争规律这三大规律。在市场经济条件下，市场调节的"无形之手"通过价值规律、供求规律、竞争规律的机制，对协调各市场主体之间的利益、有效配置社会资源起到了积极作用。但是，市场并不是万能的，市场也有其自身的缺陷，反过来妨碍了市场的正常、有序运行。概括起来，影响市场正常、有序运行的制约因素主要包括以下几个方面：

（一）市场主体多元化及主体利益独立性所造成的影响

众所周知，市场主体多元化及主体利益独立性有其积极的一面，即有利于形成既分工协作又相互竞争的活跃的市场主体体系，市场主体通过追求利润最大化的内在动力，对价格信息、供求信息做出积极的反应，积极参与市场竞争，有利于促进经济的发展。但这种独立性也有其消极的一面，即造成市场主体为追求个体利益而损害其他经营者、用户、消费者的利益，损害国家利益和社会整体利益等情况。案例 8－1 中的各种食品安全问题就是例证。

（二）市场功能的缺陷造成市场秩序的混乱

市场机制在有效配置资源方面发挥基础性作用，是市场经济最为主要的特征，但市场机制仍存在一定缺陷。首先，市场机制的调节在信息导向上存在滞后性，从而容易造成市场主体在经济决策上缺乏预见性而陷于盲目性。其次，市场机制无法解决外部性问题，市场外部的经济性，可使某些主体不付出代价即可获益；而市场外部的不经济性，又可使某些主体蒙受损失而得不到补偿。再次，市场机制不能解决公共物品的供给问题，如城市卫生、文化体育设施、消防、国防产品等的供给。最后，市场机制不能调节个体效益和社会效益、社会道德的矛盾，如许多违禁品的经营会使经营者大获其利，但公民身心健康、社会风尚、公众安全受到严重侵害，使市场经济的发展失去良好的社会环境。

（三）市场并不能消除不当竞争及其后果

不当竞争的结果是限制竞争行为、不正当竞争行为的发生，从而扭曲竞争机制，破坏市场机制，使社会资源难以有效配置，造成资源的浪费和市场秩序的混乱。

（四）市场体系的不完善对市场秩序的影响

市场经济要求发达和完备的市场体系，形成全国统一的、开放的并与国际市场衔接的市场体系，而目前，有些生产要素尚未真正进入市场，有些要素市场发育程度很低，市场交易规则不完善、不规范，部门、地区分割现象时有发生，市场中介组织不发达且常有行为不规范的情形发生，市场主体难以及时、充分掌握市场信息，因此市场机制往往难以发挥积极作用，使市场秩序难以保持积极的良好状态。

针对市场机制的上述缺陷，除有些问题需要加强国家的宏观经济调控外，更需要规范市场主体的市场行为以维护正常、高效运行的市场秩序。而规范市场主体以维护市场秩序的规则具有多元性的特点，其规则包括既相互联系又各有其特点和重要作用的市场交易习惯规则、市场道德规则、市场政策规则、市场法律规则这四种类型[①]。其中，市场法律规则具有强制性、权威性、规范性、稳定性的优势，这是其他三种类型的规则所不能及的。而市场法律规则即市场管理法，主要包括对市场交易行为和市场管理行为两个重要方面的规则，加强这两方面的法制建设都具有十分重要的意义。

第二节　市场管理法的体系和调整方法

一、市场管理法的体系

明确了市场管理法的调整对象，也就明确了市场管理法的体系。市场管理法是一个集合概念，包括我国在内的任何一个国家都没有制定一个统一的市场管理法，而是从维护市场秩序的各个方面来分别立法的。

市场管理法的体系主要包括两个方面，一是市场交易行为方面的《合同法》、《票据法》、《证券法》、《工业产权法》等法律、法规；二是市场规制方面的《反垄断法》、《反不正当竞争法》、《产品质量法》、《消费者权益保护法》、《反暴利法》、《反洗钱法》、《房地产管理法》《标准化法》、《计量法》、

---

① 参见彭星闻、叶全良等著《建立市场新秩序—中国市场规则研究》，中国财政经济出版社，1997年版，第2～3页。

《广告法》、《价格法》等法律、法规，以及与前述法律相配套的规章和司法解释。

二、市场管理法的调整方法

任何法律都有自己的调整方法，即国家在调整一定社会关系时用以影响这些关系的手段和方式，而且调整方法构成各该法律的性质和特征的一部分。市场管理法的调整方法也就是国家在调整市场管理关系时所运用的手段和方式。

市场管理法由其调整对象及其性质所决定，调整方法以行政制裁为主，兼有民事制裁和刑事制裁。

因为经济法是调整市场管理关系的，是国家自觉干预市场的产物，其实际上是由国家行政机关来实施的，国家行政机关在实施市场管理的过程中必然要对违反规定者施以行政制裁。而且，这种行政制裁是市场管理法最普遍、最基本的制裁方法。在市场管理法中，几乎每部法律都将行政制裁作为主要的制裁方法加以规定。例如：《反不正当竞争法》在法律责任一章中所规定的绝大部分是行政制裁措施；《消费者权益保护法》除对行政制裁措施转至适用其他法律、法规的规定以外，也对一些违法行为的行政制裁措施做出了明确规定；《产品质量法》更是以"罚则"来专章规定行政制裁措施；《广告法》和其他市场管理法律、法规也都将行政制裁措施作为重点来加以规定。行政制裁是一种惩罚性制裁，它不需由当事人申请，而由有关行政机关依职权主动采取，故具有直接性和及时性，这对维护和及时恢复被违法行为破坏了的市场秩序是非常有效的。

刑事制裁是对违反法律构成犯罪者追究刑事责任的一种惩罚性强制措施。它是最为严厉的一种法律制裁。由于市场管理法所维护的经济关系在市场经济条件下具有根本性，关系到市场结构和市场竞争秩序的维护，而且有些违法行为还会造成他人的严重财产损害甚至人身伤亡，因此有些情况下，只有运用刑事制裁措施才足以惩罚行为人，恢复遭到严重破坏的市场竞争秩序。刑事制裁措施只能由国家审判机关依法实施。这种制裁措施往往与行政制裁措施结合在一起，依其性质和情节分别运用。在市场管理法中，一般是在某些规定行政责任的条文中规定"情节严重，构成犯罪的，依法追究刑事责任。"这样，两种法律制裁措施互相配合，在各自适用的范围内发挥作用。

市场管理法也同样需要民事制裁，而且其在有些法律、法规中占有重要地位。这是由市场管理法的利益保护结构以及民事制裁的特有功能所决定的。

就总体而言，市场管理法为维护自由公平的市场竞争秩序，实现社会公平正义，其所保护的利益是多重的，除了国家利益和社会公共利益以外，还有经营者和消费者的利益，而且在许多情况下，国家利益和社会公共利益就是在保护经营者和消费者的合法权益中得到体现的。因为，如果经营者的利益受到垄断和不正当竞争以及其他违法行为的损害而得不到有效的救济、补偿，消费者的利益受到各种违法行为的侵害而得不到有效的保护，那么社会经济秩序就会遭到破坏，这方面的国家利益和社会公共利益也无从谈起。而在切实保护作为受害人的经营者和消费者的合法权益方面，民事制裁具有不可替代的功能，它通过以损害赔偿为主的一系列制裁措施，在惩罚违法者，维护国家利益和社会公共利益的同时，也使受害经营者和消费者的损失得到补偿，甚至是超额赔偿（如受害消费者可在一定情况下获得双倍赔偿）。因此，在市场管理法中民事制裁也是不可缺少的。在这方面，市场管理法与宏观调控法也是不同的。

　　总之，市场管理法在调整方法方面以行政制裁为主，同时兼采刑事制裁和民事制裁，具有综合性，它们在各自的适用范围内发挥着独特的功能，共同调整着市场管理关系。这种调整方法实际上也构成了市场管理法特征的一部分。

第三节　市场管理法的地位、作用和基本原则

一、市场管理法的地位

　　市场管理法的地位，是指其在我国法律体系中的地位。我们认为，市场管理法是适应我国社会主义市场经济需要而形成的属经济法这一独立法律部门的重要子部门，是维护市场正常秩序，弥补市场缺陷的重要法律制度，是经济法的重要组成部分。

二、市场管理法的作用

　　从作用机制的外在表现来看，市场管理法的目的是通过规制市场主体的竞争行为和交易行为，创造自由的、稳定的市场秩序。市场管理法的作用主要体现在以下三个方面：

　　1. 规范市场行为，维护市场经济秩序，促进和保障市场功能的充分有效

发挥。市场管理法属于市场管理规则，同时也就设定了市场行为规则，而且直接表现为对市场行为的规范。通过这种规范，市场管理法为市场行为设立了不得逾越的界限，将其严格限制在规则允许的范围内，从而保证市场行为的正当、合法，这就使正常的市场经济秩序得以维护。这具体体现在市场管理法的各项制度和规范之中。市场经济秩序的维护又进一步促进和保障市场功能的充分有效发挥，推动市场经济的正常运行。这是市场管理法职能的最基本方面。

2. 维护公平竞争，保护经营者和消费者的合法权益。市场管理法的一项根本任务和基本原则是维护社会公平正义，而这要以维护公平竞争为基础，并通过其来体现。因此，维护公平竞争就不仅是竞争法的任务，而且是整个市场管理法的任务。《消费者权益保护法》、《产品质量法》、《广告法》、《合同监督管理法》和《反暴利法》等虽然各有其具体任务和目标，但最终还是通过立法和执法使一切市场主体处于平等的法律地位以维护公平竞争。而公平竞争得到维护也就同时使得经营者和消费者的合法权益得到保护，这是公平竞争的必然要求和结果。因为，在经营者和消费者合法权益得不到保护情况下的竞争不可能是公平的，反过来，在不公平竞争的情况下也就谈不上经营者和消费者合法权益的真正保护。

3. 为政府对市场进行管理提供法律依据，规范政府管理市场的行为。市场管理法作为管理规则，一方面规范和约束市场主体的行为，促使其依法经营；另一方面又规范和约束着有关市场管理机关的行为，促使其依法管理。在市场经济条件下，政府对市场的管理同样不是万能的，必然要以不妨碍市场机制正常发挥为前提，以弥补市场缺陷为目的。所以必须通过立法明确政府对市场管理的职能机构、职能范围、方式程序，既使其具有权威性、强制性，以维护市场的正常秩序，又避免主观性、随意性等滥用权力破坏市场机制的行为出现，建立必要的监督制约机制，从而防止政府的过度干预而酿成"政府失败"的恶果。对于案例 8 - 1 中的食品安全问题，最终要依靠建立健全食品安全相关法律、法规。目前，在国家质检总局发布实施了《食品安全管理体系要求》和《食品安全管理体系审核指南》、加工食品等六类工业产品从 2006 年 9 月起实行生产许可管理的基础上，我国于 2009 年颁布了《食品安全法》及其实施条例。这些市场管理法的出台，对于食品安全问题将是一个有效的、强制性的制约。

三、市场管理法的基本原则

市场管理法的基本原则，是贯穿于市场管理法之中的，在市场管理法的立法、执法、守法过程中必须遵循的根本准则或者说根本指导思想。市场管理法基本原则具有立法准则、行为准则、执法准则和司法准则的功能。市场管理法的基本原则主要有以下几个方面：

（一）尊重市场客观规律，依法适度管理原则

国家对市场进行管理在于弥补市场的不足而不是替代市场。所以在强调其管理的重要性的同时，必须强调国家管理的合理性、适度性和有效性，把握好管理的范围、方式和力度，要尊重市场客观经济规律以维护市场功能。否则就会因国家对市场的过度干预而否认市场运行规律而最终否认市场经济，也会导致窒息市场主体活力的严重后果。

（二）维护社会公平正义的原则

市场管理法的根本任务和价值指向是维护自由公平的市场竞争秩序，这是由市场管理法的社会本位性特征所决定的。维护公平正义就是要使市场竞争主体的法律地位一律平等，为其创造一个机会均等的法律环境。市场管理法对于各种非法垄断、不正当竞争、假冒伪劣产品、假冒专利、虚假广告、恶意串通、欺诈、坑蒙拐骗、牟取暴利等行为违法性的确认和制裁以及对于"弱者"的特殊保护都体现了对于社会公平正义的维护。这里的公平正义的着眼点主要在于竞争机会的均等、竞争条件的平等和竞争手段的正当，而主要不在于竞争结果的平等。

维护社会公平正义作为市场管理法最基本的原则，特别地体现在向弱者倾斜，保护消费者合法权益的方面。对于消费者等"弱者"的保护在单纯的民商法机制中是难以奏效的，需要国家的干预，对其提供特别的保护。这里的特别保护就是相对于单纯合同法等的一般保护而言的，它通过国家对市场进行介入，为弱者提供特殊的保护，以此来矫正和恢复遭到扭曲和破坏的市场关系。这种对弱者的特别保护体现在市场管理法的各个方面和环节，而绝非仅限于专门的消费者权益保护法之中。实际上，无论是《竞争法》还是《产品质量法》、《广告法》、《反暴利法》等都贯穿着保护消费者的原则，成为这些法律的立法宗旨之一。同样，它也制约着市场经营主体的行为和立法、行政执法、司法等机关的相应行为。

（三）诚实信用原则

诚实信用是市场经济的基本道德准则，现在已经上升为一项基本的法律原则，其适用范围不断扩大，由最初作为债务履行的原则发展到适用于债权行使乃至于一切民事权利和民事义务的履行，成为民法的基本原则，其性质已经演化为法院可直接适用的强行性规定。不仅如此，诚实信用原则也被引

用到公法领域①，成为超越于民法的几乎所有法律都应贯彻的基本原则。

诚实信用作为市场管理法的基本原则，一方面指导和约束市场主体的行为，要求其在不损害他人（竞争者、消费者）利益、社会公共利益和社会经济秩序的前提下，去从事市场竞争，追求自己的利益，否则就会构成不正当竞争或者其他违法行为；另一方面它也指导和约束着立法机关、行政执法机关和司法机关的行为，要求立法机关在制定和修改有关法律时要切实体现这一原则；要求行政执法机关和司法机关在认定和制裁有关违法行为时以此原则为标准和指导，尤其在法律缺乏有关具体规定或规定不明确时，以此原则来约束自己自由裁量行为，防止权力滥用，从另一个角度维护社会公平正义。

【本章小结】

市场管理法与宏观调控法是经济法的两个核心构成要素。市场管理法是指调整国家在对市场进行监督管理过程中发生的经济关系的法律规范的总称，旨在弥补市场的缺陷和克服市场的局限性，其本质是国家权力对市场交易活动的依法适度干预。市场管理法通过确立政府干预，在着重强调对市场主体的竞争行为和交易行为的约束，以维护市场的竞争秩序、交易秩序的同时，也在另一方面规范着政府的干预。

市场管理法调整的对象是国家在规范市场主体竞争行为和交易行为的过程中形成的经济关系，即市场管理关系。市场管理关系主要存在于微观经济领域，具有国家干预性、社会本位性和直接强制性的特征。具体包括：市场交易关系、市场竞争管理关系、产品质量管理关系、保护消费者权益过程中发生的社会关系、广告管理关系、价格管理关系以及由于不当竞争、损害消费者权益，以及因产品质量、广告、价格违法行为造成的侵权损害赔偿关系。市场管理法的体系主要包括市场交易行为方面和市场规制方面的法律、法规和规章。

市场管理法在调整方法方面以行政制裁为主，同时兼采刑事制裁和民事制裁，具有综合性。

市场管理法是适应我国社会主义市场经济需要而形成的属经济法这一独立法律部门的重要子部门，是维护市场正常秩序，弥补市场缺陷的重要法律制度，是经济法的重要组成部分。市场管理法的目的是通过规制市场主体的竞争行为

---

① 公法学者拉邦德指出：诚实信用原则不仅是民法的基本原则，而且是适用于其他法律部门的原则。参见史尚宽：《债法总论》，荣泰印书馆 1978 年版，第 321 页。

和交易行为，创造自由的、稳定的市场秩序。市场管理法的作用主要体现在以下三个方面：通过设定市场行为规则，规范市场行为，维护市场经济秩序，促进和保障市场功能的充分有效发挥；维护公平竞争，保护经营者和消费者的合法权益，实现社会公平正义；为政府对市场进行管理提供法律依据，规范政府管理市场的行为。在市场管理法的立法、执法、守法过程中必须遵循的根本准则或者说根本指导思想，即市场管理法的基本原则主要有：尊重市场客观规律，依法适度管理原则；维护社会公平正义的原则；诚实信用原则。

【关键名词或概念】

市场管理
政府干预
市场经济秩序
社会公平正义

【简答题】

1. 简述市场管理法的调整对象。
2. 谈谈你对市场管理法在其立法、执法、守法中应遵循基本原则的理解。
3. 简述市场管理法的调整方法。
4. 如何理解市场经济与市场管理法的关系？
5. 为什么说市场管理法的本质是国家权力对市场交易活动的依法适度干预？
6. 如何理解市场管理法的作用？

【案例讨论】

案例一

外资并购案

【案情】

2001 年中国正式加入世界贸易组织后，收购已经取代投资建厂从而成为外资进入中国市场最重要的方式。一般而言，外资收购中国企业，坚持着"必须绝对控股"、"必须是行业龙头企业"、"预期收益率必须超过15%"的"三必须"原则。据统计，2005 年，国内并购案创纪录地达到1251 宗，数量上，外资占比在 10% 以上，而且外资的收购标的额，平均高出内资收购的 50%。在中国已开放的产业中，每个产业中，排名前 5位的企业几乎都由外资控制。中国 28 个主要产业中，外资在 21 个产业中拥有多数资产控制权。比如玻璃行业，该行业中最大的 5 家企业已全部合资；占全国产量 80% 以上的最大的 5 家电梯生产厂家，已经由外商控股；18 家国家级定点家电企业中，11 家与外商合资；化妆品行业被 150 家外资企业控制着；20% 的医药行业在外资手中；汽车行业销售额的 90% 来自国外品牌。

从行业上看，银行、保险、电信、汽车、物流、零售、机械制造、能源、钢铁、IT、网络、房地产等，凡此种种，这些热门行业都已经有外资进入。电脑操作系统、软包装产品、感光材料、子午线轮胎、手机等行业，外资均占有绝对垄断地位。而在轻工、化工、医药、机械、电子等行业，外资公司的产品已占据 1/3 以上的市场份额。并购方阵营中，来自美国的跨国公司最多，占比超过 30%，欧盟企业次之，约占 27%，其余来自东盟和日本等。

在产业方面，华平基金入主哈药股份；凯雷收购徐工机械（尚待中国有关部门审批）；高盛下属基金入股海王生物及控股双汇；摩根斯坦利下属基金收购山水集团（中国最大的水泥企业）、美国 Best Buy 控股五星集团（中国第四大消费电器连锁商）；美国卡特彼勒计划收购厦门工程机械、广西柳工机械、河北宣化工程机械以及山东潍柴动力等；瑞士豪西盟（Holchin B. V.）拟通过定向增资发行 A 股方式最终控股 G 华新（中国水泥龙头企业）、印度米塔尔钢铁公司入股湖南华菱管线；英博啤酒收购雪津啤酒；美国 AB 公司收购哈啤；佳通收购桦林；DSM 战略投资华北制药……

【问题讨论】

所有这些案例都在近年间发生，尽管时间已经慢慢冲淡了它们所曾经留下的巨大震动，但当我们很不完整地罗列出这些时，我们依然不能不再次震撼，不能不考虑如何保障我国的经济安全问题。那么，我们如何来保障我国的经济安全呢？通过国家相关法律、法规的规范，我们又如何理解市场经济管理法的作用呢？

案例二

石狮打击侵犯知识产权和制售假冒伪劣产品案

【案情】

2011 年 5 月 23 日上午，石狮市工商局蚶江工商所执法人员在一家服装加工厂巡查时，查获标有"阿迪达斯"商标的运动上衣 48 件及运动长裤 92 条。经查，当事人未依法办理营业执照，且未获得相关注册商标权益人的授权许可，擅自生产标有"阿迪达斯"商标的运动服装。现场执法人员依法对上述侵权商品进行扣留，并立案调查。据工商执法人员介绍，此前石狮第四次"双打"成果突出，共立案查处案件 27 起，货值达 30.2 万元，罚没款 10.61 万元，严厉打击了不法分子，维护了市场经济秩序。

【问题讨论】

市场管理法的社会基础是什么？案例中石狮市工商局对于假冒伪劣商品的打击主要采用了那种性质的制裁方法？

第九章　合　同　法

【本章导读】

　　合同是商品交易的基本法律形式。我国合同法所规范的合同是指作为平等主体的自然人、法人、其他组织之间设立、变更、终止民事权利与义务关系的协议。要约和承诺是合同成立必须经过的两个阶段。合同的生效要件主要有三个：合同的主体合格；当事人意思表示真实；不违反法律或者社会公共利益。"契约必须遵守"是现代公民的基本素养，违约就必须承担相应的法律责任是一个社会健康运行的必要前提。因此，通过学习合同法的基本知识，培养学生诚实守信的法律意识，非常重要。本章简述了合同的基本理论、合同法的基本原则等。

【学习目标】

　　本章重点要求学生了解合同法的立法概况，理解合同法的基本原则，掌握合同法律制度的基本内容，包括合同的概念及其种类、合同的订立、缔约过失责任、合同的效力、合同的履行及抗辩权与保全、合同的变更与转让、合同的终止、违反合同应承担的违约责任等基本知识，熟悉合同运作的全过程，以及合同担保的几种方式。

【知识结构图】

合同法

合同法概述
- 合同的概念与法律特征
- 合同的种类
- 合同法的概念与基本原则

合同的订立
- 订立合同的主体
- 合同的形式与内容
- 合同的订立程序
- 缔约过失责任

合同的效力
- 合同效力的概述
- 合同的生效
- 无效合同
- 可变更及可撤销合同
- 效力待定合同

合同的履行
- 合同履行的原则与规则
- 双务合同履行中的抗辩权
- 合同的保全

合同的担保
- 合同担保概述
- 保证
- 抵押
- 质押
- 留置
- 定金

合同的变更、转让和终止
- 合同的变更
- 合同的转让
- 合同的终止

违约责任
- 违约责任概述
- 承担违约责任的方式
- 违约责任的免除

第一节 合同法概述

【案例9-1】 果贩子张三要买苹果，找到李四，经过讨价还价，两人签订了一份合同，约定购买5万公斤苹果。假如李四雇用了王五给张三运送苹果，但王五却因酒后驾车导致交通事故，苹果毁损，张三可以要求谁赔偿自己的损失呢？苹果买卖和苹果运输这两个合同是否都属于合同法调整呢？

假如是张三买了苹果自己开车拉回，因为超速，被交警罚款，张三认为罚款程序不对，发生纠纷，这个问题属于合同法调整吗？

一、合同的概念与法律特征

（一）合同的概念

合同的概念有广义和狭义之分，广义的合同指所有确定权利与义务关系的协议，包括行政合同、劳动合同、民事合同等。狭义的合同是指作为平等主体的自然人、法人、其他组织之间设立、变更、终止民事权利与义务关系的协议。

（二）合同的法律特征

合同是商品交易的基本法律形式，具有以下法律特征：

1. 合同是平等主体之间的民事行为。合同当事人的法律地位平等，不存在从属关系、强制关系。

2. 合同是设立、变更、终止民事权利与义务关系的民事行为。合同是民事行为，有效合同是民事法律行为，而非事实行为，即能够设立、变更或终止民事权利与义务关系。无效合同则不具有有效合同的法律效力，且当事人还要承担因其无效行为而产生的法律责任。

3. 合同是双方或多方的民事行为，是当事人的意思表示一致的结果。合同的成立必须要有两个或两个以上的当事人；各方当事人须互相做出意思表示，且该意思表示建立在自愿的基础之上；各方当事人做出的意思表示应当是一致的，即当事人之间具备了"合意"，合同才能成立。案例9-1中，张三与李四经过讨价还价最终达成了一致，合同才告成立。

4. 合同主体具有特定性，合同本身具有相对性。合同主体的特定性是指合同关系仅发生在特定当事人之间，无论是债权人还是债务人都必须是确定的，具体的，如果只有一方是特定的，另一方是不特定的，则不可能构成合同关系。合同的相对性则是指合同关系主要对特定的合同当事人产生法律约束力（法律或合同另有规定的除外），只有合同的一方当事人能够向另一方当事人提出请求和提起诉讼，而第三人非依法律及合同的规定，不享有债权，亦不承担债务和合同责任。合同法上的撤销权和代位权是合同相对性原则的例外。案例 9 - 1 中，张三只能要求李四赔偿自己的损失。因为张三与李四有买卖合同关系，而跟王五没有合同关系，根据《合同法》的规定，合同具有相对性，当事人一方因第三人的原因造成违约的，应当向对方承担违约责任。

二、合同的种类

（一）双务合同与单务合同

以给付义务是否由双方当事人互负为标准，合同可分为双务合同与单务合同。

双务合同是当事人双方互负对待给付义务的合同，即合同的每一方当事人既是权利主体即债权人，又是义务主体即债务人，而且一方当事人所负担的义务正是另一方所享有的权利。例如，买卖合同中，出卖人负有交付出卖物并转移所有权的义务，买受人享有取得出卖物所有权的权利，从这个角度说出卖人为债务人而买受人为债权人；但同时出卖人又享有取得价款的权利，买受人负有支付价款的义务，从这个角度说出卖人又为债权人而买受人为债务人。

单务合同是当事人双方并不负担相互给付义务的合同。赠与、借用合同为其代表。一方当事人负有义务，对方当事人不负有义务，固然为单务合同；一方当事人负担给付义务，对方当事人虽不负担对待给付义务，但承担次要义务，亦为单务合同。如在附义务赠与合同中，受赠人也负担一定义务，但该义务与赠与人的义务并不具有对待给付的性质，一方的义务并非为另一方的权利。

（二）有偿合同与无偿合同

根据当事人取得权利是否必须支付相应代价，可将合同分为有偿合同和无偿合同。

有偿合同是当事人取得权利必须支付相应代价的合同。这里的"代价"是指财产利益的给付，可以是给付金钱，也可以是给付实物或者提供劳务。有偿合同应当适用等价交换原则，但"等价"并不意味着一方取得的利益与对方支付的代价在经济上、价值上完全相等，而只要求双方取得的利益是公平合理的。由于商品交换遵循价值规律，所以，有偿合同是商品交易关系的最典型的法律形式。

无偿合同是当事人一方取得权利而无须支付相应代价的合同。因为无偿合同的一方当事人取得利益是不支付相应代价的，所以它不适用等价有偿原则，不属于商品交易关系的典型法律形式。

有的合同只能是有偿的或者无偿的，如果将合同的有偿性或无偿性改变，合同的性质也会发生根本变化。例如，买卖合同只能是有偿的，如把有偿变成无偿，则该合同不是买卖合同而是赠与合同；又如，借用合同只能是无偿的，如将无偿变成有偿，则该合同不是借用合同而是租赁合同。而有的合同既可以是有偿的也可以是无偿的，是否有偿取决于当事人的约定或者法律规定。例如，自然人之间的借款合同、保管合同、委托合同，当事人约定为有偿的为有偿合同，当事人没有约定或约定不明确的则为无偿合同。

（三）诺成性合同与实践性合同

根据合同的成立生效是否以交付标的物为要件，合同还可分为诺成性合同和实践性合同。

诺成性合同又称不要物合同，是指只要当事人的意思表示一致就可以成立生效，而不以标的物的交付为成立要件的合同。诺成性合同是合同的典型形态。

实践性合同又称要物合同，是指除当事人意思表示一致外还须交付标的物才能成立的合同。一个合同是否为实践性合同，需要依交易习惯或法律规定是否以交付标的物为成立要件而定。例如，我国《合同法》第 367 条规定，保管合同为实践性合同，但当事人另有约定的除外；依照交易习惯，借用合同一般也为实践性合同。

（四）要式合同与不要式合同

根据合同是否以特定的形式为要件，又可以将合同分为要式合同与不要式合同。

要式合同，是指必须采取法律规定的特定形式才能生效的合同。一般说来，法律所要求的形式为书面形式，但并非采用书面形式的合同都是要式合同。

不要式合同，是指法律没有规定采用特定形式，可以由当事人自行约定采用何种形式的合同。

在古代立法中，合同以要式为原则，以不要式为例外。而在现代立法中，合同以不要式为原则，以要式为例外。我国《合同法》第 10 条规定："当事人订立合同，有书面形式、口头形式和其他形式。法律、行政法规规定采用书面形式的，应当采用书面形式。当事人约定采用书面形式的，应当采用书面形式。"

三、合同法的概念与基本原则

（一）合同法的概念

合同法是调整平等主体的自然人、法人、其他组织之间设立、变更、终止民事权利、义务关系的法律规范，是民法的重要组成部分。本章所介绍的合同法是指中华人民共和国第九届全国人民代表大会第二次会议于 1999 年 3 月 15 日审议通过的《中华人民共和国合同法》（以下简称《合同法》）。该法自 1999 年 10 月 1 日起施行。

（二）《合同法》的适用范围

《合同法》调整平等主体的自然人、法人、其他组织之间的合同关系，即民事权利、义务关系。民事权利、义务关系可以分为财产关系和人身关系。财产关系是指因财产的所有和财产的流转而形成的具有直接的财产内容的民事关系。根据双方当事人协商一致产生的债权债务关系属于《合同法》的调整范围，因单方民事法律行为、侵权行为、不当得利、无因管理和其他法律事实产生的债权债务关系，则不属于《合同法》的调整范围。婚姻、收养、监护等有关身份关系的协议，也不属于《合同法》的调整范围。案例 9 - 1 中，张三与李四订立的买卖合同，是平等主体的自然人之间的财产关系，属于《合同法》的调整范围。而张三因超速被警察罚款，警察就此事行使的是行政执法职责，与张三之间是管理与被管理的关系，并非平等主体，也未发生合同关系，其二者之间的关系不受合同法调整。

（三）合同法的基本原则

合同法的基本原则是指合同法的主旨和根本准则。合同法的基本原则不仅是制定、解释、执行和研究合同法的指导思想，其功能还在于：在合同约定不明或有漏洞时，可以依据合同法基本原则予以适当纠正，甚至可以以合同法的基本原则作为处理合同纠纷的依据。合同法的基本原则包括自愿原则、平等、公平原则、诚实信用原则、合法性原则和公序良俗原则。

1. 自愿原则

自愿原则是指当事人依法享有在缔结合同、选择交易伙伴、决定合同内容以及在变更和解除合同、选择合同补救方式等方面的自由。合同自愿原则是合同法最基本的原则，是合同法律关系的本质体现。确立合同自愿原则是鼓励交易、发展市场经济的必然要求。合同关系越发达、越普遍，则意味着交易越活跃，市场经济越具有活力，社会财富才能在不断增长的交易中得到增长。然而，这一切都取决于合同当事人是否能够依法享有充分的合同自由。可以说，合同自愿是市场经济条件下交易关系发展的基础和必备条件，而以调整交易关系为主要内容的合同法当然应以此为最基本的原则。

合同法确立合同自愿原则，不仅表现在明确了"当事人依法享有自愿订立合同的权利"，而且在法条表述中尽量限制合同法的强制性规范，努力扩大任意性规范。在一般情况下，有约定时依约定，无约定时才依法律规定，即当事人的约定要优先于法律的规定。例如《合同法》中许多条文规定"当事人另有约定的除外"。

2. 平等、公平原则

《合同法》第 3 条规定："合同当事人的法律地位平等，一方不得将自己的意志强加给另一方。"所谓当事人法律地位平等，是指在合同法律关系中，当事人之间在合同的订立、履行和承担违约责任等方面都处于平等的法律地位，彼此的权利和义务对等。平等是市场经济的内在要求，市场经济的存在和发展要求公平、公正的交易，而市场主体地位平等是实现公平、公正交易的法律前提。这一原则的含义是：合同当事人，无论是法人和其他经济组织，还是自然人，只要他们以合同主体的身份参加到合同关系当中来，他们之间就处于平等的法律地位，法律给予他们一视同仁的保护。

所谓公平原则，是指当事人在订约、履约过程中，应当合理确定权利、义务、责任，体现公平正义的价值观念。我国《合同法》第 5 条规定："当事人应当遵循公平原则确定各方的权利义务。"

3. 诚实信用原则

《合同法》第 6 条规定："当事人行使权利、履行义务应当遵循诚实信用原则。"诚实信用原则是指当事人在从事民事活动时，应诚实守信，以善意的方式履行其义务，不得滥用权利及规避法律和合同规定的义务。诚实信用原则主要体现在：第一，当事人与他人订立、履行民事合同时，均应信守承诺，诚实，不作假，不欺诈，不损害他人利益和社会利益。例如，合同当事人不得泄露或不正当地使用在订立合同中知悉的商业秘密。第二，当事人应恪守信用，积极地、全面地履行自己的合同义务，不得擅自变更或解除合同，不履行义务使他人受到损害时，应自觉承担责任。

诚实信用原则被称为民法的"帝王条款"。合同法中确认诚实信用原则，有利于保持和弘扬恪守信用、一诺千金的传统商业道德，有利于强化当事人的合同意识，维护社会交易秩序，并为司法实践中处理合同纠纷提供准绳。

4. 合法性原则和公序良俗原则

为了保障当事人所订立的合同符合国家的意志和社会公共利益，协调不同的当事人之间的利益冲突，以及当事人的个别利益与整个社会和国家利益的冲突，保护正常的交易秩序，我国《合同法》也确认了合法原则。《合同法》第 7 条规定："当事人订立、履行合同，应当遵守法律、行政法规，尊重社会公德，不得扰乱社会经济秩序，损害社会公共利益。"

合法原则的含义主要是要求当事人在订约和履行中必须遵守法律和行政法规。合同法主要是任意性规范，但在特殊情况下为维护社会公共利益和交易秩序，合同法也对合同当事人的自由进行了必要的干预。如对标准合同及免责条款生效的限制性规定，旨在对标准合同和免责条款的使用做出合理限制；这对于维护广大消费者利益、实现合同正义是十分必要的。

公序良俗原则要求合同当事人在合同的订立、履行过程中必须遵守社会公德，不得违背社会公共利益，违背公序良俗。公序良俗条款和合法性原则侧重于合同法和其他法律部门的整合性，使得其他法律、法规的规定能够对合同行为的合法性和有效性做出限制。从根本上说，它体现了国家的强行性规范对合同这种任意性行为的限制。

第二节　合同的订立

【案例 9-2】　甲乙两公司采用合同书形式订立了一份买卖合同，双方约定由甲公司向乙公司提供 100 台精密仪器，并约定好了价格和履行时间，合同订立后双方均未签字盖章。甲公司依约定时间将货物运至乙公司，乙公司在收到货物后，经使用认为这批货物不符合自己的要求，就以合同未盖章，没有生效为由，拒绝支付货款，并要求甲公司拉回货物。

一、订立合同的主体

订立合同的主体即订立合同的当事人，包括自然人、法人和其他组织。我国《合同法》第 9 条规定："当事人订立合同，应当具有相应的民事权利能力和民事行为能力。当事人依法可以委托代理人订立合同。"

（一）订立合同当事人的主体资格

合同当事人订立合同时，必须具有相应的主体资格，也就是具有缔结合同的能力，即当事人应当具有相应的民事权利能力和民事行为能力。

　　对于自然人来说，其民事权利能力始于出生，终止于死亡，而民事行为能力则根据其年龄和认识自己行为后果的智力状况来确定。法律根据自然人的年龄和智力状况而将其行为能力分为完全民事行为能力人、限制民事行为能力人和无民事行为能力人。根据我国《民法通则》的规定，完全民事行为能力人可以依法订立任何性质的合同，限制民事行为能力人和无民事行为能力人只能订立与其年龄、智力相适应或者与其精神状况相适应的合同。如无民事行为能力人可以成为赠与合同的受赠人，但不能与他人订立买卖合同。除纯获利益的民事行为之外，其民事行为必须由法定代理人代理、征得法定代理人同意或事后得到法定代理人的追认，否则不具有法律效力。

　　对于法人而言，其民事权利能力和民事行为能力于注册成立时同时产生，又于办理注销登记时同时终止。法人的民事权利能力和民事行为能力与其核准登记的经营范围是统一的，并受有关法律、法规规定的限制。不过，依据最高人民法院的司法解释，法人超越经营范围的，如果没有侵害国家、社会或者他人的利益，一般可以认定该民事行为有效。

　　其他组织是指依法成立的从事生产经营活动或其他专门活动的非法人组织，如个人独资企业，合伙企业等。他们虽然不具有法人资格，但也是具有相对独立性的经营实体，可以在一定范围内从事有关经营活动，并对其行为的后果承担民事责任，因此具有订立合同的资格。

（二）委托他人代理订立合同的要求

　　随着社会生活复杂化、专业化和交易的频繁化，每个人对于所有的事务不可能事必躬亲，代理制度是弥补当事人能力不足或为扩大当事人能力以适应人们需要而设的一项重要的民事法律制度。代理是一种法律行为，代理是由代理人以被代理人（即委托人）的名义，为了被代理人的利益而进行民事活动，其所发生的权利、义务由被代理人承受。代理人必须在代理权限范围内进行代理活动。在现实生活中，具有完全民事行为能力的成年人、法人的法定代表人可以委托他人代为订立合同，限制民事行为能力人和无民事行为能力人可以由其法定代理人代为订立合同。

二、合同的形式与内容

（一）合同的形式

　　我国《合同法》第 10 条规定："当事人订立合同，有书面形式、口头形式和其他形式。法律、行政法规规定采用书面形式的，应当采用书面形式。当事人约定采用书面形式的，应当采用书面形式。"

1. 书面形式

书面形式是指当事人采用书面文字表述方式确定相互之间权利和义务关系的协议。《合同法》第 11 条规定："书面形式是指合同书、信件以及数据电文（包括电报、电传、传真、电子数据交换和电子邮件）等可以有形地表现所载内容的形式。"书面形式的合同最大优点是发生纠纷时，当事人举证方便，有据可查，易于分清责任。另外，《合同法》第 36 条规定："法律、行政法规规定或者当事人约定采用书面形式订立合同，当事人未采用书面形式订立合同但一方已经履行主要义务，对方接受的，该合同成立。"可见，形式要件仅具有证据效力，如果当事人虽未采用书面的法定形式但能够证明一方已经履行主要义务且对方接受的，那么合同也成立。案例 9 - 2 中，虽然甲乙双方没有在合同书上签字盖章，但甲公司已将 100 台精密仪器交付了乙公司，乙公司也接受并使用，根据《合同法》36 条的规定，合同已成立。

2. 口头形式

口头形式是指当事人仅以口头语言为意思表示，通过对话方式确定相互之间权力、义务关系的协议。如生活中的当面交谈订约、电话订约等。这种合同形式简便易行，在现实生活中大量存在，但在发生纠纷时，当事人只能以其他证据如购货发票等证明合同的存在和内容，责任不易分清。因此，对于不能即时清结的、数额较大的交易不宜采用口头形式。

3. 其他形式

其他形式又称为推定形式，是从当事人的行为推定出当事人之间的合意。例如，在租赁期间届满后，承租人继续交付租金，出租人继续接受承租人交付的租金，在这种情况下可推定为当事人之间订立了一个延长租赁期限的合同。合同的其他形式可以由法律直接规定或者当事人约定。

（二）合同的内容

合同的内容由合同的条款组成，基本由当事人自愿约定，同时也包括法律对合同某些条款的直接规定。我国《合同法》第 12 条对合同的一般条款做了规定，但这一规定并不具有强制性，是一条指导性规范。据此规范，合同的内容有这样三个层次：当事人约定；一般包括的条款；对各类合同示范文本的参照。

1. 合同一般应包含以下条款：

（1）当事人的名称或者姓名和住所

当事人是合同法律关系的主体，没有当事人也就不可能成立合同。当事人的住所，既是为明确当事人地址所需，也会涉及合同履行过程中债务清偿地等问题。

（2）标的

合同的标的即合同法律关系的客体，是合同权利、义务共同指向的对象。没有标的，权利、义务也就失去了目标，当事人之间也不可能确立合同关系。合同标的应当清楚地写明标的名称，以使标的特定化，能够准确界定义务。

（3）数量和质量

数量和质量是确定合同标的的具体条件，也是使同类合同标的得以相互区别的具体特征。合同标的的数量应当具体、准确，必须使用国家法定计量单位和统一计量方法。国家没有规定的，由双方协商。当事人必须在合同中约定合同标的的质量标准，以此作为双方行使权利和履行义务的依据。

（4）价款或者报酬

价款或者报酬是有偿合同的主要条款，如果合同中没有约定价款或者报酬，则该合同就视为无偿合同。价款时取得标的物所应支付的代价，报酬是获得服务所应当支付的代价。价款或报酬除国家有定价的以外，由当事人自愿约定，但价款或报酬的约定应当公平。此外，在这一条款中，当事人还应约定价款或报酬的支付方式。

（5）履行期限、地点和方式

履行期限是对当事人履行合同义务的时间界限，可以为期间，也可以为期日，还可以为即时。

履行地点是当事人履行自己义务的处所，它关系到履行费用和风险的负担，有时也是确定标的物的所有权是否转移，何时转移的依据。

履行方式是当事人履行合同义务的方式方法，既关系义务的履行是否正确适当，也关系双方的利益分配和费用负担。

（6）违约责任

违约责任是因当事人不履行合同义务或履行合同义务不符合约定时所应承担的民事责任。对于违约责任，如法律有规定，则按照法律的规定，但当事人为避免在发生违约后当事人之间就违约赔偿发生争议，也可以事先在合同中约定违约责任。当事人既可以约定违约金，也可以约定损害赔偿额的计算方法，还可以约定承担违约责任的条件和免除责任的条件。违约责任是法律责任，即使当事人没有在合同中约定违约责任条款，只要违约方的责任未依法免除，则其就应当承担责任。

（7）解决争议的方法

解决争议的方法是当事人发生争议时解决争议的途径和方式。这些途径和方式主要有：和解、调解、仲裁、诉讼等。

以上是合同一般应当包括的条款，但并非所有条款都是合同的必要条款，当事人可以根据所订立的合同的性质选择上述条款。

2. 合同的格式条款

格式条款是当事人为了重复使用而预先拟订，条款相对人为不特定人，在订立条款时未与对方协商，在对方签署合同时亦不允许其修改的合同条款。就格式条款，我国《合同法》的规定如下：

（1）采用格式条款订立合同的，提供格式条款的一方应当遵循公平原则确定当事人之间的权利和义务，并采取合理的方式提请对方注意免除或者限制其责任的条款，按照对方的要求，对该条款予以说明。

（2）格式条款具有《合同法》规定的合同无效和免责条款无效的情形，或者提供格式条款一方免除其责任，加重对方责任，排除对方主要权利的，该条款无效。

（3）对格式条款的理解发生争议的，应当按照通常理解予以解释。对格式条款有两种以上解释的，应当做出不利于提供格式条款一方的解释。格式条款与非格式条款不一致的，应当采用非格式条款。

【案例9-3】　甲于3月1日向乙发出一商业要约普通信函，要买乙的某种商品。3月2日市场行情突变，于是甲于3月3日发出取消原要约信函，以特快专递寄出，3月4日到达乙处，3月5日到达乙处的要约有无效力？

如果情况是：3月5日乙收到要约，准备于3月8日下午发出承诺。3月5日甲发现市场行情突变，于是当日发出撤销要约的通知，以特快专递寄出，3月8日一早到达乙处。乙能否在3月8日下午发出承诺？

三、合同的订立程序

合同的订立程序是指当事人之间对合同内容进行相互协商，并取得意思表示一致的过程。我国《合同法》第13条规定："当事人订立合同，采取要约、承诺方式。"据此，要约和承诺是合同成立必须经过的两个阶段。

（一）要约

1. 要约的概念和条件

要约又称发盘、出盘，是指希望和他人订立合同的意思表示。发出要约的一方称为要约人，其相对方称为受要约人。要约可以用书面方式做出，也可以用口头或行动做出。

具体来说，一项有效的要约应当符合下列条件：

（1）要约是以订立合同为目的的意思表示

要约是希望和他人订立合同的意思表示，这说明要约人发出要约的目的在于订立合同。凡不是以订立合同为目的的意思表示，就不能称之为要约。

（2）要约经受要约人承诺，要约人即受该意思表示约束。

要约人在要约有效期间要受自己要约的约束，并负有与做出承诺的受要约人签订合同的义务。要约一经要约人发出，并经受要约人承诺，合同即告成立。因此，要约的要件应当包括要约必须标明一经承诺即受约束的意旨。

（3）要约是向特定相对人发出的意思表示

既然受要约人是要约人希望与之订立合同的人，受要约人也就是要约人所选择的特定的人。一般情况下，要约人只能是希望与特定的某人订立合同，因此，受要约人应为特定的人。但是，在某些特殊的情况下，受要约人也可以是不特定的人。例如，商品标价陈列、自动售货机、行驶中的公共汽车或标有空车标志的出租汽车等，就属于向不特定的受要约人发出的要约。

（4）要约的内容必须具体、确定

要约的内容应包括足以使合同成立的具体的、确定的主要条款。因为要约一经承诺，合同即告成立。要约的内容应当确定，不能含糊不清；而且，还应当完整和具体，应包含合同的成立必须具备得以履行的主要内容，即通常所称的合同的主要条款。唯有如此，受要约人才能决定是否承诺；也唯有如此，经受要约人承诺后，合同才能得以履行。

2. 要约与要约邀请的区别

要约邀请，又称要约引诱或邀请要约，依我国《合同法》第 15 条规定，"要约邀请是希望他人向自己发出要约的意思表示。"可见，要约邀请是不同于要约且又与要约相联系的概念。要约与要约邀请的区别主要有以下两点：

（1）两者的目的不同

要约是希望和他人订立合同的意思表示，也就是说，要约的目的在于与受要约人订立合同，要约一经承诺，合同即告成立。而要约邀请是希望他人向自己发出要约的意思表示，也就是说，要约邀请的目的在于诱使他人向自己发出要约，而不是期待他人的承诺，尽管最终的目的是成立合同。

（2）两者的性质不同

要约作为一种订约的意思表示，一经发出后就会产生一定的法律效力，要约人应受要约的约束。要约人违反有效要约的，应当承担相应的法律责任。而要约邀请是行为人订立合同的预备行为，不具有法律意义，即要约邀请不发生行为人必须与对方订立合同的效力，行为人违反其发出的要约邀请也无须承担法律责任。

从各国的立法与司法实务看，区分要约与要约邀请主要根据以下标准：

① 法律规定。例如，我国《合同法》第15条中规定："寄送的价目表、拍卖公告、招标公告、招股说明书、商业广告等为要约邀请。""商业广告内容符合要约规定的，视为要约。"

② 交易习惯。例如，询问商品的价格一般不为要约而为要约邀请；商品标价陈列视为要约而不为要约邀请，但若商品仅是在橱窗中标价展出则依交易习惯不能视为要约而属于要约邀请。③当事人意思表示的内容。如果一方向他人发出的意思表示中包含合同成立的主要条款，则该意思表示可视为要约；反之，如果一项意思表示中不包含足以使合同成立的主要条款，则该意思表示不属于要约，只能为要约邀请。④当事人的意愿。当事人意愿是判断一项意思表示是否为要约的主观标准。也就是说，不论一方当事人发出的意思表示的内容如何，只要该当事人主观上不视为要约的，也就不为要约。例如，尽管一方向另一方发出的意思表示的内容具体确定，包含足以使合同成立的主要条款，但是当事人明确表示不受该意思表示约束的，则该意思表示不为要约而为要约邀请。

3. 要约的生效

我国《合同法》第16条第1款规定："要约到达受要约人时生效。"

由于当事人订立合同时可采用不同的形式，在确定要约是否到达受要约人上有不同的标准，因此，要约生效的具体时间也就不同。具体来说，口头要约一般自受要约人了解要约时生效；书面要约一般自送达到受要约人时生效。送达受要约人，并非要求要约交付到受要约人或者其代理人的手中，只要要约送达到受要约人可以控制并应当能了解的地方即可。例如，要约送达到受要约人的住所和信箱，尽管受要约人尚未开启信箱，要约也视为送达。我国《合同法》第16条第2款规定，"采用数据电文形式订立合同，收件人指定特定系统接收数据电文的，该数据电文进入该特定系统的时间，视为到达时间；未指定特定系统的，该数据电文进入收件人的任何系统的首次时间，视为到达时间。"

4. 要约的撤回和撤销

（1）要约的撤回

要约的撤回是指要约人发出一项要约之后，在该要约到达受要约人之前或同时，要约人又以另一项通知取消或者变更原要约。要约之所以允许撤回，是由于要约还没有生效，仍属于要约人意思表示自由的范围。我国《合同法》第17条规定："要约可以撤回。撤回要约的通知应当在要约到达受要约人之前或者与要约同时到达受要约人。"案例9-3中，甲方撤销要约的邮件于3

月 4 日到达乙处，即要约在到达受要约人之前已经被撤回，要约的撤回已经生效。

（2）要约的撤销

要约的撤销是指当一项要约到达受要约人之后，即要约生效后，在受要约人发出承诺通知之前，要约人又以另一项通知取消或者变更原要约。我国《合同法》第 18 条规定："要约可以撤销。撤销要约的通知应当在受要约人发出承诺通知之前到达受要约人。"同时，第 19 条又规定了限制条件："有下列情形之一的，要约不得撤销：①要约人确定了承诺期限或者以其他形式明示要约不可撤销；②受要约人有理由认为要约是不可撤销的，并已经为履行合同做了准备工作。"案例 9 - 3 中，甲在乙发出承诺通知之前已经将要约撤销，案例中要约并非不可撤销要约，故撤销要约通知生效，乙不能在 3 月 8 日下午发回承诺通知。

5. 要约的失效

要约在下列情形下失效：

（1）拒绝要约的通知到达要约人；

（2）承诺期限届满，受要约人未做出承诺此条针对有限期的要约而言；

（3）要约人依法撤销要约，案例 9 - 3 中，甲撤销要约的行为导致要约失效；

（4）受要约人对要约的内容做出实质性变更。

（二）承诺

1. 承诺的概念和条件

我国《合同法》第 21 条规定："承诺是受要约人同意要约的意思表示。"要约一经承诺，合同即告成立。一项有效的承诺应当具备下列条件。

（1）承诺必须是受要约人向要约人做出

受要约人包括其本人及其授权代理人。因为受要约人是要约人选定的希望与之订立合同的当事人，要约的效力就是使受要约人取得承诺的资格，所以只有受要约人才有权做出承诺。

（2）承诺的内容应当与要约的内容一致

承诺内容与要约内容的一致，应当是要求承诺和要约在实质内容上相一致，而不是要求承诺与要约的表述在言语或文字上完全相同，也不是要求承诺的所有内容与要约的所有内容相一致。受要约人对要约的内容做出实质性变更的，为新要约。有关合同标的、数量、质量、价款或报酬、履行期限、履行地点和方式，违约责任和解决争议方法等变更，是对要约的实质性变更。

承诺对要约的内容做出的非实质性变更的，如受要约人在承诺中将合同生效的时间推迟一天，除要约人及时表示反对或者要约表明承诺不得对要约的内容做出任何变更的以外，该承诺有效，合同的内容以承诺的内容为准。

（3）承诺必须在要约的有效期限内做出

要约的有效期限届满，承诺人未做承诺的，要约就失去效力，要约人不再受要约的拘束，受要约人不再有承诺的资格。我国《合同法》第 23 条规定："承诺应当在要约确定的期限内到达要约人。要约没有确定承诺期限的，承诺应当依照下列规定到达：①要约以对话方式做出的，应当即时做出承诺，但当事人另有约定的除外。②要约以非对话方式做出的，承诺应当在合理期限内到达。"第 24 条规定："要约以信件或者电报做出的，承诺期限自信件载明的日期或电报交发之日开始计算。信件未载明日期的，自投寄该信件的邮戳日期开始计算。要约以电话、传真等快速通信方式做出的，承诺期限自要约到达受要约人时开始计算。"

对于迟到的承诺，参照国际惯例，我国《合同法》第 28 条和第 29 条做出了如下规定：①关于迟发的承诺。原则上，受要约人超过承诺期限发出承诺的，为一项新要约；但是，如果要约人及时通知受要约人该承诺有效的，则该承诺产生承诺的效力。②关于非受要约人原因的迟到承诺。受要约人在承诺期限内发出承诺，按照通常情况能够及时到达要约人，但因其他原因承诺到达要约人时超过承诺期限的，原则上该承诺有效；但是，如果要约人及时通知受要约人因承诺超过期限不接受该承诺的，则该承诺无效。

（4）承诺应以适当的方式做出

承诺的方式，是指受要约人通过何种形式将承诺的意思送达给要约人。我国《合同法》第 22 条规定："承诺应当以通知的方式做出，但交易习惯或者要约表明可以通过行为做出承诺的除外。"承诺无论以何种方式做出，必须明示，缄默或不行为本身不构成承诺。

2. 承诺的生效时间

承诺通知到达要约人时生效。承诺不需要通知的，根据交易习惯或者要约的要求做出承诺的行为时生效，如发运货物或支付货款等有关行为。

3. 承诺的撤回

撤回承诺式承诺人阻止承诺发生效力的一种意思表示。我国《合同法》第 27 条规定："承诺可以撤回，撤回承诺的通知应当在承诺通知到达要约人之前或者与承诺通知同时到达要约人。"但承诺不需要通知的，根据交易习惯或者要约的要求做出承诺的行为时，承诺即发生效力，这是到达生效原则的例外，此种承诺则不能撤回。

【案例 9 - 4】　　张三看好了一处 1000 平方米的仓库，与所有者李斯商量购买，李斯表示，只要 15 天内能交纳全部价款 50% 即 400 万元的首期付款，就签订合同把仓库卖给张三。

张三为此四处托人筹款，并以自己工厂的进口设备作抵押从银行借贷了 200 万元。但在准备好款项与李斯联系签订合同时，李斯却告诉张三，仓库已经卖给别人了。

四、缔约过失责任

缔约过失责任，是指合同当事人在订立合同过程中，因违反法律规定，违背诚实信用原则，致使合同未能成立，并给对方造成损失，而应该承担的损害赔偿责任。缔约过失责任是一种独立的责任形式，适用于在合同成立之前因一方的过失致相对人损失的情形。因当事人之间不存在合同关系，难以适用违约责任，为弥补这一漏洞，法律设立了这一责任。

（一）缔约过失责任的构成要件

1. 当事人一方违反了先合同义务。所谓先合同义务，是指缔约人为订立合同而接触磋商期间相互协助、通知、保护以及对合同有关事宜给予必要和充分的注意等义务。我国《合同法》规定的违反先合同义务的表现形式主要有：

（1）假借订立合同，以损害对方利益为目的，恶意进行磋商；

（2）故意隐瞒与订立合同有关的重要事实；

（3）有其他违背诚实信用原则的行为。案例 9 - 4 买卖仓库的合同虽然未订立，但李斯已经负有了信守与张三之间口头相约的义务。

此外，当事人在订立合同过程中知悉的商业秘密，无论合同是否成立，不得泄露或者不正当地使用。泄露或者不正当地使用该商业秘密给对方造成损失的，应当承担损害赔偿责任。

2. 有给另一方当事人造成损失的事实存在。

3. 违反先合同义务与损失之间有因果关系。

4. 违反先合同义务的一方有过错，即存在故意或过失。

案例 9 - 4 中，张三根据与李斯的口头约定，已经为履行合同做了包括借贷、抵押在内的必要准备，李斯把仓库卖于他人的行为，明显存在过错，无疑给张三造成了经济损失。

（二）缔约过失责任的承担

缔约过失责任方应当承担对方信赖利益的损失，包括直接损失和间接损失，如缔约费用，因相信合同能够成立而为履行合同做准备时支出的费用等。间接损失多表现为丧失与第三人另订合同的机会所产生的损失。所谓的信赖利益，是指相信合同能够有效成立，但由于责任方违反先合同义务而使合同不能成立时所受到的损失。

第三节　合同的效力

【案例9-5】　　甲、乙两公司就买卖进口手机进行了多次磋商后，甲公司知道了乙公司卖给自己的手机实际是偷运入境的，但为了赚得高额利润，还是与乙公司签订了合同。乙公司交付手机后，甲公司却迟迟不付货款，乙公司无奈，只好起诉到法院。

一、合同效力概述

（一）合同效力的概念

合同效力，是指法律赋予依法成立的合同对当事人以及第三人具有的法律拘束力以及当事人可以通过法院获得强制执行的效力。合同本身并不是法律，合同的法律约束力并非直接来源于当事人的约定，而由法律所赋予。

（二）合同效力的范围

1. 对当事人的效力

原则上说，合同的效力只能发生在自愿订立合同的特定主体之间，此即所谓的合同相对性。就当事人而言，合同的效力主要体现在两个方面：当事人享有依法律规定和合同约定的权利，并依法受法律的保护；当事人负有全面适当履行合同的义务。《合同法》第8条规定："当事人应当按照合同的约定履行自己的义务，不得擅自变更或者解除合同。"当事人违反合同义务，不仅是违约行为，而且是违法行为，应当承担违约责任。

2. 对第三人的效力

由于合同保全制度的设立、债权的物权化、责任竞合以及涉他合同等原因，产生了合同的相对性原则的例外，使得合同关系发生了对外效力，即合同对第三人产生了法律约束力。合同对第三人的拘束力主要体现在：任何第三人不得随意侵害债权，在合同债权受到第三人侵害时，债权人可以请求排除妨碍并赔偿损失；在合同债权人行使撤销权或代位权时，合同对第三人发生效力。

二、合同的生效

合同成立与合同生效是两个不同的概念。合同的成立是合同生效的前提，合同的成立是当事人的合意，体现当事人的意志，而合同生效则体现了国家对已经订立的合同的评价。

（一）合同的生效要件

合同的生效要件是指已经成立的合同产生法律效力应当具备的条件。

1. 合同的主体合格

合同的主体合格是指合同的主体应当具有相应的民事权利能力和民事行为能力。

2. 当事人意思表示真实

意思表示是指行为人追求一定法律后果的意思在外界的表现，即向外部表明意欲发生一定私法上法律效果之意思的行为。意思表示真实，是指行为人的表示行为真实地反映了其内心的效果意思。合同的本质在于当事人的合意，因此，意思表示真实是合同生效的一个重要条件，也是意思自治原则的当然要求。

意思表示不真实如受欺诈、受胁迫做出的意思表示或意思表示不一致即当事人的表示行为与其内心的效果意思是相背离的，如重大误解等，当事人一方可以请求变更或者撤销合同，甚至可以请求宣告合同无效。

3. 不违反法律或者社会公共利益

不违反法律是指不违反法律和行政法规的强制性规定。合同不仅要反映当事人的意志，而且要受到强制性法律、法规的制约。这是当事人订立合同受法律确认和保护的前提条件，只有那些目的和内容均符合法律的强制性规定的合同才能得到法律的认可和保障。合同不违反社会公共利益，是指合同的订立和履行不得有悖于社会上不特定多数人的利益，包括公共秩序、社会道德和善良风俗等。将不违反社会公共利益作为合同的有效要件，一方面可作为弹性条款以弥补立法的滞后与不足；另一方面也有助于强化人伦道德。

（二）合同的生效时间

1. 依法成立的合同，自成立时生效。这类合同成立的同时即生效，成立和生效在同一环节同时发生。

2. 法律、行政法规规定应当办理批准、登记等手续生效的，履行了相应的批准、登记手续后生效。这类合同，尽管合同已经成立，还必须履行规定的手续才能生效。例如，转让专利申请权或者专利权的，当事人必须订立书面合同，经专利局登记和公告后生效。

3. 附生效条件的合同，自条件成就时生效；附条件，是指当事人选定某种成就与否并不确定的将来事实，作为控制合同效力发生与消灭的附款；附生效期限的合同，自期限届满时生效。

此外，实践性合同自交付标的物时生效。例如，自然人之间的借款合同、质押合同、定金合同等。当然，实践性合同当事人在达成合意的同时交付标的物的，合同成立时即生效。

三、无效合同

（一）无效合同的概念和特征

无效合同是指合同虽然已经成立，但因欠缺生效的要件而自始就不具有法律约束力的合同。合同部分无效，不影响其他部分效力的，其他部分仍然有效。《合同法》第57条规定："合同无效、被撤销或者终止的，不影响合同中独立存在的有关解决争议方法的条款的效力。"这是关于解决争议方法的条款独立性原则的规定。无效合同具有以下特征：

1. 合同已经成立。合同成立是确定合同效力的前提。如果合同不成立，则无所谓效力问题。

2. 合同具有违法性。已经成立的合同之所以无效，是因为其违反了法律和行政法规的强制性规定以及社会公共利益。

3. 无效合同自始无效。无效合同从合同订立之时就不具有法律效力，而不是从被确认无效时才不具有法律效力。

4. 无效合同当然无效。无效合同是当然的无效，不以任何人的意志为转移，任何人均可提出主张，也无须经过一定的程序确认。因此，无效合同的无效是绝对的无效。

案例9-5中，甲、乙两公司达成的买卖走私手机的合同就是一份具有违法性的合同，因此，是不受法律保护的无效合同，从合同订立时起就无效。

（二）无效合同的种类

根据我国《合同法》第52条的规定，有下列情形的，合同无效：

1. 一方以欺诈、胁迫的手段订立合同，损害国家利益的

所谓的欺诈，是指一方当事人故意告知对方虚假情况，或者故意隐瞒真实情况，诱使对方当事人做出错误意思表示的行为；所谓胁迫是指给予人身或者财产损害相要挟，迫使对方做出不真实意思表示的行为。我国《合同法》对以欺诈、胁迫手段订立的合同采用了两分法：一方以欺诈、胁迫手段订立

合同，损害国家利益的，为无效合同；一方以欺诈、胁迫手段订立合同，如果只是损害对方当事人的利益，则为可撤销合同。

2. 恶意串通，损害国家、集体或者第三人利益的

恶意是指当事人明知其所订立的合同将造成对国家、集体或者第三人利益的损害，而仍然故意为之。串通则指当事人双方为谋取不法利益，合谋以损害国家、集体或者第三人利益为代价而签订合同。例如，卖方代理人为收取回扣将卖方标的物的价格压低，买方和卖方代理人都得到了好处，而被代理人卖方却受到了损失；在招投标过程中，投标人之间恶意串通，以抬高或压低标价，或者投标人与招标人恶意串通以排挤其他投标人等。

3. 以合法形式掩盖非法目的

以合法形式掩盖非法目的订立的合同，是指合同的内容及形式是合法的，但订立合同的目的却是非法的。例如，订立联营合同，目的在于非法拆借资金；为逃避法院的强制执行、为了避免财产被抵偿债务而与他人订立赠与合同或买卖合同等。

4. 损害社会公共利益的

所谓社会公共利益是与全体社会成员相关的利益，或者说是不特定多数人的利益，比如国防、环保、国民健康、教育、公共设施、公共交通等，另外，此利益还应包括与法律价值相联系的公序良俗。维护社会公共利益是法的一项基本原则。损害社会公共利益的合同当然也是一种无效合同。

5. 违反法律、行政法规的强行性规定的

合同违反法律、行政法规的强行性规定，必然导致无效，与当事人的主观心态无关。值得注意的是，我国《合同法》仅规定违反法律、行政法规的强行性规定无效，而未规定违反行政规章、地方性法规及地方性规章的合同无效，因此，违反行政规章、地方性法规及地方性规章的合同并不因此而当然无效。

（三）无效的免责条款

【案例9-6】 被告廖某因自家的旧热水器时而漏电，便新买一台，之后欲将旧的出卖。隔壁邻居新迁来，恰好需要购置热水器，于是，与廖某达成协议，以 200 元价格购买了该热水器。购买当晚，邻居的孩子在洗澡时，因热水器突然漏电，触电造成伤害，邻居以被告廖某将存在漏电隐患的热水器转让给他人使用而导致自己孩子受到伤害为由向法院起诉，要求被告廖某赔偿医疗费等损失。廖某则认为自己在转让热水器的合同上已经写明了，乙方邻居购买热水器后，在使用中发生的所有问题自己概不负责，所以，自己

不应承担赔偿责任。

免责条款，是指当事人在合同中约定的排除或者限制其未来责任的条款。免责条款具有约定性，即当事人自愿地明确约定才是合同的组成部分。

为了实现公平正义，我国《合同法》第 53 条规定，"合同中的下列免责条款无效：1. 造成对方人身伤害的；2. 因故意或者重大过失造成对方财产损失的。"人身伤害的免责条款无效，体现了以人为终极目的和终极关怀的价值取向，同时，一方的违约行为造成对方人身伤害时构成民法所规定的侵权责任，而侵权责任是不能预先免除的。因故意或者重大过失造成对方财产损失的免责条款无效，体现了法律维护合同效力的严肃性。如果允许当事人事先免除故意或重大过失的违约行为的责任，也就等于允许当事人任意毁约，严重违反诚实信用原则。案例 9－6 中，因为造成了邻居孩子的人身伤害，因此，廖某在明知自己的热水器时而漏电而特别约定的免责条款是无效的。

（四）合同无效的法律后果

合同被确认无效后，当事人不必履行。在合同被确认无效前已经履行或部分履行的，受领财产的人应当予以返还；不能返还或没有必要返还的，应当折价补偿。有过错的一方给对方当事人造成损失的，应当承担损害赔偿责任，双方都有过错的，应当各自承担相应的责任。案例 9－6 中，如果邻居也知道热水器时而漏电，为了省钱，还是买回来使用，那么，对于自己孩子的伤害，也须承担相应的责任。

当事人恶意串通，损害国家、集体或者第三人利益的，应当将取得的财产收归国有或者返还集体、第三人。

四、可变更及可撤销合同

【案例 9－7】　某商场新进一种 CD 机，价格定为 2598 元。柜台组长在制作价签时，误将 2598 元写为 598 元。赵某在浏览该柜台时发现该 CD 机物美价廉，于是用信用卡支付 1196 元购买了两台 CD 机。一周后，商店盘点时，发现少了 4000 元，经查是柜台组长标错价签所致。商店找到赵某，提出或补交 4000 元或退回 CD 机，商店退还 1196 元。赵某认为彼此的买卖关系已经成立并交易完毕，价格标错是商店的事，拒绝商店的要求。商店无奈只得向人民法院起诉，要求赵某返还 4000 元或 CD 机。

（一）可变更及可撤销合同的概念和特征

可变更、可撤销合同，是指当事人的意思表示不真实，当事人可以请求人民法院或仲裁机构予以变更或撤销的合同。

可变更、可撤销合同的特征主要表现在以下几个方面：

1. 是意思表示不真实的合同

可撤销合同也是不符合合同有效要件的，但这种不符合体现在意思表示不真实上。如因重大误解、显失公平、欺诈、胁迫或乘人之危而订立的合同。对于当事人意思表示不真实的合同，因为只涉及当事人的利益关系，不涉及合同的合法性以及社会公共利益，法律并不直接否认其效力，而是赋予当事人以变更权或撤销权。这既体现了法律对公平交易的要求，又体现了意思自治原则。

2. 在未撤销之前为有效合同，只有在被撤销之后才归于无效

可撤销合同在依法成立时起即发生法律效力，只是因为其存在可撤销的事由，在当事人依法行使撤销权后才归于无效。如果撤销权人在规定时间内没有行使撤销权或者仅仅对合同的部分条款做出变更，合同仍然有效，当事人仍受合同约束。而无效合同自始无效、当然的无效。

3. 合同的撤销与否取决于权利人是否行使其权利

由于可撤销合同主要涉及当事人意思表示不真实的问题，根据意思自治原则，法律对此采取不告不理的态度，如果当事人不主张撤销，法院或仲裁机构不能主动撤销；当事人主张变更的，法院或仲裁机构只能变更合同而不能撤销合同。

（二）导致合同可变更或可撤销的原因

1. 因重大误解而订立

重大误解指当事人因自己的过错而对合同的内容等发生了错误认识，并做出了与其真实意思不一致的意思表示。这种误解可能是单方的误解，也可能是双方的误解。重大误解应当是对涉及合同效果的主要事项发生了错误的认识，包括对合同的性质、对方当事人以及对标的物的品种、质量、规格、价款、数量的误解。造成误解的原因在于误解方自己的过失，如不注意、不谨慎等。重大误解的后果直接影响了当事人的权利和义务，因重大误解订立的合同的履行会给当事人带来严重损害。法律从尊重意思自治和保护误解方利益出发，赋予当事人双方以撤销权，允许当事人变更或撤销合同。案例 9 - 7 中，当事人因对标的物的价格的认识错误而实施了商品买卖行为。这一错误不是出卖人的故意造成，而是因疏忽标错价签造成，按此价格出售并非出卖人的真实意思表示，属于重大误解的民事行为因重大误解订立的合同，当事人一方有权请求人民法院或者仲裁机构变更或撤销合同。

2. 订立合同时显失公平

显失公平是指双方当事人在订立合同的过程，一方当事人利用优势或者

利用对方没有经验，致使双方的权利、义务明显不对等，一方处于重大不利境地。

显失公平是一个基于结果的命题。欺诈、胁迫、乘人之危、重大误解等均会导致当事人之间利益失衡，但这些都作为独立的可撤销的原因而适用，因此，显失公平是指除以上各种原因之外的导致当事人之间利益失衡的情况，它实际起到的是一个"兜底条款"的作用。

3. 合同在当事人一方以欺诈、胁迫手段或者乘人之危，使另一方在违背真实意思的情况下订立

所谓欺诈，是指一方当事人故意陈述虚假情况或者隐瞒真实情况，导致对方产生错误认识并做出与其真实意思相悖的意思表示。所谓胁迫，是指一方当事人以威胁的方法迫使对方产生恐惧，并因此做出不真实的意思表示的行为。所谓乘人之危，是指一方当事人利用他人的危难处境或急迫需要，迫使对方违背真实意愿订立对其极为不利的合同。

（三）撤销权的行使

1. 撤销权人

依据我国《合同法》的规定，因重大误解订立的合同、在成立时显失公平的合同，合同当事人的任何一方都有撤销权；而一方以欺诈、胁迫的手段或者乘人之危订立的合同，只有受害人即受欺诈、受胁迫或者处于危难境地的当事人才有撤销权。撤销权属于形成权，因此，受害方以其单方意思表示即可产生，而无须征得对方当事人的同意。但撤销权人的这种意思表示只能向人民法院或仲裁机构做出，而不能直接向相对人做出。

2. 撤销权的消灭

为了稳定当事人之间的合同关系，保护另一方当事人的合法利益，我国《合同法》规定了撤销权消灭制度。撤销权消灭的法定事由有两个：

（1）具有撤销权的当事人自知道或者应当知道撤销事由之日起一年内没有行使撤销权的；

（2）具有撤销权的当事人知道撤销事由后明确表示或者以自己的行为放弃撤销权的。

（四）合同被变更或被撤销的后果

撤销权人行使撤销权，请求变更合同的，经法院或仲裁机构确认后，合同变更，当事人依变更后的合同内容履行；撤销权人请求撤销的，经法院或仲裁机构确认后，合同自始无效。合同被撤销后，因该合同取得的财产，应当予以返还；不能返还或没有必要返还的，应当折价补偿。有过错的一方给

对方当事人造成损失的，应当承担损害赔偿责任，双方都有过错的，应当各自承担相应的责任。

五、效力待定合同

【案例9-8】 某矿泉水厂（以下简称甲方）为便于联系业务，扩大销路，聘请某机关后勤部门干部朱某当业务顾问并支付津贴。朱某未通过单位领导私自以单位的名义，与甲方签订了购销矿泉水合同，并偷盖了单位印章。合同签订后，朱某又拿着合同到机关下属单位要求按合同购买矿泉水。但推销数量不大，为此，甲方以乙方不履行合同为由起诉到法院，要求乙方履行合同义务并赔偿损失。

（一）效力待定合同的概念和特征

效力待定合同，是指合同虽已成立，但因不符合生效要件，故此是否发生效力有待于其他行为或事实来确定的合同。

效力待定合同具有如下特征：

1. 合同已经成立，但存在事后可以补正的瑕疵

效力待定合同是已经成立的合同，不仅当事人已经就合同的主要条款达成一致，而且合同的内容亦不违反法律的强行性规定和社会公共利益。但合同本身存在着瑕疵，这种瑕疵主要是主体资格方面的瑕疵，可以通过事后的追认予以补正。

2. 合同的效力处于待定状态

效力待定合同成立以后，因其主体资格方面存在的瑕疵，合同是否发生法律效力尚不确定，还有待于其他事实的确定，既有生效的可能性，也有不生效的可能性，是否生效取决于有权人的追认。

为了保护相对人的正当权益，并使合同效力和交易关系尽快确定，法律还赋予了相对人以催告权和撤销权。所谓催告权，是指相对人在得知其与对方签订的合同处于效力待定的状态时，享有催促有权人在一定期限内做出是否追认表示的权利。即相对人可以催告有权人在一个月内予以追认。有权人未做表示的，视为拒绝追认。所谓撤销权，是指在合同被追认之前，善意的相对人享有依其单方的意思表示使合同自始无效的权利。即合同未经追认之前，善意相对人有撤销的权利。撤销应当以通知的方式做出。可见，法律为实现效益与公平，在赋予限制民事行为能力人的法定代理人以追认权的同时，也赋予了相对人以催告权和撤销权，既保护了限制民事行为能力人的合法权益，又保护了善意相对人的合法利益。

（二）效力待定合同的种类

1. 限制民事行为能力人依法不能独立订立的合同

我国《合同法》第 47 条第 1 款规定："限制民事行为能力人订立的合同，经法定代理人追认后，该合同有效，纯获利益的合同或者与其年龄、智力、精神健康状况相适应而订立的合同，不必经法定代理人追认。"相对人在合同被追认之前享有催告权和撤销权。

2. 无权代理人订立的合同

广义的无权代理包括狭义的无权代理和表见代理，狭义的无权代理人所订立的合同是效力待定合同，而表见代理人所订立的合同是效力确定的有效合同。

我国《合同法》第 48 条第 1 款对狭义的无权代理做了如下规定："行为人没有代理权、超越代理权或者代理权终止后以被代理人名义所订立的合同，未经被代理人追认，对被代理人不发生效力，由行为人承担责任。"依以上规定，无权代理有三种情形：一是不存在代理权，即行为人从未获得被代理人的授权；二是行为人虽然有代理权但却超出了代理权限范围的限制；三是曾经有代理权但现在因一定事由已经消灭了。由于无权代理人订立的合同不一定都违背被代理人的意志或损害被代理人的利益，所以不能一概确定为无效，而是赋予主要的利益关系人以选择决定权，既可追认也可拒绝。应注意的是，无权代理人订立的合同并不因被代理人拒绝追认而绝对无效，只是该合同不能对被代理人发生效力，这个合同的有关责任要由行为人也就是无权代理人本人来承担。当然，相对人在合同被追认之前也同样享有催告权和撤销权。案例 9 - 8 中，朱某虽然是乙方的干部，但他不是乙方的法定代表人或负责人，他若以乙方名义与他人签订合同，必须由乙方的法定代表人授予其代理权方可。但朱某在没有取得代理权的情况下，私下代表乙方与甲方签订合同，该行为是无权代理行为。

另外，《合同法》第 49 条和第 50 条还规定了两种特殊的无权代理：即表见代理和表见代表。它们的法律效力是确定的、肯定的。

表见代理，是指行为人没有代理权、超越代理权或者代理权终止后以被代理人名义订立合同，但相对人有理由相信行为人有代理权，则该代理行为的法律后果由被代理人承担的无权代理。表见代理本质上属于无权代理，但却发生与有权代理相同的法律后果，这是因为法律为了保护善意相对人的利益，维护交易安全。在司法实践中，需要善意相对人举证证明其有正当的理由相信行为人有代理权，如果证据不够充分，可以转而主张狭义的无权代理，追究行为人的责任。

表见代表，是指法人或者其他组织的法定代表人、负责人超越权限订立的合同，除相对人知道或者应当知道其超越权限的以外，该代表行为有效。法律的这一规定主要还是为了保护善意相对人的合法权益。

3. 无处分权人订立的合同

无处分权人有两种，一是非财产所有人；二是不具有法律授权处分他人财产的人。我国《合同法》第 51 条规定："无处分权的人处分他人财产，经权利人追认或者无处分权的人订立合同后取得处分权的，该合同有效。"

这里"无处分权的人订立合同后取得处分权的"，应理解为追认以外的事实行为，如事后无处分权人与权利人达成了将该财产转让于无处分权人的协议。

根据善意取得制度，无处分权人处分其占有的动产给他人，如果受让人取得该动产时是出于善意即不知道或不应当知道存在无处分权的情形，则该受让人取得该物的所有权。所有权人不能要求返还原物，只能要求无处分权人返还不当得利并追究其损害赔偿责任。

第四节　合同的履行

一、合同履行的原则与规则

合同的履行是指合同双方当事人按照合同的约定，全面地完成各自应承担的义务，从而使合同的权利与义务得到全部实现的行为。合同的履行是合同法的核心，合同的订立、担保、变更以及违约责任等的规定无一不是围绕着合同履行这个核心。

（一）合同履行的原则

合同的履行应遵守如下原则

1. 全面履行原则

我国《合同法》第 60 条第 1 款规定："当事人应当按照约定全面履行自己的义务。"也就是说，当事人双方必须严格按照合同约定的标的、质量、数量、价款或者报酬、履行期限、履行地点、履行方式等所有条款全面完成各自承担的合同义务。全面履行原则是合同履行的一项最根本的要求。

2. 诚实信用原则

我国《合同法》第 60 条第 2 款规定："当事人应当遵循诚实信用的原则，

根据合同的性质、目的和交易习惯履行通知、协助、保密等义务。"依此规定，在合同履行中，诚实信用原则具体体现在以下几个方面：

（1）通知义务。合同的双方当事人在合同的履行过程中，相互负有将有关事项通知对方的义务。例如，履行标的物到达对方的时间、地点、交货方式的通知，合同提存的有关事项的通知，行使不按抗辩权时要求对方提供充分担保的通知，不可抗力的通知等。

（2）协助义务。双方当事人在履行合同的过程中应当互相给予对方必要的协作和帮助。例如，债务人履行债务时，债权人应适当受领给付等。

（3）保密义务。合同双方当事人相互负有为对方保守秘密的义务。未能保守秘密给对方造成损害的，应当对此承担损害赔偿责任。保密义务不仅存在于合同的订立、履行过程中，而且在合同履行完毕后的一定时期内亦存在。

（二）合同履行的具体规则

根据我国《合同法》第61条和第62条的规定，合同生效后，当事人就质量、价款或者报酬、履行地点等内容没有约定或者约定不明确的，可以协议补充；不能达成补充协议的，按照合同有关条款或者交易习惯确定。如果仍然不能确定的，则适用以下具体规则：

1. 履行标的质量要求不明确的，按照国家标准、行业标准履行；没有国家标准、行业标准的，按照通常标准或者符合合同目的的特定标准履行。

2. 价款或者报酬不明确的，按照订立合同时履行地的市场价格执行；依法应当执行政府定价或者政府指导价的，按照规定履行。

3. 履行地点不明确，给付货币的，在接受货币一方所在地履行；交付不动产的，在不动产所在地履行；其他标的，在履行义务一方所在地履行。

4. 履行期限不明确的，债务人可以随时履行，债权人也可以随时要求履行，但应当给对方必要的准备时间。

5. 履行方式不明确的，按照有利于实现合同目的的方式履行。

6. 履行费用的负担不明确的，由履行义务一方负担。

此外，我国《合同法》还规定了合同履行涉及当事人之外的第三人时的规则。即当事人约定由债务人向第三人履行债务，债务人未向第三人履行债务或者履行债务不符合约定的，视同债务人对债权人违约，债务人应当向债权人承担违约责任；当事人约定由第三人向债权人履行债务的，第三人不履行债务或者履行债务不符合约定的，亦视同债务人违约，债务人应当向债权人承担违约责任。这一规则说明，合同是当事人之间的法律，只对当事人产生约束力，也只有当事人才有权依据合同提出请求。

二、双务合同履行中的抗辩权

【案例9-9】　　甲公司与乙公司签订一份买卖木材合同，合同约定买方甲公司应在合同生效后 15 天内向卖方乙公司支付 40% 的预付款，乙公司收到预付款后 3 天内发货至甲公司，甲公司收到货物验收后即结清余款。乙公司收到甲公司 40% 预付款后的 2 天即发货至甲公司。甲公司收到货物后经验收发现木材质量不符合合同约定，遂及时通知乙公司并拒绝支付余款。

抗辩权是指在双务合同中，债务人根据法定事由拒绝或者对抗债权人的请求或否认其权利主张的权利。履行抗辩权的设置，使当事人可以在法定情况下对抗对方的合同权利，是自己的拒绝履行行为不构成违约。抗辩权主要包括同时履行抗辩权、后履行抗辩权和不安抗辩权。

（一）同时履行抗辩权

同时履行抗辩权，是指在双务合同未约定债务的先后履行顺序时，一方在对方未履行前，有拒绝对方请求自己履行债务的权利。同时履行抗辩权的法律基础是公平和诚实信用原则，是诚实信用原则在双务合同履行中的具体应用。

我国《合同法》第 66 条规定："当事人互负债务，没有先后履行顺序的，应当同时履行。一方在对方未履行之前有权拒绝其履行要求。一方在对方履行债务不符合约定时，有权拒绝其相应的履行要求。"根据这一规定，同时履行抗辩权的构成要件包括以下几项：

1. 须因同一合同互负债务

同时履行抗辩权发生的根据就是双务合同履行上的牵连性，因此其只能产生于双务合同，且双方当事人所附的债务具有对价性，即双方的履行之间具有互为条件、互为牵连的关系。

2. 双方互负的债务没有先后履行顺序而且均已届清偿期

同时履行抗辩权的适用，是双方对待给付的交换关系的反映，并旨在使双方的债务同时履行，双方的债权同时实现。所以，只有双方的债务均已到期，才能行使同时履行抗辩权。

3. 须对方未履行或未按约定履行债务

4. 须对方的对待给付是可能的

如果对方已经丧失了履行能力，合同的履行成为不可能，（如标的物已经损毁灭失），则只能借助债务不履行的规定寻求救济，而不能援用同时履行抗辩权。如果不能履行是由不可抗力的发生造成的，则当事人将被免责。

（二）后履行抗辩权

后履行抗辩权，是指双务合同中应先履行义务的一方当事人未履行时，对方当事人有拒绝其请求履行合同的权利。我国《合同法》第67条规定："当事人互负债务，有先后履行顺序，先履行一方未履行的，后履行一方有权拒绝其履行要求。先履行一方履行债务不符合约定的，后履行一方有权拒绝其相应的履行要求。"依此规定，先履行抗辩权的构成要件有以下三个：

1. 因同一合同而互付债务；

2. 两个债务有先后履行顺序；

3. 先履行一方未履行或未适当履行债务。

后履行抗辩权是对负有先履行义务一方违约的抗辩，反映了后履行义务人的顺序利益和履行合同条件。案例9-9中，乙公司虽然将木材如期运至甲公司，但其木材质量不符合合同约定的质量，根据《合同法》第67条的规定，甲公司有权拒绝支付余款。案中甲公司行使的是后履行抗辩权。

（三）不安抗辩权

不安抗辩权，是指双务合同中应当先履行义务的一方，有确切证据证明对方已经丧失或有可能丧失对待给付能力的，可以暂时中止履行自己债务的权利。

为防止当事人滥用不安抗辩权，危害合同安全和经济秩序，我国《合同法》明确规定了不安抗辩权的行使条件：

1. 因同一合同而互负债务；

2. 须当事人一方应先履行债务且其债务已届清偿期；

3. 应后履行的一方出现丧失或可能丧失履行债务的能力，先履行一方对此有确切证据可以证明。丧失或可能丧失履行债务能力的具体情形如下：

（1）经营状况严重恶化；

（2）转移财产、抽逃资金以逃避债务；

（3）丧失商业信誉；

（4）有丧失或可能丧失履行债务能力的其他情形。

4. 后履行债务的一方没有为主债务的履行提供适当担保。

先履行一方依法行使不安抗辩权时，应当及时通知对方。对方提供适当担保时，当事人应当恢复履行。中止履行后，对方在合理期限内未恢复履约能力并且未提供适当担保的，中止履行的一方可以解除合同，并要求对方赔偿损失。

但是，先履行义务人没有确切证据中止履行的，应当承担违约责任。

三、合同的保全

合同的保全，是指为防止因债务人的财产不当减少而给债权人的债权带来危害，允许债权人代替债务人向第三人行使债权或者请求法院撤销债务人不当处理自己财产的行为的法律制度。这一制度的确立，在一定程度上突破了合同的相对性原则，扩充了合同的效力范围是合同在特殊情况下发生对合同当事人之外的第三人的效力，丰富了债权的保护方法。

合同的保全制度包括债权人的代位权和撤销权。

（一）　代位权

我国《合同法》第 73 条规定："因债务人怠于行使其到期债权，对债权人造成损害的，债权人可以向人民法院请求以自己的名义代位行使债务人的债权，但该债权专属于债务人自身的除外。""代位权的行使范围以债权人的债权为限。债权人行使代位权的必要费用，由债务人负担。"

（二）　撤销权

我国《合同法》第 74 条规定："因债务人放弃其到期债权或者无偿转让财产，对债权人造成损害的，债权人可以请求人民法院撤销债务人的行为。债务人以明显不合理的低价转让财产，对债权人造成损害，并且受让人知道该情形的，债权人也可以请求人民法院撤销债务人的行为。"同时，也规定"撤销权的行使范围以债权人的债权为限。债权人行使撤销权的必要费用，由债务人负担。"

另外，《合同法》第 75 条还规定了撤销权行使的除斥期间，"撤销权自债权人知道或应当知道撤销事由之日起 1 年内行使。自债务人的行为发生 5 年内没有行使撤销权的，该撤销权消灭。"

第五节　合同的担保

一、合同担保概述

合同担保，是指为促使债务人履行其债务，以债务人或第三人的特定财产或一般财产保障债权人的债权实现的各种法律措施。根据我国《担保法》的规定，担保方式包括保证、抵押、质押、留置、定金。

担保合同是主合同的从合同，除担保合同有特别约定外，主合同无效，担保合同无效。合同担保赋予债权人担保权或者担保权益，对于债权人债权的实现具有补充意义。

二、保证

（一）保证的概念

保证，是指保证人和债权人约定，当债务人不履行债务时，保证人按照约定履行债务或者承担责任的行为。

保证是典型的以人的信用为担保的最主要的表现形式。这里的第三人称为保证人；被担保的债务人称为被保证人；债权人既是主合同的债权人，又是保证合同中的债权人；保证人承担的是保证责任。

（二）保证人

保证人是保证合同的债务人，是担保主债务人履行债务的担保人。《中华人民共和国担保法》第7条规定："具有代为清偿能力的法人、其他组织或者公民，可以作保证人。"法律要求保证人具有代偿能力是为了确保保证的效力，以达到担保主债权的目的，保证人有无代偿能力并不影响保证合同的有效性。

另外，《担保法》对一些法人或其他组织担任保证人的资格做了限制性规定：

1. 国家机关不得为保证人，但经国务院批准为使用外国政府或者国际组织贷款进行转贷的除外；

2. 学校、幼儿园、医院等以公益为目的的事业单位、社会团体不得为保证人；

3. 企业法人的分支机构、职能部门不得为保证人，但企业法人的分支机构有法人书面授权的，可以在授权范围内提供保证。

（三）保证合同

1. 保证合同的形式

我国《担保法》第13条规定："保证人与债权人应当以书面形式订立保证合同。"

在司法实践中，保证人与债权人可以单独签订书面保证合同；也可以由债权人、债务人与保证人共同订立一个合同，保证合同仅作为保证条款出现在主合同中，保证人以"保证人"身份签名或者盖章；保证人单方以书面形式向债权人出具担保书，债权人接受的，也视为保证合同成立。

2. 保证合同的内容

根据我国《担保法》第15条的规定，保证合同应当包括以下内容：

（1）被保证的主债权种类、数额；

（2）债务人履行债务的期限；

（3）保证的方式；

（4）保证担保的范围；

（5）保证的期间；

（6）双方认为需要约定的其他事项。

保证合同不完全具备以上规定的，可以补正。

（四）保证责任

1. 承担保证责任的方式

根据我国《担保法》的规定，保证的方式分为两种：其一是一般保证，指当事人在保证合同中约定，债务人不能履行债务时由保证人承担保证责任的保证方式；其二是连带责任保证，即当事人在保证合同中约定保证人与债务人对债务承担连带责任的保证方式。如果当事人对保证方式没有约定或者约定不明确的，按照连带责任保证承担保证责任。

2. 保证责任的范围

我国《担保法》第 21 条规定："保证担保的范围包括主债权及利息、违约金、损害赔偿金和实现债权的费用，保证合同另有约定的，按照约定。当事人对保证担保的范围没有约定或者约定不明确的，保证人应当对全部债务承担责任。"

3. 保证期间

保证期间即债权人取得请求保证人承担保证责任的期间。根据我国《担保法》的规定，当事人未约定保证期间的，一般保证的情况下，"保证期间为主债务履行期限届满之日起 6 个月"，连带责任保证的情况下，"债权人有权自主债务履行期届满之日起 6 个月要求保证人承担保证责任"。

4. 保证责任的减免

根据我国《担保法》及最高人民法院司法解释的规定，能够引起保证责任减免的事由主要包括以下几项：

（1）主合同当事人恶意串通，骗取保证人提供保证的，保证人不承担保证责任。

（2）主合同债权人采取欺诈、胁迫等手段，使保证人在违背真实意思的情况下提供保证的，保证人不承担保证责任；主合同债务人采取欺诈、胁迫等手段，使保证人违背真实意思的情况下提供保证，债权人知道或者应当知道欺诈、胁迫事实的，保证人也不承担保证责任。

（3）保证期间，债权人依法将主债权转让给第三人的，保证人在原保证担保的范围内继续承担保证责任；如果保证人与债权人事先约定仅对特定的债权人承担保证责任或者禁止债权转让的，保证人不再承担保证责任。

（4）保证期间，债权人许可债务人转让债务，应当取得保证人书面同意，保证人对未经其同意转让的债务，不再承担保证责任。

（5）债权人与债务人协议变更主合同的，应当取得保证人书面同意，未经保证人书面同意的，保证人不再承担保证责任，但保证合同另有约定的从约定。

（6）一般保证的保证人在主债权履行期间届满后，向债权人提供了债务人可供执行财产的真实情况，债权人放弃或者怠于行使权利致使该财产不能被执行的，保证人可以请求人民法院在其可供执行财产的实际价值范围内免除保证责任。

（7）在同一债权既有保证又有物的担保的情况下，债权人放弃物的担保的，保证人在债权人放弃权利的范围内免除保证责任。债权人在主合同履行期届满后怠于行使担保物权，致使担保物的价值减少或者损毁、灭失的，视为债权人放弃部分或全部物的担保，保证人在债权人放弃权利的范围内减轻或者免除保证责任。

（8）主合同双方当事人协议以新贷偿还旧贷，除保证人知道或者应当知道的以外，保证人不承担民事责任。

三、抵押

（一）抵押的概念

抵押，是指债务人或者第三人不转移对标的财产的占有，将该财产作为债权的担保，在债务人不履行债务时，债权人有权以抵押物折价或者以拍卖、变卖该财产的价款优先受偿。

（二）抵押物

根据我国《担保法》第 34 条规定："下列财产可以抵押：1. 抵押人所有的房屋和其他地上定着物；2. 抵押人所有的机器、交通运输工具和其他财产；3. 抵押人依法有权处分的国有的土地使用权、房屋和其他地上定着物；4. 抵押人依法有权处分的国有的机器、交通运输工具和其他财产；5. 抵押人依法承包并发包方同意抵押的荒山、荒沟、荒丘、荒滩等荒地的土地使用权；6. 依法可以抵押的其他财产。"

抵押人所担保的债权不得超出其抵押物的价值。财产抵押后，该财产的价值大于所担保债权的余额部分，可以再次抵押，但不得超出其余额部分。

（三）抵押合同

1. 抵押合同的形式

我国《担保法》第 38 条规定："抵押人和抵押权人应当以书面形式订立抵押合同。"

2. 抵押合同的内容

根据我国《担保法》第 39 条规定，抵押合同应当包括以下内容：

（1）被担保的主债权种类、数额；

（2）债务人履行债务的期限；

（3）抵押物的名称、数量、质量、状况、所在地、所有权权属或者使用权权属；

（4）抵押担保的范围；

（5）当事人认为需要约定的其他事项。

抵押合同不完全具备以上规定内容的，可以补正。

（四）抵押物登记

我国《担保法》采用强制登记制和自愿登记制相结合的规定方式。

以下财产应当办理抵押物登记，抵押合同自登记之日起生效：

1. 以无地上定着物的土地使用权抵押的，到核发土地使用权证书的土地管理部门办理登记；

2. 以城市房地产或者乡（镇）、村企业的厂房等建筑物抵押的，到县级以上地方人民政府规定的部门办理登记；

3. 以林木抵押的，到县级以上林木主管部门办理登记；

4. 以航空器、船舶、车辆抵押的，到运输工具的登记部门；

5. 以企业的设备和其他动产抵押的，到财产所在地的工商行政管理部门登记。

当事人以其他财产抵押的，可以自愿办理抵押物登记，登记部门为抵押人所在地的公证部门，抵押合同自签订之日起生效。当事人未办理抵押物登记的，不得对抗第三人。

四、质押

（一）质押的概念

质押，是指债务人或者第三人将其财产或财产权利移交给债权人占有，并以此作为债权的担保，在债务人不履行债务时，债权人可以依法以该财产或财产权利变价优先受偿的一种担保方式。质押分为动产质押和权利质押两种。

（二）质押的特征

质押与抵押相比具有如下特征：

1. 质押的成立和生效以移交质物的占有于债权人为必要。

2. 质押的标的物为动产或财产权利。

3. 质押除以优先受偿效力为担保作用外，还具有留置的效力，由质权人留置标的物，造成出质人心理压力，以间接促使债务人全面、适当地履行债务。

4. 质权人于债权已届清偿期而未受清偿时，可以径直依法按市场价格变卖质物，而无须申请法院拍卖质物。

五、留置

（一）留置的概念

留置，是指债权人按照合同约定占有债务人的动产，债务人不按照合同约定的期限履行债务的，债权人有权留置该财产，以该财产折价或者拍卖、变卖该财产的价款优先受偿。

（二）留置权的行使

根据我国《担保法》第 84 条的规定，"因保管合同、运输合同、加工承揽合同发生的债权，债务人不履行债务的，债权人有留置权。法律规定可以留置的其他合同，适用前款规定。"可见，留置权是一种法定担保物权，不允许当事人任意设定，但是法律规定"当事人可以在合同中约定不得留置的物"。

债权人与债务人应当在合同中约定，债权人留置财产后，债务人应当在不少于两个月的期限内履行债务。债权人与债务人在合同中未约定的，债权人留置债务人财产后，应当确定两个月以上的期限，通知债务人在该期限内履行债务。债务人逾期仍不履行的，债权人可以与债务人协议以留置物折价，也可以依法拍卖、变卖留置物。

在留置期间，留置权人负有妥善保管留置物的义务。因保管不善造成留置物灭失或者毁损的，留置权人应当承担民事责任。

六、定金

关于定金，将在违约责任的承担方式中介绍。

第六节　合同的变更、转让和终止

【案例9-10】　2008 年 10 月 15 日，甲公司与乙公司签订合同，合同约定由乙公司于 2009 年 1 月 15 日向甲公司提供一批价款为 50 万元电脑配件，2008 年 12 月 1 日甲公司因销售原因，要求乙公司提前提供电脑配件，乙公司答应尽可能提前，但到年底还是没有供货，甲公司为了不影响销售，只好从外地进货，随后将乙公司的电脑配件转让给了丙公司，但未通知乙公司。丙公司于 2009 年 1 月 15 日向乙公司提货时遭拒绝。

一、合同的变更

（一）合同变更的概念和要求

广义的合同变更包括合同主体的变更和合同内容的变更。狭义的变更仅指合同内容的变更。

我国《合同法》所称的合同变更是狭义的合同变更，即合同内容的变更。具体来说，是指在合同成立以后，尚未履行或尚未完全履行之前，合同当事人就合同的内容达成修改和补充的协议，或者依据法律规定请求人民法院或仲裁机构变更合同内容。合同的变更通常分为协议变更和法定变更两种。协议变更是指合同双方当事人以协议的方式对合同的内容进行变更，所以又称为合同变更。法定变更是指合同成立后，当发生法定的可以变更合同的事由时，经一方当事人的要求而对合同的内容做出的变更。法定变更不必征得对方当事人的同意，只要发生法定的可以变更合同的事由及可以一方当事人的意志而做出变更。

合同变更是一种民事法律行为，必须满足一定的要求。根据我国《合同法》的规定，当事人对合同变更的内容约定应具体、明确，若约定不明确的，推定为未变更。案例 9-10 中，乙公司答应尽可能提前，对于交货期的变更并不明确，因此，推定合同未变更。

（二）合同变更的效力

合同的变更的法律效力应包括：在合同发生变更后，当事人应当按照变更后的合同内容履行，任何一方违反变更后的合同内容都构成违约。

合同的变更原则上仅向将来发生效力，未变更的权利、义务继续有效，已经履行的债务不因合同的变更而失去法律依据，任何一方都不能因为合同的变更而单方面要求另一方返还已经做出的履行。

另外，合同的变更不影响当事人要求损害赔偿的权利，因合同变更而使一方当事人受到经济损失的，另一方当事人应负赔偿责任。

二、合同的转让

（一）合同转让的概念

合同转让，又称合同让与，是指合同当事人将其合同的权利和义务全部或者部分地转让给第三人。合同的转让实质上是合同主体的变更，即合同权利的受让人成为合同的新债权人，合同义务的受让人成为合同的新债务人，而合同的内容仍然保持不变。案例 9－10 中，甲公司将乙公司的电脑配件转让给了丙公司就导致了合同主体的变化。

（二）合同权利的转让

合同权利的转让又称债权转让，是指合同债权人通过协议将其债权全部或部分地转让给第三人的行为。

基于社会公共利益的考虑，法律对合同转让做了实质性的限制，即转让的合同权利必须是有效存在的，且具有可让与性。我国《合同法》规定的不得转让的债权有：

1. 根据合同性质不得转让的权利。例如雇佣合同、以某个演员的演出活动为内容的演出合同等。

2. 按照当事人的约定不得转让的债权。当事人可以在订立合同时或在订立合同后特别约定，禁止任何一方转让合同权利，只要此约定不违反法律的禁止性规定和社会公共道德，就应当产生法律效力。

3. 依照法律规定不得转让的债权。法律、行政法规禁止债权转让的规定属于强制性规范，当事人不得违反。例如，担保法规定，设定最高额抵押的合同债权不得进行转让。

此外，合同权利的转让还必须满足一定的形式条件，具体是：

1. 债权人转让权利，应当通知债务人。未经通知，该转让对债务人不发生效力。至于通知的形式，我国《合同法》没有做出要求，只是限制了债权人对转让债权通知的撤销权，在《合同法》第 80 条第 2 款规定："债权人转让权利的通知不得撤销，但经受让人同意的除外。"案例 9－10 中，甲公司将债权转让给丙公司，但未通知乙公司，因而对乙公司不发生效力。

2. 法律、行政法规规定合同权利转让应当办理批准、登记等手续的，依照其规定办理。

（三）合同义务的转移

合同义务的转移又称债务承担，是指基于债权人、债务人与第三人之间达成协议，债务人将债务转移给第三人承担。

我国《合同法》第 84 条规定："债务人将合同的义务全部或者部分转移给第三人的，应当经债权人同意。"因此，合同义务的转移，不只是转让人和受让人之间的协议，还要征得债权人的同意，与债权人达成新的协议。债权人的同意是合同义务转移协议生效的要件。债务人转移义务的，新债务人应当承担与主债务有关的从债务，但该从债务专属于原债务人自身的除外。

（四）合同权利、义务的概括转让

所谓合同权利、义务的概括转让，是指原合同当事人一方将自己及其债债务一并转移给第三人，由第三人概括地继受这些债权和债务。

在这种转让中，受让人取得转让人在合同中地位，成为合同的一方当事人或者与转让人共同成为合同的一方当事人。合同权利义务的概括转让通常有两种情形，一是约定转让；二是法定转让。前者是指当事人一方与第三人订立合同，并经另一方当事人的同意，将其在合同的权利、义务一并转移给第三人，由第三人承受自己在合同上的地位，享受权利并承担义务。这一转让应分别符合法律对合同权利转让和合同义务转移条件的规定。法定转让是指当法律规定的条件成就时，合同的权利、义务一并转移给第三人的情形。例如《合同法》第 229 条规定，承租人在租赁期间将租赁物转让给第三人的，租赁合同继续有效，该第三人承继租赁物原所有人在租赁合同中的权利、义务；《合同法》第 90 条规定，能够当事人订立合同后合并的，由合并后的法人或者其他组织行使合同权利，履行合同义务。

因合同权利、义务的转让是无因行为，受让人得对抗原合同当事人的事由，不得用以对抗对方当事人。

三、合同的终止

合同的终止又称为合同的消灭，指当事人之间的债权债务归于消灭，当事人不再受合同关系的约束。

合同终止的原因：

根据《合同法》第 91 条的规定，合同终止的原因主要有以下几种：

（一）债务已经按照约定履行

即合同当事人已经按照合同约定的条件全部履行了债务，实现了订立合同的目的，此时合同自然归于消灭。债务已依约履行是合同终止最常见的原因之一。

（二）合同解除

合同解除，是指在合同有效成立后，没有履行或没有完全履行时，基于一方或双方当事人的意思表示，依照法律规定的条件和程序，使合同权利、义务归于消灭的行为。合同解除必须具备法律规定的条件。合同一旦生效，即具有法律拘束力，非依法律规定，当事人不得随意解除合同。

根据解除权发生的原因不同，合同解除方式有三种，即协议解除、约定解除和法定解除。

（1）协议解除。它是指合同成立后，尚未履行或履行完毕前，合同当事人双方经过协商同意，达成将所订立的合同解除的协议，约定原合同不再对双方当事人具有约束力，使合同归于终止。即以一个新的合同解除既有的合同，学理上称为"反对合同"。我国《合同法》第93条第1款规定："当事人协商一致，可以解除合同。"

（2）约定解除。它是指双方当事人在合同中约定了某种法律事实的出现作为合同解除的条件，当合同约定的事由出现时，一方或双方当事人可以行使合同解除权，消灭合同关系。我国《合同法》第93条第2款规定："当事人可以约定一方解除合同的条件。解除合同的条件成就时，解除权人可以解除合同。"

（3）法定解除。是指合同有效成立后，由于产生法定的事由，当事人依照法律的规定而解除合同。法定解除的条件是由法律直接规定的。根据我国《合同法》第94条的规定，合同的法定解除条件包括以下几种：

① 发生不可抗力

不可抗力是指不能预见、不能避免并不能克服的客观情况。发生不可抗力导致债务人的履行能力一时丧失、部分丧失或全部丧失时，根据对合同履行的影响程度可以通过延期履行实现合同的目的，则不能行使法定解除权。只有在履行能力全部丧失，合同目的因履行不能而根本无法实现的情况下，方可行使解除权。

② 根本违约

当事人一方完全不履行合同义务或不完全履行合同主要义务，其结果严重影响到另一方根据合同有权期待的经济利益或者说导致合同目的根本上不能实现，就构成根本违约，另一方当事人可以行使解除权，并可要求损害赔偿。

③ 预期违约

在履行期限届满之前，当事人一方明确表示或者以自己的行为表明不履行主要债务的，对方可以解除合同。此规定表明债权人的解除权并不仅仅限于债务人的实际违约，而是扩张到合同履行期限届满之前的违约，赋予了债权人更强有力的解除权。当然，明确表示或行为表明不履行的必须是合同的主要债务。

④ 迟延履行

合同约定的履行期限已经届满，债务人延迟履行其主要债务，经债权人催告后在合理期限内仍未履行的，债权人可以解除合同。

⑤ 法律规定的其他情形

如当事人一方有其他违约行为致使不能实现合同目的的。

当事人依法行使解除权的，符合下列要求：

① 须在约定期限或法定期限抑或在经对方催告后的合理期限内行使。期限届满未行使的，解除权消灭。

② 须通知对方。合同自通知到达对方时解除。

③ 法律、行政法规规定解除合同应当办理批准、登记等手续的，依照其规定办理。

合同解除后，尚未履行的，终止履行；已经履行的，根据履行情况和合同性质，当事人可以要求恢复原状、采取其他补救措施，并有权要求赔偿损失。

（三）债务相互抵消

抵消，是指债权人与债务人互相基于不同的法律关系而产生的债务，各自以其债权充当其债务的清偿，以使双方的债务在等额范围内消灭的法律制度。

根据我国《合同法》的规定，抵消分为以下两种：

1. 法定抵消

当事人互相负有债务、互相享有债权，该债务的标的物的种类、品质相同，并且均已届清偿期。除依法律规定或合同性质不能抵消的之外，当事人任何一方都可以主张将自己的债务与对方的债务抵消，主张抵消的通知到达对方时生效。但是，主张抵消时不得附条件或附期限。

2. 合意抵消

通过当事人之间协商一致，可以将双方互相负有的债务进行抵消，使合同终止。即使标的物种类、品质不相同，只要双方协商一致，也可以抵消。

（四）债务人依法将标的物提存

提存是指由于债权人的原因而无法向其交付合同标的物时，债务人将该标的物提交提存机关而使合同的权利、义务终止的制度。

1. 提存的条件

① 提存人与提存机关

根据我国《合同法》的规定，提存是为债务人的利益而设立的制度，因此，债务人为提存人。但由于清偿债务不仅局限于债务人，第三人也可以作为清偿人，因此，提存人又不仅仅为债务人。

提存应当在当事人约定的或法律规定的清偿地的提存机关进行提存。

② 提存原因

合同的提存与向债权人本人履行不同，通常对债权人不利，因此，只有在法律规定的特定情况下，债务人才可以进行提存。根据我国《合同法》第101条和《提存公证规则》的规定，有下列情形之一的，难以履行债务的，债务人可以将标的物提存：债权人无正当理由拒绝受领；债权人下落不明；债权人死亡未确定继承人或者丧失行为能力未确定监护人；债权人不确定；法律规定的其他情形。

③ 提存的标的物合格

提存的标的应为合同约定给付的标的物，并且适于提存。如果合同的标的物不适于提存或提存费用过高，债务人可以依法拍卖或变卖标的物，将所获价款提存。

2. 提存的效力

① 对债务人和债权人的效力

债务人的债务自提存之日起消灭，不再承担标的物损毁灭失的风险。提存物的所有权自提存之日起转移于债权人，债权人享有随时领取提存物的权利，但债权人对债务人负有到期债务，在债权人未履行债务或者提供担保之前，提存部门根据债务人的要求应当拒绝其领取提存物；债权人享有提存物在提存期间所生之孳息；债权人承担提存标的物意外损毁灭失的风险；债权人承担因提存发生的费用。

标的物提存后，除债权人下落不明的以外，债务人应当及时通知债权人或其继承人、监护人。

债权人领取提存物的权利，自提存之日起 5 年内不行使而消灭，提存物扣除提存费用后归国家所有。

② 对提存机关的效力

标的物提存后，提存机关依法对提存物负妥善保管的义务。对于不宜保存的提存物、提存人到期不领取或超过保管期限的提存物，提存机关有权拍卖、保存其价款。

（五）免除

免除是指债权人自愿放弃债权、免除债务人责任的一种终止合同的方法。根据我国《合同法》第 105 条的规定，"债权人免除债务人部分或者全部债务的，合同的权利、义务部分或者全部终止。"

（六）混同

我国《合同法》第 106 条规定："债权和债务同归于一人的，合同的权利、义务终止，但涉及第三人利益的除外。"债权和债务同归一人在法理上称作混同，混同的发生有两种原因，一是概括承受，这是发生混同的主要原因，如企业合并。二是特定承受，即债权人和债务人之间相互受让债权和债务。混同为一种事实，无须任何意思表示，该事实一经发生，即产生合同关系终止的效果。但是，如果合同涉及第三人利益的，合同终止会对第三人利益产生影响，则该合同不能因混同而终止。

（七）法律规定或者当事人约定终止的其他情形（略）

第七节　违约责任

【案例 9 - 11】　甲公司从外地购买一批原材料，委托乙公司采用公路运输方式在 8 月 18 日前将双方约定的货物运抵甲公司。但乙公司因丙公司借用车辆未及时返还，拖至 8 月 23 日才把货物运抵甲公司。

设：8 月 17 日，运输路线必经的某一高速路段因发生洪水被冲毁，5 天后才修好，乙公司于 8 月 23 日把货物运抵甲公司。

又设：8 月 19 日，运输路线必经的某一高速路段因发生洪水被冲毁，3 天后才修好，乙公司于 8 月 23 日把货物运抵甲公司。

因货物晚于约定时间运抵，甲公司认为乙公司违约，要求乙公司赔偿其损失。

一、违约责任概述

（一）违约责任的概念和特征

违约责任是合同法上的一项最重要的制度。违约责任又称违反合同的责任，是指合同当事人一方违反合同义务而应承担的民事责任。

违约责任同其他的民事责任相比，具有以下法律特征：

1. 违约责任是当事人不履行合同义务所产生的责任

这一特征包含两重内容。首先，违约责任以有效合同的存在为前提。其次，以合同当事人不履行义务为条件。这一特征是违约责任与其他民事责任的重要区别所在。

2. 违约责任具有相对性

合同关系具有相对性、特定性，合同的权利人、义务人以及合同的内容均是特定的。由于合同义务是特定的合同义务人向特定的合同权利人负担的义务，因此，违约责任也只能在合同关系的当事人之间发生，合同关系以外的人不负违约责任。

3. 违约责任具有强制性和任意性的双重属性

违约责任与其他民事责任一样属于法律责任，具有强制性，即当发生违约事，债权人可以请求国家强制债务人承担违约责任。但违约责任又具有任意性的属性，即合同当事人不仅可以约定合同义务，而且可以约定违反合同的责任，如约定承担违约责任的情形，承担范围、方式，违约赔偿数额和计算方法等。当然，当事人对违约责任的约定不能违反法律的强制性规定。

4. 违约责任具有补偿性和惩罚性的双重属性

违约责任主要是一种补偿性的财产责任，即旨在补偿守约方因违约行为所遭受的损失。以完全补偿为原则。当事人对违约责任的约定过高或过低时，可以向人民法院或仲裁机构请求调整。但违约责任的补偿性不是绝对的，在一定条件下违约责任也具有惩罚性，为实现实质平等和实质公平，法律对某些违约行为的规定也体现了惩罚性。例如，我国《合同法》第 113 条第 2 款规定，经营者对消费者提供商品或者服务有欺诈行为的，依照《中华人民共和国消费者权益保护法》的规定承担损害赔偿责任，即双倍返还消费者所支付的价款。此外，关于定金罚则的规定也具有惩罚性。

（二）违约责任的归责原则

归责原则是明确违约责任的基础。违约责任中的归责，是指合同当事人因不履行合同债务的行为发生后，应依何种根据使其负责。所谓归责原则，乃是确定违约当事人的民事责任的法律原则。归责实际上体现了法律的价值判断。例如，针对已经发生的违约行为，法律是应以当事人的过错，还是应以已经发生的违约后果作为判断标准，而使违约当事人承担责任，这就是归责原则的内涵所在。根据各国的立法，在合同责任的归责原则方面，主要采纳了过错责任或严格责任原则。

过错责任原则，是指在一方违反合同规定的义务，不履行或不适当履行合同时，应以过错作为确定责任的要件和确定责任范围的依据。这里有两层含义：一方面，过错责任原则要求以过错作为确定责任的构成要件；另一方面，过错责任要求以过错作为确定责任范围的依据，即应当根据违约当事人的主观过错程度来确定违约当事人所应承担的责任范围。根据过错责任原则，违约方负有反证自己没有过错的责任。

严格责任原则，也被称为"无过失责任，是指违约发生以后，确定违约当事人的责任，应主要考虑违约的结果是否因违约方的行为造成，而不考虑违约方的故意或过失。在严格责任原则的适用中，法定的免责事由主要是不可抗力。除不可抗力以外，债权人过错也可以作为债务人的抗辩事由，债务人得因此而免责。

我国《合同法》采用的违约责任的归责原则，以严格责任原则为主、过错（推定）责任原则为辅。

我国《合同法》第 107 条规定："当事人一方不履行合同义务或者履行合同义务不符合约定的，应当承担继续履行、采取补救措施或者赔偿损失等违约责任。"可见，我国《合同法》将严格责任原则确定为违约责任的归则原则，即只要债务人不履行合同义务或者履行合同义务不符合约定，债务人就须承担违约责任，而不管其主观上是否有过错。案例 9 - 11 中，乙公司因丙公司借用车辆未及时返还导致迟延履行与甲公司的合同，尽管其并无过错，但亦须向甲公司承担违约责任。

但是，在我国《合同法》分则中，对某些典型合同仍然采用了过错责任的归则原则。例如，《合同法》第 189 条规定："因赠与人故意或者重大过失致使赠与的财产损毁、灭失的，赠与人应当承担损害赔偿责任"；《合同法》第 303 条第 1 款规定："在运输过程中旅客自带物品损毁、灭失，承运人有过错的，应当承担损害赔偿责任"；《合同法》第 374 条规定："保管期间，因保管人保管不善造成保管物损毁、灭失的，保管人应当承担损害赔偿责任，但是保管是无偿的，保管人证明自己没有重大过失的，不承担损害赔偿责任。"

二、承担违约责任的方式

（一）继续履行

继续履行也称强制履行合同，指当事人一方不履行合同义务或者履行合同义务不符合规定时，另一方当事人可要求其在合同履行届满后继续按照原合同所约定的主要条件继续完成合同义务的行为，以实现合同预期目标即当事人的订约目的。债务人有能力履行而不履行时，债权人可以请求人民法院强制其履行。

实行继续履行责任形式，其构成要件是：

1. 必须要有违约行为，继续履行就是因当事人一方因不履行合同义务所发生的法律后果。

2. 必须要由守约方提出关于违约方应继续履行合同债务的请求。

3. 合同标的是特定的无法替代的物或不能以金钱计价的物。由于标的物具有特定的和不可替代的性质，守约方在获得赔偿金后不能从市场上购买到替代合同标的物的物，只有通过继续履行才能实现订约目的。

4. 继续履行不违背合同本身的性质和法律。如在一方违反基于人身依赖关系产生的合同和提供个人服务的合同（委托合同、信托合同）情况下，不得实行继续履行。

继续履行的适用根据债务时金钱债务或非金钱债务而有区别。对于当事人一方未支付价款或者报酬的，对方可以要求其支付价款或者报酬。因为金钱是一般等价物，没有其他可以替代履行的方法。亦即对于金钱债务，只能适用继续履行的救济方式；对于当事人一方不履行非金钱债务或者履行非金钱债务不符合约定的，对方可以要求履行，但有下列情形之一的除外：第一，法律上或者事实上不能履行；第二，债务的标的不适于强制履行或者履行费用过高；第三，债权人在合理期限内未请求履行。

由于继续履行不仅具有能够实现债权人的合同目的，维护交易安全的优点，而且在损失难以确定的情况下还可以免除债权人对违约损失的举证责任。因此，继续履行是非违约方要求法律救济的一种较为有效的方法。

（二）采取补救措施

在质量不符合约定的情况下，根据我国《合同法》第 111 条的规定，应当按照当事人的约定承担违约责任；对违约责任没有约定或者约定不明确的，依照合同履行规则仍不能确定的，受损害方根据标的的性质以及损失的大小，可以合理选择要求对方承担修理、更换、重作、退货、减少价款或者报酬等违约责任。

（三）支付违约金

违约金，是指一方当事人违反合同，依照约定或者法律规定向对方支付一定数额的金额。违约金是世界各国普遍采用的一种责任形式。

1. 违约金的法律特征

（1）预定性。违约金有法定违约金和约定违约金之分。法定违约金是由法律直接规定违约金的支付条件、数额和固定比率，或者违约金的比例幅度。法定违约金是法律预先规定的，不得由当事人协商而改变，也不论当事人是否把法定违约金条款写进合同，违约方都应支付违约金。约定违约金是指当事人通过合同约定数额或计算方法和支付条件的违约金。无论是法定违约金还是约定违约金，都是预先确定的。

（2）违约金具有以补偿性为主、惩罚性为辅双重功能。《合同法》对违约金的规定，其性质主要为补偿性违约金。即违约金在功能上主要是为了弥补一方违约后另一方所遭受的损失。在测定此类违约金时，当事人双方预先估计到违约可能发生的损失数额，并且在一方违约以后，另一方可直接获得预先约定的违约金数额，以弥补其遭受的实际损害。约定的违约金低于造成的损失的，当事人可以请求人民法院或者仲裁机构予以增加；约定的违约金过分高于造成的损失的，当事人可以请示人民法院或者仲裁机构予以适当的减少。这体现了违约金以补偿为主的性质。只有在约定的违约金没有过分高于造成的损失时，违约金才具有一部分惩罚性。同时，我国《合同法》还规定："当事人就迟延履行约定违约金的，违约方支付违约金后，还应当履行债务。"这体现了违约金具有一定的惩罚性。

（3）违约金是一种违约后生效的补救方式。违约金在订立时并不能立即生效，而是在一方发生违约之后，才能产生效力。违约金的生效在合同中属于附条件的条款，当一方发生违约行为即合同中所规定的情况或条件出现后，违约条款开始生效。

2. 违约金责任的成立条件

（1）违约行为的存在。只有在一方当事人违反合同的情况下，另一方当事人有权要求其支付违约金。

（2）有违约金的约定。我国《合同法》仅规定了约定违约金，当事人可以约定一方违约时应当根据违约情况向对方支付一定数额的违约金，也可以约定因违约产生的损失赔偿额的计算方法。所以违约金产生的条件就是必须有违约金的约定。值得说明的是，违约金条款中的违约金数额超过了全部货款的总值，该约定应被宣告无效。

合同的当事人为保证债权的实现，在合同中通常约定违约金条款，有时也同时约定定金条款，那么，违约金和定金能否同时适用呢？我国《合同法》第 116 条规定："当事人既约定违约金，又约定定金的，一方违约时，对方可以选择适用违约金或者定金条款。"依此看来，违约金和定金是不能同时适用的，只能选择其一。

（四）赔偿损失

赔偿损失指违约方因不履行或者不完全履行合同义务给对方造成损失时，依法或者根据合同约定应承担的赔偿责任。《合同法》规定，当事人一方不履行合同义务或者履行合同义务不符合约定的，在履行义务或者采取补救措施后，对方还有其他损失的，应当赔偿损失。

1. 赔偿损失的法律特征

（1）赔偿损失是违约方违反合同义务所产生的一种责任。

（2）赔偿损失具有补偿性功能，一般不具有惩罚性。损害赔偿主要是为了弥补或填补守约方因违约行为遭受的损失。在通常情况下，损害赔偿的确定以实际发生的损害为计算标准，该补偿性功能是其他补救方式所不可替代的。

（3）赔偿损失以赔偿当事人实际遭受的全部损失为原则，即违约方应对其违约行为所造成的全部损失负责。

（4）赔偿损失具有事后性。只有在合同当事人发生违约行为，且给对方造成实际损害时，才产生该责任。

2. 承担赔偿损失的构成要件

（1）要有损害事实。损害事实的存在是承担赔偿责任的首要条件，没有损害事实的存在，则不发生损害赔偿。而且这种损害能够通过金钱计算来确定。此外，这种损害是当事人可以预见的。这种损害是当事人在订立合同时预见范围内的损害，如果是当事人订立合同时无法预见的，则不构成合同法的损害，当事人对此种损害不负赔偿责任。

（2）要有违约行为，如果仅有损害事实的发生，但不存在违约行为，即损害事实的发生是由于其他行为造成的，行为人不承担责任。

（3）违约行为与损害事实之间存在因果关系。

3. 赔偿损失的原则

（1）完全赔偿规则。指因违约方的违约使对方遭受的全部损失都应由违约方负赔偿责任。我国《合同法》第 113 条规定："损失赔偿额应相当于因违约所造成的损失，包括合同履行后所获得的利益"。这一原则使损失赔偿额的计算得以确定，使受害方恢复到合同如期履行的状态。

（2）限制赔偿规则。又称为可预见性规则，它是指损失赔偿额应当相当于因违约所造成的损失，但不得超过违反合同一方订立合同时预见到或者应当预见到的因违反合同可能造成的损失。

（3）经营欺诈惩罚赔偿规则。我国《合同法》规定，经营者对消费者提供商品或者服务有欺诈行为，给消费者造成误导，从而损害消费者利益的，按照《消费者权益保护法》的规定处罚。《消费者权益保护法》规定：经营者提供商品或者服务有欺诈行为的，应当按照消费者的要求增加赔偿其受到的损失，增加赔偿的金额为消费者购买商品的价款或者接受服务的费用的

1 倍。

（4）减轻损失规则。指在一方违约并造成损害以后，另一方当事人应及时采取合理的措施防止损失的扩大，否则，无权请求违约方对扩大部分的损失进行赔偿。守约方因防止损失扩大支出的合理费用，由违约方承担。

损害赔偿责任与支付违约金责任，两者都是合同责任的主要形式，损害赔偿主要是一种补偿性的责任形式，而违约金则具有补偿性和惩罚性双重属性。损害赔偿的目的要使受害方恢复到合同如期履行后的状态，而违约金的支付并不要求完全与实际损害相符，即使在没有损害的情况下，也应支付违约金。

（五）定金

定金是合同当事人约定的，一方向另一方交付一定数额的金钱作为合同的担保，在一方不履行合同时，应当承受定金罚则的合同制度。《合同法》规定，当事人可以按照《中华人民共和国担保法》约定一方向对方给付定金作为债权的担保。债务人履行债务后，定金应当抵做价款或者收回。给付定金的一方不履行约定的债务的，无权要求返还定金；收受定金的一方不履行约定的债务的，应当双倍返还定金。定金也可以说是一种承担违约责任的方式。

1. 定金的法律特征

（1）定金的标的物为金钱或其他代替物。定金标的物通常是金钱，也可以由其他可消费物或是同种类同数量替代的物。

（2）定金具有从属性。定金构成一个从属于主债的从债。定金的有效以主债之有效为前提，主债无效时，定金之债亦无效；定金之债无效，主债并不因此而无效。

（3）定金具有双向性。定金担保具有双向性，不管是哪一方交付定金，都受其作用。即当债务届期未得履行的情况下，交付定金的一方违约时无权收回定金，接受定金的一方违约时应返还双倍的定金。

（4）定金具有实践性。定金之债的成立，不仅应有双方当事人的合意，而且应有定金的现实交付，即定金属于实践合同。应以定金的实际交付为成立条件，如果不交或少交定金，将影响定金合同的成立。定金是实践合同，定金交付后，定金合同生效，定金的担保效力才正式形成。因此，定金不交或不交足并不构成违约行为。

（5）定金具有预付性，定金通常是在合同订立之时，或者合同订立后履行前由一方当事人向另一方当事人按照合同标的数的一定比例支付一定金额。定金具有预先给付性。

2. 定金的构成要件

（1）定金应以主合同的有效成立为前提。定金是从合同，其效力依主合同的效力而转移。主合同无效或被撤销时，定金合同不能成立。

（2）要以定金的交付为要件。

（3）要有一方不履行合同的违约行为。

3. 定金的效力

定金一经给付，发生所有权转移，即按受定金一方取得定金所有权。合同履行后，定金应当抵做价款或者收回，在支付定金一方不履行合同义务时，收受定金方得保留定金不负返还义务，即支付定金方丧失定金返还请求权。在接受定金一方不履行合同时，其应负双倍返还定金的责任。

4. 定金的适用

定金的数额由当事人约定，但不得超过主合同标的额的20%。

如果合同当事人在合同中既约定了定金，又约定了违约金，那么，在合同一方违约时，合同对方可以根据违约情况，选择适用违约金条款或者定金条款，如果违约行为属于定金条款所针对的情况，可选择适用定金条款；如果违约行为属于违约条款所针对的情况，则可选择适用违约金条款。

5. 定金与预付款的区别

定金是一种担保手段，给付定金在于担保债务的履行，本身并不是履行债务的行为，因而债务人履行债务后，定金应当抵做价款或者收回；而预付款只是一种支付手段，它是一种履行债务的行为，是债的一部分，不具有担保作用。定金具有证明合同成立的作用；而预付款不具有此功能。给付定金一方违约时，无权要求对方返还定金，接受定金一方违约时应双倍返还定金。这表明要求对方返还定金，接受定金存在着制裁违约方并补偿受害方所受损失的作用，定金相当于预先交付的违约金；而对于预付款，无论哪一方违约，都不存在上述罚则。

三、违约责任的免除

违约责任的免除，是指违约方虽存在违约行为，但依法可以不承担法律责任的情形。违约责任的免除主要包括两种情况，一是存在法律规定的免责事由；二是当事人约定的免责事由出现。

依照意思自治，当事人约定的免责事由应依当事人约定为准。但当事人约定的免责条款必须是合法的，否则无效。

法律规定的免责事由，主要有以下两种：

1. 不可抗力是指不能预见、不能避免并且不能克服的客观情况，包括自然现象和社会现象两种。自然现象如地震、台风、洪水、海啸等；社会现象如罢工、骚乱、战争以及政府颁发新政策、新法律而导致合同不能履行等。

我国《合同法》第 117 条规定："因不可抗力不能履行合同的，根据不可抗力的影响，部分或者全部免除责任。"但是，"当事人迟延履行后发生不可抗力的，不能免除责任。"当事人一方因不可抗力不能履行合同的，应当及时将情况通知对方，以减轻可能给对方造成的损失，并且应当在合理期限内提供证明。

案例 9 - 11 中，因 8 月 17 日发生洪水冲毁必经公路的情况，导致乙公司迟延交货，乙公司即可主张因发生不可抗力而免责。但 8 月 19 日发生洪水冲毁必经公路的情况，乙方则因已迟延履行而不能免除其违约责任。

2. 因货物本身的自然性质、货物的合理损耗或者托运因收货方本身的过错造成货物损失的，承运方不承担违约责任。

【本章小结】

合同是商品交易的基本法律形式。我国《合同法》所规范的合同是指作为平等主体的自然人、法人、其他组织之间设立、变更、终止民事权利、义务关系的协议。因单方民事法律行为、侵权行为、不当得利、无因管理和其他法律事实产生的债权债务关系，则不属于《合同法》的调整范围。婚姻、收养、监护等有关身份关系的协议，也不属于《合同法》的调整范围。《合同法》的基本原则包括自愿原则、平等、公平原则、诚实信用原则、合法性原则和公序良俗原则。

当事人订立合同，应当具有相应的民事权利能力和民事行为能力。要约和承诺是合同成立必须经过的两个阶段。合同当事人在订立合同过程中，因违反法律规定，违背诚实信用原则，致使合同未能成立，并给对方造成损失，应该承担损害赔偿责任。

合同的生效要件主要有三个：合同的主体合格；当事人意思表示真实；不违反法律或者社会公共利益。合同虽然已经成立，但因欠缺生效的要件而自始就不具有法律约束力的合同为无效合同，这类合同自始无效。当事人的意思表示不真实而订立的合同，当事人可以请求人民法院或仲裁机构予以变更或撤销。合同虽已成立，但因不符合生效要件，故此是否发生效力有待于其他行为或事实来确定的合同为效力待定合同。

履行合同应遵守全面履行原则和诚实信用原则。双务合同履行中的抗辩权是指在双务合同中，债务人根据法定事由拒绝或者对抗债权人的请求或否认其权利主张的权利，主要包括同时履行抗辩权、后履行抗辩权和不安抗辩权。合同的保全，是指为防止因债务人的财产不当减少而给债权人的债权带来危害，允许债权人代替债务人向第三人行使债权或者请求法院撤销债务人不当处理自己财产的行为的法律制度，合同的保全制度包括债权人的代位权和撤销权。

合同担保，是指为促使债务人履行其债务，以债务人或第三人的特定财产或一般财产保障债权人的债权实现的各种法律措施。我国规定的担保方式包括保证、抵押、质押、留置、定金。

合同变更是一种民事法律行为，必须满足一定的要求，即当事人对合同变更的内容约定应具体、明确。合同的转让实质上是合同主体的变更。

合同的终止又称为合同的消灭，指当事人之间的债权债务归于消灭，当事人不再受合同关系的约束。合同终止的原因主要有：债务已经按照约定履行；合同解除；债务相互抵消；提存；免除债务人责任以及债权和债务同归于一人。

违约责任是指合同当事人一方违反合同义务而应承担的民事责任。违约责任主要是一种补偿性的财产责任。我国《合同法》采用的是违约责任的归责原则，以严格责任原则为主、过错（推定）责任原则为辅。承担违约责任的方式有：继续履行；采取补救措施；支付违约金；赔偿损失和定金罚则。

在存在法律规定的免责事由或当事人约定的免责事由出现的情况下，可以免除违约方的违约责任。法律规定的免责事由，主要是发生不可抗力。

【关键名词或概念】

合同

相对性

要约

不安抗辩权

违约责任

【简答题】

1. 简述《合同法》的基本原则。
2. 简述承诺的含义及承诺成立的条件。
3. 简述合同的生效要件。
4. 缔约过失责任的构成要件是什么？
5. 什么叫违约责任，其特点是什么？
6. 不可抗力的免责条件是什么？

【案例讨论】

案例一

某公司机床买卖纠纷案

【案情】

甲公司因转产致使一台价值 1000 万元的精密机床闲置。该公司董事长王某与乙公司签订了一份机床转让合同。合同规定，精密机床作价 950 万元，甲公司于 10 月 31 日之前交货，乙公司在交货后 10 天内付清款项。在交货日前，甲公司发现乙公司的已经亏损经营达 3 年之久，外欠债务混乱，遂通知乙公司中止交货并要求乙公司提供担保，乙公司予以拒绝。又过了 1 个月，甲公司发现乙公司的经营状况进一步恶化，于是提出解除合同。乙公司遂向法院起诉。法院查明：（1）甲公司股东会决议规定，对精密机床的处置应经股东会特别决议；（2）甲公司的机床原由丙公司保管，保管期限至 10 月 31 日，保管费 50 万元。11 月 5 日，甲公司将机床提走但未支付保管费，丙公司多次索要而不得，便要求对该机床行使留置权。

【问题讨论】

1. 甲公司与乙公司之间转让机床的合同是否有效？为什么？
2. 甲公司中止履行的理由能否成立？为什么？
3. 甲公司能否解除合同？为什么？
4. 丙公司能否行使留置权？为什么？

案例二

购买电机纠纷案

【案情】

甲方与乙方是长期矿山机电产品供需协作单位。某年 8 月，甲乙双方签订了一份机电购销合同，约定由乙方向甲方供应 20 千瓦电机 10 台。合同未注明电机是直流电机还是交流电机，但根据价格和双方以往的交易，甲方购买的电机应是直流电机。甲方强调因技术改造急需，该批电机必须在 20 天内交付，为此双方约定逾期交货由乙方支付违约金 6 万元。合同签订后，乙方即四处寻找货源，至第 19 天时尚无着落。乙方经理王某为逃避支付违约金，便准备了 20 千瓦交流电机。在甲方开车提货时，乙方将 10 台 20 千瓦交流电机装车让甲方运走。因双方系长期合作单位，装车后甲方也未细看。在卸车开箱时，甲方发现乙方所供电机不是自己所需的直流电机，于是指责乙方以假充真，要求支付 6 万元违约金并交付 10 台直流电机。双方为此争执一月之久。此时乙方已购进 20 千瓦直流电机，遂给甲方换了电机，但拒不承认逾期交货，称原合同并未注明电机系直流或交流，致使发货人产生误解，其损失应由甲方自行承担。

【问题讨论】

1. 如何认定乙方的行为？
2. 甲乙双方的纠纷应如何解决？

第十章 工业产权法

"科学技术是一种强有力的工具，怎样利用它，究竟是给人类带来幸福，还是带来灾难，全取决于人类自己。"

——爱因斯坦

【本章导读】

工业产权是指人们依照法律对应用于工商业活动中的发明创造和识别性标记等智力成果在一定期限和地区内享有的专有权。在我国主要指专利权和商标权。鉴于各自的利益所在和利益驱动，包括商标权和专利权在内的知识产权在当代世界上已经成为国家与国家、企业与企业之间最重要的竞争手段和博弈工具。从提高国民素质和建设创新型社会氛围两方面来看，了解、掌握工业产权相关知识具有重要的意义。本章简述了商标权和专利权取得的条件、申请程序以及专有权的保护等基本知识。

【学习目标】

本章重点要求学生了解工业产权的概念、特征，掌握商标权与专利权取得的条件、申请程序、权利内容及与权利保护的有关内容，了解工业产权的国际保护，了解相关条约和国际组织。

【知识结构图】

工业产权法
- 工业产权法概述
  - 工业产权的概念与特征
  - 工业产权法的概念
- 商标法
  - 商标和商标法概述
  - 商标注册
  - 商标权的内容和期限
  - 注册商标争议的裁定
  - 商标使用的管理
  - 商标专用权的法律保护
  - 驰名商标及其特别保护
- 专利法
  - 专利和专利法概述
  - 专利权的客体与主体
  - 授予专利的条件
  - 专利申请和专利申请的审查、批准
  - 专利权的内容
  - 专利权的期限、终止和无效
  - 专利权的实施
  - 专利权的法律保护
- 工业产权的国际保护
  - 工业产权国际保护的主要组织
  - 工业产权国际保护的基本规范

第一节　工业产权法概述

【案例 10-1】　珠海联×公司在安必仙、阿莫仙等药品上使用灰色、浅黄色、深黄色三种颜色按一定比例、式样搭配的包装盒设计获得国家外观设计专利。2010 年 6 月 23 日，联×公司员工发现贵州拜×公司使用了本公司的药盒包装设计，将其诉至法庭。法院认定贵州拜×公司侵犯了珠海联×公司外观设计专利权，判其赔偿经济损失 35 万元。

一、工业产权的概念与特征

工业产权，是指人们依照法律对应用于工商业活动中的发明创造和识别性标记等智力成果在一定期限和地区内享有的专有权。工业产权是知识产权的重要组成部分。在我国，工业产权主要是指专利权和商标权。作为一种无形财产权，工业产权具有下列法律特征：

（一）国家授权性

工业产权的国家授权性是指工业产权必须依照相关法律的规定经过法定程序通过国家授权，才能取得并受到法律的保护。

（二）专有性

工业产权的专有性是指法律规定作为工业产权的专利权和商标权专属于权利人所有，从而使得权利人享有排他性的权利，未经权利人同意，任何第三人不得使用具有该种专利权和商标权的技术或者标识。案例 10 - 1 中珠海联×公司的包装盒设计获得了国家外观设计专利，意味着得到了国家授予的专有权，贵州拜×公司擅自使用珠海联×公司的包装盒外观设计，即构成侵权行为。

（三）时间性

工业产权的时间性是指法律对权利人所获得的专利权或商标权的保护是有一定期限的，即在法定期限内具有排他性的专有权，期限届满，则进入公共领域，成为社会财富，权利人不再具有独占权[①]。

（四）地域性

工业产权的地域性是指在一国授予的专利权或者商标权只能在该国领域内有效，对其他国家不发生法律效力。

二、工业产权法的概念

工业产权法是指调整国家确认、保护和使用工业产权而发生的各种社会关系的法律规范的总称。迄今为止，我国已相继颁布和实施了《专利法》、《专利法实施细则》、《商标法》、《商标法实施细则》等法律、法规。

---

① 商标这种工业产权期满后可以续展，续展成功则继续具有排他性的效力。

第二节　商标法

一、商标和商标法概述

（一）商标的概念与分类

商标，是指商品和商业服务的标记。它是用来区分同一类商品或者服务的不同生产者或者经营者的标志。根据不同的标准可以对商标做出如下几种分类：

1. 商品商标和服务商标

根据商标使用的对象不同，可以把商标分为商品商标和服务商标。使用在商品上，用来表征同一类商品的不同生产者的商标叫做商品商标；而那些用来表征同一类服务经营者的商标则通常被称为服务商标。

2. 文字商标、图形商标、立体商标和组合商标

根据商标构成要素不同，可以把商标分为文字商标、图形商标、立体商标和组合商标。

单纯由文字构成的商标是文字商标。对于这里的"文字"我们需要做广义的理解，即无论中文（包括少数民族文字）、外文还是数字都可以作为文字商标的构成要素出现。

单纯由图形构成的商标为图形商标。众多名车的商标均为图形商标。

立体商标是指以三维造型构成的商标。比如，米其林轮胎人等的商标。

组合商标是指由文字和图形共同组合而成的商标。

3. 集体商标、证明商标

集体商标，是指以团体、协会或者其他组织名义注册，供该组织成员在商事活动中使用，以表明使用者在该组织中的成员资格的标志。

证明商标，是指由对某种商品或者服务具有监督能力的组织所控制，而由该组织以外的单位或者个人使用于其商品或者服务上，用以证明该商品或者服务的原产地、原料、制造方法、质量或者其他特定品质的标志。

4. 注册商标、未注册商标、驰名商标

按商标的权利样态不同，可以分为注册商标、未注册商标、驰名商标。注册商标是指经商标局核准注册的商标，包括商品商标、服务商标和集体商标、证明商标；商标注册人享有商标专用权，受法律保护。驰名商标是指在市场上享有较高声誉并为相关公众熟知的注册商标。商标注册人请求保护其驰名商标权益的，应当向国家工商行政管理局商标局提出认定驰名商标的申请。

（二）商标法的概念

商标法是指调整在商标注册、使用、管理以及保护商标权的过程中所发生的社会关系的法律规范的总称。我国于 1982 年 8 月 23 日第五届全国人民代表大会常务委员会第二十四次会议通过了《中华人民共和国商标法》（以下简称《商标法》），1983 年 3 月 10 日国务院发布了《中华人民共和国商标法实施细则》，使我国的商标制度初步确立。基于建立社会主义市场经济体制和加入 WTO 的需要，《商标法》及其实施细则曾先后进行了修改，并于 2002 年 9 月 15 日颁布实施了《中华人民共和国商标法实施条例》，由此，使我国商标制度得以进一步完善。

二、商标注册

【案例 10 - 2】　　2010 年 9 月大于灶具厂向商标局申请为其灶具产品注册"大于"牌商标，商标局经审查后认定"大于"系县级以上行政区划名称，从而驳回了大于灶具厂的申请。大于灶具厂收到驳回通知后不服，向商标评审委员会申请复审。

（一）商标注册的概念

商标注册，是指商标使用人将其使用的商标按照法律规定的条件和程序，向商标管理机关提出注册申请，以取得商标专用权的行为。商标注册制度是保护商标专用权的一种基本法律制度。我国与世界上许多国家的商标法都允许使用经过商标注册的商标或者使用未经商标注册的商标，但只有经过注册的商标才能取得专用权，受法律保护。

我国《商标法》规定：自然人、法人或者其他组织对其生产、制造、加工、拣选或者经销的商品，需要取得商标专用权的，应当向商标局申请商品商标注册。自然人、法人或者其他组织对其提供的服务项目，需要取得商标专用权的，应当向商标局申请服务商标注册。两个以上的自然人、法人或者其他组织可以共同向商标局申请注册同一商标，共同享有和行使该商标专用权。

上述关于商品商标的规定，适用于服务商标。在我国，商标注册是自愿的①，但国家规定必须使用注册商标的商品，必须申请商标注册，未经核准注册的，不得在市场销售。

（二）商标注册的条件

一个商标要想通过国家商标主管部门的审查最终获得注册必须满足法定

---

①　我国对烟草制品和人用药品采用强制注册。所谓烟草制品主要包括卷烟、雪茄以及带有包装的烟丝等制品；而人用药品主要包括中成药、化学原料药及其制剂、抗生素、生化药品、放射性药品、血清疫苗、血液制品、诊断药品等。至于无包装的烟叶、兽用药品、农药、中草药的原料药等不属此列。

的条件。对此我国《商标法》做出了明确的规定：

1. 标志的可视性。《商标法》第 8 条规定："任何能够将自然人、法人或者其他组织的商品与他人的商品区别开的可视性标志，包括文字、图形、字母、数字、三维标志和颜色组合，以及上述要素的组合，均可以作为商标申请注册。"

2. 标志的显著性和非冲突性。《商标法》第 9 条规定："申请注册的商标，应当有显著特征，便于识别，并不得与他人在先取得的合法权利相冲突。"缺乏显著特征的不得作为商标注册，但经过使用取得显著特征，并便于识别的，可以作为商标注册。

3. 商标禁止使用的标志。《商标法》第 10 条规定：下列标志不得作为商标使用：

（1）同中华人民共和国的国家名称、国旗、国徽、军旗、勋章相同或者近似的，以及同中央国家机关所在地特定地点的名称或者标志性建筑物的名称、图形相同的；

（2）同外国的国家名称、国旗、国徽、军旗相同或者近似的，但该国政府同意的除外；

（3）同政府间国际组织的名称、旗帜、徽记相同或者近似的，但经该组织同意或者不易误导公众的除外；

（4）与表明实施控制、予以保证的官方标志、检验印记相同或者近似的，但经授权的除外；

（5）同"红十字"、"红新月"的名称、标志相同或者近似的；

（6）带有民族歧视性的；

（7）夸大宣传并带有欺骗性的；

（8）有害于社会主义道德风尚或者有其他不良影响的。

县级以上行政区划的地名或者公众知晓的外国地名，不得作为商标。但是，地名具有其他含义或者作为集体商标、证明商标组成部分的除外；已经注册的使用地名的商标继续有效。案例 10－2 中大于灶灯具厂向商标局申请为其灶具产品注册"大于"牌商标，商标局经审查后认定"大于"系县级以上行政区划名称从而驳回了大于灶具厂的申请。商标局的行为就符合了《商标法》第 10 条中关于县级以上行政区划的地名不得作为商标的规定。

《商标法》第 11 条规定：下列标志不得作为商标注册：

（1）仅有本商品的通用名称、图形、型号的；

（2）仅仅直接表示商品的质量、主要原料、功能、用途、重量、数量及其他特点的。

《商标法》第 12 条规定："以三维标志申请注册商标的，仅由商品自身的性质产生的形状、为获得技术效果而需有的商品形状或者使商品具有实质性价值的形状，不得注册。"

（三）商标注册的程序

1. 商标注册的原则

（1）申请在先为主，使用在先为补充的原则

两个或者两个以上的商标注册申请人，在同一种商品或者类似商品上，以相同或者近似的商标申请注册的，初步审定并公告申请在先的商标；两个或者两个以上的申请人，在同一种商品或者类似商品上，分别以相同或者近似的商标在同一天申请注册的，各申请人应当自收到商标局通知之日起 30 天内提交其申请注册前在先使用该商标的证据。同日使用或者均未使用的，各申请人可以自收到商标局通知之日起 30 天内自行协商，并将书面协议报送商标局；不愿协商或者协商不成的，商标局通知各申请人以抽签的方式确定一个申请人，驳回其他人的注册申请。商标局已经通知但申请人未参加抽签的，视为放弃申请，商标局应当书面通知未参加抽签的申请人。

（2）优先权的原则

商标注册申请人自其商标在外国第一次提出商标注册申请之日起 6 个月内，又在中国就相同商品以同一商标提出商标注册申请的，依照该外国同中国签订的协议或者共同参加的国际条约，或者按照相互承认优先权的原则，可以享有优先权。要求优先权的，应当在提出商标注册申请的时候提出书面声明，并且在 3 个月内提交第一次提出的商标注册申请文件的副本[1]；未提出书面声明或者逾期未提交商标注册申请文件副本的，视为未要求优先权。

商标在中国政府主办的或者承认的国际展览会展出的商品上首次使用的，自该商品展出之日起 6 个月内，该商标的注册申请人可以享有优先权。要求优先权的，应当在提出商标注册申请的时候提出书面声明，并且在 3 个月内提交展出其商品的展览会名称、在展出商品上使用该商标的证据、展出日期等证明文件[2]；未提出书面声明或者逾期未提交证明文件的，视为未要求优先权。

---

[1]　申请人提交的第一次提出商标注册申请文件的副本应当经受理该申请的商标主管机关证明，并注明申请日期和申请号。

[2]　申请人提交的证明文件应当经国务院工商行政管理部门规定的机构认证，展出其商品的国际展览会是在中国境内举办的除外。

（3）一类商品，一个商标，一份申请的原则

申请人申请商标注册的，应当按规定的商品分类表①填报使用商标的商品类别和商品名称。申请人在不同类别的商品上申请注册同一商标的，应当按商品分类表提出注册申请。注册商标需要在同一类的其他商品上使用的，应当另行提出注册申请。注册商标需要改变其标志的，应当重新提出注册申请。注册商标需要变更注册人的名义、地址或者其他注册事项的，应当提出变更申请。

2. 商标注册的审查和核准

（1）商标申请

商标注册申请人，可以是自然人、法人或者其他组织。国内申请人可以委托商标代理组织代理，也可以直接办理。外国人或者外国企业在中国申请商标注册的，应当按其所属国和中华人民共和国签订的协议或者共同参加的国际条约办理，或者按对等原则办理。具体事宜应当委托国家认可的具有商标代理资格的组织代理。

申请商标注册通常至少应当向商标局提交如下申请文件：

① 能够证明申请人身份的有效证件的复印件②。

②《商标注册申请书》1 份。

③ 商标图样 5 份③，若指定商标颜色的，则应当提交着色图样 5 份，黑白稿 1 份。

另外，以三维标志申请注册商标的，应当在申请书中予以声明，并提交能够确定三维形状的图样。

④ 其他证明文件。

以颜色组合申请注册商标的，应当在申请书中予以声明，并提交文字说明。申请注册集体商标、证明商标的，应当在申请书中予以声明，并提交主体资格证明文件和使用管理规则。商标为外文或者包含外文的，应当说明含义。申请人用药品商标注册，应当附送卫生行政部门发给的《药品生产企业

---

① 商品国际分类是在 1957 年 6 月 15 日由一些发达国家在法国尼斯外交会议上正式签订的《商标注册用商品和服务国际分类尼斯协定》确定的，于 1961 年 4 月 8 日生效。目前尼斯协定第八版已经于 2002 年 1 月 1 日起正式使用，共有 34 个商品类别和 11 个服务类别。以此为基础，国家工商总局商标局制定了《类似商品和服务区分表》。

② 自然人应提交身份证复印件，法人应提交营业执照副本。

③ 商标图样必须清晰、便于粘贴，用光洁耐用的纸张印制或者用照片代替，长或者宽应当不大于 10 厘米，不小于 5 厘米。

许可证》或者《药品经营企业许可证》副本；申请烟草制品的商标注册，应当附送国家烟草主管机关批准生产的证明文件。

（2）商标审查

我国《商标法》规定采用形式审查和实质审查相结合的制度。

① 形式审查

商标局收到商标注册申请文件后，首先进行形式审查。形式审查的内容主要包括：申请人是否具备申请资格；申请手续是否齐备；是否按照规定缴纳申请注册费等。经过形式审查，凡符合规定的，商标局予以受理，编定申请号，发给受理通知书。对于申请手续不齐备或者未按照规定填写申请文件的，予以退回，申请日期不予保留。对于申请手续和申请文件基本符合规定，但需要补正的，通知予以补正，在规定期限内补正的，保留申请日期，未在规定期限内补正的，予以退回，申请日期不予保留。

② 实质审查

商标局对受理的申请，依照《商标法》规定进行实质审查。实质审查的内容主要包括：申请注册的商标是否具备可视性、显著性和非冲突性；申请注册的商标是否与已注册在相同或者类似商品或者服务上的商标相同或者近似；申请注册的商标是否违背《商标法》第10条、第11条、第12条的禁止性规定等。

（3）初步审定并公告

经过上述形式审查和初步审查，凡符合《商标法》有关规定的，由商标局初步审定，予以公告。公告在商标局编印的定期刊物《商标公告》上进行。不符合《商标法》有关规定的，由商标局驳回申请，不予公告。商标局应书面通知申请人并说明理由。

（4）异议

对初步审定的商标，自公告之日起3个月内，任何人均可以提出异议。

对初步审定、予以公告的商标提出异议的，商标局应当听取异议人和被异议人陈述事实和理由，经调查核实后，做出裁定。当事人不服的，可以自收到通知之日起15天内向商标评审委员会申请复审，由商标评审委员会做出裁定，并书面通知异议人和被异议人。

当事人对商标评审委员会的裁定不服的，可以自收到通知之日起30天内向人民法院起诉。人民法院应当通知商标复审程序的对方当事人作为第三人参加诉讼。

（5）核准注册

初步审定的商标在公告期满没有人提出异议或者异议不成立的，商标局予以正式核准注册，发给商标注册证，并予公告。商标注册申请人自核准注册之日起取得商标专用权[①]。

三、商标权的内容和期限

（一）商标权的内容

1. 专用权

专用权是指商标权人拥有使用其商标的专有权利。商标专用权的范围是从商品和商标两个方面的结合加以界定的。《商标法》第51条规定："注册商标的专用权，以核准注册的商标和核定使用的商品为限。"

2. 禁止权

禁止权是指商标权人有权禁止他人未经其许可使用其注册商标。需要注意的是禁止权的范围大于商标专用权的范围，因为根据《商标法》的规定，未经商标注册人的许可，在同一种商品或者类似商品上使用与其注册商标相同或者近似的商标的，均属于侵犯商标专用权的行为。

3. 转让权

转让权是指商标权人有权决定将其注册商标有偿或者无偿转让给他人。转让注册商标的，转让人和受让人应当签订转让协议，并共同向商标局提出申请。受让人应当保证使用该注册商标的商品质量。转让注册商标经核准后，予以公告。受让人自公告之日起享有商标专用权。

4. 许可权

许可权是指商标权人有权将其注册商标许可他人在一定范围内使用。商标注册人可以通过签订商标使用许可合同，许可他人使用其注册商标。许可人应当监督被许可人使用其注册商标的商品质量。被许可人应当保证使用该注册商标的商品质量。经许可使用他人注册商标的，必须在使用该注册商标的商品上标明被许可人的名称和商品产地。商标使用许可合同应当报商标局备案。

（二）商标权的期限

注册商标的有效期为十年，自核准注册之日起计算。

注册商标有效期满，需要继续使用的，应当在期满前6个月内申请续展注册；在此期间未能提出申请的，可以给予6个月的宽展期。宽展期满仍未提出申请的，注销其注册商标。

[①] 经裁定异议不能成立而核准注册的，商标注册申请人取得商标专用权的时间自初审公告3个月期满之日起计算。

每次续展注册的有效期为十年。续展注册经核准后,予以公告。另外,需要注意的一点是,商标的续展注册次数是不受限制的。

四、注册商标争议的裁定

已经注册的商标,违反《商标法》关于商标和商标注册禁止使用的标志及三维标志申请注册商标的规定,或者是以欺骗手段或者其他不正当手段取得注册的,由商标局撤销该注册商标;其他单位或者个人可以请求商标评审委员会裁定撤销该注册商标。

已经注册的商标,违反《商标法》关于商标注册审查和核准规定的,自商标注册之日起5年内,商标所有人或者利害关系人可以请求商标评审委员会裁定撤销该注册商标。对恶意注册的,驰名商标所有人不受5年的时间限制。

另外,对已经注册的商标有争议的,可以自该商标经核准注册之日起5年内,向商标评审委员会申请裁定。商标评审委员会收到裁定申请后,应当通知有关当事人,并限期提出答辩。

商标评审委员会做出维持或者撤销注册商标的裁定后,应当书面通知有关当事人。当事人对商标评审委员会的裁定不服的,可以自收到通知之日起30天内向人民法院起诉。人民法院应当通知商标裁定程序的对方当事人作为第三人参加诉讼。

五、商标使用的管理

商标使用的管理是指商标局对注册商标、未注册商标的使用进行的监督管理,并对违反《商标法》规定的侵权行为予以制裁的活动。

(一) 对注册商标使用的管理

1. 使用注册商标,有下列行为之一的,由商标局责令限期改正或者撤销其注册商标:

(1) 自行改变注册商标的;

(2) 自行改变注册商标的注册人名义、地址或者其他注册事项的;

(3) 自行转让注册商标的;

(4) 连续3年停止使用的。

对商标局撤销注册商标的决定,当事人不服的,可以自收到通知之日起15天内向商标评审委员会申请复审,由商标评审委员会做出决定,并书面通知申请人。当事人对商标评审委员会的决定不服的,可以自收到通知之日起30天内向人民法院起诉。

2. 使用注册商标，其商品粗制滥造，以次充好，欺骗消费者的，由各级工商行政管理部门分别不同情况，责令限期改正，并可以予以通报或者处以罚款，或者由商标局撤销其注册商标。

3. 注册商标被撤销的或者期满不再续展的，自撤销或者注销之日起一年内，商标局对与该商标相同或者近似的商标注册申请，不予核准。

4. 对按照国家规定必须使用注册商标的商品，未申请注册而在市场上销售的，由地方工商行政管理部门责令限期申请注册，可以并处罚款。

（二） 对未注册商标使用的管理

使用未注册商标，有下列行为之一的，由地方工商行政管理部门予以制止，限期改正，并可以予以通报或者处以罚款：

1. 冒充注册商标的；

2. 违反《商标法》商标标识禁用规定的；

3. 粗制滥造，以次充好，欺骗消费者的。

六、商标专用权的法律保护

（一） 侵犯注册商标专用权的行为类型

根据《商标法》第 52 条的规定，有下列行为之一的，均属侵犯注册商标专用权：

1. 未经商标注册人的许可，在同一种商品或者类似商品上使用与其注册商标相同或者近似的商标的；

2. 销售侵犯注册商标专用权的商品的；

3. 伪造、擅自制造他人注册商标标识或者销售伪造、擅自制造的注册商标标识的；

4. 未经商标注册人同意，更换其注册商标并将该更换商标的商品又投入市场的；

5. 给他人的注册商标专用权造成其他损害的。

（二） 侵犯注册商标专用权的法律责任

1. 民事责任。民事责任主要包括：停止侵害、赔偿损失等。其中，根据《商标法》的规定，侵犯商标专用权的赔偿数额，为侵权人在侵权期间因侵权所获得的利益，或者被侵权人在被侵权期间因被侵权所受到的损失，包括被侵权人为制止侵权行为所支付的合理开支。

侵权人因侵权所得利益，或者被侵权人因被侵权所受损失难以确定的，由人民法院根据侵权行为的情节判决给予 50 万元以下的赔偿。销售不知道是侵犯注册商标专用权的商品，能证明该商品是自己合法取得的并说明提供者的，不承担赔偿责任。

2. 行政责任。行政责任主要包括：责令立即停止侵权行为、没收销毁侵权商品和专门用于制造侵权商品、伪造注册商标标识的工具、罚款。

3. 刑事责任。未经商标注册人许可，在同一种商品上使用与其注册商标相同的商标，构成犯罪的，除赔偿被侵权人的损失外，依法追究刑事责任；伪造、擅自制造他人注册商标标识或者销售伪造、擅自制造的注册商标标识，构成犯罪的，除赔偿被侵权人的损失外，依法追究刑事责任；销售明知是假冒注册商标的商品，构成犯罪的，除赔偿被侵权人的损失外，依法追究刑事责任。

七、驰名商标及其特别保护

（一）驰名商标的概念与认定

驰名商标，也称著名商标，是指具有很高知名度、为公众所熟知的商标。根据我国《商标法》，认定驰名商标应当考虑下列因素：

1. 相关公众对该商标的知晓程度；
2. 该商标使用的持续时间；
3. 该商标的任何宣传工作的持续时间、程度和地理范围；
4. 该商标作为驰名商标受保护的记录；
5. 该商标驰名的其他因素。

（二）驰名商标的特别保护

就相同或者类似商品申请注册的商标是复制、模仿或者翻译他人未在中国注册的驰名商标，容易导致混淆的，不予注册并禁止使用。

就不相同或者不相类似商品申请注册的商标是复制、模仿或者翻译他人已经在中国注册的驰名商标，误导公众，致使该驰名商标注册人的利益可能受到损害的，不予注册并禁止使用。

第三节　专　利　法

一、专利和专利法概述

（一）专利

专利的英文是 patent，其实质是公开和垄断。现代意义上的专利一般有三种含义：一是指专利权，即某项发明创造根据《专利法》的规定向国家专利机关提出申请，经过审查批准授予申请人在法律规定的时间内对其发明创造享有专有权；二是指获得专利的发明创造本身，包括发明、实用新型和外观设计三种；三是指专利文献，如记载专利技术内容的专利说明书等。

（二）专利法

专利法是指确认和保护发明创造所有权、调整在利用专有的发明创造过程中所产生的各种社会关系的法律规范的总称。

为了保护发明创造专利权，鼓励发明创造，有利于发明创造的推广应用，促进科学技术进步和创新，适应社会主义现代化建设的需要。我国于 1984 年 3 月 12 日第六届全国人民代表大会第四次会议通过了《中华人民共和国专利法》（以下简称《专利法》）。1985 年国务院批准发布了《专利法实施细则》，建立起了我国的专利保护制度。同时，为了适应了科学技术的迅猛发展和经济全球一体化的需要，我国又曾先后几次对《专利法》及其实施细则进行了修改，最近一次修改是在 2008 年 12 月 17 日，修改后的《专利法》已于 2009 年 10 月 1 日生效。

二、专利权的客体

专利权的客体，是指《专利法》保护的对象，即依法可以取得专利权的发明创造。我国《专利法》所称的发明创造，是指发明、实用新型和外观设计。

（一）发明

《专利法》所称发明，是指对产品、方法或者其改进所提出的新的技术方案。根据不同的标准可以对发明进行不同的分类，其中最主要的一种分类就是把发明分为产品发明和方法发明。

产品发明，是指用发明人所提供的解决特定问题的技术方案直接生产的产品，如电灯、电话、仪器仪表、新的合金物质等发明。没有经过人力的加工、属于自然状态的物质不是产品发明，如天然宝石、矿物质等。产品发明取得专利权后，称为"产品专利"。产品专利只保护产品本身，不保护该产品的制造方法。

方法发明，是指为制造产品或者解决某个技术问题而创造的操作方法或技术手段。此处的"方法"，可以是化学方法、机械方法、生物方法等。比如合成树脂的方法、制造特种钢的方法、胰岛素人工合成的方法等。方法发明取得专利权后，称为"方法专利"。方法专利的保护延及进口或者在我国境内使用或者销售的使用该方法直接获得的产品。这意味着未经方法发明专利权人的许可，任何单位或者个人不得使用其专利方法以及使用、销售依照该专利方法直接获得的产品。

（二）实用新型

《专利法》所称实用新型，是指对产品的形状、构造或者其结合所提出的适于实用的新的技术方案。实用新型是一种新的技术方案，也是发明的一部分。但是，实用新型与发明还是有区别的，主要表现在：

1. 实用新型的创造性程度要低于发明；

2. 发明专利的保护范围宽于实用新型专利的保护范围。

（三）外观设计

《专利法》所称外观设计，是指对产品的形状、图案或者其结合以及色彩与形状、图案的结合所做出的富有美感并适于工业应用的新设计。实用新型和外观设计都关系到形状，其区别在于：实用新型主要涉及产品的功能，外观设计主要涉及产品外观的美化而不涉及产品的制造和设计技术。

三、专利权的主体

【案例 10-3】　某市 A 政府部门委托 B 国有企业开发某一软件，B 国有企业又转委托 C 高校开发设计，C 高校专门成立了 D 课题组，组长由张教授担任，将这一开发设计以内部科研承包的方式交由 D 课题组具体承担。

专利权的主体是指可以申请并取得专利权的单位和个人。专利权人和专利申请人是两个不同的概念。一项发明创造申请专利后并不一定获得批准成为专利技术，也就是说，专利申请人未必能够成为专利权人。反之，专利权人也未必都曾经是专利申请人，因为专利权是可以通过转让、继承等方式获得的。

根据我国的《专利法》规定，有权在中国申请专利的人包括中国的单位和公民以及外国人、外国企业或者外国的其他组织。

（一）发明人、设计人

《专利法》所称的发明人或者设计人，是指对发明创造的实质性特点做出了创造性贡献的自然人。在完成发明创造过程中，只负责组织工作的人、为物质技术条件的利用提供方便的人或者从事其他辅助工作的人，不是发明人或者设计人。其中，发明人是指发明或者实用新型的完成人。设计人是指外观设计的完成人。由发明人、设计人单独完成的与任何单位无关的发明创造属于非职务发明创造，申请专利的权利属于发明人或者设计人。申请被批准后，该发明人或者设计人为专利权人。

（二）发明人、设计人的单位

1. 职务发明创造

发明人、设计人执行本单位的任务或者主要是利用本单位的物质技术条件所完成的发明创造为职务发明创造。

执行本单位的任务所完成的职务发明创造包括如下情形：

（1）在本职工作中做出的发明创造；

（2）履行本单位交付的本职工作之外的任务所做出的发明创造；

（3）退职、退休或者调动工作后 1 年内做出的，与其在原单位承担的本职工作或者原单位分配的任务有关的发明创造。

利用本单位的物质技术条件完成的发明创造是指主要利用本单位的资金、设备、零部件、原材料或者不对外公开的技术资料等完成的发明创造。案例10－3 中的 D 课题组承担完成的相关软件的开发设计，即属于职务发明创造。

2. 权利归属

职务发明创造申请专利的权利属于该单位；申请被批准后，该单位为专利权人。利用本单位的物质技术条件所完成的发明创造，单位与发明人或者设计人订有合同，对申请专利的权利和专利权的归属做出约定的，从其约定。

3. 发明人、设计人的权利

（1）署名权。发明人或者设计人有在专利文件中写明自己是发明人或者设计人的权利。

（2）获得物质奖励的权利。被授予专利权的单位应当对职务发明创造的发明人或者设计人给予奖励；发明创造专利实施后，根据其推广应用的范围和取得的经济效益，对发明人或者设计人给予合理的报酬。

被授予专利权的国有企业事业单位应当自专利权公告之日起 3 个月内发给发明人或者设计人奖金。一项发明专利的奖金最低不少于 2000 元；一项实用新型专利或者外观设计专利的奖金最低不少于 500 元。

由于发明人或者设计人的建议被其所属单位采纳而完成的发明创造，被授予专利权的国有企业事业单位应当从优发给奖金。

发给发明人或者设计人的奖金，企业可以计入成本，事业单位可以从事业费中列支。

被授予专利权的国有企业事业单位在专利权有效期限内，实施发明创造专利后，每年应当从实施该项发明或者实用新型专利所得利润纳税后提取不低于 2% 或者从实施该项外观设计专利所得利润纳税后提取不低于 0.2%，作为报酬支付发明人或者设计人；或者参照上述比例，发给发明人或者设计人一次性报酬。

被授予专利权的国有企业事业单位许可其他单位或者个人实施其专利的，应当从许可实施该项专利收取的使用费纳税后提取不低于10%作为报酬支付发明人或者设计人。

（三）合作和委托完成的发明创造的主体

两个以上单位或者个人合作完成的发明创造、一个单位或者个人接受其他单位或者个人委托所完成的发明创造，除另有协议的以外，申请专利的权利属于完成或者共同完成的单位或者个人；申请被批准后，申请的单位或者个人为专利权人。《专利法》第15条明确规定专利申请权或者专利权的共有人对权利的行使，有约定的，从其约定；没有约定的，共有人可以单独实施或者以普通许可方式许可他人实施该专利；许可他人实施该专利的，收取的使用费应当在共有人之间分配；其他情形，行使共有的专利申请权或者专利权应当取得全体共有人的同意。案例10-3中的D课题组承担完成的相关软件的开发设计，如果没有其他事先约定，申请专利的权利就属于该课题组。

（四）外国人、外国企业或者外国其他组织

《专利法》第19条规定，在中国没有经常居所或者营业所的外国人、外国企业或者外国其他组织在中国申请专利和办理其他专利事务的，应当委托依法设立的专利代理机构办理。

四、授予专利权的条件

发明创造要取得专利权必须具备一定的条件。专利权授予条件分为积极条件和消极条件。

（一）积极条件

积极条件是从正面阐述具备什么样条件的发明创造才能被授予专利。

1. 授予发明和实用新型的专利权条件

授予专利权的发明和使用新型应当具备新颖性、创造性和实用性。

（1）新颖性，是指该发明或者实用新型不属于现有技术；也没有任何单位或者个人就同样的发明或者实用新型在申请日以前向国务院专利行政部门提出过申请，并记载在申请日以后公布的专利申请文件或者公告的专利文件中。

我国《专利法》将提出专利申请的日期作为确定新颖性的时间界限。专利申请日为国务院专利行政部门收到专利申请文件之日，如果申请文件是邮寄的则以寄出的邮戳日为申请日。但申请专利的发明创造在申请日以前 6 个月内，有下列情形之一的，不丧失新颖性：

① 在中国政府主办或者承认的国际展览会上首次展出的；

② 在规定的学术会议或者技术会议上①首次发表的；

③ 他人未经申请人同意而泄露其内容的。

（2）创造性，是指与现有的技术相比，该发明有突出的实质性特点和显著的进步，该实用新型有实质性特点和进步。现有技术是指申请日以前在国内外为公众所知的技术。实质性特点是指申请专利保护的发明或者实用新型和原来技术相比有本质性的突破，不是对原有技术的类似或推导，而是创造性构思的结构。

（3）实用性，是指该发明或者实用新型能够在产业上制造或者使用，并且能够产生积极效果。

2. 授予外观设计的专利权的条件

《专利法》第23条对符合外观设计专利的条件规定得明确、具体，同时对外观设计专利申请的审核也很严格。授予专利权的外观设计，应当不属于现有设计。亦即授予专利权的外观设计，应当不属于申请日以前在国内外为公众所知的设计；没有任何单位或者个人就同样的外观设计在申请日以前向国务院专利行政部门提出过申请，并记载在申请日以后公告的专利文件中；授予专利权的外观设计与现有设计或者现有设计特征的组合相比，应当具有明显区别；授予专利权的外观设计不得与他人在申请日以前已经取得的合法权利相冲突。

（二）消极条件

消极条件是从反面规定哪些情形不能被授予专利权。

根据我国《专利法》的规定，以下各种情况不能被授予专利权。

1. 违反国家法律、社会公德或者妨害公共利益的发明创造不能取得专利权

违反国家法律、社会公德或者妨害公共利益的发明创造对社会没有进步作用，违背专利法的宗旨，有的可能对人民群众的生命财产构成重大威胁，如伪造货币的机器、盗窃工具、赌博用具等都不能授予专利权。

---

① 学术会议或者技术会议，是指国务院有关主管部门或者全国性学术团体组织召开的学术会议或者技术会议。

2. 不属于发明的项目不能被授予专利权

（1）科学发现

科学发现是对自然界客观存在的未知物质、现象、变化过程及其特征和规律的揭示，是对客观世界的认识而不是对客观世界的改造。但是科学发现和发明创造两者之间的关系密切，人类社会的许多发明创造都是在对客观世界的规律的认识和理解的基础上产生的。

（2）智力活动的规则和方法

智力活动的规则和方法是人的大脑进行精神和智力活动的手段或过程，没有利用自然规律，更不是一种技术方案，因而不能授予专利权。例如比赛的评分规则、数学上的计算方法、生产管理方法、情报检索法、乐谱等都不能授予专利。但是，进行这类智力活动的新设备、新工具、新装置，如果符合专利条件可以授予专利权。

计算机程序也是一种数学方法或者信息保护的方法，具有抽象性的特点，原则上也不适宜采用专利进行保护。因此，世界各国对于计算机程序或软件能否获得专利保护存在着不同的看法。计算机程序是指为了得到某种结果，可以由计算机执行的一系列有序的编码。这种程序与数学算法和公式离不开，从本质上看，计算机程序属于数学算法和数学公式，因此一直未能列入专利的保护范围。

（3）疾病的诊断和治疗方法

疾病的诊断和治疗方法直接以有生命的人体或动物作为实施对象，对疾病进行识别、确定或消除，本身没有利用自然规律，不属于产业上的技术方法，因而不能授予专利权。另外，疾病的诊断和治疗充满了人为的主观因素，同一疾病对于不同的患者可能提出不同的治疗方法，不同的医生对同一病人可能提出完全不同的治疗方案，难以满足产业上的再现性的要求。而且疾病的诊断和治疗直接与人民群众的生命财产密切相关，如果授予其专利权，就会导致医疗费用的上涨，甚至可能造成法律和道德的冲突。但是，为诊断和治疗疾病而研制发明的各种仪器、设备可以被授予专利权。

3. 某些特定技术领域的发明不能取得专利权

（1）动物和植物品种

我国现行《专利法》对培育或生产动植物新品种的方法可以依法授予专利，但对动物和植物新品种本身尚不能授予专利权。

但是，现代社会生物技术发展异常活跃，从技术上已能解决再现性问题，从发展的角度看，对动植物品种的保护是必然趋势。现在已有不少国家的专利法开始授予植物品种专利，或者在专利法之外专门制定特别法保护植物品种。1997 年 3 月 20 日国务院颁布《植物新品种保护条例》，另外我国已经加入了 1978 年的《植物新品种保护公约》。

（2）用原子核变换方法获得的物质

原子核变换包括原子的自然衰变（指放射性元素）和人工核反应。放射性元素的自然衰变不是人力所能控制，因此不能受专利法保护。人工核反应通常可分为核裂变和核聚变，能释放出大量的能量。商用核电站、原子弹都是利用核裂变的原理，而核聚变所释放的能量要远远大于核裂变，但目前在技术上尚不能实现大规模的受控核聚变。出于保护国家和公众安全的目的，世界上绝大多数国家都不对此授予专利。

（3）对平面印刷品的图案、色彩或者两者的结合做出的主要起标识作用的设计

这是修改后的《专利法》的新规定。新《专利法》对于平面印刷品主要起标识作用的设计不再授予专利权，主要原因在于授予这些专利的条件太低，导致即便这些设计获得专利后也不能转化为较高的经济效益，从而产生了大量的"专利垃圾"。

五、专利申请和专利申请的审查、批准

（一）专利申请原则

1. 先申请原则

先申请原则是指两个以上的申请人分别就同样的发明创造申请专利的，专利权授予最先申请的人。如果两个以上的申请人在同一日分别就同样的发明创造申请专利的，应当在收到国务院专利行政部门的通知后自行协商确定申请人。

2. 一项发明一件申请原则

一项发明一件申请原则是指一件专利申请只能限于一项发明创造。即每一项发明创造只能申请一次专利，不能把两项以上的发明创造放到一件专利申请中办理，必须分别提出申请。一件外观设计专利申请应当限于一种产品所使用的一项外观设计。但是，如果属于一个总的发明构思的两项以上的发明或者实用新型，用于同一类别并且成套出售或者使用的产品的两项以上的外观设计，可以作为一件申请提出。

3. 优先权原则

（1）国外优先权。申请人自发明或者实用新型在外国第一次提出专利申请之日起 12 个月内，或者自外观设计在外国第一次提出专利申请之日起 6 个

月内，又在中国就相同主题提出专利申请的，依照该外国同中国签订的协议或者共同参加的国际条约，或者依照相互承认优先权的原则，可以享有优先权。

（2）国内优先权。申请人自发明或者实用新型在中国第一次提出专利申请之日起 12 个月内，又向国务院专利行政部门就相同主题提出专利申请的，可以享有优先权。

（二）专利申请应当提交的文件

1. 申请发明或者实用新型专利的，应当提交请求书、说明书及其摘要和权利要求书等文件。

请求书应当写明发明或者实用新型的名称，发明人或者设计人的姓名，申请人姓名或者名称、地址，以及其他事项。

说明书应当对发明或者实用新型做出清楚、完整的说明，以所属技术领域的技术人员能够实现为准；必要的时候应当有附图。摘要应当简要说明发明或者实用新型的技术要点。

权利要求书应当以说明书为依据，说明要求专利保护的范围。

2. 申请外观设计专利的，应当提交请求书以及该外观设计的图片或者照片①等文件，并且应当写明使用该外观设计的产品及其所属的类别。

申请人应当就每件外观设计产品所需要保护的内容提交有关视图或者照片，清楚地显示请求保护的对象。

申请外观设计专利的，必要时应当写明对外观设计的简要说明。外观设计的简要说明应当写明使用该外观设计的产品的设计要点、请求保护色彩、省略视图等情况。简要说明不得使用商业性宣传用语，也不能用来说明产品的性能。

国务院专利行政部门认为必要时，可以要求外观设计专利申请人提交使用外观设计的产品样品或者模型。样品或者模型的体积不得超过 30 厘米 ×30 厘米 ×30 厘米，重量不得超过 15 公斤。易腐、易损或者危险品不得作为样品或者模型提交。

（三）专利申请的提出、修改和撤回

1. 申请的提出

专利申请人将专利申请文件备齐，即可向国务院专利行政部门递交。

---

① 外观设计的图片或者照片，不得小于 3 厘米 ×8 厘米，并不得大于 15 厘米 ×22 厘米。同时请求保护色彩的外观设计专利申请，应当提交彩色图片或者照片一式两份。

申请人递交专利申请文件的方式有：直接递交给国务院专利行政部门；递交给国务院专利行政部门指定的专利代办处；通过邮局挂号邮件邮寄给国务院专利行政部门或其代办处。申请人邮寄申请文件应在信封正面注明"专利申请"字样。申请人应注意保存挂号邮件收据，以备必要时提供邮寄日证明。

需要注意的是，申请专利的发明涉及新的生物材料，该生物材料公众不能得到，并且对该生物材料的说明不足以使所属领域的技术人员实施其发明的，除应当符合《专利法》和本细则的有关规定外，申请人还应当办理下列手续：

（1）在申请日前或者最迟在申请日（有优先权的，指优先权日），将该生物材料的样品提交国务院专利行政部门认可的保藏单位保藏，并在申请时或者最迟自申请日起4个月内提交保藏单位出具的保藏证明和存活证明；期满未提交证明的，该样品视为未提交保藏；

（2）在申请文件中，提供有关该生物材料特征的资料；

（3）涉及生物材料样品保藏的专利申请应当在请求书和说明书中写明该生物材料的分类命名（注明拉丁文名称）、保藏该生物材料样品的单位名称、地址、保藏日期和保藏编号；申请时未写明的，应当自申请日起4个月内补正；期满未补正的，视为未提交保藏。

2. 申请的修改

申请人可以对其专利申请文件进行修改，但是，对发明和实用新型专利申请文件的修改不得超出原说明书和权利要求书记载的范围，对外观设计专利申请文件的修改不得超出原图片或者照片表示的范围。

·发明专利申请人在提出实质审查请求时以及在收到国务院专利行政部门发出的发明专利申请进入实质审查阶段通知书之日起的3个月内，可以对发明专利申请主动提出修改。

实用新型或者外观设计专利申请人自申请日起2个月内，可以对实用新型或者外观设计专利申请主动提出修改。

申请人在收到国务院专利行政部门发出的审查意见通知书后对专利申请文件进行修改的，应当按照通知书的要求进行修改。

国务院专利行政部门可以自行修改专利申请文件中文字和符号的明显错误。国务院专利行政部门自行修改的，应当通知申请人。

发明或者实用新型专利申请的说明书或者权利要求书的修改部分，除个别文字修改或者增删外，应当按照规定格式提交替换页。外观设计专利申请的图片或者照片的修改，应当按照规定提交替换页。

3. 申请的撤回

申请人可以在被授予专利权之前随时撤回其专利申请。申请人撤回专利申请的，应当向国务院专利行政部门提出声明，写明发明创造的名称、申请号和申请日。撤回专利申请的声明在国务院专利行政部门做好公布专利申请文件的印刷准备工作后提出的，申请文件仍予公布；但是，撤回专利申请的声明应当在以后出版的专利公报上予以公告。

专利申请被撤回后，该申请视为自始不存在。如果专利申请是在专利公开以前提出的，在撤回之后，申请人可以重新提出申请，其他人也可以就相同的发明创造提出专利申请。如果撤回是在专利公开以后提出的，则该发明创造已丧失新颖性，任何人就此发明创造提出申请都会被驳回。

（四）专利申请的审查和批准

1. 对发明专利申请的审查和批准

我国对发明专利申请采用早期公开、延迟审查制度。

国务院专利行政部门收到发明专利申请后，经初步审查认为符合本法要求的，自申请日起满18个月，即行公布。国务院专利行政部门可以根据申请人的请求早日公布其申请。

发明专利申请自申请日起3年内，国务院专利行政部门可以根据申请人随时提出的请求，对其申请进行实质审查；申请人无正当理由逾期不请求实质审查的，该申请即被视为撤回。国务院专利行政部门认为必要的时候，可以自行对发明专利申请进行实质审查。

发明专利的申请人请求实质审查的时候，应当提交在申请日前与其发明有关的参考资料。发明专利已经在外国提出过申请的，国务院专利行政部门可以要求申请人在指定期限内提交该国为审查其申请进行检索的资料或者审查结果的资料；无正当理由逾期不提交的，该申请即被视为撤回。

国务院专利行政部门对发明专利申请进行实质审查后，认为不符合本法规定的，应当通知申请人，要求其在指定的期限内陈述意见，或者对其申请进行修改；无正当理由逾期不答复的，该申请即被视为撤回。发明专利申请经申请人陈述意见或者进行修改后，国务院专利行政部门仍然认为不符合本法规定的，应当予以驳回。

发明专利申请经实质审查没有发现驳回理由的，由国务院专利行政部门做出授予发明专利权的决定，发给发明专利证书，同时予以登记和公告。发明专利权自公告之日起生效。

2. 对实用新型和外观设计专利申请的审查和批准

实用新型和外观设计专利申请经初步审查没有发现驳回理由的，由国务院专利行政部门做出授予实用新型专利权或者外观设计专利权的决定，发给相应的专利证书，同时予以登记和公告。实用新型专利权和外观设计专利权自公告之日起生效。

（五）复审

国务院专利行政部门设立专利复审委员会。专利申请人对国务院专利行政部门驳回申请的决定不服的，可以自收到通知之日起 3 个月内，向专利复审委员会请求复审。专利复审委员会复审后，做出决定，并通知专利申请人。

专利申请人对专利复审委员会的复审决定不服的，可以自收到通知之日起 3 个月内向人民法院起诉。

六、专利权的内容

（一）专利权人的权利

1. 独占权

发明和实用新型专利权被授予后，专利权人有自己制造、使用和销售专利产品或者使用专利方法的权利。除《专利法》另有规定的以外，任何单位或者个人未经专利权人许可，都不得实施其专利，即不得为生产经营目的制造、使用、许诺销售、销售、进口其专利产品，或者使用其专利方法以及使用、许诺销售、销售、进口依照该专利方法直接获得的产品。

外观设计专利权被授予后，任何单位或者个人未经专利权人许可，都不得实施其专利，即不得为生产经营目的制造、销售、进口其外观设计专利产品。

2. 实施许可权

专利权人有许可他人实施其专利并收取使用费的权利。任何单位或者个人实施他人专利的，应当与专利权人订立书面实施许可合同，向专利权人支付专利使用费。被许可人无权允许合同规定以外的任何单位或者个人实施该专利。

3. 转让权

专利权人有将自己的专利权转让给他人的权利。专利权的转让必须以法定的方式并符合法定的程序。转让专利申请权或者专利权的，当事人应当订立书面合同，并向国务院专利行政部门登记，由国务院专利行政部门予以公告。专利申请权或者专利权的转让自登记之日起生效。

中国单位或者个人向外国人转让专利申请权或者专利权的，必须经国务院有关主管部门批准。

4. 标记权

专利权人有权在其专利产品或者该产品的包装上标明专利标记和专利号。

5. 排除侵犯权

专利权人享有在其专利权受到侵犯时请求专利管理机关进行处理，或者直接向人民法院起诉的权利。

6. 放弃专利权的权

专利权人有权以书面形式放弃其专利权。

（二）专利权人的义务

1. 缴纳专利年费的义务。专利年费是专利权人支付给国家专利行政部门的管理费用。专利权人应当自被授予专利权的当年开始缴纳年费。不按规定缴纳年费的，专利权应予终止。

2. 实施专利的义务。专利权人负有自己在中国制造其专利产品、使用其专利方法或者许可他人在中国制造起专利产品、使用其专利方法的义务。

3. 职务发明创造取得专利后，被授予专利权的单位应当对职务发明创造的发明人或者设计人给予奖励及根据实施经济效益给予合理的报酬。

七、专利权的期限、终止和无效

（一）专利权的期限

专利权的期限是指专利权的时间效力。法律对专利权的保护不是永久的，而是由一定时间限制的。专利权只是在法定的期限内有效，并受到法律保护。我国《专利法》第 42 条规定，发明专利权的期限为 20 年，实用新型专利权和外观设计专利权的期限为十年，均自申请日起计算。

（二）专利权的终止

专利权的终止，即专利权的失效。专利权的终止有两种情况：

1. 期限届满终止，即正常终止。

2. 期限届满前终止，为提前终止，有下列情形之一的，专利权在期限届满前终止：

（1）没有按照规定缴纳年费的；

（2）专利权人以书面声明放弃其专利权的。

专利权在期限届满前终止的，由国务院专利行政部门登记和公告。

（三）专利权的无效

自国务院专利行政部门公告授予专利权之日起，任何单位或者个人认为该专利权的授予不符合《专利法》有关规定的，可以请求专利复审委员会宣告该专利权无效。

专利复审委员会对宣告专利权无效的请求应当及时审查和做出决定，并通知请求人和专利权人。宣告专利权无效的决定，由国务院专利行政部门登记和公告。

对专利复审委员会宣告专利权无效或者维持专利权的决定不服的，可以自收到通知之日起 3 个月内向人民法院起诉。人民法院应当通知无效宣告请求程序的对方当事人作为第三人参加诉讼。

宣告无效的专利权视为自始即不存在。

宣告专利权无效的决定，对在宣告专利权无效前人民法院做出并已执行的专利侵权的判决、裁定，已经履行或者强制执行的专利侵权纠纷处理决定，以及已经履行的专利实施许可合同和专利权转让合同，不具有追溯力。但是因专利权人的恶意给他人造成的损失，应当给予赔偿。

如前所述，专利权人或者专利权转让人不向被许可实施专利人或者专利权受让人返还专利使用费或者专利权转让费，明显违反公平原则，专利权人或者专利权转让人应当向被许可实施专利人或者专利权受让人返还全部或者部分专利使用费或者专利权转让费。

八、专利的实施

（一）专利实施

专利实施，是指专利权人或者他人在中国境内为了生产经营的目的制造、使用和销售专利产品或使用其专利方的全部实践活动。专利权人有实施其专利的义务。

专利权人除自己实施其专利外，还可以通过订立许可合同的方式许可他人实施，并应当自合同生效之日起 3 个月内向国务院专利行政部门登记备案。

（二）专利实施的强制许可

强制许可实施，是指国务院专利行政部门在一定条件下，不需要经过专利权人的同意，准许其他单位和个人实施专利权人的专利的一种强制性法律措施。

专利权人对国务院专利行政部门关于实施强制许可的决定不服的，专利权人和取得实施强制许可的单位或者个人对国务院专利行政部门关于实施强制许可的使用费的裁决不服的，可以自收到通知之日起 3 个月内向人民法院起诉。

1. 强制许可实施的种类

根据我国《专利法》的规定，强制许可实施有以下三种：

（1）未实施的强制许可

《专利法》第48条规定专利权人自专利权被授予之日起满3年，且自提出专利申请之日起满4年，无正当理由未实施或者未充分实施其专利的或者专利权人行使专利权的行为被依法认定为垄断行为，为消除或者减少该行为对竞争产生的不利影响，国务院专利行政部门根据具备实施条件的单位或者个人的申请，可以给予实施发明专利或者实用新型专利的强制许可。

（2）国家处于紧急状态或非常情况的强制许可

在国家出现紧急状态或者非常情况时，或者为了公共利益的目的，国务院专利行政部门可以给予实施发明专利或者实用新型专利的强制许可。

（3）从属专利的强制许可

一项取得专利权的发明或者实用新型比之前已经取得专利权的发明或者实用新型具有显著经济意义的重大技术进步，其实施又有赖于前一发明或者实用新型的实施的，国务院专利行政部门根据后一专利权人的申请，可以给予实施前一发明或者实用新型的强制许可。在符合前述规定给予实施强制许可的情形下，国务院专利行政部门根据前一专利权人的申请，也可以给予实施后一发明或者实用新型的强制许可。

2. 强制许可实施的相关规定

（1）国务院专利行政部门做出的给予实施强制许可的决定，应当及时通知专利权人，并予以登记和公告。

（2）给予实施强制许可的决定，应当根据强制许可的理由规定实施的范围和时间。强制许可的理由消除并不再发生时，国务院专利行政部门应当根据专利权人的请求，经审查后做出终止实施强制许可的决定。

（3）取得实施强制许可的单位或者个人不享有独占的实施权，并且无权允许他人实施。

（4）取得实施强制许可的单位或者个人应当付给专利权人合理的使用费，或者依照中华人民共和国参加的有关国际条约的规定处理使用费问题。付给使用费的，其数额由双方协商；双方不能达成协议的，由国务院专利行政部门裁决。

（三）专利的强制推广应用

国有企业事业单位的发明专利，对国家利益或者公共利益具有重大意义的，国务院有关主管部门和省、自治区、直辖市人民政府报经国务院批准，可以决定在批准的范围内推广应用，允许指定的单位实施，由实施单位按照国家规定向专利权人支付使用费。

中国集体所有制单位和个人的发明专利，对国家利益或者公共利益具有重大意义，需要推广应用的，参照上述规定办理。

九、专利权的法律保护

【案例 10 - 4】 "四海"粉丝厂生产的注册商标为"清新"牌的袋装粉丝，系知名商品，投放市场以来受到广大消费者的欢迎，月销售量平均达 50 吨。2010 年 6 月，"四海"粉丝厂为防止他人仿冒包装，使用了向国家专利局申请外观设计专利的精美包装，该包装设计已于 2010 年 4 月 5 日获外观设计专利，专利号为 ZL99308198.2.。自 2011 年 7 月以来，"四海"粉丝厂的粉丝销售量大幅下降，经调查了解发现"坤云"粉丝厂也正在福州市场上销售与"四海"粉丝厂产品几乎同样包装的白薯粉丝，且在外包装上也标有与"四海"粉丝厂外观设计的专利号相同的专利号。

（一）专利保护范围的确定

根据《专利法》第 59 条的规定，发明或者实用新型专利权的保护范围以其权利要求的内容为准，说明书及附图可以用于解释权利要求的内容。外观设计专利权的保护范围以表示在图片或者照片中该产品的外观设计为准，简要说明可以用于解释图片或者照片所表示的该产品的外观设计。

（二）专利侵权

专利侵权，是指他人未经专利权人的许可，实施起专利的行为。按照我国《专利法》的规定，专利侵权有如下三种情况：

1. 以生产经营为目的，擅自制造、使用、销售专利产品；

2. 以生产经营为目的，提供和持有仿制或假冒他人专利。

下列行为属于假冒他人专利的行为：

（1）未经许可，在其制造或者销售的产品、产品的包装上标注他人的专利号；

（2）未经许可，在广告或者其他宣传材料中使用他人的专利号，使人将所涉及的技术误认为是他人的专利技术；

（3）未经许可，在合同中使用他人的专利号，使人将合同涉及的技术误认为是他人的专利技术；

（4）伪造或者变造他人的专利证书、专利文件或者专利申请文件。

案例 10 - 4 中"坤云"粉丝厂在未经"四海"粉丝厂许可的情况下，在其销售的粉丝的外包装上标注"四海"粉丝厂的外观设计专利号，这种行为就构成了假冒他人专利的行为。

3. 未经专利权人同意使用其专利方法或者使用、销售依照该专利方法直接获得的产品。

（三）不视为侵犯专利权的使用行为

有下列情形之一的，不视为侵犯专利权：

1. 专利产品或者依照专利方法直接获得的产品，由专利权人或者经其许可的单位、个人售出后，使用、许诺销售、销售、进口该产品的；

2. 在专利申请日前已经制造相同产品、使用相同方法或者已经做好制造、使用的必要准备，并且仅在原有范围内继续制造、使用的；

3. 临时通过中国领陆、领水、领空的外国运输工具，依照其所属国同中国签订的协议或者共同参加的国际条约，或者依照互惠原则，为运输工具自身需要而在其装置和设备中使用有关专利的；

4. 专为科学研究和实验而使用有关专利的。

生产经营目的使用或者销售不知道是未经专利权人许可而制造并售出的专利产品或者依照专利方法直接获得的产品，能证明其产品合法来源的，不承担赔偿责任。

5. 为提供行政审批所需要的信息，制造、使用、进口专利药品或者专利医疗器械的，以及专门为其制造、进口专利药品或者专利医疗器械的。

（四）专利侵权的法律责任

1. 民事责任。专利侵权人应当承担的民事责任形式主要有停止侵害、赔偿损失和消除影响。

侵犯专利权的赔偿数额按照权利人因被侵权所受到的实际损失确定；实际损失难以确定的，可以按照侵权人因侵权所获得的利益确定。权利人的损失或者侵权人获得的利益难以确定的，参照该专利许可使用费的倍数合理确定。赔偿数额还应当包括权利人为制止侵权行为所支付的合理开支。权利人的损失、侵权人获得的利益和专利许可使用费均难以确定的，人民法院可以根据专利权的类型、侵权行为的性质和情节等因素，确定给予1万元以上100万元以下的赔偿。

2. 行政责任。根据《专利法》第63条的规定，假冒专利的，除依法承担民事责任外，由管理专利工作的部门责令改正并予公告，没收违法所得，可以并处违法所得四倍以下的罚款；没有违法所得的，可以处20万元以下的罚款；构成犯罪的，依法追究刑事责任。

3. 刑事责任。《专利法》规定了下列三种构成犯罪的行为：

（1）假冒他人专利，构成犯罪的，依法追究刑事责任。假冒专利罪是与《专利法》保护最直接相关的刑事责任。

（2）从事专利管理工作的国家机关工作人员以及其他有关国家机关工作人员玩忽职守、滥用职权、徇私舞弊，构成犯罪的，依法追究刑事责任。

（3）发明人未经批准，擅自向外国申请专利，泄露国家秘密的，由所在单位或者上级主管机关给予行政处分；构成犯罪的，依法追究刑事责任。

第四节　工业产权的国际保护

一、工业产权国际保护的主要组织

（一）世界知识产权组织

1967 年 7 月 14 日，"国际保护工业产权联盟"（巴黎联盟）和"国际保护文学艺术作品联盟"（伯尔尼联盟）的 51 个成员在瑞典首都斯德哥尔摩共同建立了世界知识产权组织（World Intellectual Property Organization—WIPO）。1970 年 4 月 26 日，《建立世界知识产权组织公约》生效。1974 年 12 月，该组织成为联合国 16 个专门机构之一。世界知识产权组织的总部设在瑞士日内瓦，在美国纽约联合国大厦设有联络处。我国于 1980 年 3 月正式加入。

WIPO 始终致力于鼓励创新和通过制定兼顾各方利益的知识产权政策来发挥创新的杠杆作用这一目标。其主要任务包括：协调各国知识产权的立法和程序；为工业产权国际申请提供服务；交流知识产权信息；向发展中国家及其他国家提供法律和技术援助；为解决私人知识产权争端提供便利；利用信息技术和因特网作为存储、查询和使用有价值的知识产权信息的工具。

（二）世界贸易组织

1993 年年底，持续了 8 年的关贸总协定（GATT）乌拉圭回合谈判结束。除就各项谈判议题达成协议外，决定结束关贸总协定的临时适用状态，成立世界贸易组织。1994 年 4 月 15 日，包括《建立世界贸易组织协定》在内的乌拉圭回合谈判最后文件在摩纳哥的马拉喀什签署。1994 年 12 月，《世界贸易组织协定》执行会议在日内瓦决定"世界贸易组织"于 1995 年 1 月 1 日成立。我国于 2001 年 12 月 11 日成为该组织的正式成员。

世界贸易组织的职能由其主要机构部长会议和总理事会执行。总理事会下设货物贸易理事会、服务贸易理事会、知识产权理事会。知识产权理事会在世界贸易组织的知识产权保护机制中处于核心地位。

二、工业产权国际保护的基本规范

(一)《保护工业产权巴黎公约》

《保护工业产权巴黎公约》简称《巴黎公约》,1883 年 3 月 20 日缔结,1884 年 7 月 7 日生效。《巴黎公约》经过七次修订,现行的是 1980 年 2 月在日内瓦修订的文本。《巴黎公约》是开放性的多边国际公约,对所有参加国的效力都是无限期的。中国于 1984 年 12 月 19 日交存加入该公约 1967 年斯德哥尔摩修订文本的加入书,1985 年 3 月 19 日对中国生效。

《巴黎公约》的保护范围是工业产权,包括发明、实用新型、工业品外观设计、商标、服务标记、厂商名称、产地标记或原产地名称以及制止不正当竞争等。公约现行文本共有 30 条,就其内容可分为三大类,即实质性法律条款、行政性条款和最终条款。在实质性条款中,主要包括工业产权的保护范围、国民待遇原则、优先权原则、专利、商标独立原则、宽限期、取得专利权装置过境问题及临时保护等问题。该公约的主要原则和制度有以下四条:

1. 国民待遇原则

所谓国民待遇,是指在工业产权的保护方面,每一个巴黎公约成员国必须给予其他的成员国国民相同于本国国民的待遇。对于非《巴黎公约》成员国的国民,如果他们在成员国内有住所或者有"真实和有效的"工商业营业场所,也享有同样的国民待遇。成员国不得规定要求保护的国民在要求保护的国家有住所或者营业场所,作为受保护的条件。

2. 优先权原则

优先权,是指《巴黎公约》成员国国民在成员国内正式提出的第一次工业产权申请,该申请人(或者其权利继受人)又在一定的期间(发明和实用新型为 12 个月,外观设计和商标为 6 个月)内就同一发明创造和商标向另一个成员国申请时,其第二次的申请日应视同第一次申请日。优先权对于希望在巴黎同盟几个国家获得保护的申请人提供了实际利益。申请人不必在国内、国外同时提出申请,也不必担心有人在其注册的国家抢先申请,可以利用优先权期间的时间从容地准备。

3. 独立性原则

独立性原则,是指不同成员国对同一发明创造批准给予的专利权和商标权是彼此独立的。也就是说,同一发明创造和商标在某一个成员国被授予了专利权和商标权后，并不要求其他成员国也必须授予其专利权和商标权；某一个成员国驳回了某项专利或者商标申请，并不能排除其他成员国批准该项专利申请或者注册商标申请的可能性；某一个成员国撤销了某项专利申请或者注册商标申请，或者做了专利权、商标权的无效宣告，并不影响其他成员国承认该项专利权、商标权继续有效。

4. 强制许可原则

自专利申请日起满 4 年，或者自专利批准日起满 3 年，取得专利的发明创造，若无正当理由没有实施或者没有充分实施的，各成员国可以根据任何人的申请，给予实施其发明创造的强制许可，但取得强制许可方应给予专利权人合理的报酬。

（二）《与贸易有关的知识产权协定》

《与贸易有关的知识产权协定》（TRIPs）是世界贸易组织成员共同遵守的保护知识产权的国际规则。通过这一协议的约束，各成员方在知识产权保护标准上即可实现协调一致。

《与贸易有关的知识产权协定》所涉及的范围是专利权、商标权（包括服务标记）、地下标志（即原产地名）、工业品外观设计、版权及其相关权利（相关权利包括表演者、录音制品作者、广播组织者的权利等）、未公开的信息（包括商业秘密以及保密的实验数据）、植物新品种和其他。

世界贸易组织于 2005 年 12 月 6 日通过了把实施专利药品强制许可制度文件以永久修正形式纳入《与贸易有关的知识产权协定》的决定，以帮助发展中成员和最不发达成员解决公共健康问题。这是世界贸易组织首次对其核心协议进行修正。

（三）《专利合作条约》

《专利合作条约》（PCT）是继《巴黎公约》之后缔结的又一个重要的与专利有关的国际性条约，该条约于 1978 年 1 月 24 日正式生效。中国于 1993 年 9 月 13 日正式向世界知识产权组织递交了参加《专利合作条约》的加入书，根据该条约和世界知识产权组织的规定，1994 年 1 月 1 日，我国正式成为该条约的成员国，原中国专利局成为《专利合作条约》的受理局、指定局和选定局、国际检索单位和国际初审单位，中文成为《专利合作条约》的正式工作语言。

《专利合作条约》简化和统一规范的只是向外国申请专利的手续，至于专利申请能否被批准授予专利权，仍然要由各国根据其本国专利法的规定进行审批。

《专利合作条约》只适用于我国的发明专利申请和实用新型专利申请，不适用于我国的外观设计专利申请。

（四）《商标国际注册马德里协定》

《商标国际注册马德里协定》于 1891 年 4 月 14 日在西班牙马德里签订。我国于 1989 年 10 月 4 日正式成为该协定的成员国，马德里协定的主旨是解决商标的国际注册问题，其主要内容包括：国际注册的申请程序、国际注册的申请文件、国际注册的有效期、国际注册与国内注册的关系、国际注册使用的语言等。

（五）《工业品外观设计国际备案海牙协议》（简称《海牙协议》）

《海牙协议》于 1925 年 11 月 6 日在荷兰海牙缔结。参加该协议的国家必须是《巴黎公约》的成员国。其宗旨是：为避免同一工业品外观设计在各国专利局重复保存登记所增加申请费用的支出，规定一件工业品外观设计在其他成员国保护的手续。申请人若需在所有成员国获得工业品外观设计专利保护的，只需在世界知识产权组织国际局进行一次保存，即可取得在各指定国分别保存的同等效力。

【本章小结】

工业产权是指人们依照法律对应用于工商业活动中的发明创造和识别性标记等智力成果在一定期限和地区内享有的专有权。在我国主要指专利权和商标权。

商标经商标局核准注册享有专用权，受法律保护。商标的注册原则有三：申请在先为主，使用在先为补充的原则；优先权的原则；一类商品，一个商标，一份申请的原则。申请注册的商标经初步审定，予以公告，公告之日起 3 个月为异议期，此期限内无异议，则予以核准注册。商标注册申请人自核准注册之日起取得商标专用权。注册商标的有效期为十年，期满可以续展。

侵犯注册商标专用权的行为有：未经商标注册人的许可，在同一种商品或者类似商品上使用与其注册商标相同或者近似的商标的；销售侵犯注册商标专用权的商品的；伪造、擅自制造他人注册商标标识或者销售伪造、擅自制造的注册商标标识的；未经商标注册人同意，更换其注册商标并将该更换商标的商品又投入市场的；给他人的注册商标专用权造成其他损害的。侵犯注册商标专用权的法律责任有：民事责任、行政责任和刑事责任。

专利包括发明专利、实用新型专利和外观设计专利。其授予的条件是发明和实用新型应当具备新颖性、创造性和实用性，外观设计应当具备新颖性。专利专利权的授予采用先申请原则。发明专利权的期限为 20 年，实用新型专利权和外观设计专利权的期限为十年，均自申请日起计算。

专利权被授予后，除法律另有规定外，任何单位或者个人未经专利权人许可，都不得实施其专利。专利权人的义务主要有：缴纳专利年费；实施专利；强制许可实施，是一种国务院专利行政部门在一定条件下，不需要经过专利权人的同意，准许其他单位和个人实施专利权人的专利的强制性法律措施。

专利侵权，是指他人未经专利权人的许可，实施起专利的行为。我国规定，专利侵权有如下三种情况：以生产经营为目的，擅自制造、使用、销售专利产品；以生产经营为目的，提供和持有仿制或假冒他人专利；未经专利权人同意使用其专利方法或者使用、销售依照该专利方法直接获得的产品。专利侵权的法律责任有民事责任、行政责任和刑事责任。

工业产权国际保护的主要组织是世界知识产权组织和世界贸易组织。知识产权国际保护的基本规范主要有：《保护工业产权巴黎公约》、《与贸易有关的知识产权协定》、《专利合作条约》、《商标国际注册马德里协定》等。

【关键名词或概念】

工业产权
专有权
优先权
强制许可
《保护工业产权巴黎公约》

【理论争鸣】

2007 年 2 月，国家工商总局的《自然人办理商标注册申请注意事项》，在一片争议声中出台了。其重要内容就是限制自然人申请商标注册，自然人申请商标注册，将受到以下限制：

一是身份的限制。《自然人办理商标注册申请注意事项》中规定的可以申请商标注册的自然人仅限于个体工商户、个人合伙、农村承包经营户以及其他依法获准从事经营活动的自然人。

二是自然人提出商标注册申请的范围不能超出营业执照中所核定的范围。上述几类自然人申请商标注册的，也不是无限制的可以申请。《自然人办理商标注册申请注意事项》中规定，自然人提出商标注册申请的商品和服务范围，应以其在营业执照或有关登记文件核准的经营范围为限，或者以其自营的农副产品为限。

据国家工商总局称，出台《自然人办理商标注册申请注意事项》的目的是为了杜绝"商标抢注"。商标抢注近些年来确实有愈演愈烈之势，但是否出台该规定就可以防止"商标抢注"呢？大多数学者认为答案是否定的，因为好多公司，包括世界 500 强企业以及跨国公司也都进行过商标抢注。那么，现在仅仅限制自然人而不限制企业进行商标注册，显然是不可以杜绝商标抢注的。而且《商标法》中明文规定商标注册申请人，可以是自然人、法人或者其他组织。由此，可以看出国家工商总局的《自然人办理商标注册申请注意事项》与法律的规定相冲突。

【简答题】

1. 简述工业产权的概念与法律特征。
2. 简述商标注册的基本原则。
3. 试述商标侵权行为的类型。
4. 专利权的取得条件有哪些？
5. 如何进行商标权、专利权的许可和转让？
6. 专利的强制实施许可的主要规定是什么？

【案例讨论】

案例一

"雪碧斯"商标异议案

【案情】

内蒙古某厂向国家工商行政管理总局商标局申请在第 30 类粉丝、粉条、豆粉等商品上注册"雪碧斯"商标。经商标局审查，初步审定"雪碧斯"商标，并在第451期《商标公告》上发布初步审定公告。在该商标异议期内，北京天平商标代理公司代理美国可口可乐公司，对该"雪碧斯"商标提出了异议，被异议人按期进行了答辩。

异议人理由是：被异议人指定使用于豆粉，粉丝等商品上的"雪碧斯"商标与本公司注册在先使用于无酒精饮料等商品上的"雪碧"商标近似，应当不予注册。被异议人则认为，"雪碧斯"商标与"雪碧"商标不相近似，应予注册。

【问题讨论】

异议人的理由是否成立？为什么？此案应该如何裁决？

案例二

印花布专利侵权案

【案情】

我国 A 进出口公司与法国 B 公司达成来样加工印花布的交易，约定由 B 公司提供花样，A 公司按其花样生产，分五批交货。其中前三批货物出口后，A 公司收到德国 C 公司来函，认为 A 公司出口的上述印花布的花样属于其拥有的专利，侵犯了其专利权并提出索赔。事发后，代理律师协助 A 公司与 C 公司进行谈判，提出：根据有关国际惯例与国际公约，A 公司对侵权行为没有责任，但 A 公司愿意按照 C 公司提供的专利花样范围，承诺不再出口该范围内的相关产品。德国公司后同意撤回对 A 公司的索赔要求。

【问题讨论】

本案涉及哪些法律问题？应如何解决？

第十一章　票　据　法

【本章导读】

　　票据是市场经济的产物，它具有支付、汇兑、结算和信用功能，《票据法》是规定票据的种类、签发、转让和票据当事人的权利、义务等内容的法律规范的总称，具有强行性、技术性和国际统一性的法律特征。《票据法》在经济活动中规范票据法律关系，对维护市场交易信誉和社会经济秩序，促进市场经济发展，起着至关重要的作用。《票据法》与《公司法》、《合同法》被称为支撑市场经济运行的三大支柱，《票据法》的相关知识是现代职业人的必备素质。本章简述了《票据法》的基本规定，主要介绍了我国银行结算中的票据及要求。

【学习目标】

　　本章重点要求学生了解票据的概念、特征和种类、票据法律关系以及涉外票据的法律适用，掌握出票、背书、提示、付款、拒付、追索等票据行为，理解票据权利以及票据抗辩等内容。了解我国银行结算中的票据及要求。

【知识结构图】

```
        ┌ 票据法概述 ┌ 票据的概念与特征
        │            │ 票据的种类与功能
        │            │ 票据法的概念与特征
        │            └ 票据法上的法律关系
        │
        │ 票据行为 ┌ 票据行为概述
        │          └ 票据行为的代理
        │
        │            ┌ 票据权利的概念与种类
票据法 ┤ 票据权利 │ 票据权利的取得、行使和保全
        │            │ 票据权利的消灭
        │            │ 票据抗辩
        │            └ 票据的丧失与补救
        │
        │                      ┌ 汇票
        │ 我国支付结算中的票据 ┤ 本票
        │                      └ 支票
        │
        └ 涉外票据的法律适用 ┌ 涉外票据的概念
                             └ 涉外票据的准据法
```

第一节　票据法概述

【案例 11-1】　　大连 A 公司于 2010 年 1 月 10 日与青岛 B 公司签订一份标的额为 100 万元的买卖合同，合同约定采用汇票结算方式。2010 年 2 月 1 日，A 公司按照合同约定发出货物，B 公司于 2 月 10 日签发一张见票后 1 个月付款的银行承兑汇票。3 月 5 日 A 公司向 C 银行提示承兑，C 银行承兑时在票面上标注"以到期日出票人账户上有足够款项为付款条件"。汇票到期日时，A 公司向 C 银行提示付款，C 银行以 B 公司账户上余额不足为由，拒绝付款。

一、票据的概念与特征

（一）票据的概念

票据一词有广义和狭义之分。广义的票据，是指商业活动中的一切票证，

包括各种有价证券和凭证。① 如股票、债券、本票、提货单、车船票、借据等。狭义的票据，是指由出票人依法签发，约定由自己或委托他人于见票时或确定的日期，向持票人或收款人无条件支付一定金额的有价证券。本章所述票据仅指狭义的票据。

（二）票据的法律特征

1. 票据是完全有价证券。票据与一定的财产权利或价值结合在一起，并以一定货币金额表示其价值。票据的权利与票据不可分开。票据的权利随票据的制作而发生，随票据的出让而转移，占有票据，即占有票据的价值。不占有票据，就不能主张票据权利。

2. 票据是要式证券。票据法律、法规严格地规定了票据的制作格式和记载事项。不按票据法及相关法规的规定制作票据，就会影响票据的效力甚至会导致票据的无效。如我国《票据法》规定了汇票、本票、支票必须记载的事项，未记载规定事项的，票据无效。此外，在票据上所为的一切行为，如出票、背书、承兑、保证、付款、追索等，也必须严格按照《票据法》规定的程序和方式进行，否则无效。这就是票据的要式性。

3. 票据是一种无因证券。票据上的法律关系是一种单纯的金钱支付关系，权利人享有票据权利只以持有符合《票据法》规定的有效票据为必要条件。至于票据赖以发生的原因，则在所不问。即使原因关系无效或有瑕疵，均不影响票据的效力。所以，票据权利人在行使票据权利时，无须证明给付原因，票据债务人也不得以原因关系对抗善意第三人。票据的无因性，有利于保障持票人的权利和票据的顺利流通。案例 11－1 中，如从《票据法》的一般原理来分析，C 银行与 A 公司之间的资金预约关系属于票据的基础关系，票据关系独立于基础关系而存在，并不受基础关系的影响。C 银行不得以"出票人账户上没有足够款项"为拒绝理由。

4. 票据是流通证券。票据的一个基本功能就是流通。票据上的权利在到期前，经背书或单纯交付即可让与他人，无须依民法有关债权让与的有关规定。一般来说，无记名票据，可依单纯交付而转让；记名票据，须经背书交付才能转让。这就是票据的流通性。

5. 票据是文义证券。票据上所载权利、义务的内容必须严格按照票据上所载文义确定。不允许依据票据记载以外的事实，对行为人的意思做出与票据所载文义相反的解释，或者对票据所在文义进行补充或变更。即使票据的

---

① 徐学鹿：《票据法教程》，首都经济贸易大学 2002 年 5 月版，第 3 页。

书面记载内容与票据的事实相悖，也必须以该记载事项为准。如当票据上记载的出票日与实际出票日不一致时，必须以票据上记载的出票日为准，这就是票据的文义性。

6. 票据是设权证券。票据权利的产生必须首先做成证券，在票据做成之前，票据权利是不存在的。票据是创设权利，而不是证明已经存在的权利。即票据权利是随着票据做成同时发生的。如一张空白支票，出票人在金额一栏填写多少金额，该支票便具有多少金额的金钱债权。这就是票据的设权性。

7. 票据是债权证券。票据所创设的权利是金钱债权，票据持有人，可以对票据记载的一定数额的金钱向票据的特定债务人行使请求付款权，因此票据是一种金钱债权证券。

此外，票据还是货币证券、提示证券和返还证券。票据是一种可以代替现金支付和流通的工具。票据给付的标的是一定数额的货币，而不是货币以外的其他财产或利益，所以票据是货币证券。票据债权人以占有票据为必要条件，票据持有人行使票据权利，请求票据债务人履行票据债务时，必须提示票据，以证明其占有票据的事实。因此票据又是提示证券。当持票人向票据债务人提示付款并收到票据金额的全部给付时，必须将此票据交还给付款人，以示票据上债权债务关系的消灭。如果票据债权人不交还票据，票据债务人可以拒付票据金额而不负票据责任。因而票据也是返还证券。

二、票据的种类

各国票据立法对票据的种类均采用法定主义，由票据法对票据的种类做出明确的、封闭性的规定，不允许有法律规定以外的票据存在。我国《票据法》规定的票据种类有汇票、本票、支票三种。

三、票据的功能

票据是商品经济活动不可缺少的工具，在经济中它起着加强商业信用、促进商品流通、加速资金周转的重大作用。在市场经济发达的国家中，票据的使用极为广泛。票据对于社会经济发展所发生的特别作用，来源于票据自身所具有的特别功能。票据主要具有汇兑功能、支付功能、流通功能和信用功能这样四项经济功能。

（一）汇兑功能

汇兑是票据原始性的功能。在现代社会经济生活中，异地转移金钱的需要，使得票据的汇兑功能仍发挥着巨大的作用。票据可以作为异地支付的工具，这一点以汇票体现得最为显著。现代的国际贸易，几乎绝大多数是在利用票据的汇兑功能进行国际支付和结算，以减少现金的往返运送，从而避免风险、节约费用。

（二）支付功能

票据最原始、最基本的功能就是作为支付手段，代替现金的使用。票据使用人事先将资金存入银行或者其他金融机构，在需要支付时，就向银行发出票据，委托其代为支付，以解决现金支付上存在着的保管、清点交接等诸多不便。

（三）流通功能

票据在一定程度上可以代替货币进行流通，以完成商品交换过程，这就是票据的流通功能。但票据的流通只有在愿意接受票据转让的当事人之间才能存在。票据的背书转让是票据得以流通的基本方式。接受票据支付的持票人，在票据到期前如果有新的支付需要，即可将所持有的票据经背书后转让给第三人，从而使同一张票据实现多次支付，亦即实现票据的流通。正是票据的这一功能，才使得其成为真正的有价证券。

（四）结算功能

票据的结算功能，又可以称之为债务抵消功能，是指在商品交换中，各有关当事人之间相互欠款或存在相互支付关系时，可以利用票据行使货币的给付功能，即通过票据交换收付相抵，冲减和抵消相互债务，以非现金结算。

（五）融资功能

融资功能就是利用票据筹集、融通或调度资金。这一功能主要是通过票据贴现完成的。即在票据所载的付款日期到来之前，持票人因资金困难或其他原因将票据卖给买卖票据的经营者，该经营者一般是银行，这种做法称为贴现。票据融资正是通过未到期的票据进行贴现、转贴现和再贴现实现的。

（六）信用功能

这是票据的核心功能。现代商品交易中，信用交易是大量存在的。卖方通常不能在交付货物的同时，获得价金的支付。如果这时买方向卖方签发票据，就可以将挂账信用转化为票据信用，把一般债权转化为票据债权，使得权利外观明确、清偿时间确定、转让手续简便，以获得更大的资金效益。同时，贴现制度的存在又使得持票人可以提前将票据转让为现金，将商业信用进一步转化为银行信用。票据的信用功能，已成为票据最主要的功能，在商品经济发展中，发挥着巨大的作用。

四、票据法的概念与特征

（一）票据法的概念

广义的票据法是指涉及票据关系调整的各种法律规范，既包括专门的票据法律、法规，也包括其他法律、法规中有关票据的规范。一般意义上所说的票据法是指狭义的票据法，即专门的票据法规范，它是规定票据的种类、形式和内容，明确票据当事人之间的权利、义务，调整因票据而发生的各种社会关系的法律规范的总称。

（二）票据法的特征

1. 票据法具有强行性。由于票据具有较强的流通性，不仅涉及直接进行票据收受的特定当事人，而且涉及经票据流通间接取得票据而加入票据关系的不特定第三人。所以，票据关系的设定、变更或消灭，均以法律的规定为行为准则，票据的内容由法律直接规定，不允许当事人加以变更，包括票据的种类、格式、有关当事人的权利、义务等内容均为票据法所规定，其中很少有当事人可以任意而为的机会。首先，票据法规定了票据只有三种，即汇票、本票和支票，除此之外，任何银行、单位和个人不得创设新的票据形式；其次，票据是严格的要式证券，各种票据行为也是严格的要式行为。违反法定方式的票据及票据行为一律无效。

2. 票据法具有技术性。法律中的规定有两类，一类规定是具有道德意义的，如刑法中不得杀人、不得强奸的规定；另一类是不具有道德意义而只有技术意义的，如交通法规中行人车辆靠右边走的规定，就没有任何道德意义。票据是作为金钱支付和运用手段而创造出来的，必须具有严密而精巧的技术解决方法。票据法中有很多规定都是技术性的规定，如票据形式的严格规定、关于票据行为无因性的规定，背书连续的规定等，都是为了保证票据使用的安全、确保票据的流通和付款，从方便合理的角度出发，由立法者专门设计出来的。

3. 票据法具有国际统一性。票据的产生就是从国际贸易开始的，随着国际贸易的发展，不同国家的票据法正逐步向统一靠拢。目前，大陆法系国家的票据立法在基本内容和主要规则上日趋一致，与英美法系的票据法并存于世。

五、票据法上的法律关系

票据法上的法律关系分为票据关系和票据法上的非票据关系。

（一）票据关系

票据关系指票据当事人间基于票据行为而发生的债权债务关系，也称为票据上的关系。其中，票据持有人享有票据权利，对于在票据上签名的人可以主张行使票据法规定的一切权利；在票据上签名的票据债务人负担票据义务，即依自己在票据上的签名按照票据上记载的文义，承担相应的义务。因此，所谓票据关系就是持有票据的债权人与在票据上签名的债务人之间的关系。

（二）票据法上的非票据关系

票据法上的非票据关系也称票据基础关系，是指由票据法直接规定的，不是基于票据行为而发生的法律关系。它与票据关系有两点不同：第一，票据关系是由当事人的票据行为而发生，非票据关系直接由法律规定而发生；第二，票据关系的内容是票据权利、义务关系，它与票据紧密相连，票据权利人行使权利以持有票据为必要，而非票据关系则不必要。

第二节 票据行为

一、票据行为概述

（一）票据行为概念

票据行为是指票据关系人依票据法实施的能够产生票据债权债务关系的要式法律行为。对这一概念，应做如下理解：

1. 票据行为是一种法律行为

法律行为，是指能够按照行为人意思表示的内容发生法律效力的行为。票据行为是法律行为，是指票据行为只要按照票据法的规定实行，就能使行为人的意思表示产生法律效力，使票据关系人之间产生票据权利、义务关系。

2. 票据行为能够产生票据关系

票据行为的发生和变更，在票据关系人之间形成票据债权债务关系。

（二）票据行为的特征

1. 票据行为的要式性

一般的法律行为在形式上大都采取自由原则，法律行为采取何种方式可以由行为人任意选择。但票据是要式证券，因此，票据行为必须是要式行为，即必须依照法定的款式、方式和手续进行，如果不依照票据法的规定，就会归于无效而无法实现其票据法上的效力。票据行为的要式性主要表现在签章、书面表现形式和款式三个方面的要求上。

2. 票据行为的无因性

票据无因性理论是以民法上的无因性理论为基础而生成和发展起来的。所谓票据行为的无因性是指票据行为与作为其发生前提的原因关系相分离，因此票据行为的效力不再受原因关系存在与否及是否有效力的影响。票据行为的无因性具体表现在以下三个方面：

（1）票据行为的效力独立存在，并不因票据行为的原因关系而影响其法律效力；

（2）持票人没有证明票据给付原因的义务；

（3）票据债务人不得以原因关系对抗非直接的善意持票人，亦即票据行为无因性之抗辩切断制度的体现。

3. 票据行为的文义性

票据行为的文义性是指票据行为的内容必须以票据上的文字记载为准，在票据上签章的人必须对票据上所记载的文义负责。

4. 票据行为的独立性

票据行为的独立性是指在同一票据上如果存在数个票据行为，则每一个行为各依其在票据上所载的文义分别独立发生效力，某一行为的无效不影响其他行为的效力。票据行为的独立性要求在先票据行为无效，不影响后续票据行为的效力；某一票据行为无效，不影响其他票据行为的效力。

但是，票据行为的独立性并不意味着票据责任的独立性，相反，票据责任具有连带性。我国《票据法》第 68 条规定，"汇票的出票人、背书人、承兑人和保证人对持票人承担连带责任。"由此可见，票据行为是独立的，但由此产生的票据责任却是连带的。

（三）票据行为的种类

在我国《票据法》上，就票据行为来说，汇票包括出票、背书、承兑、保证；本票包括出票、背书、保证；支票包括出票和背书。

1. 出票

是指出票人签发票据并将其交付给收款人的票据行为。

2. 背书

是指持票人将票据权利转让给他人或者将一定的票据权利授予他人行使的票据行为。

3. 承兑

是指汇票付款承诺在汇票到期日支付汇票金额的票据行为。汇票上的付款人一经承兑，就必须承担无条件的绝对的付款责任。

4. 保证

保证是指行为对特定票据债务人的票据债务承担连带责任的票据行为。

二、票据行为的代理

（一）票据行为代理概述

1. 票据行为代理的概念

票据行为在本质上是一种民事法律行为，当然也适用代理制度。票据行为的代理是指代理人在代理权限内，在票据上载明以被代理人名义实施票据行为并签章，其票据上的法律后果直接由被代理人承担的行为。当事人的代理票据行为是一种民事活动，适用民法通则和其他有关代理的法律。票据代理人的行为能够在被代理人与第三人之间产生、变更、终止票据权利、义务关系；票据行为代理的法律后果直接由被代理人承担。

2. 票据行为代理的法律效果

票据代理在实际生活中存在着两种不同的形态，不同的形态其产生法律效果的要求也不同。

第一种形态是代理人以自己的名义，在票据上签章，明确表明为被代理人即本人为票据行为，这是通常形态的票据代理。这种代理适用一般民事代理的显名代理原则。根据我国《票据法》第5条规定，票据当事人可以委托其代理人在票据上签章，并应当在票据上表明其代理关系。没有代理权而以代理人名义在票据上签章的，应当由签章人承担票据责任；如果签章人拒绝承担支付的责任，除非他能举证证明其签章行为具有委托代理关系，并且是在代理权限内的行为，否则就导致追索和承担票据责任及其他的法律责任。代理人超越代理权限的，应当就其超越权限的部分承担票据责任，在权限范围内的代理行为继续有效。

第二种形态是代理人不以自己的名义，而是直接以被代理人即本人的名义，在票据上签章，由此来进行票据代理，这种票据代理，也可称为票据代行。这种代理由于是代行人直接以本人的名义进行票据签章，而无代行人自己的签章，所以不发生无权代行和越权代行的问题。如果代行人是在未经授权的情况下签发票据，则构成票据伪造。如果符合表见代理的情形，须由本人先承担票据责任。

此外，我国《票据法》第 7 条规定了法人票据行为代理的签章："法人和其他使用票据的单位在票据上的签章，为该法人或者该单位的盖章加其法定代表人或者其授权的代理人的签章。"

目前，关于票据行为代理的立法，如关于票据行为的法定代理、表见代理制度等仍稍显粗疏，有待进一步细化。

（二）票据行为代理的有效要件

由于票据行为是严格的要式法律行为，因此票据法对票据行为代理规定了严格的要求，而且代理制度本身亦有其自身的限制，所以对票据行为代理人来说，法律上的要求较多。总的说来，票据行为的有效要件分为实质要件和形式要件两个方面。

1. 票据行为代理的实质要件

票据行为代理的实质要件是指代理人必须在代理权限内实施代理行为，票据代理人只有在代理权限内以本人名义所为的票据行为，其法律后果才由被代理人承担。代理权限的产生基于三种依据：委托代理、法定代理和指定代理。在票据实务中，因法院指定代理人而实施票据行为发生的可能性相当小，因为它与票据的快速易手的时效性不合。因此在票据行为代理中，主要是因法定代理和委托代理而产生。

2. 票据行为代理的形式要件

对于票据行为代理的形式要件，我国《票据法》的要求是"票据当事人可以委托其代理人在票据上签章，并应当在票据上表明其代理关系。"总结各国票据法规定及票据实务，票据行为代理的形式要件主要是：

（1）代理人必须在票据上载明被代理人的姓名或名称；
（2）票据上应当有表明代理关系的记载；
（3）代理人应当在票据上签章。

第三节　票据权利

一、票据权利的概念

有关票据权利的概念，我国《票据法》在第 4 条做了明确的规定："本法所称票据权利，是指持票人向票据债务人请求支付票据金额的权利，包括付款请求权和追索权。"

票据权利的概念可以从以下几个方面理解：

1. 票据权利的权利主体是持票人。票据的权利主体必须是符合票据法规定的合法持票人，非法取得票据的，不享有票据权利。

2. 票据权利的义务主体是票据债务人。票据债务人就是因实施一定的票据行为而在票据上签章的人。我国《票据法》规定的票据债务人包括出票人、背书人、保证人、承兑人、支票的付款人。

3. 票据权利是金钱债权，其内容是票据金额给付的请求，包括付款请求权和追索权。

4. 票据权利是证券性权利，只有取得票据，凭对票据的占有才能行使其权利。

二、票据权利的种类

依据不同的标准票据权利有不同的种类，但具有法定意义、由票据法明确规定的票据权利有两种：付款请求权和追索权，这是根据请求权行使的顺序和对象不同所做的法定分类。

（一）付款请求权

付款请求权是指持票人向票据第一债务人或其他付款义务人请求按票据上所记载金额付款的权利。付款请求权是票据上的第一次请求权，在票据权利的行使顺序上，付款请求权具有主票据权利的性质。

行使付款请求权的权利人是持票人，其既可能是收款人，也可能是最后的被背书人，按日内瓦《统一汇票本票法公约》的规定还可能是汇票、本票中付款后的参加付款人。负担付款请求权的义务人是第一债务人，具体说来，因票据类型不同而有所不同。本票的第一债务人是出票人；汇票如经承兑第一债务人为承兑人，支票是付款银行；如未经承兑，汇票持票人必须首先向汇票的付款人、支票持票人必须向付款银行行使付款请求权，但此时这只是形式上的付款请求权，未经承兑的汇票和支票付款人并不当然承担付款义务而有权拒绝付款，此时持票人只能向第二债务人行使追索权。

（二）追索权

追索权是指持票人行使付款请求权遭到拒绝或有其他法定原因时，向其前手请求偿还票据金额及其他法定款项的权利，是票据上的第二次权利。在票据权利的行使顺序上，追索权以持票人的第一次请求权未能实现为行使的前提。相对于主票据权利来说，具有从票据权利的性质。

追索权通常有两种：由持票人向前手背书人行使的追索权和已履行追索

义务的背书人向自己的前手背书人行使的再追索权。第一种追索权是持票人在主权利即付款请求权未能实现时，对其前手背书人行使的请求偿还票据所载金额和其他有关金额如利息、必要的费用的权利；再追索权则是已履行追索义务、进行偿还的背书人对其前手背书人行使的、请求偿还票据所载金额及其他有关金额的权利。两种追索权的主体是不同的：第一种追索权利主体是绝对权利主体即现实持票人；第二种再追索权的权利主体是相对权利主体，其为先前的持票人而后来成为票据义务人，又因为完成追索义务又再一次成为票据权利人。两种追索权可以行使的对象也不同，第一次追索权的持票人可以向在票据上签名的任意前手背书人行使追索权，而再追索权人只能向自己以前的任意前手背书人行使再追索权。

三、票据权利的取得

票据权利的取得是指票据当事人依照法律规定成为票据权利人，依法享有票据权利。因为票据是完全的有价证券，必须持有票据才可以享有票据权利，所以只要是合法取得票据的人就取得了票据权利。依票据法的有关规定，持票人取得票据的方式主要有以下几种。

（一）票据权利的原始取得

票据权利的原始取得，是指持票人不经其他人和前手权利人，而从出票人处取得票据权利。

出票行为是出票人签发票据并将票据交付给收款人的行为，它是基本的票据行为。是创设票据权利的行为，票据持票人从出票人处取得票据，实现对票据的占有，就取得了票据权利。这种取得方式也经常被称为发行取得。

一般情况下，票据权利的出票取得都是出票人真实的意思表示，即由出票人本人做成票据，在票据上签章并交付给收款人，从而使相对人取得票据权利。这种情况在票据法理论上称票据权利的真实取得。如果出票行为非出票人真实的意思表示。如被欺诈、胁迫，但只要其亲自做成票据并在票据上签章，也仍构成票据权利创设的结果，出票人对该票据行为只能对其直接后手即行为相对人进行抗辩而不能对善意取得该票据的其他行为人进行抗辩。

还有一种情况，就是出票行为是伪造的。这是由出票人以外的人以出票人的名义虚假出票，这种行为对出票人不发生法律效力，因为该出票行为并非出票人所为，但是相对人只要是善意取得该票据，其仍然取得票据上的权利。这种情况在票据法理论上称票据权利的形式取得。这种情况下，即使持票人并未真实取得票据权利而仅在形式上取得票据权利，但其仍可以将该票据权利转让给他人并由此对其后手承担相应的票据义务。

（二）票据权利的继受取得

1. 票据法上的继受取得

票据法上的继受取得，是指依据票据法规定的转让方式，受让人从合法持票人处取得票据权利。这是票据权利取得的常态。票据的背书转让是票据权利受让的最主要方式，持票人经前手权利人背书而受让票据且背书连续，持票人就确定地从前手权利人处取得票据权利。此外，在背书人履行追索义务偿还了追索金额以后持票人就向背书人交出票据，从而使背书人重新取得票据而成为持票人，并可以向其他票据债务人行使再追索权，从而再一次取得原票据权利，也是继受取得的一种方式。保证人对票据权利的取得也与之类似，保证人履行了保证义务之后，也成为票据权利人，可以行使持票人对被保证人及其前手的追索权。

2. 非票据法上的继受取得

非票据法上的继受取得，是指非依票据法规定的转让方式而是以民事权利的转让方式取得票据权利。也可以称之为依其他法律取得票据权利，即依其他法律规定的方式有偿或无偿而取得票据权利的情况。具体的取得原因主要有因继承、赠予、企业的分立或合并、法院的判决以及税收或行政部门的命令和决定等。依其他法律与依票据法从合法持票人手中受让票据权利不同，其只具有一般债权转让的效力，所享有的票据权利不得优于其前手的权利，通常只能得到一般法律保护，而不能得到票据法对合法持票人权利的特别保护，如主张抗辩切断和善意取得等。

（三）票据权利的善意取得

票据权利的善意取得是指票据受让人依据票据法所规定的转让方法，善意地从无权处分人手中取得票据，从而享有票据权利的法律情形。为了确保票据的信用和票据流通的安全，各国的票据立法和司法实践在确立票据法律制度时，都规定持票人从无权处分人处善意取得票据时，可以产生票据法上的票据权利。我国《票据法》未从正面规定票据权利的善意取得制度，但在相关条文中隐含了善意取得制度，我国《票据法》第 12 条规定：“以欺诈、偷盗或者胁迫等手段取得票据的，或者明知有前列情形，出于恶意取得票据的，不得享有票据权利。持票人因重大过失取得不符合本法规定的票据的，也不得享有票据权利。”因此这一条文隐含的意义是：如果受让人取得票据时不知道也不可能知道票据上已存在的瑕疵或其前手为不法持票人，尽管转让人无权处分该票据权利，但也不受影响受让人取得票据权利。

善意取得票据权利的构成要件是：

1. 必须按票据法所规定的转让方式取得票据。目前，我国《票据法》所规定的票据权利转让必须以背书交付方式进行，而没有承认单纯交付的效力，虽然按票据法理论，无记名票据可以以单纯交付的方式转让，但我国《票据法》对此未加规定。因此，票据转让只有按背书交付方式进行，才能产生票据权利善意取得的效果。如果未按票据法规定的方式，如背书不连续、禁止背书、汇票被拒绝承兑或被拒绝付款、超过付款提示期限等。或者非依票据法而依其他法律规定取得票据，如因税收、继承、赠与、公司合并或分立等取得票据，均不受善意取得的保护。

2. 必须是从无票据权利人手中取得票据。这里的无票据权利人是指对票据没有处分权利的直接前手。如果直接前手具有处分票据的权利，持票人可以正常取得有关的票据权利，就没有必要适用票据权利的善意取得制度；如果持票人的间接前手为无票据权利人时，因其间接前手的权利有无瑕疵并不影响持票人取得票据权利，因此也无须适用票据权利善意取得制度。此外，从无行为能力人、限制行为能力人手中受让票据的人也不适用善意取得的规定。

3. 必须是基于善意而取得票据。善意是指受让人无恶意或重大过失。恶意就是受让人在受让票据的时候已经知道让与人为无权利人，但仍受让该票据的行为；重大过失就是受让人缺乏一般人应有的注意、对本应发现的瑕疵没有发现而受让该票据的行为。

对于受让人来说，只有在受让票据时既无恶意也无重大过失时，才受善意取得制度的保护。同时判断受让人是否既无恶意也无重大过失，只针对受让人与其直接前手的票据，受让人就其善意与否，不负举证责任。

四、票据权利的行使和保全

（一）票据权利的行使

票据权利的行使是指票据权利人请求票据债务人履行义务，从而实现票据权利的行为。票据权利的行使其特别之处在于票据权利人应进行票据提示。所谓提示票据就是向债务人出示票据供其观看，依此请求其付款。

（二）票据权利的保全

票据权利的保全是指票据权利人为防止票据权利丧失所进行的行为。票据权利的保全方式包括进行票据提示、做成拒绝证书、中断时效。

（1）按期提示票据。所谓提示票据就是持票人在法定期间内提示票据行使票据权利，此为保全票据权利的方式之一。持票人如未在票据法规定的时期内提示票据则发生其丧失追索权的效力。按期提示票据既是付款请求权的行使，也是追索权的保全行为。

（2）中断时效。所谓中断时效是指在票据有效期间内，持票人向法院提起诉讼，要求以前经过的票据生效时间无效，从中断时起，重新计算时效期间。比如某汇票从 2 月 1 日生效，有效期为 1 个月。2 月 26 日持票人因某种理由向法院提起诉讼，要求中断时效，即以前的 25 天无效，从 2 月 26 日起重新计算时效。

（3）做成拒绝证书。所谓拒绝证书是证明持票人已有法定或约定期间内为行使和保全票据权利的必要行为，但行为的后果被拒绝的证明书。拒绝证书一般由持票人向公证处、法院或银行申请，由其调查后做出。

持票人票据权利的行使和保全，应当在规定的场所和时间进行，依据《票据法》规定，"持票人对票据债务人行使票据权利，或者保全票据权利，应当在票据当事人的营业场所和营业时间内进行，票据当事人无营业场所的，应当在其住所进行。"

五、票据权利的消灭

（一）票据权利消灭的概念

票据权利的消灭，是指票据上的付款请求权或者追索权因法定事由的出现而归于消灭。

（二）票据权利消灭的法定事由

按照《票据法》的规定，票据权利因下述事由而消灭：

（1）付款。票据债务人付款之时，持票人将票据交付付款人，票据关系终止，票据权利自然终止。我国《票据法》第 60 条规定："付款人依法足额付款后，全体汇票债务人的责任解除。"

（2）被追索人清偿票据债务及追索费用。持票人遇有不获承兑、不获付款时，得向背书前手或者出票人及其他有被追索义务的人行使追索权，请求偿还票面金额、利息及为追索所支付的费用，被追索人清偿相应债务后取得票据，原有票据权利即归消灭。这种情况，与付款而使票据权利消灭有所不同。被追索而为清偿之人若为出票人的，票据关系完全终止，票据权利也随之全部消灭；被追索而为清偿之人若是尚有其前手的背书人，或者保证人的，为清偿行为而取得票据的背书人、保证人得行使再追索权，此时，票据权利仍未彻底消灭。对这种情况，称为"票据权利的相对消灭"。

（3）票据时效期间届满。持票人不行使票据权利的事实持续到票据时效期间届满，其付款请求权或追索权即消灭。我国《票据法》对票据时效采取"差异主义"，也就是说，由于票据债务人的不同，那么，票据时效的规定也有所区别。第一，持票人对汇票、本票的出票人和承兑人的权利，自到期日起 2 年。见票即付的汇票、本票，自出票日起 2 年。第二，持票人对支票出票人的权利，自出票日起 6 个月。第三，持票人对前手的追索权，自被拒绝承兑或者被拒绝付款之日起 6 个月。第四，持票人对前手的再追索权，自清偿日或被提起诉讼之日起 3 个月。

（4）票据记载事项欠缺。《票据法》第 18 条规定，票据可以因票据记载事项的欠缺，而使持票人丧失票据权利。这时，持票人只享有利益返还请求权。此条所称票据记载事项，应为绝对必要记载事项，绝对必要记载事项欠缺的，票据无效。

（5）保全手续欠缺。持票人为保全票据权利，应完成保全手续，手续欠缺的，不发生保全效力，票据权利仍归消灭。在此场合，消灭的是追索权。我国《票据法》第 65 条规定，持票人不能出示拒绝证明、退票理由书或者未按照规定期限提供其他合法证明的，丧失对其前手的追索权。

除以上事由外，票据毁灭也使票据权利消灭，民法上一般债权消灭的事由如抵消、混同、提存、免除等也可使票据权利消灭。

六、票据抗辩

（一）票据抗辩的概念及种类

1. 票据抗辩的概念。票据抗辩是指票据债务人根据票据法的规定，对票据债权人拒绝履行义务的行为。我国《票据法》第 13 条规定，票据债务人可以对不履行约定义务的与自己有直接债权债务关系的持票人进行抗辩。

2. 票据抗辩的种类。主要有两种：票据抗辩通常根据抗辩事由和抗辩效力的不同，将票据抗辩分为对物的抗辩和对人的抗辩。

（1）对物的抗辩。这是指基于票据本身的内容（票据所记载的事项及票据的性质）所存在的事由而发生的抗辩。由于票据的无因性、文义性，物的抗辩对任何持票人均可以主张。债务人根据票据上所记载的内容进行抗辩的理由，根据有关的司法解释，可以是：

① 欠缺法定必要记载事项或者不符合法定格式的；

② 超过票据权利时效的；

③ 人民法院做出的除权判决已经发生法律效力的；

④ 以背书方式取得但背书不连续的；

⑤ 其他依法不得享有票据权利的。

此外，如签名不符、金额的大小写不一致、有涂改痕迹等也可以成为抗辩理由。

（2）对人的抗辩。这主要是指因票据义务人与特定的票据权利人之间存在一定关系而发生的抗辩。如当事人在票据约定（或注明）付款人只对票据上的收款人承担票据责任，或者该票据只能在约定的主体范围内流通，债务人才承担票据责任。如果持票人不是收款人或不是约定范围的主体，债务人就可以持票人的资格不符为由，拒绝给予承兑或付款。

根据有关司法解释，票据债务人对持票人提出的下列抗辩，可以成立：

① 与票据债务人有直接债权债务关系并且不履行约定义务的；

② 以欺诈、偷盗或者胁迫等非法手段取得票据，或者明知有前列情形，出于恶意取得票据的；

③ 明知票据债务人与出票人或者与持票人的前手之间存在抗辩事由而取得票据的；

④ 因重大过失取得票据的；

⑤ 其他依法不得享有票据权利的。

（二）票据抗辩的限制

票据抗辩和一般民事抗辩的最大区别就在于票据法对票据抗辩规定了一些限制，即所谓的抗辩切断制度。票据抗辩的限制主要是对人的抗辩而非物的抗辩而存在，即抗辩切断要切断的仅是对人的抗辩。根据我国《票据法》的规定，抗辩切断有两种情形：一是对出票人抗辩切断，即票据债务人不得以自己与出票人之间的对人抗辩事由，对抗持票人。一般情况下，这种抗辩只存在于汇票关系中。二是对持票人前手抗辩切断，即票据债务人不得以自己与持票人之间的抗辩事由，对抗持票人，这里的前手不限于持票人的直接前手，包括持票人的任何前手。

七、票据的丧失与补救

（一）票据丧失

票据的丧失是指票据非基于持票人本意而丧失，亦即持票人虽主观上无放弃票据占有的意思，但客观上已不再占有票据。票据的丧失有两种，其一，票据绝对丧失，如票据被撕碎不能弥合，或票据遭水洗、焚烧不复存在等；其二，票据相对丧失，如票据遗失、被盗为他人所占有。票据丧失以后前一种情形为多见，票据救济主要以解决后种情形为目的。

（二）票据丧失的补救

我国《票据法》上对票据丧失的补救措施主要有：挂失止付、公示催告和普通诉讼。

1. 挂失止付

（1）挂失止付的概念。挂失止付是指持票人丢失票据后，依照票据法规定的程序通知票据上记载的付款人停止支付的行为。我国《票据法》第 15 条规定，票据丧失，失票人可以及时通知票据的付款人挂失止付，但是，未记载付款人或者无法确定付款人及其代理付款人的票据除外。挂失止付是我国银行业保护客户的一种传统的做法。

（2）挂失止付的条件

① 挂失止付的当事人。挂失止付的相对人应为丧失的票据上记载的付款人。如果票据没有记载付款人，或无法确定付款人或代理付款人的就没有挂失止付请求人，也就无从行使挂失止付的权利。挂失止付的提起人应为丧失票据的人，即失票人。

② 有丢失票据的事实。当事人必须有丢失票据的情况才能通知付款人停止支付，如果票据不是丢失，而是因为其他合同纠纷或其他交易原因使票据脱离控制的，不得挂失止付。

③ 丧失的票据为法律规定可以挂失止付的票据。中国人民银行《关于施行〈中华人民共和国票据法〉有关问题的通知》第 6 条规定，商业承兑汇票、支票和填明"现金"字样的银行本票丧失，可以由失票人通知付款人止付；填明"现金"字样并填明代理付款银行的银行汇票丧失，可以由失票人通知付款人或付款代理人挂失止付，其他票据不得挂失止付。

（3）挂失止付的效力。

挂失止付的效力，在于使收到止付通知的付款人承担暂停票据付款的义务。付款人或者代理付款人收到挂失止付通知后，查明挂失票据确未付款时，应立即止付；如果付款人接到止付通知仍对票据付款，则无论善意与否，都应该承担赔偿责任。但在挂失前已被支付的，对其付款不承担责任。挂失止付只是失票人丧失票据后可以采取的一种临时补救措施，票据本身并不因为挂失止付而无效，失票人的票据权利也不能因挂失止付得到最终的恢复。

失票人办理挂失止付的，应在通知挂失止付的次日起 3 天内向人民法院申请公示催告或提起诉讼，并向付款人或者代理付款人提供已经申请公示催告或提起诉讼的证明。付款人或者代理付款人收到失票人向人民法院申请公示催告或提起诉讼的证明，在 3 天期满的 12 天内，其收到人民法院的停止支付通知书办理止付，未收到此通知的，在 12 天期满后，付款人或代理付款人按票据的记载事项付款，发生冒领的，对其付款不承担责任。挂失止付不是公示催告程序和诉讼程序的必经程序。

2. 公示催告及诉讼

（1）公示催告的概念。公示催告是指在票据等有价证券丧失的情况下，由人民法院依票据权利人的申请，以向社会公示的方法，将丧失的票据告知各界，催促未知的利害关系人在一定的期间向法院申报权利，否则，法院就会通过判决的形式宣告其无效的一种特别诉讼程序。

（2）公示催告的适用。我国《民事诉讼法》第 193 条规定，按照规定可以背书转让票据的持有人，因票据被盗、遗失或灭失，可以向票据支付地的基层人民法院申请公示催告。

（3）公示催告的效力。法院受理公示催告后，应当立即通知支付人停止支付，并在通知后 3 天内发出公告，催促国内票据利害关系人在 60 天内申报权利。涉外票据利害关系人根据具体情况，最长可在 90 天内申报权利。公告期间，票据权利被冻结，不能承兑、不能付款、不能贴现、不能转让，有关当事人对票据的任何处分均没有法律效力。

（4）公示催告的终结。公示催告的终结，有两种情况：一是经法院判决终结公示催告程序；二是经法院裁定终结公示催告程序。按照《民事诉讼法》第 197 条的规定，在公示催告期满前没人申报权利的，应当根据申请人的申请，判决宣告该票据无效，所有的票据权利宣告结束。法院做出的除权判决，是对公示催告申请人票据权利恢复的确认，原合同或原交易关系中的债权债务关系做新的个案处理。

在公示催告期间，有人提出权利申报或提出相关的票据主张权利时，法院就应该立即裁定终止公示催告，并通知申请人和票据付款人。此后，申请人和权利申报人就应通过普通民事诉讼程序提起有关确认权利归属的诉讼，以解决其纠纷。

第四节　我国支付结算中的票据

【案例11-2】　2009年5月11日，A公司开出一张由B银行承兑付款的银行承兑汇票，交给C电器经销公司购买一批家用电器，票面金额200万元人民币，付款期6个月。C电器经销公司又将该汇票背书给D公司用于进货。2009年11月15日，持票人D公司向承兑银行提示付款，11月18日B银行向D公司支付了票款，然后向A百货公司求偿票款。但此时A公司已亏损累累，无力偿付票款。于是B银行凭票向D公司追索，要求D公司归还票款。

一、汇票概述

（一）汇票的概念

汇票是发票人签发的，委托付款人在见票日或在指定日期无条件支付确定金额给收款人或持票人的票据。汇票是票据中最重要的票据类型，票据法对汇票制度的规定是最全面、最详尽的。

根据汇票的定义，不难看出汇票关系中有如下三个基本当事人：

1. 出票人（drawer）——即开立汇票的人，在进出口业务中，通常就是出口人；

2. 受票人（drawee）——就是汇票上的付款人，在进出口业务中，通常就是进口人或其指定的银行。

3. 收款人——就是受领汇票上所规定的金额的人，在进出口业务中，通常就是出口人本人或与其有业务往来的银行。其中出票人和付款人为票据义务人，收款人为票据权利人。

（二）汇票的特征

1. 汇票是委托他人进行付款的票据。汇票的出票人仅为签发票据的人，而不是票据的付款人，其须另行委托付款人支付票据金额，因而汇票是委托证券。

2. 汇票是在见票时或指定的到期日无条件支付给持票人一定金额的票据。汇票的付款必须是无条件的，即对于支付资金与方法，不得附有任何条件。汇票不以见票即付为限，许多汇票都有一定的到期日，这一点体现了汇票的信用职能，有利于供远期付款之用。

3. 汇票通常需要由付款人进行承兑以确认其愿意承担绝对的付款义务。在付款人未承兑时，汇票所载的付款人并无绝对的付款义务。

4. 汇票对于当事人特别是出票人和付款人，没有特别的限制，既可以是银行，也可以是公司、企业或个人。

（三）汇票的种类

汇票的种类较多，按不同的标准可以分为不同的种类。

1. 按出票人的不同，可分为银行汇票与商业汇票。

银行汇票（banker's bill）是汇款人将款项交存当地银行，由银行签发给汇款人持往异地办理转账结算或支取现金的票据。商业汇票（commercial bill）是以银行以外的其他公司、企业为出票人，以银行或其他公司、企业等为付款人的汇票。其中，如果付款人为银行并进行了承兑的，称为银行承兑汇票；当付款人为银行以外的公司、企业等并由其进行承兑的，称为商业承兑汇票。

2. 按付款时间的不同，可分为即期汇票与远期汇票。

即期汇票（sight bill）即见票即付的汇票，它是指汇票上没有到期日的记载或明确记载见票即付，收款人或持票人在法定期限内一经提示汇票，请求付款，该汇票即为到期，付款人就应当承担付款责任的汇票。远期汇票（time bill）是指在汇票上记载了到期日，付款人在到期时承担付款责任的汇票。根据记载到期日方式的不同，远期汇票又可分为定日付款、出票日后定期付款、见票后定期付款三种。

3. 按是否需要随附单据的不同，可分为光票汇票与跟单汇票。

光票汇票（clean bill）是在进行付款时无须随附其他单据的汇票。跟单汇票（documentary bill）是需要随附各种单据如发票、提单、保险单等单据才能进行付款的汇票。

4. 按记载收款人方式的不同，可分为指示汇票、记名汇票与不记名汇票。

指示汇票（order bill），是指除了在汇票上记载收款人或商号，同时还附加记载"或其指定人"字样的汇票。例如，"请于 2004 年 5 月 8 日付给李先生或其指定人"。记名汇票（straight bill），是指出票在汇票上记载收款人或商号的汇票。例如，"请付 A 公司或怀特先生"。不记名汇票（bearer bill），是指不记载收款人或商号的汇票，任何人只要是持票人，均有权向付款人请求付款的汇票。与上两种汇票不同，这种汇票的转让，不要求背书，只要交付即可。

（四）汇票的票据行为

汇票从出票人出具汇票到该汇票最后被支付，通常需要经过一系列票据行为。票据行为可分为主票据行为和从票据行为。主票据行为指的是出票行为，它是创设票据的行为。从票据行为是指出票行为之外的其他行为，是以出票为前提，在已成立的票据上所作的行为，如背书、承兑、付款、拒付、追索等行为。

1. 汇票的出票

（1）出票的概念

出票是出票人签发票据并将其交给收款人的行为。出票属于创立票据的行为，因而又属于基本票据行为。它包括两个环节：一是签发票据；二是交付票据。根据我国《票据法》第21条的规定："汇票的出票人必须与付款人具有真实的委托关系，并且具有支付汇票金额的可靠资金来源。不得签发无对价的汇票用以骗取银行或者其他票据当事人的资金。"

（2）汇票的法定记载事项

根据我国《票据法》第22条的规定，汇票上必须记载下列事项，否则汇票无效。

① 表明"汇票"的字样；

② 无条件支付的委托；

③ 确定的金额；

④ 付款人、收款人的名称；

⑤ 出票日期；

⑥ 出票人签章。

（3）汇票的禁止记载事项

这类记载一般分为无益记载事项或无效记载事项与有害记载事项。根据我国《票据法》的规定，无益记载事项有以下事项：

① 背书不得附有条件，附有条件的，所附条件不具有汇票上的效力。

② 保证不得附有条件，附有条件的不影响对汇票的保证责任。

③ 付款人承兑汇票，不得附有条件，附有条件的，视为拒绝承兑。

有害记载事项一般是指附条件的委托支付文句的记载，如货到验收合格后付款。若记载便会使汇票归于无效。

2. 汇票的背书转让

（1）汇票背书转让的概念和种类

背书转让是指在票据的背面或粘单上记载有关事项，完成签章，并将票据交付相对人，从而将票据权利转让给他人或将一定的票据权利授予他人行使的票据行为。背书是转让票据权利的一种方式，也是票据得以流通的基础。

（2）背书转让的记载事项

① 应记载事项。根据我国《票据法》规定，背书应记载背书人签章、被

背书人名称和背书日期。背书未记载日期的，视为在汇票到期日前背书。背书在粘单上进行的，粘单上的第一记载人，应在汇票和粘单的粘接处签章。

② 不得记载事项。根据我国《票据法》的规定，背书不得附有条件，附有条件的，所附条件不具有汇票上的效力，但背书转让仍然有效。此外，将汇票金额的一部分转让或将汇票金额分别转让给两人以上的背书无效。

（3）背书转让的方式

① 完全背书的方式。完全背书又称记名背书、正式背书，是指载明背书人和被背书人名称的转让背书。完全背书必须记载被背书人的姓名或名称，并由背书人签章，否则为无效背书。我国《票据法》第30条规定："汇票以背书转让或者以背书将一定的汇票权利授予他人行使时，必须记载被背书人名称"。此规定表明，在我国，汇票背书应以完全背书的方式进行，否则背书无效。

② 空白背书的方式。空白背书又称不记名背书，是指不记载被背书人姓名或名称的背书。我国《票据法》不承认空白背书。而大陆法系和英美法系各国均承认空白背书。

（4）背书的连续

① 背书连续的概念

汇票以背书方式转让的，其背书应当连续。所谓背书连续是指在票据转让中，转让汇票的背书人与受让汇票的被背书人在汇票上的签章依次前后衔接。即自出票时的收款人到最后持票人也是最后的被背书人，除第一次背书，背书人为收款人外，其后背书，均以前一次背书的被背书人为后一背书的背书人，且相互连接而无间断。

② 背书连续的效力

对持票人的效力，主要是证明的效力。只要汇票背书是连续的，持票人不需另行提出任何证据，即可行使票据权利。如背书形式上不连续，但实质上是连续的，即非经背书转让，而以其他合法方式取得汇票的，必须依法举证，证明其汇票权利。背书在形式上和实质上均不连续时，持票人只能行使追索权或利益返还请求权。

对付款人的效力。付款人负有查验背书是否连续的责任。付款人在背书不连续的情况下付款，因此而造成的损失由付款人负责。

3. 汇票的承兑

（1）承兑的概念

汇票的承兑是付款人在汇票上承诺到期日支付汇票金额的一种票据行为。承兑是汇票所特有的一种制度。在票据法上，汇票付款人并不因为发票人的付款委托而当然承担付款义务，为了使票据法律关系得以确定，就需要确认付款人能否进行付款，汇票的汇兑制度由此形成。汇票一经付款人承兑，付款人即负有支付票据金额的义务，并成为汇票的主债务人。承兑应当在汇票的正面记载"承兑"字样和承兑日期并签章，承兑不得随附条件。案例 11 - 1 中，C 银行的承兑属于附条件承兑，根据我国《票据法》规定，该承兑属于拒绝承兑，不产生承兑效力，付款人不付任何付款责任。

承兑的一般原则如下：

① 自由承兑原则。汇票的付款人可以依自己独立的意思，决定是否进行承兑，并不受出票人指定其为付款人的限制。

② 完全承兑原则。汇票的付款人不可以部分承兑，否则，视为承兑附有条件，从而构成拒绝承兑。付款人必须在持票人提示付款的当日，足额付款。

③ 单纯承兑原则。汇票的付款人承兑汇票，不得附有条件；承兑如果附有条件，视为拒绝承兑，不发生承兑的效力。

（2）承兑的效力

承兑的效力是承兑人于到期日绝对付款的责任。汇票在承兑前，出票人是汇票的主债务人，而一经承兑之后，承兑人就成为汇票的主债务人，出票人则退居次债务人的地位。

4. 汇票的保证

汇票保证是指汇票债务人以外的第三人，担保特定的票据债务人能够履行票据债务的票据行为。汇票保证是一种担保法律关系，属于保证担保方式。

（1）汇票保证的成立

我国《票据法》第 46 条规定，保证人必须在汇票或者粘单上记载下列事项：

① 表明"保证"的字样；

② 保证人名称和住所；

③ 被保证人的名称，保证人未记载被保证人名称的，已承兑的汇票，承兑人为被保证人；未承兑的汇票，出票人为被保证人；

④ 保证日期，保证人未记载保证日期的，出票日期为保证日期；

⑤ 保证人签章。

保证不得附有条件，附有条件的，不影响对汇票的保证责任。

（2）票据保证的效力

① 保证人责任

保证人因其保证行为产生如下责任：第一，保证人与被保证人对持票人负连带责任。被保证的汇票到期后得不到付款的，持票人有权向保证人请求付款，保证人应当足额付款。第二，独立责任。基于票据行为独立性原则，只要被保证债务在形式上有效成立，即使在实质上无效，保证行为仍然有效，保证人应予负责。第三，共同保证的责任。共同保证的各保证人对共同保证的票据债务应负连带责任。

② 保证人的权利

保证人享有追索权。保证人可以基于与被保证人的实质关系而取得对被保证人的求偿权。在票据关系上，保证人因清偿保证债务取得了票据，从而可据以对承兑人、被保证人及其前手行使追索权。

5. 汇票的付款

（1）付款的概念

付款是指汇票承兑人或付款人无条件履行付款义务，消灭票据的债权债务关系的票据行为。

（2）付款的程序

付款程序由提示、支付、签收并收回汇票三个阶段构成。

① 付款提示：持票人要想获得付款，须为付款提示，即向付款人或承兑人提示汇票，要求其付款。提示是付款的必经程序。各国票据法规定的提示期限不尽相同。持票人必须在法定期限内进行提示。即持票人只能在法律规定的提示承兑期间或提示付款期间为提示。我国《票据法》第53条规定，持票人应按下列期限提示付款：见票即付的汇票，自出票日起1个月内向付款人提示付款；定日付款、出票后定期付款的汇票，自到期日起10天内向承兑人提示付款。案例11－2中，商业汇票付款提示期限，自汇票到期日起10天。该汇票于2009年11月11日到期，因此它的提示付款期应为2009年11月11日~11月21日，持票人11月15日提示付款，符合我国《票据法》关于提示付款期限的规定。

② 付款

持票人按照上述规定提示付款的，付款人必须在当日足额付款。另外，我国《票据法》规定，汇票金额为外币的，按照付款日的市场汇价，以人民币支付。汇票当事人对汇票支付的货币种类另有约定的，从其约定。

③ 签收与收回汇票

汇票是缴回证券。持票人获得付款后，应在汇票上签收，并将汇票交给付款人。持票人委托银行收款的，受委托的银行将代收的汇票金额转入持票人账户，视同签收。

（3）付款的效力

付款的效力就是使整个票据关系归于消灭。我国《票据法》规定，付款人依法支付足额款项后，全体汇票债务人的责任解除。这里的责任包括付款责任和担保责任。

6. 追索权

（1）追索权的概念

汇票追索权是指汇票到期不获付款或期前不获承兑或有其他法定原因时，持票人向汇票上的背书人、出票人以及汇票的其他债务人请求偿还汇票金额、利息及其他法定款项的一种票据权利，是继票据付款请求权后的第二次权利，是对付款请求权的补充。特别应指出的是，持票人无论是提示承兑还是提示付款必须依有效票据进行，才能发生提示效力，在被拒绝时方可发生追索权。

（2）追索权行使的条件

① 实质要件。即行使追索权的内在原因或条件，因期前追索、期后追索两种情况不同实质条件也就有所不同。

就期前追索而言，一般限于远期汇票即定日付款、出票后定期付款及其见票后定期付款的汇票，根据《票据法》第 61 条 2 款规定，主要有以下情况：一是汇票被拒绝承兑。汇票到期日前，持票人依法向汇票上记载的付款人请求承兑而被拒绝时，持票人取得追索权。拒绝承兑包括汇票所载付款人直接拒绝承兑、承兑人进行附条件承兑依法视为拒绝承兑以及对汇票金额进行部分承兑。二是承兑人或付款人死亡、逃匿。三是承兑人或付款人被依法宣告破产或因违法被责令停止业务活动。承兑人或付款人被宣告破产、责令停止业务活动时，其清偿债务能力处于不确定状态，为了维护持票人的利益和票据的流通信誉，法律赋予持票人此情形下的期前追索权。案例 11－2 中，B 银行无权向 D 公司进行追索，因为付款人（票据主债务人）一旦进行付款，就产生两方面的效力：付款人如付清全部汇票金额，汇票的债权债务关系就随之消灭；付款人因付款而取得了向出票人求偿的权利。据以上分析，B 银行根本不享有追索权。

就期后追索而言，其实质要件为按期提示付款被拒绝。持票人在汇票到期时不获付款，主要有两种情形：一是汇票付款人、承兑人拒绝支付；二是客观无法实现支付或提示，如在进行提示付款时，汇票上所记载的付款场所不存在或付款人下落不明，无法进行提示。

② 形式要件。汇票追索权的行使一般要求具备的形式要件是取得有关证明。在我国，这样的证明主要包括以下四种：第一是拒绝证明或退票理由书。即持票人依法提示承兑或付款被拒绝的，承兑人或付款人必须出局拒绝证明或退票理由书。这是对拒绝承兑或付款的事实最直接、最有效的证明文书，包括拒绝承兑证明和拒绝付款证明两种。为使持票人能够确实获得拒绝证明，

票据法特别将出具拒绝证明规定为承兑人或付款人的一项义务；第二是人民法院依法做出的宣告破产的司法文书，可以具有拒绝证明的效力；第三是行政主管部门依法对承兑人或付款人做出的责令终止业务活动的处罚决定，也可以作为拒绝证明；第四是有关机关出具的合法证明。如医院出具的承兑人或付款人死亡的证明；司法机关出具的承兑人、付款人逃匿的证明；公证机关出具的具有拒绝证明的文书。

（3）追索权行使的程序

依照《票据法》规定，完整行使汇票追索权一般要经过：持票人在法定期限进行提示；取得拒绝证明或退票理由书及其他合法证明；拒绝事由的通知，即指汇票上的追索权人为向其前手行使追索权而在规定的期限内将汇票不获承兑或不获付款的事实情况告知其前手的人；确定追索对象，汇票的出票人，背书人、承兑人和保证人，对持票人负连带赔偿责任，因此这些各票据债务人均为被追索人，基于追索权的选择性、变更性、代位性，持票人可不依顺序任意选择其一债务人或数人为追索对象，并在未实现追索权前，变更追索对象，进行新的追索。但持票人为实际追索时，应确定明确被追索对象；被追索人清偿，追索权人受领。追索权人依法取得追索对象支付的相应的追索金额后，应将有关票据、证明和收据交还被追索人，汇票追索权行使程序即告终结。

二、本票

（一）本票的概念

本票与汇票一样同为信用支付工具，具有信用、支付和融资方面的功能。本票是出票人签发的，承诺自己在见票时无条件支付确定的金额给收款人或者持票人见票时无条件支付确定的金额给收款人或者持票人的票据。国际上，本票有商业本票与银行本票、企业本票与个人本票之分，但我国《票据法》只对银行本票做了具体规定。银行本票是银行签发的，承诺自己在见票时无条件支付确定金额给付款人或者持票人的票据。银行本票是银行提供的一种银行信用，见票即付，可当场抵用。我国《票据法》只调整"见票时无条件支付"的、"必须记载收款人名称"的记名即期本票。

（二）本票的法定记载事项

根据我国《票据法》规定，本票必须采用中国人民银行规定的同一格式印制的版本，本票上必须记载以下事项：

1. 表明"银行本票"的字样。"本票"字样是本票文句，是区别于汇票和支票以及其他有价证券的重要标志。

2. 无条件支付的承诺，例如"凭票即付"等。

3. 确定的金额，这是指本票上记载票据金额应该是确定的，并且其标的只能是金钱。

4. 收款人名称。收款人可以是单位，也可以是个人。

5. 出票日期。本票仅限于见票即付，本票的出票日期为计算持票人本票权利期限的基准点。

6. 出票人签章。

本票上未记载上述规定事项之一的，银行本票无效。

出票银行完成上述项目后，将银行本票正联交给申请人，出票行为即告完成。

（三）本票的付款

本票的出票人在持票人提示见票时，必须承担付款的责任。本票自出票日起，付款期限最长不超过 2 个月。

（四）本票适用汇票规定的情况

由于本票与汇票一样均是可以流通的金融支付工具，本票具有汇票的很多特征及功能，所以，《票据法》第 81 条规定，本票的背书、保证、付款和追索权的行使，除《票据法》本票一章规定的以外，适用有关汇票的规定。

（五）本票与汇票的区别

两者的区别主要有两点：

1. 汇票有三个当事人，即出票人、付款人与受款人；而本票只有两个当事人，即出票人（同时也是付款人）与受款人。

2. 汇票必须经过承兑之后，才能使承兑人（付款人）处于主债务人的地位，而出票人则居于从债务人的地位；本票的出票人即始终居于主债务人的地位，自负到期偿付的义务，不必办理承兑手续。

三、支票

（一）支票的概念

支票是指由出票人签发的，委托办理支票存款业务的银行或其他金融机构在见票时无条件支付确定的金额给收款人或持票人的票据。出票人是签发支票的单位或个人，付款人是出票人的开户银行。

（二）支票种类

根据不同的标准，支票有许多分类，主要有记名支票、不记名支票、画线支票、保付支票和银行支票等。

1. 以支票上权利人的记载方式为标准，可分为记名支票和无记名支票。出票人在收款人栏中注明收款人名称的为记名支票。这种支票转让流通时，须由持票人背书，取款时须由收款人在背面签字。不记名支票，又称空白支票，抬头一栏注明"付给来人"。这种支票无须背书即可转让，取款时也无须在背面签字。

2. 以支票的付款方式为标准，可以分为现金支票和转账支票。现金支票只能用来支取现金。转账支票只能用来委托银行转账，不能支取现金。

此外，为了避免出票人开空头支票，收款人或持票人可以要求付款行在支票上加盖"保付"印记，以保证到时一定能得到银行付款。这种支票称之为保付支票。

（三）支票应记载的事项

根据我国《票据法》规定，签发支票应使用碳素墨水或墨汁填写，支票上必须记载以下事项：

1. 表明"支票"的字样。"支票"字样是支票文句，是区别于汇票和本票以及其他有价证券的重要标志。

2. 无条件支付的委托。

3. 确定的金额，这是指支票上记载票据金额应该是确定的，并且其标的只能是金钱。支票上的大写金额与小写金额必须一致，两者不一致的，支票无效，支票的出票金额不得更改，更改过的支票无效。而且支票上记载的出票金额必须与在付款人处的存款数额相适应，也就是说，支票的出票人所签发的支票金额不得超过其付款时在付款人处实有的存款数额，否则就是空头支票。禁止签发空头支票。

4. 付款人名称。支票的付款人为支票上记载的出票人的开户银行。

5. 出票日期。

6. 出票人签章。出票人的签章是指出票人预留在其开户银行的印鉴，该印鉴是银行审核支票付款的依据，出票人不得签发与其预留银行签章不符的支票。

支票上未记载上述规定事项之一的，支票无效。

支票签发完成，经出票人审核正确后将其交付给收款人，出票的行为也就此结束。

（四）支票适用汇票规定的情况

《票据法》第94条规定，支票的出票、背书、付款行为和追索权的行使，除《票据法》第四章的规定外，亦可适用有关汇票的规定。

（五）支票与汇票的区别

支票和汇票一样有三个当事人，即出票人、付款人与受款人。

两者的差别主要有：

1. 支票的付款人限于银行；而汇票的付款人则不以银行为限。
2. 支票均为见票即付，而汇票则不限于见票即付。

第五节　涉外票据的法律适用

一、涉外票据的概念

涉外票据是指在票据关系上具有一定涉外因素的票据。它通常在地域上或当事人上涉及两个或两个以上的国家，也可以称为国际票据。我国《票据法》明确规定，涉外票据是指出票、背书、承兑、保证、付款等行为中，既有发生在我国境内又有发生在我国境外的票据。涉外票据不是以持票人或出票人为外国人作为标准来界定的，而是以在同一个票据上出现了涉外的票据行为为依据的。

二、涉外票据的准据法

我国《票据法》根据通常的法律冲突的处理原则，对涉外票据在当事人的行为能力、票据行为方式以及票据权利行使与保全等方面发生法律冲突时，分别规定了相应的准据法。

1. 关于当事人的行为能力。我国《票据法》明确规定票据债务人的民事行为能力，适用其本国法律。而如果依其本国法律为无民事行为能力或限制民事行为能力而依照行为地法为完全民事行为能力的，适用行为地法律。

2. 关于票据的行为方式。根据我国《票据法》规定，汇票、本票出票时的记载事项，适用出票地法律；支票出票时的记载事项，适用出票地法律，经当事人协议，也可以适用付款地法律；背书、承兑、付款和保证行为，适用行为地法律。

3. 关于票据权利的行使和保全。我国《票据法》明确规定票据追索权的行使期限，即追索权的时效，适用出票地法律；票据的提示期限，有关拒绝证明的方式，出具拒绝证明的期限，适用付款地法律；票据丧失时，失票人请求保全票据权利的程序，适用付款地法律。

【本章小结】

票据，是指由出票人依法签发，约定由自己或委托他人于见票时或确定的日期，向持票人或收款人无条件支付一定金额的有价证券。票据具有有价性、要式性、无因性、流通性、设权性和文义性。《票据法》是规定票据的种类、签发、转让和票据当事人的权利、义务等内容的法律规范的总称，在经济活动中规范票据法律关系，起着至关重要的作用。《票据法》具有强行性、技术性和国际统一性的法律特征。

票据行为是指票据关系人依《票据法》实施的能够产生票据债权债务关系的要式法律行为。《票据法》规定的票据行为主要有出票、背书、承兑、保证、付款与追索。其中，出票、背书和付款时三种票据共有的票据行为。

票据权利是指持票人向票据债务人请求支付票据金额的权利，包括付款请求权和追索权。付款请求权是指持票人向票据第一债务人或其他付款义务人请求按票据上所记载金额付款的权利。追索权是指持票人行使付款请求权遭到拒绝或有其他法定原因时，向其前手请求偿还票据金额及其他法定款项的权利，是票据上的第二次权利。票据权利的取得主要有两种方式，一是原始取得；二是继受取得。票据权利人为防止票据权利丧失可以进行保全，票据权利的保全方式有进行票据提示、做成拒绝证书、中断时效。票据债务人可以对不履行约定义务的与自己有直接债权债务关系的持票人进行抗辩。在票据非基于持票人本意而丧失时，对票据丧失的补救措施主要有：挂失止付、公示催告和普通诉讼。

我国支付结算中的票据主要有汇票、本票和支票。汇票是发票人签发的，委托付款人在见票日或在指定日期无条件支付确定金额给收款人或持票人的票据。汇票是票据中最重要的票据类型。汇票的票据行为可分为主票据行为和从票据行为。主票据行为指的是出票行为。从票据行为是在已成立的票据上所作的行为，如背书、承兑、付款、拒付、追索等行为。本票是出票人签发的，承诺自己在见票时无条件支付确定的金额给收款人或者持票人见票时无条件支付确定的金额给收款人或者持票人的票据。支票是由出票人签发的，委托办理支票存款业务的银行或其他金融机构在见票时无条件支付确定的金额给收款人或持票人的票据。

我国《票据法》根据通常的法律冲突的处理原则，对涉外票据在当事人的行为能力、票据行为方式以及票据权利行使与保全等方面发生法律冲突时，分别规定了相应的准据法。

【关键名词或概念】

票据

票据行为

票据权利

背书

【简答题】

1. 简述票据的概念和基本特征。
2. 比较汇票、本票和支票之间的异同。
3. 简述票据行为的主要种类及其基本要求。
4. 票据的绝对应记载事项有哪些？
5. 汇票的承兑和付款应注意哪些法律问题？
6. 什么叫票据追索权，其行使的条件是什么？

【案例讨论】

案例一

司徒先生票据效力纠纷案

【案情】

司徒先生是某研究所的研究员，因专利发明获得了大量收入，银行为其开了支票账户。2002 年因家庭生活受到刺激，导致精神失常。2002 年 4 月 1 日司徒先生签了一张 60 万元的转账支票给某房地产公司购买有关房屋，某房地产公司希望有保证人进行保证。司徒先生找到其朋友钟女士保证。房地产公司收受支票后，4 月 15 日以背书的方式将该支票转让给了某租赁公司以支付所欠的建筑机械租金。4 月 19 日某租赁公司持该支票向某现代商城购置计算机设备。4 月 26 日某现代商城通过其开户银行提示付款时，开户银行以超越提示付款期为由做了退票处理。某现代商城只好通知其前手进行追索。

在追索的过程中，租赁公司和房地产公司均以有保证人为由推卸自己的责任，保证人钟女士以司徒先生系精神病人，其签发支票无效为由，拒不承担责任。

经鉴定，司徒先生确属精神不正常，属无行为能力人。

【问题讨论】

1. 无行为能力人的票据行为是否有效？其所签发的票据是否有效？

2. 在有保证人存在的情况下，票据行为人应否负票据责任？为什么？本案中的保证人应否承担保证责任？为什么？

案例二

农×伪造汇票案

【案情】

农×伪造了一张 150 万元的银行承兑汇票，该汇票以翔×服装进出口有限责任公司为收款人，以中国工商银行某分行为付款人，汇票的"交易合同号码"栏未填。农×将这张伪造的银行承兑汇票向翔×服装进出口有限责任公司换取了 110 万元。翔×服装进出口有限责任公司持这张伪造的汇票到中国农业银行某分行申请贴现，中国农业银行某分行没有审查出该汇票是伪造汇票，予以贴现 145 万元，翔×服装进出口有限责任公司由此获得收入 35 万元。

中国农业银行某分行向中国工商银行某分行提示承兑。中国工商银行某分行在收到汇票后发现，没有办理过这笔银行承兑业务，立即向公安局报案。后查明该汇票系伪造的汇票，中国工商银行某分行将汇票退给中国农业银行某分行，拒绝承兑。

【问题】

1. 案中的汇票是否具有法律效力？为什么？

2. 中国农业银行某分行可向谁行使追索权？为什么？

3. 中国工商银行应否承担票据责任？为什么？

4. 农×的行为应承担什么责任？为什么？

第十二章 证券法

【本章导读】

我国《证券法》所规范的证券是指资本证券，这种证券是一种投资凭证，也是一种可流通的权益凭证。我国《证券法》适用于在我国境内的股票、公司债券以及国务院依法认定的其他证券的发行和交易。要保证资本市场必要的秩序和理性，必须借助法治手段和机制，《证券法》是资本市场发展的根本大法。证券法知识是市场经济参与者的必备素质。本章简述了《证券法》的基本原则以及证券市场的相关规定。

【学习目标】

本章重点要求学生了解证券的概念和种类、证券法的概念和基本原则、证券市场主体。掌握证券发行制度，证券上市、证券交易的一般规则以及相关证券机构及作用，了解上市公司的收购、证券投资基金的基本规定。

【知识结构图】

证券法
- 证券法概述
  - 证券的概念、特征和种类
  - 证券市场
  - 证券法的概念、适用范围和基本原则
- 证券市场的主体
  - 证券投资者
  - 证券公司、证券交易所、证券登记结算机构
  - 证券业协会
  - 证券监督管理机构
- 证券发行
  - 证券发行概述
  - 股票的发行、公司债券的发行
  - 证券承销
- 证券上市与交易
  - 股票的上市、公司债券上市
  - 信息公开制度
  - 证券交易
  - 限制和禁止的证券交易行为
- 上市公司收购
  - 概念和方式
  - 报告和公告
- 证券投资基金
  - 证券投资基金概述
  - 证券投资基金财产
  - 证券投资基金当事人
  - 基金的运作与信息披露
- 违反证券法的法律责任
  - 违反证券发行规定的法律责任
  - 违反证券交易规定的法律责任
  - 违反证券机构管理、人员管理的法律责任
  - 证券机构的法律责任

第一节　证券法概述

一、证券的概念、特征和种类

（一）证券的概念和特征

证券是指表示一定权利的书面凭证，即记载并代表一定权利的文书。从

广义上讲，证券包括资本证券、货币证券和货物证券。我国《证券法》所规范的证券仅为资本证券。

《证券法》所规范的证券，具有以下三个方面的法律特征：

1. 证券是一种投资凭证。就证券的持有人而言，无论其购买证券还是在证券市场上转让证券，几乎都是以追求投资回报最大化为目的，或者说都是把自己对证券的投入或回收的资金作为投资资本来看待的。所以，证券是投资者权利的载体，投资者的权利是通过证券记载，并凭借证券获取相应收益的。

2. 证券是一种权益凭证。证券体现一定的财产权利，如股票体现的是股权，债券则代表着债权。证券是一种有待证实的资本，证券虽然可以在兑现前为持有人带来特定的或不特定的收益，但是证券本金的投资回报还需视义务人的经济状况或股票市场行情状况而定。

3. 证券是一种可流通的权利凭证。即证券具有可转让性和变现性，其持有者可以随时将证券转让出售，以实现自身权利。

（二）证券的种类

按照不同的标准，可以对资本证券作多种分类。而我国目前证券市场上发行和流通的证券主要有以下几类：

1. 股票。股票是指股份有限公司签发的证明股东权利、义务的要式有价证券。股票具有权利性、非返还性、风险性和流通性等特点。目前，我国发行的股票按照投资主体的不同，可分为国家股、法人股、内部职工股和社会公众个人股；按照股东权益和风险大小，可以分为普通股、优先股及普通和优先混合股；按照认购股票投资者身份和上市地点的不同，可以分为境内上市内资股（A 股）、境内上市外资股（B 股）和境外上市外资股（包括 H 股、N 股、S 股）三类。

2. 债券。债券是指政府、金融机构和公司企业等单位为募集资金依照法定程序向社会公众发行的，约定在一定期限向债券持有人还本付息的有价证券。债券是一种债权凭证。由于债券到期还本付息，所以它具有风险性小和流通性强的特点。按发行主体的不同，债券可分为三大类：

（1）企业、公司债券，是指一般企业和公司发行的债券；

（2）金融债券，是指银行和非银行金融机构为筹集资金补偿流动资金的不足而发行的债券；

（3）政府债券，是指政府或政府授权的代理机构基于财政或其他目的而发行的债券，包括国库券、财政债券、建设公债、特种国债、保值公债等。

3. 认股权证。是股份有限公司给予持证人的无限期或在一定期限内，以确定价格购买一定数量普通股份的权利凭证。这是持证人认购公司股票的一种长期选择权。它本身不是权利证明书。其持有人不具备股东资格。但认股权证能依法转让，给持有人带来很大收益，因而也是一种有价证券。

4. 证券投资基金券。或称基金受益凭证，是指证券投资基金发起人向社会公开发行的，表明持有人对基金享有收益分配权和其他相关权利的有价证券。投资者按其所持基金券在基金中所占的比例来分享基金盈利、同时分担基金亏损。

二、证券市场

证券市场是指股票、公司债券、证券投资基金份额、金融债券、政府债券、外国债券等有价证券及其衍生产品（如期货、期权等）发行和交易的场所。证券市场的实质是通过各类证券的发行和交易以募集和融通资金并取得预期利益。在现代市场经济中，证券市场是完整的市场体系的重要组成部分，它不仅反映和调节货币资金的运动，而且对整个经济的运行具有重要影响，证券市场由证券发行市场和证券流通市场两部分组成。

（一）证券发行市场

证券发行市场是指通过发行证券进行筹资活动的市场，也称为证券一级市场，其功能在于一方面为资本的需求者提供募集资金的渠道；另一方面为资本的供应者提供投资的场所。通过证券发行市场，投资者的闲散资金转化为生产资本。发行市场主要由证券发行人、认购人和中介人组成。其中证券发行人包括政府、金融机构、公司和公共机构（如基金会等）；认购人即投资者，包括机构和个人两类；中介人指综合类证券公司和为证券发行服务的注册会计师机构、律师机构和资产评估机构。

（二）证券流通市场

证券流通市场是指对已发行的证券进行买卖、转让和流通的市场，也称证券二级市场。其功能在于为证券持有人提供了随时卖掉所持证券进行变现的机会，同时又为新的投资者提供投资机会。通过证券交易市场，投资者持有的证券实现了流通。

证券交易市场的交易形式主要有两种，即证券交易所和场外交易市场。其中证券交易所在我国特指国家专营的上海证券交易所和深圳证券交易所，它们有固定的交易场所和交易时间，在该市场上市交易的证券必须符合严格的条件和程序，投资者通过证券商在证券交易所进行证券买卖。场外证券交易市场是指依法设立的非上市证券进行交易的市场，在场外交易场所交易的股票，一般为未上市股票，其交易价格不是通过集中竞价方式产生的，而是通过交易双方协商产生的。此外，场外交易场所还有不记名公司债券的分散和不固定的交易活动。

三、证券法的概念、适用范围和基本原则

（一）证券法的概念及其适用范围

1. 证券法的概念：证券法有广义和狭义之分。广义的证券法是指一切有关证券募集、发行、交易、服务以及对证券市场进行监督管理的法律规范的总称。证券法所调整的社会关系，既有证券发行人、证券投资人和证券商之间的平等的证券发行关系，交易关系、服务关系，又有证券监督管理机构对证券市场参与者进行组织、协调、监督等活动过程中所发生的纵向监管关系，是两者的统一体。

狭义的证券法是指证券法典，在我国，是指 1998 年 12 月 29 日第九届全国人大常委会第六次会议通过的，并经 2005 年 10 月 27 日第十届全国人大常委会第十八次会议修订的《中华人民共和国证券法》。本章所指的证券法为狭义的证券法。

2. 证券法的适用范围

根据《证券法》第 2 条的规定，"适用于在中国境内的股票、公司债券以及国务院依法认定的其他证券的发行和交易。《证券法》未规定的，适用《公司法》和其他法律、行政法规的规定。政府债券、证券投资基金份额的上市交易适用《证券法》；其他法律行政法规另有规定的，适用其规定。"证券衍生品种发行、交易的管理办法，由国务院依照《证券法》的原则规定。《证券法》第 239 条的规定，境内公司股票以外币认购和交易的，具体办法由国务院另行规定。这就意味着，政府债券的发行、人民币特种股票（即 B 股）、境外发行的股票（如 H 股、N 股、S 股等）不适用《证券法》。

（二）证券法的基本原则

按照《证券法》的规定，我国《证券法》的基本原则包括证券发行交易的基本原则与证券监管的基本原则，具体表现在以下几个方面：

1. 保护投资者合法权益的原则。我国《证券法》将保护投资者的合法权益作为"立法宗旨"，这充分体现了保护投资者合法权益的原则。

2. 公平、公开、公正原则。公开原则是证券发行和交易制度的核心，即要求发行人发行证券时必须依法将与证券有关的一切真实情况向社会公布，

以供投资者投资决策时参考。只有以公开为基础，才能实现公平和公正。公平原则是指在证券发行和交易活动中，发行人、投资人、证券商和证券专业服务机构的法律地位完全平等，其合法权益受到同等保护。只有实行公平原则，才能够保护投资者尤其是中小投资者的利益，确立平等竞争的市场机制。公正原则是指证券监管机关及其他有关部门在履行职责时，应当依法行使职责，对一切从事证券发行和交易的市场主体给予公正的待遇。

3. 平等、自愿、有偿和诚实信用的原则。该原则是指证券发行和交易活动的当事人具有平等法律地位，应当自愿、有偿、诚实信用的原则，实事求是地履行自己所承担的义务，不得有任何欺诈行为。

4. 合法原则。《证券法》第 5 条规定："证券发行、交易活动，必须遵守法律、行政法规；禁止欺诈、内幕交易和操纵证券市场的行为。"这体现了证券发行、交易活动都必须具有合法性。

5. 分业经营、分业管理的原则。《证券法》第 6 条规定"证券业和银行业、信托业、保险业实行分业经营、分业管理，证券公司与银行、信托、保险业务机构分别设立，国家另有规定的除外。"这一原则的目的在于禁止证券业与银行业、信托业、保险业之间业务混合，禁止银行、信托、保险等机构从事高风险的证券业务，以利于实现金融业管理的规范化，降低银行、信托和保险资金的风险。

6. 国家集中统一监管与行业自律相结合的原则。《证券法》第 7 条规定，"国务院证券监督管理机构依法对全国证券市场实行集中统一监督管理。"《证券法》第 8 条规定，"在国家对证券发行、交易活动实行集中统一监督管理的前提下，依法设立证券业协会，实行自律性管理"。由此，在国务院证券监督管理机构依法实行集中统一监督管理的前提下，由证券业协会实行自律性管理。国家审计机关依法对证券交易所、证券公司等主体进行审计监督。

第二节　证券市场的主体

一、证券投资者

即证券市场的投资主体，包括个人投资者和机构投资者。证券投资者是证券市场的核心要素，是证券市场得以活跃兴旺的生力军。

二、证券公司

（一）证券公司的概念

证券公司是指依照《公司法》和《证券法》的规定并经国务院证券监督管理机构审查批准而成立的专门经营证券业务，具有独立法人地位的金融机构。证券公司在证券市场上具有重要的地位和作用。在发行市场上，证券公司做承销商、媒介发行人与投资者；在交易市场上，证券公司做经纪商或者自营商，证券交易市场的交易秩序如何，与其行为有直接的关系。

（二）证券公司的设立

1. 证券公司的设立批准

设立证券公司必须经中国证监会依照法定的程序审查批准，未经批准的，不得经营证券业务。而且，证券公司设立或撤销分支机构，变更业务范围或者注册资本、变更公司章程、合并、分立、变更公司形式或解散，也必须经中国证监会批准。

2. 证券公司的设立条件

（1）有符合法律、行政法规规定的公司章程。

（2）主要股东具有持续盈利能力，信誉良好，最近 3 年无重大违法违规记录，净资产不低于人民币 2 亿元。

（3）符合《证券法》规定的注册资本：设立综合类证券公司，注册资本最低限额为人民币 5 亿元；设立经纪类证券公司，注册资本最低限额为人民币 5000 万元；证券公司的注册资本应当是实缴资本。

（4）董事、监事、高级管理人员具备任职资格，从业人员必须具有证券从业资格。

（5）有完善的风险管理与内部控制制度。

（6）有合格的经营场所和业务设施。

（7）法律、行政法规规定的符合国务院批准的国务院证券监督管理机构规定的其他条件。

（三）证券公司的组织形式及业务范围

1. 证券公司的组织形式

证券公司的组织形式是有限责任公司和股份有限公司。证券公司必须在其名称中表明"证券有限责任公司"或者"证券股份有限公司"字样。

2. 证券公司的业务范围

国家对证券公司实行分类管理，分为综合类证券公司和经纪类证券公司，并由中国证监会按照其分类颁发业务许可证。

（1）综合类证券公司的业务范围：包括证券经纪业务；证券投资咨询；与证券交易、证券投资活动有关的财务顾问；证券承销与保荐；证券自营；证券资产管理；经中国证监会核定的其他证券业务。综合类证券公司必须将其经纪业务和自营业务分开办理，业务人员和财务账户均应分开，不得混合操作。

（2）经纪类证券公司的业务范围：《证券法》第130条规定，经纪类证券公司只允许专门从事证券经纪业务。经纪类证券公司在任何情况下都不得从事自营业务。

（四）对证券公司的监管

证券公司依法享有自主经营的权力，其合法经营不受干涉，但是，由于其在证券市场中的特殊地位，证券法对其规定了较为周密的监管制度，主要内容如下：

1. 资产负债监管。国务院证券监督管理机构对证券公司的净资本，净资本与负债的比例，净资本与净资产的比例，净资本与自营、承销、资产管理等业务规模的比例等有明确的规定。证券公司的对外负债总额不得超过其净资产额的规定倍数，其流动负债总额不得超过其流动资产总额的一定比例。证券公司应当保持其资产合理的流动性。其账户上持有的证券的市场价值总额不得超过公司资本金的80%；同一证券的持有量不得超过公司资本金的30%；持有同一企业股票的数额不得超过该企业股份总额的5%和本公司资本金的10%。证券公司不得为其股东或者股东的关联人提供融资或担保。

2. 准备金监管。证券公司应每年从其税后利润中提取交易风险准备金，提取比例由证监会规定，该准备金只能用做填补证券交易的损失，不能挪作他用。

3. 实物交易监管。证券公司接受委托卖出的证券必须是客户证券账户上实有的证券，不得为客户融券交易；接受客户委托买入证券必须以客户资金账户上实有的资金支付，不得为客户融资交易。

4. 代理业务监管。证券公司办理经纪业务，不得接受客户的全权委托而决定证券买卖、选择证券种类、决定买卖数量或者买卖证券；不得以任何方式对客户证券买卖的收益或者赔偿证券买卖的损失做出承诺。

三、证券交易所

（一）证券交易所的概念

证券交易所是指为证券集中交易提供场所和设施，组织和监督证券交易，实行自律管理的不以营利为目的的法人。证券交易所有公司制和会员制之分。我国的证券交易所是不以营利为目的，仅为证券的集中和有组织的交易提供场所、设施，并履行国家有关法律、法规、规章、政策规定的职责，实行自律性管理的会员制的事业法人。目前，我国有两家证券交易所。即 1990 年 12 月设立的上海证券交易所和 1991 年 7 月设立的深圳证券交易所。证券交易所的设立和解散，由国务院决定。

（二）证券交易所的职能

依据《证券法》的相关规定，证券交易所具有以下职能：

1. 为组织公平的集中竞价交易提供保障，公布证券交易即时行情，并按交易日制作证券市场行情表，予以公布。

2. 因突发性事件影响证券交易正常进行时，证券交易所可以采取技术性停牌的措施；因不可抗力的突发性事件或者为维护证券交易的正常秩序，证券交易所可以决定临时停市。

3. 依照法律、行政法规的规定，办理股票、公司债券的暂停上市、恢复上市或者终止上市的事务。

4. 对在交易所进行的证券交易实行实时监控，并按照国务院证券监督管理机构的要求，对异常的交易情况提出报告；对上市公司披露信息进行监督，督促上市公司依法及时、准确地披露信息。

5. 依照证券法律、行政法规制定证券集中竞价交易的具体规则，制定证券交易所的会员管理规章和证券交易所从业人员业务规则，并报国务院证券监督管理机构批准。

6. 对违反证券交易规则的证券交易人给予纪律处分，情节严重的，可撤销其交易资格，禁止其入场进行证券交易。

四、证券登记结算机构

（一）证券登记结算机构的概念与设立

证券登记结算机构是指为证券交易提供集中登记、托管与结算服务，不以营利为目的的法人。

设立证券登记结算机构，必须经国务院证券监督管理机构批准，并应具备下列条件：

1. 自有资金不少于人民币 2 亿元；

2. 具有证券登记、托管和结算服务所必需的场所和设施；

3. 主要管理人员和业务人员必须具有证券从业资格；

4. 国务院证券监督管理机构规定的其他条件，证券登记结算机构的名称中应当标明证券登记结算字样。

（二）证券登记结算机构的职能

证券登记结算机构履行下列职能：

1. 证券账户、结算账户的设立；
2. 证券的托管和过户；
3. 证券持有人名册登记；
4. 证券交易所上市证券交易的清算和缴收；
5. 受发行人的委托派发证券权益；
6. 办理与上述业务有关的查询；
7. 国务院证券监督管理机构批准的其他业务。

（三）证券登记结算机构的责任

证券登记结算机构的责任包括：

1. 应当向证券发行人提供证券持有人名册及其有关资料；
2. 应当根据证券登记结算的结果，确认证券持有人持有证券的事实，提供证券持有人登记资料；
3. 应当保证证券持有人名册和登记过户记录真实、准确、完整，不得伪造、篡改，毁坏；
4. 应当妥善保存登记、托管和结算的原始凭证，重要的原始凭证的保存期不少于 20 年。
5. 应当采取下列措施保证业务的正常进行：第一，具有必备的服务设备和完善的数据安全保护措施；第二，建立健全的业务、财务和安全防范等管理制度；第三，建立完善的风险管理系统。

五、证券交易服务机构

证券交易服务机构是指从事证券服务业务的机构，主要包括证券投资咨询机构、财务顾问机构、资信评级机构、资产评估机构及会计师事务所。证券交易服务机构在证券的发行市场上，能为投资者提供准确的投资信息，帮助投资者做出正确的投资决策，使证券的发行工作得以顺利进行；在证券的交易市场中，能够协助上市公司及时而准确地披露经营、财务和资产状况，为政府的监督管理提供依据，从而使投资者的权益得到切实的维护。

在证券交易服务机构中，证券投资咨询机构的地位最为重要。证券投资咨询机构也称"证券投资顾问机构"，是指向投资者或者客户提供证券投资分析、预测或者建议等咨询服务，以营利为目的的机构。

《证券法》第 171 条对证券投资咨询机构的从业人员的行为进行了禁止性限制，规定如下：

1. 代理委托人从事证券投资；

2. 与委托人约定分享证券投资收益或者分担证券投资损失；

3. 买卖本咨询机构提供服务的上市公司股票；

4. 利用传播媒介或者通过其他方式提供、传播虚假或者误导投资者的信息。

六、证券业协会

（一）证券业协会的性质与机构设置

1991 年 8 月 28 日，我国成立了中国证券业协会。它是我国证券发展史上第一个全国性的证券行业自律管理组织，是证券经营机构依法自行组织的、非营利性的自律性会员组织，具有独立的社团法人资格。

设立证券业协会，实行证券业行业自律管理的前提是国家对证券市场实行集中统一的监督管理，不能违背这个原则。

按照《证券法》的规定，证券公司应当加入证券业协会。证券业协会的权力机构是全体会员组成的会员大会。证券业协会设理事会，理事会成员依章程规定选举产生。证券业协会的章程由会员大会制定，并报国务院证券监督管理机构备案。

（二）证券业协会的职责

证券业协会履行下列职责：

1. 协助证券监督管理机构教育和组织会员执行证券法律、行政法规；

2. 依法维护会员的合法权益，向证券监督管理机构反映会员的建议和要求；

3. 收集整理证券信息，为会员提供服务；

4. 制定会员应遵守的规则，组织会员单位的从业人员的业务培训，开展会员间的业务交流；

5. 对会员之间、会员与客户之间发生的纠纷进行调解；

6. 组织会员就证券业的发展、运作及有关内容进行研究；

7. 监督、检查会员行为，对违反法律、行政法规或者协会章程的，按照规定给予纪律处分；

8. 证券协会章程规定的其他职责。

七、证券监督管理机构

按《证券法》的规定，我国依法对证券市场实行监督管理的机构是中国证券监督管理委员会。从目前国务院机构设置的情况来看，中国证券监督管理委员会即是国务院证券监督管理机构。

（一）国务院证券监督管理机构的职责

国务院证券监督管理机构依法对全国证券业和期货业进行集中统一监管。具体来说，其在对证券市场实施监督管理中履行下列职责：

1. 依法制定有关证券市场监督管理的规章、规则，并依法行使审批或者核准权；

2. 依法对证券的发行、交易、登记、托管、结算，进行监督管理；

3. 依法对证券发行人、上市公司、证券交易所、证券公司、证券登记结算机构、证券投资基金管理机构、证券投资咨询机构、资信评估机构以及从事证券业务的律师事务所、会计师事务所、资产评估机构的证券业务活动，进行监督管理；

4. 依法制定从事证券业务人员的资格标准和行为准则，并监督实施；

5. 依法监督检查证券发行和交易的信息公开情况；

6. 依法对证券业协会的活动进行指导和监督；

7. 依法对违反证券市场监督管理法律、行政法规的行为进行查处；

8. 法律、行政法规规定的其他职责。

（二）国务院证券监督管理机构的职权

国务院证券监督管理机构职权依法履行职责时，有权采取下列措施：

1. 对证券发行人、上市公司、证券公司、证券投资基金管理公司、证券服务机构、证券交易所、证券登记结算机构进行现场检查；

2. 进入违法行为发生场所调查取证；

3. 询问当事人和与被调查事件有关的单位和个人，要求其对与被调查事件有关的事项做出说明；

4. 查阅、复制与被调查事件有关的财产登记、通信记录等资料，单位和个人的；

5. 查阅、复制当事人和与被调查事件有关的单位和个人的证券交易记录、登记过户记录、财务会计资料及其他相关文件和资料，对可能被转移或者隐匿的文件和资料可以予以封存；

6. 查阅、复制当事人和与被调查事件有关的单位和个人的资金账户、证券账户，对有证据证明有转移或者隐匿违法资金、证券等涉案财产或隐匿、伪造、毁损重要证据的，经国务院证券监督管理机构主要负责人批准，可以予以冻结或查封；

7. 在调查操纵证券市场、内幕交易等重大证券违法行为时，经国务院证券监督管理机构主要负责人批准，可以限制被调查事件当事人的证券买卖，但限制的期限不得超过 15 个交易日，案情复杂的，可以延长 15 个交易日。

第三节　证　券　发　行

一、证券发行概述

所谓证券发行，是指证券发行人依照规定的条件和程序发售其证券的法律行为，包括股票、债券发行。证券发行而形成的证券市场即发行市场。

证券发行采用核准制度和保荐制度。凡是公开发行的证券，必须符合法律、行政法规规定的条件，并依法报经国务院证券监督管理机构或者国务院授权的部门的核准。未经依法核准，任何单位和个人不得公开发行证券。另外，凡是公开发行股票、可转换公司债券，依法采取承销方式的，应聘请具有保荐资格的机构担任保荐人。

有下列情形之一的，为公开发行：

1. 向不特定对象发行证券的；

2. 向特定对象发行证券累计超过 200 人的；

3. 法律、行政法规规定的其他发行行为。非公开发行证券，不得采用广告、公开劝诱和变相公开方式。

二、股票的发行

（一）股票发行的概念和种类

股票发行是指符合发行条件的股份有限公司，以筹集资金为目的，依法定程序，以同一条件向特定或不特定的公众招募或出售股票的行为。股票发行是股份发行的表现形式。

股票发行人必须是具有股票发行资格的股份有限公司，包括已成立的股份有限公司和经核准拟设立的股份有限公司。股票发行一般有两种：

一是为设立新公司而首次发行股票，称之为设立发行，即指发起人通过发行公司股票来募集经营资本，成立股份有限公司的行为；

二是为扩大已有的公司规模而发行新股，即增资发行。

（二）股票发行的条件

1. 设立发行的条件。设立股份有限公司公开发行股票，应当符合《公司法》规定的条件和经国务院批准的国务院证券监督管理机构规定的其他条件，向国务院证券监督管理机构报送募股申请和下列文件：

（1）公司章程；

（2）发起人协议；

（3）发起人姓名或名称，发起人认购的股份数、出资种类及验资证明；

（4）招股说明书；

（5）代收股款银行的名称和地址；

（6）承销机构名称及有关的协议，依照《证券法》规定聘请保荐人的，还应当报送保荐人出具的发行保荐书。

法律、行政法规规定设立公司必须报经批准的，还应当提交相应的批准文件。

此外，根据 1993 年 4 月 22 日国务院发布的《股票发行与交易管理暂行条例》的规定，设立发行还应当符合下列条件：

（1）股份有限公司的生产经营符合国家产业政策；

（2）发行的普通股限于一种，同股同权；

（3）发起人认购的股本数额不少于公司拟发行的股本总额的 35%；

（4）在公司拟发行的股本总额中，发起人认购部分不少于 3000 万元人民币，但是国家另有规定的除外；

（5）向社会公众发行的部分不少于公司拟发行的股本总额的 25%，其中公司职工认购的股本数额不得超过向社会公众发行的股本总额的 10%；公司拟发行的股本总额超过人民币 4 亿元的，证监会按照规定可以酌情降低向社会公众发行的部分的比例，但是最低不少于公司拟发行的股本总额的 10%（《公司法》变更为 15%）；

（6）发起人在近 3 年内没有重大违法行为；

（7）证券委规定的其他条件。

2. 新股发行的条件。股份有限公司成立后，基于增资目的而再次申请公开发行股票，在公司法中成为发行新股。公开发行新股，应当符合下列条件：

（1）具备健全且良好的组织机构；

（2）具备持续盈利能力，财务状况良好；

（3）最近 3 年财务会计文件无虚假记载，无其他重大违法行为；

（4）经国务院批准的证券监督管理机构规定的其他条件。

上市公司非公开发行新股，应当符合经国务院批准的国务院证券监督管理机构规定的条件，并报国务院证券监督管理机构核准。

新股发行还必须符合有关增资发行的特殊条件：

（1）前一次发行的股份已募足，并间隔 1 年以上；

（2）公司在最近 3 年内连续盈利，并可向股东支付股利；

（3）公司在最近 3 年内财务会计文件无虚假记载，从前一次公开发行股票至本次申请期间没有重大违法行为；

（4）公司预期利润率可达同期银行存款利率；

（5）前一次公开发行股票所得资金的使用与其招股说明书所述的用途相符，并且资金使用效益良好。

股票不得折价发行。股票溢价发行的，其发行价格与承销的证券公司协商确定。

三、公司债券的发行

公司债券是公司依照法定程序发行的约定在一定期限内还本付息的有价证券。

（一）公司债券发行的条件

1. 有限责任公司的净资产不低于人民币 6000 万元，股份有限责任公司的净资产不低于人民币 3000 万元；

2. 累计债券余额不得超过公司净资产的 40%；

3. 公司最近 3 年平均可分配利润足以支付公司债券 1 年的利息；

4. 筹集的资金投向符合国家产业政策；

5. 债券的利率不得超过国务院限定的利率水平；

6. 国务院规定的其他条件。

（二）公司债券发行的其他规定

1. 发行公司债券筹集的资金，必须用于审批机关批准的用途，不得用于弥补亏损和非生产性支出。违反法律规定，改变公开发行公司债券所募资金的用途，不得再次公开发行公司债券。此外，前一次发行的公司债券尚未募足，以及对已发行的公司债券或其债务有违约或者延迟支付本息的事实，且仍处于继续状态的，亦不得再次发行公司债券。

2. 上市公司发行可转换为股票的公司债券，除应当符合上述规定的条件外，还应当符合《证券法》关于公开发行股票的条件，并报国务院证券监督管理机构核准。

四、证券承销

公开发行的证券应当由经营证券机构承销，关于承销的规定主要是：

（一）证券承销的方式

证券承销业务采取代销或者包销方式。

证券代销是指证券公司代发行人发售证券，在承销期结束时，将未售出的证券全部退还给发行人的承销方式。对发行人而言，这种承销方式风险较大，但承销费用相对较低；证券包销是指证券公司将发行人的证券按照协议全部购入或者在承销期结束时将售后剩余证券全部自行购入的承销方式。采用这种承销方式，发行人将证券的所有权转移给证券承销人。因此，证券销售不出去的风险由承销人承担，但其费用高于代销的费用。

向不特定对象公开发行的证券票面总值超过人民币 5000 万元的，应当由承销团承销。承销团应当由主承销和参与承销的证券公司组成。

发行人向不特定对象公开发行的证券，法律、行政法规规定应当由证券公司承销的，发行人应当同证券公司签订承销协议。

（二）证券承销的要求

1. 证券公司承销证券，应当对公开发行募集文件的真实性、准确性、完整性进行核查；发现有虚假记载、误导性陈述或者重大遗漏的，不得进行销售活动；已经销售的，必须立即停止销售活动，并采取纠正措施。

2. 证券的代销、包销期限最长不得超过 90 天。

3. 证券公司在代销、包销期内，对所代销、包销的证券应当保证先行出售给认购人，证券公司不得为本公司预留所代销的证券和预先购入并留存所包销的证券。

（三）证券承销的其他规定

股票发行采取溢价发行的，其发行价格由发行人与承销的证券公司协商确定。

股票发行采用代销方式，代销期限届满，向投资者出售的股票数量未达到拟公开发行股票数量 70% 的，为发行失败。发行人应当按照发行价并加算银行同期存款利息返还股票认购人。

公开发行股票，代销、包销期限届满，发行人应当在规定的期限内将股票发行情况报国务院证券监督管理机构备案。

第四节　证券上市与交易

【**案例 12 - 1**】　　中国证监会在对 A 上市公司进行例行检查中，发现以下事实：

为 A 公司出具 2007 年度审计报告的注册会计师陈某，在 2008 年 3 月 10 日公司年度报告公布后，于同年 3 月 20 日购买了 A 公司 2 万股股票，并于同年 4 月 8 日抛售，获利 3 万余元；E 证券公司的证券从业人员李某认为 A 公司的股票具有上涨潜力，于 2008 年 3 月 15 日购买了 A 公司股票 1 万股。

证券上市，是指已公开发行的股票、债券等有价证券，符合法定条件，经证券主管机关核准后，在证券交易所集中竞价交易的行为。申请证券上市交易，应当向证券交易所提出申请，由证券交易所依法审核同意，并由双方签订上市协议。

一、股票的上市

（一）股票上市的条件

申请股票上市交易，应当符合下列条件：

1. 股票经国务院证券监督管理机构核准已公开发行；

2. 公司股本总额不少于人民币 3000 万元；

3. 公开发行的股份达到公司股份总数的 25% 以上；公司股本总额超过人民币 4 亿元的，公开发行股份的比例为 10% 以上；

4. 公司最近 3 年无重大违法行为，财务会计报告无虚假记载。

证券交易所可以规定高于前述规定的上市条件，并报国务院证券监督管理机构批准。

国家鼓励符合产业政策并符合上市条件的公司股票上市交易。

（二）股票上市的公告

股票上市交易申请经证券交易所审核同意后，签订上市协议的公司应当在规定的期限内公告股票上市的有关文件，并将该文件置备于指定场所供公众查阅。此外，还应当公告下列事项：

1. 股票获准在证券交易所交易的日期；

2. 持有公司股份最多的前十名股东的名单和持股数额；

3. 公司的实际控制人；

4. 董事、监事、高级管理人员的姓名及其持有本公司股票和债券的情况。

（三）股票的暂停上市

股票获准上市后，并不意味着上市公司可以永久占据证券交易所的空间，发生下列情形的，证券交易所可以决定暂停上市：

1. 股本总额、股权分布发生变化，不再具备上市条；

2. 公司不按照规定公开其财务状况，或者对财务会计报告作虚假记载，可能误导投资者的；

3. 公司有重大违法行为；

4. 公司最近 3 年内连续亏损。

（四）股票的终止上市

上市公司有下列情形之一的，证券交易所可以决定其股票终止上市交易：

1. 股本总额、股权分布发生变化，不再具备上市条件，在证券交易所规定的期限内仍不能达到上市条件；

2. 公司不按照规定公开其财务状况，或者对财务会计报告作虚假记载，且拒绝纠正；

3. 公司最近 3 年连续亏损，在其后 1 个年度内未能恢复营利；

4. 公司解散或者被宣告破产。

二、公司债券上市

（一）公司债券的上市条件

公司债券上市应符合以下条件：

1. 公司债券的期限为 1 年以上；

2. 公司债券实际发行额不少于人民币 5000 万元（即公司净资产要在 1.25 亿元以上）；

3. 公司申请其债券上市时仍符合法定的公司债券发行条件。

（二）债券上市的公告

公司债券上市交易申请经证券交易所审核同意后，签订上市协议的公司应当在规定的期限内公告公司债券上市的有关文件，并将该文件置备于指定场所供公众查阅。

（三）公司债券的暂停上市与终止上市

公司债券上市交易后，有下列情形之一的暂停上市：

1. 公司有重大违法行为；

2. 公司情况发生重大变化不符合公司债券上市条件；

3. 发行公司债券所募集资金不按照审批机关批准的用途使用；

4. 未按照公司债券募集办法履行义务；

5. 公司最近 2 年连续亏损。

出现第一种、第四种情形之一经查实后果严重的，或者出现第二种、第三种、第五种情形之一，在限期内未能消除的，其公司债券将被终止上市。

三、信息公开制度

（一）信息公开制度的概念

信息公开制度是指上市公司在证券发行和交易过程中，必须真实、准确、完整、及时地按照法律规定的形式向公众投资者公开一切有关公司重要信息的制度。从而使上市公司的证券能够在有效、公开、知情的市场中进行交易。发行人在信息公开过程中，不得在文件上有虚假记载、误导性陈述或者重大遗漏。

（二）信息公开的法定文件

公开的文件主要有：招股说明书；公司债券筹集办法；年度报告、中期报告、临时报告等。依法发行新股或者公司债券的，还应当公告财务会计报告。

年度报告是指上市公司和公司债券上市交易的公司依法在每一会计年度结束之日起 4 个月内，向国务院证券监督管理机构和证券交易所报送的报告，该报告主要记载的内容有：公司概况；公司财务会计报告和经营情况；董事、监事、高级管理人员简介及其持股情况；已发行的股票、公司债券情况，包括持有公司股份最多的前十名股东名单和持股数额；公司的实际控制人；国务院证券监督管理机构规定的其他事项。

中期报告是指上市公司和公司债券上市交易的公司依法应当在每一会计年度的上半年结束之日起 2 个月内，向国务院证券监督管理机构和证券交易所报送的报告，该报告主要记载的内容有：公司财务会计报告和经营情况；涉及公司的重大诉讼事项；已发行的股票、公司债券的变动情况；提交股东大会审议的重要事项；国务院证券监督管理机构规定的其他事项。

临时报告是指在发生可能对上市公司股票交易价格产生较大影响的重大事件，投资者尚未得知时，上市公司应当立即将有关该重大事件的情况向国务院证券监督管理机构和证券交易所报送的报告。该报告应当说明事件的起因、目前的状态和可能产生的法律后果。下列情况为前述所称重大事件：

1. 公司的经营方针和经营范围的重大变化；

2. 公司的重大投资行为和重大的购置财产的决定；

3. 公司订立重要合同，可能对公司的资产、负债、权益和经营成果产生重要影响；

4. 公司发生重大债务和未能清偿到期重大债务的违约情况；

5. 公司发生重大亏损或者重大损失；

6. 公司生产经营的外部条件发生的重大变化；

7. 公司的董事、1/3 以上监事或者经理发生变动；

8. 持有公司 5% 以上股份的股东或者实际控制人，其持有股份或者控制公司的情况发生较大变化；

9. 公司减资、合并、分立、解散及申请破产的决定；

10. 涉及公司的重大诉讼，股东大会、董事会决议被依法撤销或者宣告无效；

11. 公司涉嫌犯罪被司法机关立案调查，公司董事、监事、高级管理人员涉嫌犯罪被司法机关采取强制措施；

12. 国务院证券监督管理机构规定的其他事项。

发行人、上市公司公告的招股说明书、公司债券募集办法、财务会计报告、上市报告文件、年度报告、中期报告、临时报告以及其他信息披露资料，有虚假记载、误导性陈述或者重大遗漏，致使投资者在证券交易中遭受损失的，相关责任者应依法承担法律责任。

四、证券交易

（一）证券交易的概念

证券交易是指已发行证券的流通转让活动，其本质在于证券的流动性特征。按照交易对象的品种划分，证券交易种类主要有股票交易、债券交易和基金交易及其他金融衍生工具的交易。

证券交易与证券发行有着密切的联系，两者相互促进、相互制约。一方面，证券发行为证券交易提供了对象，决定了证券交易的规模，是证券交易的前提；另一方面，证券交易使证券的流动性特征显示出来，从而有利于证券发行的顺利进行。证券交易的主体有证券投资者和证券公司两类。

（二）证券交易的条件及方式

1. 证券交易的条件

证券交易必须符合法律规定的相关条件才能进行。证券交易的条件主要包括以下内容：

（1）证券交易当事人买卖的证券，必须是依法发行并交付的证券。非依法定程序发行的证券，不得买卖。

（2）依法发行的股票或公司债券及其他证券，法律对其转让期限有限制性规定的，在限定的期限内不得买卖。

（3）经依法批准的上市交易的股票，在证券交易所挂牌交易；其他非上市公司的可转让股票，应当在依法设立的非集中竞价的证券交易场所进行交易。

（4）依法发行的公司债券可以在证交所或场外交易。

2. 证券交易的方式

对于证券交易的方式，证券法规定必须采用公开的集中竞价交易方式，实行价格优先、时间优先的原则。

（1）集中竞价。竞价交易，是多个买主与卖主之间，出价最低的卖主与进价最高的买主达成交易。公开的集中竞价，则是所有有关购售该证券的买主和卖主集中在证券交易所内公开申报，竞价交易。

（2）时间优先。是指出价相同时，以最先出价者优先成交。

（3）价格优先。是指同时有两个或两个以上的买（卖）方进行买卖同种证券时，买方中出价最高者，应处于优先购买的地位；而卖方中出价最低者，应处于优先卖出的地位。

（4）证券交易当事人买卖的证券可以采用纸面形式或者中国证监会规定的其他形式。

（三）证券交易的程序

我国的两个交易所成立时间虽然不长，但由于很好地借鉴了国外先进经验，起点较高，已逐步建立起一套科学、有序、安全的无纸化交易系统。基本的交易过程是开户委托、竞价成交、清算交割和过户。

开户委托。开户手续办妥后，可采用当面、电话、电报、传真、信函、网络等方式委托，可根据不同情况进行市价委托或限价委托。

竞价成交。全部交易均由电脑自动撮合成交。

结算过户。A 股采用"T＋1"清算交割制度。B 股曾采用"T＋0"交易、"T＋3"结算交割制度。

五、限制和禁止的证券交易行为

证券交易的限制和禁止行为是指我国《证券法》、《公司法》等法律、法规规定的，证券市场的参与者在证券交易过程中限制或者禁止从事的行为。

（一）限制和禁止的证券交易行为的一般规定

根据我国的《证券法》规定，主要包括以下几种情况：

1. 证券交易当事人依法买卖的证券，必须是依法发行并交付的证券。非依法发行的证券，不得买卖。依法发行的股票、公司债券及其他证券，法律对其转让期限有限制性规定的，在限定的期限内不得买卖。

2. 依法公开发行的股票、公司债券及其他证券，应当在依法设立的证券交易所上市交易或者在国务院批准的其他证券交易场所转让。

3. 证券交易以现货和国务院规定的其他方式进行交易。

4. 证券交易所、证券公司和证券登记结算机构的从业人员、证券监督管理机构的工作人员以及法律、行政法规禁止参与股票交易的其他人员，在任期或者法定限期内，不得直接或者以化名、借他人名义持有、买卖股票，也不得收受他人赠送的股票。任何人在成为前款所列人员时，其原已持有的股票，必须依法转让。案例 12 - 1 中，李某买卖 A 公司股票的行为不符合法律规定。根据《证券法》的规定，证券公司的从业人员在任期或者法定期间内，不得直接或者以化名、借他人名义持有、买卖股票。李某为 E 证券公司从业人员，故买卖 A 公司股票不符合法律规定。

5. 为股票发行出具审计报告、资产评估报告或者法律意见书等文件的证券服务机构和人员，在该股票承销期内和期满后 6 个月内，不得买卖该种股票。除上述规定外，为上市公司出具审计报告、资产评估报告或者法律意见书等文件的证券服务机构和人员，自接受上市公司委托之日起至上述文件公开后 5 天内，不得买卖该种股票。案例 12 - 1 中，陈某买卖 A 公司股票的行为符合法律规定。根据《证券法》的规定，为上市公司出具审计报告的人员，自接受上市公司委托之日起至上述文件公开后 5 天内，不得买卖该种股票。陈某是在审计报告公布 5 天后买卖 A 公司股票的，故符合法律规定。

6. 上市公司董事、监事、高级管理人员、持有上市公司股份 5% 以上的股东，将其持有的该公司的股票在买入后 6 个月内卖出，或者在卖出后 6 个月内又买入，由此所得收益归该公司所有，公司董事会应当收回其所得收益。但是，证券公司因包销购入售后剩余股票而持有 5% 上股份的，卖出该股票不受 6 个月时间限制。

公司董事会不按照上述规定执行的，股东有权要求董事会在 30 天内执行。公司董事会未在上述期限内执行的，股东有权为了公司的利益以自己的名义直接向人民法院提起诉讼。

（二）禁止内幕交易行为

内幕交易是指知悉证券交易内幕信息的知情人和非法获取内幕信息的人，

利用内幕信息进行证券交易的活动。我国《证券法》第73条规定："禁止证券交易内幕信息的知情人和非法获取内幕信息的人利用内幕信息从事证券交易活动。"

证券法明确规定，证券交易内幕信息的知情人包括：

1. 发行人的董事、监事、高级管理人员；

2. 持有公司5%以上股份的股东及其董事、监事、高级管理人员，公司的实际控制人及其董事、监事、高级管理人员；

3. 发行人控股的公司及其董事、监事、高级管理人员；

4. 由于所任公司职务可以获取公司有关内幕信息的人员；

5. 证券监督管理机构工作人员以及由于法定职责对证券的发行、交易进行管理的其他人员；

6. 保荐人、承销的证券公司、证券交易所、证券登记结算机构、证券服务机构的有关人员；

7. 国务院证券监督管理机构规定的其他人。

内幕信息是指在证券交易活动中，涉及公司的经营、财务或者对该公司证券的市场价格有重大影响的尚未公开的信息。下列信息皆属内幕信息：

1. 法律规定上市公司必须公开的，可能对股票交易价格产生较大影响、而投资者尚未得知的重大事件；

2. 公司分配股利或者增资的计划；

3. 公司股权结构的重大变化；

4. 公司债务担保的重大变更；

5. 公司营业用主要资产的抵押、出售或者报废一次超过该资产的30%；

6. 公司的董事、监事、高级管理人员的行为可能依法承担重大损害赔偿责任；

7. 上市公司收购的有关方案；

8. 国务院证券监督管理机构认定的对证券交易价格有显著影响的其他重要信息。

证券交易内幕信息的知情人和非法获取内幕信息的人，在内幕信息公开前，不得买卖该公司的证券，或者泄露该信息，或者建议他人买卖该证券。

内幕交易行为给投资者造成损失的，行为人应当依法承担赔偿责任。

（三）禁止操纵证券市场的行为

操纵证券市场行为，是指行为人背离市场自由竞价和供求关系原则，以各种不正当的手段，影响证券市场价格或者证券交易量，制造证券市场假象，以引诱他人参与证券交易，为自己谋取不正当利益或者转嫁风险的行为。

操纵市场的行为包括：

1. 单独或者通过合谋，集中资金优势、持股优势或者利用信息优势联合或者连续买卖，操纵证券交易价格或者证券交易量；

2. 与他人串通，以事先约定的时间、价格和方式相互进行证券交易，影响证券交易价格或者证券交易量；

3. 在自己实际控制的账户之间进行证券交易，影响证券交易价格或者证券交易量；

4. 以其他手段操纵证券市场。

操纵证券市场行为给投资者造成损失的，行为人应当依法承担赔偿责任。

（四）禁止虚假陈述和信息误导行为

证券法明确规定：禁止国家工作人员、传播媒介从业人员和有关人员编造、传播虚假信息，扰乱证券市场。禁止证券交易所、证券公司、证券登记结算机构、证券服务机构及其从业人员，证券业协会、证券监督管理机构及其工作人员，在证券交易活动中做出虚假陈述或者信息误导。

各种传播媒介传播证券市场信息必须真实、客观，禁止误导。

（五）禁止欺诈客户行为

欺诈客户，是指证券公司及其从业人员在证券交易及相关活动中，为了谋取不法利益，而违背客户的真实意思进行代理的行为。证券法规定，在证券交易中，禁止证券公司及其从业人员从事下列损害客户利益的欺诈行为：

1. 违背客户的委托为其买卖证券；

2. 不在规定时间内向客户提供交易的书面确认文件；

3. 挪用客户所委托买卖的证券或者客户账户上的资金；

4. 未经客户的委托，擅自为客户买卖证券，或者假借客户的名义买卖证券；

5. 为牟取佣金收入，诱使客户进行不必要的证券买卖；

6. 利用传播媒介或者通过其他方式提供、传播虚假或者误导投资者的信息；

7. 其他违背客户真实意思表示，损害客户利益的行为。

欺诈客户行为给客户造成损失的，行为人应当依法承担赔偿责任。

（六）其他禁止行为

证券法还规定禁止其他可能影响正常证券交易或损害投资者利益的行为。主要包括：禁止法人非法利用他人账户从事证券交易；禁止法人出借自己或者他人的证券账户；禁止任何人挪用公款买卖证券；禁止资金违规流入股市；国有企业和国有资产控股的企业买卖上市交易的股票，必须遵守国家有关规定等。

证券交易所、证券公司、证券登记结算机构、证券服务机构及其从业人员对证券交易中发现的禁止的交易行为，应当及时向证券监督管理机构报告。

第五节　上市公司收购

一、上市公司收购的概念

上市公司收购，是指投资者为达到对某上市公司的控股或兼并，依法定程序公开购入该公司已发行上市的股份的行为。这一概念表明，上市公司收购是对上市公司股份的收购，不包括非上市公司的股份，也不包括上市公司的债券；收购的主体是投资者，一般称之为收购人；收购是一种股权转让行为；收购的目的是进行控股或者兼并。

二、上市公司收购的方式

投资者可以采取要约收购、协议收购及其他合法方式收购上市公司。

（一）要约收购

所谓的要约收购是指根据《证券法》的规定，通过证券交易所的证券交易，投资者持有一个上市公司已发行的股份达到 30% 时，继续进行收购的，应当依法向该上市公司所有股东发出收购上市公司全部或者部分股份的要约。依照规定发出收购要约，收购人必须事先向国务院证券监督管理机构报送上市公司收购报告书，并应将公司收购报告书同时提交证券交易所。收购人在依照规定报送上市公司收购报告书之日起 15 天后，公告其收购要约。

收购要约约定的收购期限不得少于 30 天，并不得超过 60 天。在收购要约确定的承诺期限内，收购人不得撤销其收购要约。收购人需要变更收购要约的，必须事先向国务院证券监督管理机构及证券交易所提出报告，经批准后，予以公告。

收购要约提出的各项收购条件，适用于被收购公司的所有股东。

采取要约收购方式的，收购人在收购期限内，不得卖出被收购公司的股票，也不得采取要约规定以外的形式和超出要约的条件买入被收购公司的股票。

（二）协议收购

协议收购，是指收购人与标的公司的个别股东订立股份转让协议，以实现收购目的的上市公司收购方式。

在协议收购时，中小投资者有知情权。当收购协议达成后，收购人必须在3天内将该收购协议向证券监督管理机构及证券交易所做出书面报告，并予以公告。未公告前不得履行该收购协议。协议收购的最高比例为30%，一经超过该比例就将转化为要约收购。

三、上市公司收购的报告和公告

通过证券交易所的证券交易，投资者持有或者通过协议、其他安排与他人共同持有一个上市公司已发行的股份达到5%时，应当在该事实发生之日起3天内，向国务院证券监督管理机构、证券交易所做出书面报告，通知该上市公司，并予公告；在上述期限内，不得再行买卖该上市公司的股票。

投资者持有或者通过协议、其他安排与他人共同持有一个上市公司已发行的股份达到5%后，其所持该上市公司已发行的股份比例每增加或者减少5%，应当依照前款规定进行报告和公告。在报告期限内和做出报告、公告后2天内，不得再进行买卖该上市公司的股票。

在上市公司收购中，收购人持有的被收购的上市公司的股票，在收购行为完成后的12个月内不得转让。收购行为完成后，收购人应当在15天内将收购情况报告国务院证券监督管理机构和证券交易所，并予以公告。

收购行为完成后，被收购公司不再具备股份有限公司条件的，应当依法变更企业形式。

收购行为完成后，收购人与被收购公司合并，并将该公司解散的，被解散公司的原有股票由收购人依法更换。

收购上市公司中由国家授权投资的机构持有的股份，应当按照国务院的规定，经有关主管部门批准。

第六节 证券投资基金

一、证券投资基金概述

（一）证券投资基金的概念

证券投资基金是指通过公开发售基金份额，募集证券投资基金（以下简称基金），由基金管理人管理，基金托管人托管，为基金份额持有人的利益，以资产组合方式进行证券投资活动而获取一定收益的投资工具。投资基金的性质是信托，投资基金法律关系是信托法律关系。基金管理人、基金托管人按照法律规定和基金合同的约定，履行受托职责。基金份额持有人按其所持有的基金份额享受收益和承担风险。

（二）证券投资基金的特征

基金具有这样三个基本特征：第一，它是依据信托原理来组织证券投资的。第二，基金只能投资于股票或债券等有价证券，不能投资于证券以外的项目。第三，基金的投资收益由基金份额持有人享有。

基金的证券形式通常是基金券或基金单位，它和股票、债券一样都是金融投资工具，但又有别于股票和债券。它们的主要区别在于：

第一，它们所体现的关系不同。股票所体现的是股权关系，债券体现的债权关系，而基金券所体现的则是信托关系。第二，资金投向不同。由于股票和债券是融资工具，其融资投向主要在于实业，而基金由于是信托工具，其投向则是在于股票或债券等有价证券。第三，收益与风险不同。股票的收益取决于公司的经营效益，投资股市风险较大；债券的收益是既定的，其投资风险较小；基金券主要投资于有价证券，其运作方式较为灵活，可在获得较高收益的同时而风险较小。

我国的证券投资基金按照运作方式可以分为封闭式基金、开放式基金两类。所谓封闭式基金是指经核准的基金份额总额在基金合同期限内固定不变，基金份额可以在依法设立的证券交易场所交易，但基金份额持有人不得申请赎回的基金。而开放式基金是指基金份额总额不固定，基金份额可以在基金合同约定的时间和场所申购或者赎回的基金。

我国关于证券投资基金的基本法律是由第十届全国人民代表大会常委会于 2003 年 10 月 28 日通过的《中华人民共和国证券投资基金法》。

二、证券投资基金财产

信托财产独立是信托最核心的理念，在证券投资基金中表现为：

1. 基金财产独立于基金管理人、基金托管人的固有财产。基金管理人、基金托管人不得将基金财产归入其固有财产。基金管理人、基金托管人因基金财产的管理、运用或者其他情形而取得的财产或者收益，归入基金财产。基金管理人、基金托管人因依法解散、被依法撤销或者依法被宣告破产等原因进行清算的，基金财产不属于清算财产。

2. 基金财产的债权，不得与基金管理人、基金托管人固有的债务相抵消；

不同的基金财产的债权债务，不得相互抵消。

3. 非因基金财产本身承担的债务，不得对基金财产强制执行。

三、证券投资基金当事人

证券投资基金法律关系是围绕着基金财产而在基金份额持有人、基金管理人和基金托管人之间产生的权利、义务关系。

（一）基金份额持有人

投资者购买了基金券以后，就成为基金份额持有人。关于基金份额持有人的主要规定如下：

1. 基金份额持有人的权利

基金份额持有人享有以下权利：分享基金财产收益；参与分配清算后的剩余基金财产；依法转让或者申请赎回其持有的基金份额；按照规定要求召开基金份额持有人大会；对基金份额持有人大会审议事项行使表决权；查阅或者复制公开披露的基金信息资料；对基金管理人、基金托管人、基金份额发售机构损害其合法权益的行为依法提起诉讼；基金合同约定的其他权利。

2. 基金份额持有人大会

基金份额持有人的权利通过基金份额持有人大会行使。基金份额持有人大会由基金管理人召集；基金管理人未按照规定召集或者不能召集时，由基金托管人召集。基金份额持有人大会应当有代表50%以上基金份额的持有人参加，方可召开。大会就审议事项做出决定，应当由参加大会的基金份额持有人所持表决权的50%以上通过。但是，转换基金运作方式、更换基金管理人或者基金托管人、提前终止基金合同，应当经参加大会的基金份额持有人所持表决权的2/3以上通过。基金份额持有人大会决定的事项，应当报证券监督管理机构核准或者备案，并予以公告。

（二）基金管理人

基金管理人由依法设立的基金管理公司担任。担任基金管理人，应当经国务院证券监督管理机构核准。关于基金管理人的主要规定如下：

1. 基金管理人的职责

根据我国《证券投资基金法》的规定，基金管理人的职责主要有：

（1）依法募集基金，办理或者委托经国务院证券监督管理机构认定的其他机构代为办理基金份额的发售、申购、赎回和登记事宜；

（2）办理基金备案手续；

（3）对所管理的不同基金财产分别管理、分别记账，进行证券投资；

（4）按照基金合同的约定确定基金收益分配方案，及时向基金份额持有人分配收益；

（5）进行基金会计核算并编制基金财务会计报告；

（6）编制中期和年度基金报告；

（7）计算并公告基金资产净值，确定基金份额申购、赎回价格；

（8）办理与基金财产管理业务活动有关的信息披露事项；

（9）召集基金份额持有人大会；

（10）保存基金财产管理业务活动的记录、账册、报表和其他相关资料；

（11）以基金管理人名义，代表基金份额持有人利益行使诉讼权利或者实施其他法律行为；

（12）国务院证券监督管理机构规定的其他职责。

2. 基金管理人的禁止行为

基金管理人不得有下列行为：

（1）将其固有财产或者他人财产混同于基金财产从事证券投资；

（2）不公平地对待其管理的不同基金财产；

（3）利用基金财产为基金份额持有人以外的第三人牟取利益；

（4）向基金份额持有人违规承诺收益或者承担损失；

（5）依照法律、行政法规有关规定，由国务院证券监督管理机构规定禁止的其他行为。

3. 基金从业人员的资格限制

由于信托关系，法律对基金管理人的基金从业人员在资格限制上规定比较严格，下列人员不得担任基金管理人的基金从业人员：

（1）因犯有贪污贿赂、渎职、侵犯财产罪或者破坏社会主义市场经济秩序罪，被判处刑罚的。

（2）对所任职的公司、企业因经营管理不善破产清算或者因违法被吊销营业执照负有个人责任的董事、监事、厂长、经理及其他高级管理人员，自该公司、企业破产清算终结或者被吊销营业执照之日起未逾 5 年的。

（3）个人所负债务数额较大，到期未清偿的。

（4）因违法行为被开除的基金管理人、基金托管人、证券交易所、证券公司、证券登记结算机构、期货交易所、期货经纪公司及其他机构的从业人员和国家机关工作人员。

（5）因违法行为被吊销执业证书或者被取消资格的律师、注册会计师和资产评估机构、验证机构的从业人员、投资咨询从业人员。

（6）法律、行政法规规定的其他人员。

（三）基金托管人

基金托管人由依法设立并取得基金托管资格的商业银行担任。关于基金托管人的主要规定如下：

1. 基金托管人的职责

基金托管人应当履行下列职责：

（1）安全保管基金财产；

（2）按照规定开设基金财产的资金账户和证券账户；

（3）对所托管的不同基金财产分别设置账户，确保基金财产的完整与独立；

（4）保存基金托管业务活动的记录、账册、报表和其他相关资料；

（5）按照基金合同的约定，根据基金管理人的投资指令及时办理清算、交割事宜；

（6）办理与基金托管业务活动有关的信息披露事项；

（7）对基金财务会计报告、中期和年度基金报告出具意见；

（8）复核、审查基金管理人计算的基金资产净值和基金份额申购、赎回价格；

（9）按照规定召集基金份额持有人大会；

（10）按照规定监督基金管理人的投资运作以及国务院证券监督管理机构规定的其他职责。

2. 基金托管人的限制

基金托管人与基金管理人不得同为一人，不得相互出资或者持有股份。

四、基金的运作与信息披露

（一）基金的运作

基金管理人运用基金财产进行证券投资，应当采用资产组合的方式。

基金财产应当投资于上市交易的股票、债券以及国务院证券监督管理机构规定的其他证券。与此同时，《证券投资基金法》还规定，基金财产不得用于下列投资或者活动：

1. 承销证券；

2. 向他人贷款或者提供担保；

3. 从事承担无限责任的投资；

4. 买卖其他基金份额，但国务院另有规定的除外；

5. 向其基金管理人、基金托管人出资或者买卖其基金管理人、基金托管人发行股票或者债券；

6. 买卖与其基金管理人、基金托管人有控股关系的股东或者与其基金管理人、基金托管人与其他重大利害关系的公司发行的证券或者承销期内承销的证券；

7. 从事内幕交易、操纵证券交易价格及其他不正当的证券交易活动；

8. 依照法律、行政法规有关规定，由证券监督管理机构规定禁止的其他活动。

（二）基金的信息披露

基金管理人、基金托管人及其他基金信息披露义务人，应当依法披露基金信息，并保证披露信息的真实、准确、完整。

公开披露基金信息，不得有下列行为：

1. 虚假记载、误导性陈述或者重大遗漏；

2. 对证券投资业绩进行预测；

3. 违规承诺收益或者承担损失；

4. 诋毁其他基金管理人、基金托管人或者基金份额发售机构；

5. 法律、法规规定的其他行为。

公开披露的基金信息包括：基金招募说明书、基金合同、基金托管协议；基金募集情况；基金份额上市交易公告书；基金资产净值、基金份额净值；基金份额申购、赎回价格；基金财产的资产组合季度报告、财务会计报告及中期和年度基金报告；临时报告；基金份额持有人大会决议；基金管理人、基金托管人的专门基金托管部门的重大人事变动；涉及基金管理人、基金财产、基金托管业务的诉讼等。

第七节　违反证券法的法律责任

【案例 12-2】　2008 年 4 月 1 日，甲上市公司（以下简称"甲公司"）因财务会计报告中作虚假记载，致使中小投资者在股票交易中遭受重大损失，被中国证券监督管理委员会查处。中国证监会在对甲公司的检查中还发现下列事实：

（1）甲公司多次以自己为交易对象，进行不转移所有权的自买自卖，影响甲公司股票的交易价格和成交量。

（2）2008 年 1 月 10 日，甲公司董事会讨论通过对乙上市公司的收购方案，董事 A 第二天将该收购方案透露给自己的大学同学张某，张某根据该信息在对甲公司股票的短线操作中获利 20 万元。

（3）2008 年 2 月 1 日，注册会计师王某接受甲公司的委托，为甲公司的年度报告出具审计报告，甲公司的年度报告于 2001 年 3 月 1 日公布。3 月 10 日，王某将自己于 2008 年 1 月 20 日买入的甲公司股票全部卖出，获利 10 万元。

（4）2008 年 6 月 1 日，中国证监会对甲公司做出罚款 100 万元的决定。6 月 5 日，投资者 B 在对甲公司的诉讼中胜诉，人民法院判决甲公司赔偿 B 的证券交易损失 500 万元。因甲公司财产不足以同时支付罚款和民事赔偿责任，中国证监会向甲公司提出应首先缴纳罚款。

违反证券法的法律责任，是指证券法律关系的主体在证券发行与交易过程中违反了证券法的相关规定而应当承担的某种不利的法律后果。《证券法》主要从以下五个方面对证券法律责任做出了规定。

一、违反证券发行规定的法律责任

1. 未经法定机关核准，擅自公开或者变相公开发行证券的，责令停止发行，退还所募资金并加算银行同期存款利息，处以非法所募资金金额 1% 以上 5% 以下的罚款；对擅自公开或者变相公开发行证券设立的公司，由依法履行监督管理职责的机构或者部门会同县级以上地方人民政府予以取缔。对直接负责的主管人员和其他直接责任人员给予警告，并处以 3 万元以上 30 万元以下的罚款。

2. 发行人不符合发行条件，以欺骗手段骗取发行核准，尚未发行证券的，处以 30 万元以上 60 万元以下的罚款；已经发行证券的，处以非法所募资金金额 1% 以上 5% 以下的罚款。对直接负责的主管人员和其他直接责任人员处以 3 万元以上 30 万元以下的罚款。

发行人的控股股东、实际控制人指使从事上述违法行为的，依照上述的规定处罚。

3. 证券公司承销或者代理买卖未经核准擅自公开发行的证券的，责令停止承销或者代理买卖，没收违法所得，并处以违法所得 1 倍以上 5 倍以下的罚款；没有违法所得或者违法所得不足 30 万元的，处以 30 万元以上 60 万元以下的罚款。给投资者造成损失的，应当与发行人承担连带赔偿责任。对直接负责的主管人员和其他直接责任人员给予警告，撤销任职资格或者证券从业资格，并处以 3 万元以上 30 万元以下的罚款。

4. 证券公司承销证券，有下列行为之一的，责令改正，给予警告，没收违法所得，可以并处 30 万元以上 60 万元以下的罚款；情节严重的，暂停或者撤销相关业务许可。给其他证券承销机构或者投资者造成损失的，依法承担赔偿责任。对直接负责的主管人员和其他直接责任人员给予警告，可以并处 3 万元以上 30 万元以下的罚款；情节严重的，撤销任职资格或者证券从业资格：

（1）进行虚假的或者误导投资者的广告或者其他宣传推介活动；

（2）以不正当竞争手段招揽承销业务；

（3）其他违反证券承销业务规定的行为。

5. 保荐人出具虚假记载、误导性陈述或者重大遗漏的保荐书，或者不履行其他法定职责的，责令改正，给予警告，没收业务收入，并处以业务收入 1 倍以上 5 倍以下的罚款；情节严重的，暂停或者撤销相关业务许可。对直接负责的主管人员和其他直接责任人员给予警告，并处以 3 万元以上 30 万元以下的罚款；情节严重的，撤销任职资格或者证券从业资格。

6. 发行人、上市公司或者其他信息披露义务人未按照规定披露信息，未按照规定报送有关报告，或者所披露的信息、报送的报告有虚假记载、误导性陈述或者重大遗漏的，由证券监督管理机构责令改正，给予警告，处以 30 万元以上 60 万元以下的罚款。对直接负责的主管人员和其他直接责任人员给予警告，并处以 3 万元以上 30 万元以下的罚款。

发行人、上市公司或者其他信息披露义务人的控股股东、实际控制人指使从事上述违法行为的，依照上述的规定处罚。

7. 发行人、上市公司擅自改变公开发行证券所募集资金的用途的，责令改正，对直接负责的主管人员和其他直接责任人员给予警告，并处以 3 万元以上 30 万元以下的罚款。

发行人、上市公司的控股股东、实际控制人指使从事上述违法行为的，给予警告，并处以 30 万元以上 60 万元以下的罚款。对直接负责的主管人员和其他直接责任人员依照上述的规定处罚。

二、违反证券交易规定的法律责任

1. 证券交易内幕信息的知情人或者非法获取内幕信息的人，在涉及证券的发行、交易或者其他对证券的价格有重大影响的信息公开前，买卖该证券，或者泄露该信息，或者建议他人买卖该证券的，责令依法处理非法持有的证券，没收违法所得，并处以违法所得 1 倍以上 5 倍以下的罚款；没有违法所得或者违法所得不足 3 万元的，处以 3 万元以上 60 万元以下的罚款。单位从事内幕交易的，还应当对直接负责的主管人员和其他直接责任人员给予警告，并处以 3 万元以上 30 万元以下的罚款。证券监督管理机构工作人员进行内幕交易的，从重处罚。

案例 12-2 中，董事 A 的行为不符合法律规定。根据《证券法》的规定，知悉证券交易内幕信息的知情人员，不得买入或者卖出所持有的该公司的股票，或者泄漏该信息或者建议他人买卖该证券。在本案中，甲公司的董事 A 属于知悉证券交易内幕信息的知情人员，甲公司对乙上市公司的收购方案属于内幕信息。

2. 违反证券法规定，操纵证券市场的，责令依法处理其非法持有的证券，没收违法所得，并处以违法所得 1 倍以上 5 倍以下的罚款；没有违法所得或者违法所得不足 30 万元的，处以 30 万元以上 300 万元以下的罚款。单位操纵证券市场的，还应当对直接负责的主管人员和其他直接责任人员给予警告，并处以 10 万元以上 60 万元以下的罚款。案例 12-2 中，甲公司的行为属于操纵市场的违法行为。根据《证券法》的规定，以自己为交易对象，进行不转移所有权的自买自卖，影响证券交易价格或者证券交易量的行为属于操纵市场的行为。

3. 违反法律规定，在限制转让期限内买卖证券的，责令改正，给予警告，并处以违法买卖证券等值以下的罚款。对直接负责的主管人员和其他直接责任人员给予警告，并处以 3 万元以上 30 万元以下的罚款。案例 12-2 中，注册会计师王某的行为符合法律规定。根据《证券法》的规定，为上市公司出具审计报告、资产评估报告或者法律意见书的专业机构和人员，自接受委托之日起至文件公布后 5 天内，不得买卖该股票。王某买卖甲公司股票的时间均不违反法律规定。

4. 违反证券法的相关规定，扰乱证券市场的，由证券监督管理机构责令改正，没收违法所得，并处以违法所得 1 倍以上 5 倍以下的罚款；没有违法所得或者违法所得不足 3 万元的，处以 3 万元以上 20 万元以下的罚款。

5. 违反证券法的相关规定，在证券交易活动中做出虚假陈述或者信息误导的，责令改正，处以 3 万元以上 20 万元以下的罚款；属于国家工作人员的，还应当依法给予行政处分。

6. 违反证券法的相关规定，法人以他人名义设立账户或者利用他人账户买卖证券的，责令改正，没收违法所得，并处以违法所得 1 倍以上 5 倍以下的罚款；没有违法所得或者违法所得不足 3 万元的，处以 3 万元以上 30 万元以下的罚款。对直接负责的主管人员和其他直接责任人员给予警告，并处以 3 万元以上 10 万元以下的罚款。证券公司为前款规定的违法行为提供自己或者他人的证券交易账户的，除依照前款的规定处罚外，还应当撤销直接负责的主管人员和其他直接责任人员的任职资格或者证券从业资格。

7. 为股票的发行、上市、交易出具审计报告、资产评估报告或者法律意见书等文件的证券服务机构和人员，违反证券法的规定买卖股票的，责令依法处理非法持有的股票，没收违法所得，并处以买卖股票等值以下的罚款。

三、违反证券机构管理、人员管理的法律责任

1. 非法开设证券交易场所的，由县级以上人民政府予以取缔，没收违法所得，并处以违法所得 1 倍以上 5 倍以下的罚款；没有违法所得或者违法所得不足 10 万元的，处以 10 万元以上 50 万元以下的罚款。对直接负责的主管人员和其他直接责任人员给予警告，并处以 3 万元以上 30 万元以下的罚款。

2. 未经批准，擅自设立证券公司或者非法经营证券业务的，由证券监督管理机构予以取缔，没收违法所得，并处以违法所得 1 倍以上 5 倍以下的罚款；没有违法所得或者违法所得不足 30 万元的，处以 30 万元以上 60 万元以下的罚款。对直接负责的主管人员和其他直接责任人员给予警告，并处以3 万元以上 30 万元以下的罚款。

3. 违反证券法的规定，聘任不具有任职资格、证券从业资格的人员的，由证券监督管理机构责令改正，给予警告，可以并处 10 万元以上 30 万元以下的罚款；对直接负责的主管人员给予警告，可以并处 3 万元以上 10 万元以下的罚款。

4. 法律、行政法规规定禁止参与股票交易的人员，直接或者以化名、借他人名义持有、买卖股票的，责令依法处理非法持有的股票，没收违法所得，并处以买卖股票等值以下的罚款；属于国家工作人员的，还应当依法给予行政处分。

5. 证券交易所、证券公司、证券登记结算机构、证券服务机构的从业人员或者证券业协会的工作人员，故意提供虚假资料，隐匿、伪造、篡改或者毁损交易记录，诱骗投资者买卖证券的，撤销证券从业资格，并处以 3 万元以上 10 万元以下的罚款；属于国家工作人员的，还应当依法给予行政处分。

四、证券机构的法律责任

1. 证券公司违反证券法的规定，为客户买卖证券提供融资融券的，没收违法所得，暂停或者撤销相关业务许可，并处以非法融资融券等值以下的罚款。对直接负责的主管人员和其他直接责任人员给予警告，撤销任职资格或者证券从业资格，并处以 3 万元以上 30 万元以下的罚款。

2. 证券公司违反证券法的规定，假借他人名义或者以个人名义从事证券

自营业务的，责令改正，没收违法所得，并处以违法所得 1 倍以上 5 倍以下的罚款；没有违法所得或者违法所得不足 30 万元的，处以 30 万元以上 60 万元以下的罚款；情节严重的，暂停或者撤销证券自营业务许可。对直接负责的主管人员和其他直接责任人员给予警告，撤销任职资格或者证券从业资格，并处以 3 万元以上 10 万元以下的罚款。

3. 证券公司违背客户的委托买卖证券、办理交易事项，或者违背客户真实意思表示，办理交易以外的其他事项的，责令改正，处以 1 万元以上 10 万元以下的罚款。给客户造成损失的，依法承担赔偿责任。

4. 证券公司、证券登记结算机构挪用客户的资金或者证券，或者未经客户的委托，擅自为客户买卖证券的，责令改正，没收违法所得，并处以违法所得 1 倍以上 5 倍以下的罚款；没有违法所得或者违法所得不足 10 万元的，处以 10 万元以上 60 万元以下的罚款；情节严重的，责令关闭或者撤销相关业务许可。对直接负责的主管人员和其他直接责任人员给予警告，撤销任职资格或者证券从业资格，并处以 3 万元以上 30 万元以下的罚款。

5. 证券公司办理经纪业务，接受客户的全权委托买卖证券的，或者证券公司对客户买卖证券的收益或者赔偿证券买卖的损失做出承诺的，责令改正，没收违法所得，并处以 5 万元以上 20 万元以下的罚款，可以暂停或者撤销相关业务许可。对直接负责的主管人员和其他直接责任人员给予警告，并处以 3 万元以上 10 万元以下的罚款，可以撤销任职资格或者证券从业资格。

6. 证券公司及其从业人员违反证券法的规定，私下接受客户委托买卖证券的，责令改正，给予警告，没收违法所得，并处以违法所得 1 倍以上 5 倍以下的罚款；没有违法所得或者违法所得不足 10 万元的，处以 10 万元以上 30 万元以下的罚款。

7. 证券公司违反规定，未经批准经营非上市证券的交易的，责令改正，没收违法所得，并处以违法所得 1 倍以上 5 倍以下的罚款。

8. 证券公司成立后，无正当理由超过 3 个月未开始营业的，或者开业后自行停业连续 3 个月以上的，由公司登记机关吊销其公司营业执照。

9. 证券公司违反证券法的相关规定，擅自设立、收购、撤销分支机构，或者合并、分立、停业、解散、破产，或者在境外设立、收购、参股证券经营机构的，责令改正，没收违法所得，并处以违法所得 1 倍以上 5 倍以下的罚款；没有违法所得或者违法所得不足 10 万元的，处以 10 万元以上 60 万元以下的罚款。对直接负责的主管人员给予警告，并处以 3 万元以上 10 万元以下的罚款。

擅自变更有关事项的，责令改正，并处以 10 万元以上 30 万元以下的罚款。对直接负责的主管人员给予警告，并处以 5 万元以下的罚款。

10. 证券公司违反证券法的规定，超出业务许可范围经营证券业务的，责令改正，没收违法所得，并处以违法所得 1 倍以上 5 倍以下的罚款；没有违法所得或者违法所得不足 30 万元的，处以 30 万元以上 60 万元以下罚款；情节严重的，责令关闭。对直接负责的主管人员和其他直接责任人员给予警告，撤销任职资格或者证券从业资格，并处以 3 万元以上 10 万元以下的罚款。

11. 证券公司对其证券经纪业务、证券承销业务、证券自营业务、证券资产管理业务，不依法分开办理，混合操作的，责令改正，没收违法所得，并处以 30 万元以上 60 万元以下的罚款；情节严重的，撤销相关业务许可。对直接负责的主管人员和其他直接责任人员给予警告，并处以 3 万元以上 10 万元以下的罚款；情节严重的，撤销任职资格或者证券从业资格。

12. 提交虚假证明文件或者采取其他欺诈手段隐瞒重要事实骗取证券业务许可的，或者证券公司在证券交易中有严重违法行为，不再具备经营资格的，由证券监督管理机构撤销证券业务许可。

13. 证券公司或者其股东、实际控制人违反规定，拒不向证券监督管理机构报送或者提供经营管理信息和资料，或者报送、提供的经营管理信息和资料有虚假记载、误导性陈述或者重大遗漏的，责令改正，给予警告，并处以 3 万元以上 30 万元以下的罚款，可以暂停或者撤销证券公司相关业务许可。对直接负责的主管人员和其他直接责任人员，给予警告，并处以 3 万元以下的罚款，可以撤销任职资格或者证券从业资格。证券公司为其股东或者股东的关联人提供融资或者担保的，责令改正，给予警告，并处以 10 万元以上 30 万元以下的罚款。对直接负责的主管人员和其他直接责任人员，处以 3 万元以上 10 万元以下的罚款。股东有过错的，在按照要求改正前，国务院证券监督管理机构可以限制其股东权利；拒不改正的，可以责令其转让所持证券公司股权。

14. 证券服务机构未勤勉尽责，所制作、出具的文件有虚假记载、误导性陈述或者重大遗漏的，责令改正，没收业务收入，暂停或者撤销证券服务业务许可，并处以业务收入 1 倍以上 5 倍以下的罚款。对直接负责的主管人员和其他直接责任人员给予警告，撤销证券从业资格，并处以 3 万元以上 10 万元以下的罚款。

15. 未经国务院证券监督管理机构批准，擅自设立证券登记结算机构的，由证券监督管理机构予以取缔，没收违法所得，并处以违法所得 1 倍以上5 倍以下的罚款。投资咨询机构、财务顾问机构、资信评级机构、资产评估机构、会计师事务所未经批准，擅自从事证券服务业务的，责令改正，没收违法所得，并处以违法所得 1 倍以上 5 倍以下的罚款。

【本章小结】

证券法是资本市场发展的根本大法。我国《证券法》所规范的证券是指资本证券，这种证券是一种投资凭证，也是一种可流通的权益凭证。我国目前证券市场上发行和流通的证券主要有股票、债券、认股权证和证券投资基金券。我国《证券法》适用于在我国境内的股票、公司债券以及国务院依法认定的其他证券的发行和交易，其基本原则主要有保护投资者合法权益的原则；公平、公开、公正原则；平等、自愿、有偿和诚实信用的原则；合法原则；分业经营、分业管理的原则；国家集中统一监管与行业自律相结合的原则。

证券市场的主体有证券投资者、证券公司、证券交易所、证券业协会、证券监督管理机构等。证券发行制度包括股票发行与债券发行。证券发行采用核准制度和保荐制度。股票发行是指符合发行条件的股份有限公司，以筹集资金为目的，依法定程序，以同一条件向特定或不特定的公众招募或出售股票的行为。公司债券是公司依照法定程序发行的约定在一定期限内还本付息的有价证券。公司债券发行必须符合法定的条件。公开发行的证券应当由经营证券机构承销，证券承销业务采取代销或者包销方式。

证券上市，是指已公开发行的股票、债券等有价证券，符合法定条件，经证券主管机关核准后，在证券交易所集中竞价交易的行为。证券上市制度则包括股票上市与公司债券上市两方面。

证券交易是指已发行证券的流通转让活动，其本质在于证券的流动性特征。按照交易对象的品种划分，证券交易种类主要有股票交易、债券交易和基金交易及其他金融衍生工具的交易。我国《证券法》明确规定了限制和禁止的证券交易行为，包括禁止内幕交易行为、禁止操纵证券市场的行为及禁止虚假陈述和信息误导行为等。上述违法行为均需承担相应的法律责任。

上市公司收购，是指投资者为达到对某上市公司的控股或兼并，依法定程序公开购入该公司已发行上市的股份的行为，包括要约收购和协议收购两种方式。投资基金的性质是信托，基金管理人、基金托管人按照法律规定和基金合同的约定，履行受托职责。基金份额持有人按其所持有的基金份额享受收益和承担风险。

证券法律关系的主体在证券发行与交易过程中违反了证券法的相关规定

应当承担相应的法律责任。

【关键名词或概念】

证券市场

股票发行

公司债券

证券交易

【简答题】

1. 简述我国《证券法》的基本原则。
2. 试述股票的上市程序。
3. 简述我国《证券法》所禁止的证券交易行为。
4. 公司债券发行应受哪些限制？
5. 证券承销的方式有哪些？承销协议主要事项有哪些？
6. 我国法律对证券投资基金当事人的主要规定有哪些？

【案例讨论】

案例一

张××买卖本公司股票被处罚案

【案情】

兴×高科技工程有限责任公司是一家上市公司。2008 年 12 月 20 日，公司打字员张××在打印一份文件时得知，公司将有重大变化：公司与建设银行发生重大经济纠纷，兴×高科技工程有限责任公司用以抵押的办公楼将被法院拍卖，拍卖底价为 5000 万元，占公司固定资产的 35%。张××将自己手中持有的 1000 股公司股票出售，获利 12000 元。她又将此消息告诉好友李××，李××将自己手中的股票抛出。2009 年 2 月 12 日，张××获知公司将收购本公司部分股票，又马上买进 10000 股，同年 10 月，将其抛出，获利

10000 元。兴×高科技工程有限责任公司知道后，给其 50000 元罚款。张××认为，自己是一般工作人员，不是高级管理人员，不属于债券内部交易信息的知情人员。自己买卖股票是一般股东的投资行为，也不会引起股市波动。公司处罚是不公正的。

【问题讨论】

1. 张××是否属于债券内部交易信息的知情人员？债券内部交易信息的知情人员包括哪些人？

2. 公司与建设银行发生的重大经济纠纷，是否属于公司的重大事件？

案例二

李×董事内幕交易案

【案情】

李×是新概念股份有限公司的董事。新概念股份有限公司与明×股份有限公司签订了一份购销合同，新概念股份有限公司购买明×股份有限公司一批木材。新概念股份有限公司按合同约定，预先如期将货款 500 万元，支付给明×股份有限公司。事后得知，明×股份有限公司经营状况恶劣，账面严重亏损，几乎资不抵债。当然没有履约能力。500 万元已经被用于偿还债务。

李×身为董事，得知这一消息，估计公司的这一巨大损失，一定会影响本公司股票价格下跌。于是将手中的本公司股票全部抛出，并建议密友也抛出股票。10 天之后，该购销合同之事，通过媒体公布于众。该公司股票价格下跌 50%。

【问题讨论】

1. 李×董事行为是否违法？是什么违法行为？

2. 对李×董事应该如何处理？

第十三章 反垄断法

【本章导读】

反垄断法是市场经济国家基本的法律制度，是现代经济法的重要组成部分，是市场发展到近代以后出现的旨在规制市场中一系列独占市场、限制竞争、破坏市场竞争机制、损害社会公平利益行为的法律。理解反垄断法的两个基本原则即本身违法原则和合理原则是理解这部法律的核心。本章着重简述了我国《反垄断法》的基本原则、对四种垄断行为认定和具体规制。

【学习目标】

本章重点要求学生了解我国制定《反垄断法》的必要性及《反垄断法》的概念和模式，理解垄断的含义和特征、《反垄断法》的基本原则，掌握对滥用市场支配地位的规制、对垄断协议的规制、对企业集中的规制、对行政性垄断的规制、《反垄断法》的适用除外条款的内容，了解《反垄断法》的主管机关。

【知识结构图】

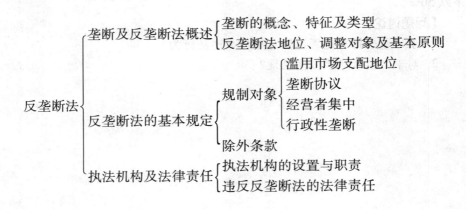

第一节　垄断及反垄断法概述

【案例 13 - 1】　1870 年，洛克菲勒在俄亥俄州创建了标准石油这家有史以来最为强大的垄断企业。1882 年，洛克菲勒在他的律师多德首度提出的"托拉斯"这个垄断组织的概念指导下合并了 40 多家厂商，垄断了全国 80% 的炼油工业和 90% 的油管生意。1886 年，标准石油公司又创建了天然气托拉斯，并最后定名为美孚石油公司。1890 年，标准石油公司成为美国最大的原油生产商，垄断了美国 95% 的炼油能力、90% 的输油能力、25% 的原油产量。标准石油公司对美国石油工业的垄断一直持续到 1911 年。

以标准石油为首，美国历史上一个独特的时代——垄断时代就此到来。托拉斯迅速在全美各地、各行业蔓延开来，在很短的时间内，这种垄断组织形式就占了美国经济的 90%。随着标准石油的不断膨胀，它被作为"进行欺诈、高压、行使特权"的代表成为了美国政府反托拉斯的头号打击对象。美国 1890 年颁布了《反托拉斯法》，1911 年 5 月，美国最高法院依据这部法律宣判美孚石油公司解散，洛克菲勒为之辛苦经营 40 年、耗尽毕生精力的石油王国——美孚石油公司被分成 38 个独立的企业，各自成立董事会。

一、垄断概述

(一) 垄断的概念及特征

案例 13 - 1 中，标准石油的发展史表明，垄断是由于自由竞争中生产高度集中所必然引起的，这可谓是自由竞争发展的一般规律。垄断一词源于孟子"必求垄断而登之，以左右望而网市利"。原指站在市集的高地上操纵贸易，后来泛指把持和独占。由于各国的市场条件不同，对垄断所采取的相应对策各异，因此，对于垄断，世界上并没有也不可能有一个统一的定义。纵观各国立法中加以规制的仅仅是非法的垄断，所以，法律上关于垄断的基本含义是指经营者违反法律规定以独占或有组织的联合行动等方式，凭借经济优势或行政权力，操纵或支配市场，排斥或限制竞争，损害消费者权益，违反公共利益的行为。所谓经营者是指从事商品经营或者营利性服务的法人、其他经济组织和个人。

垄断违背了法律的基本价值——自由、效率和公共利益的要求。法律意义上的垄断具有危害性和违法性。所谓危害性，是指某种行为或状态导致某一生产或流通领域的竞争受到实质性的限制和损害，一如案例 13 - 1 中垄断了美国石油市场的标准石油"进行欺诈、高压、行使特权"。所谓违法性，是指垄断行为或状态违反法律明文禁止的规定。

垄断具有以下几个特征。

1. 形成垄断的主要方式是独占或有组织的联合行动。垄断者凭借自己在市场中的独占地位，靠操纵市场来谋取非法利润；不具有独占地位的经营者则依靠有组织的联合行为，通过不合理的企业规模和减少竞争者数量以及对具有竞争性的企业实行控制等方式排挤竞争对手，控制市场。

2. 垄断的形成凭借的是经济优势或行政权力。凭借经济优势形成的垄断属于经济性垄断；凭借行政权力形成的垄断属于行政性垄断。不论何种垄断，其目的均为操纵或支配市场，获得垄断利润。

3. 垄断限制和排斥了竞争。垄断的直接结果是垄断者控制市场，垄断价格，限制和排斥了竞争，从而使市场竞争机制作用失效，因此，为各国竞争法所禁止。

（二）垄断的类型

依据不同的标准，垄断可以划分为不同的类型。

1. 根据垄断者占有市场的情况，可分为独占垄断、寡头垄断和联合垄断。

（1）独占垄断也称为完全垄断，它是指一家企业对整个行业的生产、销售和价格有完全的排他性的控制能力，即在该企业所在的行业内，不存在任何竞争。这是典型意义上的垄断，也为各国法律所严格规制。案例 13 - 1 中的标准石油公司即是这种垄断。

（2）寡头垄断是指市场上只有为数不多的企业生产、销售某种特定的产品或者服务的状况。每个企业都在市场上占有一定的份额，对产品或服务的价格实施了排他性的控制，但它们之间又存在一定的竞争。

（3）联合垄断是指多个相互间有竞争关系并有相当经济实力的企业，通过一定的形式（如限制竞争协议等），联合控制某一产业的市场或销售的状态。一般表现为经营者以合同、协议以及其他的方式与具有竞争关系的其他经营者共同实施限制竞争的行为。

2. 根据垄断产生的原因，可以划分为经济性垄断、国家垄断、行政性垄断和自然垄断。

（1）经济性垄断，又称市场垄断，主要是指市场主体通过自身的力量设置市场进入障碍从而形成的垄断。这种垄断主要产生于两个方面，一方面是在自由竞争中，部分市场主体由于重视技术革新等，具有一定的特殊优势，并利用优势不断推动生产的发展和企业的扩张，从而使生产规模越来越大。市场主体这种越来越大的趋势就对生产组织提出了新的要求，于是一部分市场主体不断变大，另一部分市场主体不断破产倒闭或被兼并，最终促使了各企业趋于集中和联合。另一方面，科学技术的发展、生产的发展，使大量的资本和社会财富日益集中到少数的公司或企业实体。生产和资本这两个要素逐步高度地集中，当这种趋势发展到一定程度的时候，便产生了垄断。这种过程主要是基于自然而产生的。这种垄断主要表现为滥用市场支配地位。处于市场支配地位的经营者实施价格歧视、掠夺性定价、强制交易、维持转售价格等行为。

（2）国家垄断，是由国家对于某一产业的生产和销售等进行了直接控制，不允许其他市场主体进入该市场领域的情况，实行计划经济体制的国家多有这种垄断。

（3）行政性垄断，行政性垄断是行政机关或其授权的组织滥用行政权力，限制竞争的行为。主要表现为地区行政性的市场垄断、行政强制交易、行政部门干涉企业经营行为、行政性公司滥用优势行为等。

（4）自然垄断，是由于市场的自然、物质等方面的限制原因而产生的垄断经营，其中主要是指占有了稀缺的自然资源而形成的垄断。这些行业如果允许竞争性的自由经营，则可能会导致社会资源的浪费或市场秩序的混乱，其生产也是随着社会需求的发展而逐步形成的，比如水、电、石油等社会公用企业，绝大多数是自然垄断企业。

除此之外，还包括其他因素形成的各种垄断，比如知识产权垄断，它的市场竞争进入障碍既不是由垄断者自身的力量形成，也不是由行政力量形成，而是由法律所赋予的专有权利。

二、反垄断法概述

（一）反垄断法的概念及地位

反垄断法是市场经济国家基本的法律制度，是现代经济法的重要组成部分，是市场发展到近代以后出现的旨在规制市场中一系列独占市场、限制竞争、破坏市场竞争机制、损害社会公平利益行为的法律。由于经济发展不同，反垄断法在不同国家有不同的称谓。在反垄断立法最早的美国，其反垄断法以反托拉斯为主要内容，故称为"反托拉斯法"；在德国，反垄断法以控制企业联合组织（卡特尔）之间的协议为主内容，故称为"反卡特尔法"，也可称为"反限制竞争法"；在日本，反垄断法以反对私人垄断和限制竞争为主要内容，故称为"禁止私人垄断及确保公平交易的法律"。不论称谓如何，反垄断法的价值目标无一例外是维护市场机制的正常运转，有效发挥其优化配置资源的功能，保护公共利益。因此，反垄断法是指调整国家在规制市场主体或其他机构以控制或限制市场为目的而实施反竞争行为过程中所发生的社会关系的法律规范的总称。反垄断法是保护市场竞争、维护市场竞争秩序、充分发挥市场配置资源基础性作用的重要法律制度，在美国，它被称为"自由企业的大宪章"，在德国被称为"经济宪法"，在日本被称为"经济法的核心"。

市场经济是迄今为止最先进的经济形式，其根本的原因就在于市场经济是竞争性的经济，竞争是市场经济活力的源泉。然而，市场经济国家的经验表明，市场本身并不具备维护公平竞争的机制。作为竞争机制自发作用的必然结果，经济力量日趋集中导致垄断，因此，垄断是竞争的伴生物，也是竞争的对立物，它反过来排斥和限制竞争，妨碍资源合理配置和有效利用，使经济无效益或低效益运行。这种市场本身的缺陷不可能依靠自身得到矫正，而需要国家适度干预加以弥补。反垄断法正是从社会整体利益出发，通过国家的权力，对企业行为的予以监督，对企业垄断力量滥用予以禁止，以实现经济结构的平衡和经济发展的有序。反垄断法是对自由竞争的保护，也是对于竞争背后所体现的公平、正义、民主、效率这些重要价值的肯定。因此，反垄断法律制度在市场经济国家的法律体系中占有重要地位。西方发达国家的反垄断立法已有百余年的历史，目前世界上颁布反垄断法的国家约有 80多个。

（二）反垄断法的调整对象

从各国立法看，反垄断法调整的是企业和企业联合组织（如前所述有时也包括个人）之间的特定竞争关系以及国家对这些特定竞争关系的管理关系。这意味着：

1. 反垄断法调整的竞争关系只限于市场竞争关系，是各个主体为争夺市场权力而发生的互相排斥的关系，而不包括为其他目的而发生的竞争关系。

2. 反垄断法只调整一部分市场竞争关系，即围绕垄断和限制竞争行为而发生的关系。其他的市场竞争关系由反不正当竞争法调整。反垄断法与反不正当竞争法同属于竞争法的范畴。

3. 反垄断法除调整市场竞争关系之外，还调整国家在管理市场竞争中发生的关系，即与垄断相关的竞争管理关系。在各国反垄断法中都无一例外地规定专门的反垄断执法机关、执法程序，反垄断法包含着大量的行政性规范和程序性规范，这说明，反垄断法的调整对象包括特定的竞争管理关系，反垄断法属于经济法。

（三）反垄断法的基本原则

【案例 13 - 2】 波音和麦道公司分别是美国航空制造业的老大和老二，处于世界航空制造业的第一位和第三位。1996 年年底，波音公司用 166 亿美元兼并了麦道公司。在干线客机市场上，合并后的波音不仅成为全球最大的制造商，而且是美国市场唯一的供应商，占美国国内市场的份额几乎达100%。但是，美国政府不仅没有阻止波音兼并麦道，而且利用政府采购等措施促成了这一兼并活动。

本身违法原则和合理原则是反垄断法的两个基本原则。这两个原则是反垄断法司法实践过程中产生（肇始于美国的反托拉斯法的实践）的判断垄断及垄断行为违法与否的基本准则。

1. 本身违法原则

本身违法原则是指在法律的规定上具有明确性，只要相应的行为符合法定的条件即属违法。即"本身违法"适用于那些已经被确定为不合理地限制了竞争的行为，因而只看是否有行为的存在，无须对行为产生的原因和后果进行调查。一般适用于法律明确规定的情形，如滥用市场支配地位，限制竞争协议等。

2. 合理原则

合理原则是指某些行为构成了对竞争的限制，但又不能适用本身违法原则。是否构成违法须在慎重考察企业行为的意图、行为方式以及行为后果之后，才能做出判断。也就是说，合理原则是指对效果的绝对强调，将效果作为确定行为是否违法的唯一要件。

反垄断法的意义在于塑造一个良好的市场结构，使竞争主体可以展开公平竞争，从而提高经济发展水平。出于对公共利益的尊重，它呈现出灵活性，不同时期对同一性质的行为态度不同，这是一国之内；而在竞争激烈的国际市场中，又需要保护本国的商业利益，这时反垄断法又会支持市场的独占和企业规模化。案例 13 - 2 中，美国政府之所以支持波音和麦道公司的合并，是因为虽然波音公司在美国国内市场保持垄断，但在全球市场上受到来自欧洲空中客车公司的越来越强劲的挑战。面对空中客车公司的激烈竞争，波音与麦道的合并有利于维护美国的航空工业大国地位。因此，可以说反垄断法背后的标准就是经济发展需要，从国内市场来说，是消费者利益和公共利益，在世界范围内，就是在和平发展的基础上实现本国利益的最大化。因此，面对形形色色的竞争行为，世界各国的立法和司法实践基本都确立了"合理原则"。根据合理原则，反垄断法并不是禁止所有的经济联合，禁止的只是那些能够产生或者加强市场支配地位的企业合并。因此，将合理原则作为反垄断法的基本原则，可以使反垄断法更好地适应复杂的经济情况，避免机械的执法可能对正常经济活动造成的消极影响。

（四）反垄断法的立法模式

从理论上讲，反垄断法与反不正当竞争法同属竞争法的范围。由于政治经济体制、法律文化传统等方面的不同，各国竞争法律制度的立法模式并不完全相同。可以概括为两种类型：分立式立法和合并式立法。前者对反垄断法和反正当竞争法分别立法，这种模式以德国、韩国等国家为代表；后者将反垄断和反不正当竞争合并在一个法律之中，这种模式以匈牙利、俄罗斯等国家为代表。我国为分别立法的模式。

（五）反垄断法与反不正当竞争法的关系

反垄断法作为企业在市场上的竞争规则，它与反不正当竞争法有很多相似之处。在经济政策上，它们都是推动和保护竞争，反对企业以不公平和不合理的手段谋取利益，从而是维护市场经济秩序的必要手段。它们的不同之处是，反不正当竞争法是反对企业以假冒、虚假广告、窃取商业秘密等不正当手段攫取他人的竞争优势，其前提条件是市场上有竞争，其目的是维护公平的竞争秩序，保护合法经营者和消费者的利益。因此，这个法律可以简称为公平竞争法，它追求的是公平竞争。而反垄断法则是通过反垄断和反对限制竞争，使市场保持一种竞争的态势，保证市场上有足够的竞争者，保证消费者有选择商品的权利。因为在垄断和限制竞争的情况下，企业失去了竞争自由，反垄断法追求的就是自由竞争，这个法律从而也可以简称为自由竞争法，其目的是保障企业在市场上自由参与竞争的权利，提高企业的经济效益，扩大社会福利。美国反垄断法学界有句名言：法律保护的是竞争，而不是竞争者。因为反垄断法是规范整个市场的竞争，涉及的问题是全局性的，它在推动和保护竞争方面所起的作用就远远大于反不正当竞争法。反垄断法在市场经济国家的法律体系中占有极其重要的地位。

（六）我国的反垄断立法

1. 我国制定《反垄断法》的必要性

市场的一个重要特征就是市场经济运行的竞争性，竞争的存在是市场运行得以延续、社会资源得以有效配置的必要前提。从一定意义上说，没有竞争的经济不是市场经济。而垄断行为恰恰破坏的就是竞争机制并进而侵害社会公众利益。反垄断法正是以公众利益为出发点的，以维护市场机制或提高效率为己任的。因此，反垄断法作为竞争法的支柱，在市场经济国家的法律制度中占有极其重要的地位，起着基本法的作用。鉴于我国垄断行为的出现及存在对建立市场体系的危害性已经日渐突出，现行的法律、法规对垄断行为的规定，已不能完全适应中国发展市场经济和参与国际竞争的需要。为了建立一个开放、竞争和全国统一的大市场，为了给企业创造公平的竞争环境，使社会主义市场经济能够健康有序地向前发展，我国急需建立反垄断法律制度。

2. 我国反垄断立法的概况

我国政府自 20 世纪 80 年代起就已开始着手反垄断立法工作。1980 年《关于开展和保护社会主义竞争的暂行规定》首次提出了反垄断问题。此后，陆续出台的《反不正当竞争法》、《价格法》、《电信条例》、《广告管理条例》等法律、法规和规范性文件均不同程度地涉及了反垄断的问题。作为我国反垄断法律体系轴心的是于 2008 年 8 月 1 日起施行《反垄断法》，该法共分为 8 章 57 条，包括：总则、垄断协议、滥用市场支配地位、经营者集中、滥用行政权力排除限制竞争、对涉嫌垄断行为的调查、法律责任和附则。此外，于 2009 年 7 月 15 日商务部第二十六次部务会议审议通过的《经营者集中申报办法》亦自 2010 年 1 月 1 日起施行。

第二节　反垄断法的基本规定

一、反垄断法的规制对象

反垄断法以垄断行为和限制竞争行为作为其规制的对象。国际上，反垄断法通常包括三大制度，即禁止滥用市场支配地位、禁止垄断协议、控制经营者集中。此外，还有的规定了对行政性垄断的法律规制。

【案例 13-3】　　互动百科创建于 2005 年，致力于打造全球最大最全的全人工中文百科知识库。2006 年，百度紧随其后，创建了百度百科，依托强有力的平台效应茁壮成长。目前两家已占据百科领域 90% 以上的市场份额。此外，在 2010 年第四季度，百度的网页搜索请求量市场份额达到 83.6%，这就意味着其在中国搜索引擎市场上拥有支配性地位。

（一）对滥用市场支配地位的法律规制

1. 滥用市场支配地位的概念和认定

市场支配地位，是指经营者在相关市场①内具有能够控制商品价格、数量或者其他交易条件，或者能够阻碍、影响其他经营者进入相关市场能力的市场地位。市场支配地位的具体判断，通常所考虑的因素是看作为某种特定商品或服务的经营者，在特定市场上是否独家经营（或没有竞争者）使其他经营者难以进入；或者在特定市场上是否居于压倒地位，从而有能力在该市场控制商品价格、数量或者能够阻碍其他经营者进入该市场；或者是否在特定市场内虽然存在两个以上经营者，但他们之间就某种商品或服务并无任何实质意义上的竞争。此外，如果经营者的市场占有率达到法律规定的比例，并且使其他经营者难以进入，或者使现有的其他经营者难以扩展市场，亦可推断其处于市场支配地位。

我国《反垄断法》以经营者在相关市场的市场份额为依据，明确了可以推定经营者具有市场支配地位的三种情形：

有下列情形之一的，可以推定经营者具有市场支配地位：

（1）一个经营者在相关市场的市场份额达到 1/2 的；

（2）两个经营者在相关市场的市场份额合计达到 2/3 的；

（3）三个经营者在相关市场的市场份额合计达到 3/4 的。

有前述（2）、（3）规定的情形，其中有的经营者市场份额不足 1/10 的，不应当推定该经营者具有市场支配地位。

被推定具有市场支配地位的经营者，有证据证明不具有市场支配地位的，不应当认定其具有市场支配地位。

《反垄断法》做出这样的量化规定旨在对具有市场支配地位的企业实施有效监督，防止和制止其滥用市场支配地位。案例 13 - 3 中百度百科与互动百科的市场定位很接近，两家占据的市场份额又极高，可以说两者在百科领域具有市场支配地位。

---

① 相关市场：相关市场，是指经营者在一定时期内就特定商品或者服务（以下统称商品）进行竞争的商品范围和地域范围。即以三个因素来判定相关市场：时间市场、产品市场及地域市场。产品市场包括相同产品市场和相似产品市场。其中，相似产品市场的相似性主要是指产品的可替代性，只要用来做替代的产品与原产品在性质、功能、价格和质量等方面相近似，并且一个理性的消费者会用它来替代原产品，那么该替代品与原产品之间就具有替代性，两者便属于同一市场。地域市场是指具有相同商品或者相似商品相互竞争的空间范围。实践中，确定相关产品的地域市场主要是考察企业的销售范围。

所谓的滥用市场支配地位是指经营者利用其具有的市场支配地位，以谋取垄断利益或者排挤其他竞争对手为目的而实施的对市场其他主体进行不公平交易的行为。禁止经营者在经营活动中滥用市场支配地位，排除或限制竞争，是各国反垄断立法的共同内容。案例13－3互动百科于2011年2月18日正式向国家有关部门提交了针对百度的反垄断申请书，要求对其立案调查并处以7.9亿元罚款，理由是在百度网站搜索某一词条时，搜索结果中，百度百科都会排在第一或第二的位置，而对于互动百科关于词条的解读，却没有收录或者虽然收录但排在几页之外。对比谷歌、搜狗、有道、搜搜等其他搜索引擎，相同词条的搜索结果，互动百科基本都能在首页显示。百度这种不收录竞争对手词条以及故意降低排名的收录方式，属于滥用市场支配地位来限制或妨碍其他产品竞争，违反了《反垄断法》。

根据现代各国的反垄断法，通过竞争取得市场支配地位，占有市场支配地位本身并不必然违法，只有利用这种支配地位排除或限制竞争才被反垄断法所禁止。如利用支配地位任意抬高价格、缩减产量或确定不公平的交易条件等。

2. 滥用市场支配地位的表现形式

我国《反垄断法》明确规定了下列七种滥用市场支配地位的行为：

【案例13－4】　2008年10月，北京市发改委公布调整后的成品油价格，其中93号汽油的零售中准价格为5.90元/升，北京石化上浮8%后，定价为6.37元/升。北京石化在北京地区有550座自有加油站、300余座连锁加油站。自有加油站的占有率达到了52.03%，整体的市场占有率更是达到70.79%。

（1）以不公平的高价销售商品或者以不公平的低价购买商品。占有市场支配地位的经营者以高于或低于在正常的竞争状态下可能实行的价格来销售其产品是为了获得超额的垄断利润或排挤竞争对手，这种行为严重地损害了消费者的权益，使得消费者享有的部分利益转移到垄断厂商；同时也妨碍其他竞争者的进入，对市场竞争构成实质性的限制。案例13－4北京石化即凭借其高份额的市场占有率为了获得超额的垄断利润，在当时国际油价正大幅度下降的情况下，以不公平的高价销售商品。

【案例13－5】　2008年8月联邦快递第四次大幅下调其国内快递服务费，调整后的价格相当于6月调价之后的七折到七五折，这一价格甚至低于其成本。凭借价格优势，其国内快递的货量已超过一年前的3倍，而服务的区域也已经拓展到超过200个城市，而与之相随的是一批规模较小、实力不强的物流企业先后倒闭、转行或是被并购。

（2）没有正当理由，以低于成本的价格销售商品，这种行为也叫掠夺性定价，是指处于市场支配地位的企业以排挤竞争对手为目的，以低于成本的价格销售商品。掠夺性定价是一种不公平的低价行为，是以排挤竞争对手为目的的故意行为，实施该行为的企业占有一定的市场支配地位，它们利用资产雄厚、生产规模大、分散经营能力强等竞争优势，故意压低价格以排挤中小企业。案例 13 - 5 中的联邦快递的低价策略不仅在我国迅速抢占了快递市场，而且其曾凭借着雄厚的资本支撑，在欧洲亏损经营了 20 年之久，最终进入了欧洲市场。

【案例 13 - 6】　某地火车站在春运高峰时期，于售票处贴出告示：乘客必须持有效证件才能购买火车票，而且每次只能购买一张。

（3）没有正当理由，拒绝与交易相对人进行交易，又称瓶颈垄断。这类行为强调的是没有正当理由，有正当理由拒绝交易不在此列，如超市拒绝向未成年人出售香烟。案例 13 - 6 火车站因春运高峰，为限制客流量而限购车票，理由并不正当，属于滥用市场支配地位，拒绝交易的垄断经营行为。

【案例 13 - 7】　　江苏省常州市一名消费者在当地移动通信营业厅办理手机号码入网时，被强行要求捆绑开通多项业务，如常州手机报（3 元）、新华快讯（3 元）、来电提醒（2 元）、彩铃（5 元）等，否则不予办理入网手续；而用户需要销号退网时，当初入网时现金充值的话费余额却不能退还现金，只能转账至其他移动号码。

（4）没有正当理由，限定交易相对人只能与其进行交易或者只能与其指定的经营者进行交易，这种行为也叫做强制交易。是指处于市场支配地位的企业采取利用利诱、胁迫或其他不正当的方法，强制交易相对人与其进行交易，或者没有正当理由，限定交易人只能与其进行交易或者只能与其指定的经营者进行交易。案例 13 - 7 中常州移动通信营业厅在用户销号退网时，话费余额不退还现金，只能转账至其他移动号码，就是一种强制交易行为，这种强制交易行为不仅违背交易相对人的真实意愿，给其造成直接的物质损失或精神损害，而且有悖于公平竞争、平等自愿的交易规则，破坏了正常的市场交易秩序，具有较大的社会危害性。

（5）没有正当理由搭售商品，或者在交易时附加其他不合理的交易条件。是指在商品交易过程中，拥有某种经济优势的一方利用自己的优势地位，在提供商品或服务时，强行搭配销售交易相对人不要或不愿意要的另一种商品或服务或者附加其他不合理条件的行为。案例 13 - 7 中常州移动通信营业厅在为用户办理手机号码入网时，强行要求捆绑开通多项业务，就是属于搭售和附加不合理条件这种违反"交易自愿"原则的行为。

【案例 13 - 8】　微软中文版 windos98 曾在我国的售价是 1998 元，而在美国仅为 109 美元，office97 中文专业版曾在我国的售价是 8760 元，在美国仅售 300 美元。

（6）没有正当理由，对条件相同的交易相对人在交易价格等交易条件上实行差别待遇。是指处于市场支配地位的企业没有正当理由，对条件相同的交易对象，就其所提供的商品的价格或其他交易条件，给予明显有利或不利的区别对待。差别待遇实际上限制了交易对象之间的竞争。这里的"待遇"应当包括价格、配件供给、交货速度、担保以及其他交易条件。其中价格歧视是差别待遇中最常见的一种形式，即卖方无正当理由要求购买同一等级、同一质量商品的若干买主支付不同的价格。案例 13 - 8 就是典型的差别待遇，这种价格歧视对市场整体的负面影响是显而易见的。生产者的价格歧视行为可能排挤其他竞争对手，对经销商之间的公平竞争带来不利影响，也会使消费者受到不应有的不公平待遇，因此，受到各国竞争法的一致制约。

（7）国务院反垄断执法机构认定的其他滥用市场支配地位的行为。

（二）对垄断协议的法律规制

经营者达成垄断协议是一种最常见、最典型的垄断行为，最常见的是造成固定价格、划分市场以及阻碍、限制其他经营者进入市场等排除、限制竞争的后果，对市场竞争危害极大，为世界各国反垄断法所明确禁止。

1. 垄断协议的概念

垄断协议，也称限制竞争协议，是指排除、限制竞争的协议、决定或者其他协同行为。垄断协议一般有三个要素：一是实施主体是两个或者两个以上的经营者；二是共同实施或者联合实施；三是以排除、限制竞争为目的。反垄断法上把这种限制竞争性的协议称为"卡特尔"。

由于限制竞争协议不仅直接损害了未参与协议的企业的利益，对消费者造成侵害，如企业联合提价等，同时也妨碍了市场竞争机制功能的发挥。并且，由于限制竞争协议的存在，使商品价格在"协议"力量的强制下难以准确反映市场供求关系，误导生产和消费，降低通过市场竞争实现优胜劣汰的效率，造成社会资源的浪费。因此，禁止限制竞争协议，是各国反垄断法的通例。

2. 垄断协议的认定

从法律上认定限制竞争协议，应从行为主体、主观方面、限制竞争行为以及行为后果等方面进行确认。从行为主体来看，垄断协议的主体主要是同一经营层次中有竞争关系的企业。少数情况下包括不同层次的经营者，如限制转售价格中的制造商、批发商和零售商；从主观上看，各主体之间具有共同的限制竞争的目的；从客观上看，实施了限制竞争行为；从行为后果上看，导致了市场上限制竞争的情形。

【案例 13 – 9】 2011 年 3 月底到 4 月初，几乎占据了全国八成以上市场的宝洁、联合利华、立白、纳爱斯四大日化品牌集体对洗衣粉、洗衣液、洗洁精、沐浴露、洗发水等洗涤类日化用品全线涨价，涨幅为 5% ~ 15%，掀起近年来日化行业最大规模的涨价潮。

3. 垄断协议的类型

被禁止的垄断协议主要有两类，第一类属于横向垄断协议，即具有竞争关系的经营者达成的下列垄断协议：

（1）固定或者变更商品价格；

（2）限制商品的生产数量或者销售数量；

（3）分割销售市场或者原材料采购市场；

（4）限制购买新技术、新设备或者限制开发新技术、新产品；

（5）联合抵制交易；

（6）国务院反垄断执法机构认定的其他垄断协议。

案例 13 – 9 中，无疑四大日化巨头之间具有竞争关系，而它们又几乎是同时下发调价通知书，涨价的时间也都在 4 月前后，这一集体涨价行为极有可能就是一种串通、操纵市场价格的协同行为。在 2011 年 3 月，西班牙就对宝洁、欧莱雅等 8 家企业，以垄断为由开出了 5000 万欧元的巨额罚单。

【案例 13 – 10】 北京奔驰针对其授权经销商下达了"双限"商务政策，即从 2011 年 3 月 1 日起，北京奔驰在网络内实施严格的价格管理及限制跨区销售的政策，该政策不仅规定了奔驰销售的最低价格，并且禁止北京奔驰经销商进行跨区销售。

第二类属于纵向垄断协议，即经营者与交易相对人达成的下列垄断协议：

（1）固定向第三人转售商品的价格。

（2）限定向第三人转售商品的最低价格；案例 13 – 10 中北京奔驰规定经销商销售 E 级轿车的最低价格就涉嫌构成了这一被禁止的行为。

（3）国务院反垄断执法机构认定的其他垄断协议。

我国《反垄断法》明确规定，经营者违反本法规定，达成并实施垄断协议的，由反垄断执法机构责令停止违法行为，没收违法所得，并处上一年度销售额 1% 以上 10% 以下的罚款；尚未实施所达成的垄断协议的，可以处 50 万元以下的罚款。

4. 垄断协议的豁免

垄断协议的豁免，是指经营者之间的协议、决议或者其他协同行为，虽然有排除、限制竞争的影响，但该类协议在其他方面所带来的好处要大于其对竞争的不利影响，因此法律规定对其豁免，即排除适用反垄断法的规定。豁免制度是利益衡量的结果，即从经济效果和对限制竞争的影响进行利益对比，在"利大于弊"时，对该垄断协议排除适用反垄断法。我国《反垄断法》规定了以下可以纳入豁免的协议：

（1）为改进技术、研究开发新产品的；

（2）为提高产品质量、降低成本、增进效率，统一产品规格、标准或者实行专业化分工的；

（3）为提高中小经营者经营效率，增强中小经营者竞争力的；

（4）为实现节约能源、保护环境、救灾救助等社会公共利益的；

（5）因经济不景气，为缓解销售量严重下降或者生产明显过剩的；

（6）为保障对外贸易和对外经济合作中的正当利益的；

（7）法律和国务院规定的其他情形。

【案例13－11】　2008年9月3日，中国汇源果汁集团有限公司公告称，可口可乐公司已与汇源果汁三大股东中国汇源果汁控股有限公司、达能及华平基金旗下 Gourmet Grace 签署接受要约，以每股12.2港元的价格，现金收购后者合计持有的汇源果汁大约66%股份及全部未行使可转换债券及期权。

（三）对经营者集中的法律规制

1. 经营者集中的概念

经营者集中是指经营者通过合并、资产购买、股份购买、合同约定（联营、合营）、人事安排、技术控制等方式取得对其他经营者的控制权或者能够对其他经营者施加决定性影响的情形。其中，合并是最重要和最常见的一种经营者集中形式。经营者集中的结果具有两面性：一方面有利于形成规模经济，提高经营者竞争力；另一方面，过度集中又会产生或者加强市场支配地位，限制竞争。因此，经营者的集中也成为各国反垄断法所规制的重要对象。

2. 经营者集中的形式

我国《反垄断法》规定了如下情形为经营者集中：

（1）经营者合并。

（2）经营者通过取得股权或者资产的方式取得对其他经营者的控制权，案例13－11即属于这一形式。

（3）经营者通过合同等方式取得对其他经营者的控制权或者能够对其他

经营者施加决定性影响。

3. 经营者集中的申报制度

（1）申报的目的。经营者集中达到国务院规定的申报标准的，经营者应当事先向国务院反垄断执法机构申报，未申报的不得实施集中。这是各国反垄断法均采取的对经营者集中实行必要控制的主要手段。这种控制的目的不是限制企业的绝对规模，而是保证市场上有竞争者。根据美国、德国、日本等许多国家的法律，只要合并可以产生或者加强市场支配地位，反垄断法主管机关就可以禁止合并。特别是在对外国资本并购国内企业的问题上，处于本国经济安全的考虑，各国更为慎重。即便是在强大的美国，对外资的并购也是极为谨慎的。除了众所周知的确保外资收购不会形成市场垄断之外，美国还有专门机构对外资并购进行经济安全审查，而履行这项职责的是美国外国投资委员会（CFIUS）。在 2005 年发生的中海油竞购优尼科、联想收购 IBM电脑业务以及阿联酋迪拜公司收购美国六大港口等事件中，收购方都曾受到CFIUS 的审查。不但如此，对于大型的跨国收购，还可能要遭遇美国司法部和美国对外贸易委员会等机构的反垄断审查。倘若并购一旦涉及国防、能源、高科技、传媒、航空、国土资源等敏感领域和战略资产，经济安全审查就更成为必经程序。

（2）申报的标准。经营者集中达到下列标准之一的，经营者即应申报：

参与集中的所有经营者上一会计年度在全球范围内的营业额合计超过 100亿元人民币，并且其中至少两个经营者上一会计年度在中国境内的营业额均超过 4 亿元人民币；

参与集中的所有经营者上一会计年度在中国境内的营业额合计超过 20 亿元人民币，并且其中至少两个经营者上一会计年度在中国境内的营业额均超过 4 亿元人民币。

（3）申报的审查。国务院反垄断执法机构对申报材料的审查，主要考虑这样一些因素：参与集中的经营者在相关市场的市场份额及其对市场的控制力；相关市场的市场集中度；经营者集中对市场进入、技术进步的影响；经营者集中对消费者和其他有关经营者的影响；经营者集中对国民经济发展的影响以及其他影响市场竞争的因素。经营者集中具有或者可能具有排除、限制竞争效果的，国务院反垄断执法机构应当做出禁止经营者集中的决定。

案例 13 - 11 中，可口可乐对汇源股份的收购因已经达到了法定的申报标准，因此，可口可乐向我国商务部提交了申报材料。商务部经依法审查后做出了禁止此项收购的决定。这是由于此项集中将对竞争产生不利影响。集中完成后可口可乐公司可能利用其在碳酸软饮料市场的支配地位，搭售、捆绑销售果汁饮料，或者设定其他排他性的交易条件，集中限制果汁饮料市场竞争，导致消费者被迫接受更高价格、更少种类的产品；同时，由于既有品牌对市场进入的限制作用，潜在竞争难以消除该等限制竞争效果。此外，集中还挤压了国内中小型果汁企业生存空间，给中国果汁饮料市场竞争格局造成不良影响。

（四）对行政性垄断的法律规制

1. 行政性垄断的概念

行政性垄断是行政机关或其授权的组织滥用行政权力，限制竞争的行为。行政垄断的实质，是行政权力超出其权限范围而运用于市场关系中，从而实现行为主体利益的最大化。它是一种追求利益的行为，因此，行政垄断本质同样是经济垄断，行政权的介入是垄断力的来源。

2. 我国行政垄断的主要表现形式

【案例13－12】　某市公安局通知辖区内所有单位都只能购买和使用该局的挂靠企业的消防器材和设备。

（1）行政强制交易，即行政机关和法律、法规授权的具有管理公共事务职能的组织滥用行政权力，限定或者变相限定单位或者个人经营、购买、使用其指定的经营者提供的商品。案例13－12中的某市公安局的通知即构成行政强制交易。

（2）地区行政性市场垄断，即行政机关和法律、法规授权的具有管理公共事务职能的组织滥用行政权力，实施下列行为，妨碍商品在地区之间的自由流通：

对外地商品设定歧视性收费项目、实行歧视性收费标准，或者规定歧视性价格；对外地商品规定与本地同类商品不同的技术要求、检验标准，或者对外地商品采取重复检验、重复认证等歧视性技术措施，限制外地商品进入本地市场；采取专门针对外地商品的行政许可，限制外地商品进入本地市场；设置关卡或者采取其他手段，阻碍外地商品进入或者本地商品运出；妨碍商品在地区之间自由流通的其他行为。

（3）行政机关和法律、法规授权的具有管理公共事务职能的组织滥用行政权力，采取与本地经营者不平等待遇等方式，排斥或者限制外地经营者在本地投资或者设立分支机构。

（4）行政部门干涉企业经营行为，即行政机关和法律、法规授权的具有管理公共事务职能的组织滥用行政权力，强制经营者从事本法规定的垄断行为。

（5）行政机关滥用行政权力，制定含有排除、限制竞争内容的规定。

二、反垄断法的适用除外条款

（一）适用除外条款的概念及原因

反垄断法的适用除外（或称豁免）条款，是反垄断法的重要内容之一。适用除外条款是指反垄断法中专门设置的，规定某些特定领域、特定事项或者特定情况下的垄断行为不适用反垄断法的条款。即在某些特定行为或领域中法律允许一定的垄断状态及垄断行为存在。

反垄断法之所以规定适用除外条款，是因为垄断有其存在的合理性，并非都应受到法律的否定或制裁。正是由于垄断的双重性决定了反垄断法的双重职能，即一方面要抑制垄断的消极因素；另一方面又要保护垄断的积极成分。反垄断法的适用除外条款就是保护垄断的积极方面的。

（二）适用除外条款的范围

1. 知识产权领域。我国《反垄断法》明确地将经营者依照有关知识产权的法律、行政法规规定行使知识产权的行为排除在适用范围之外，这一规定，决定于知识产权本身具有的独占性、排他性等特性。除非行使权利的行为超出了权利允许的界限范围，构成了知识产权的滥用。

2. 农业生产领域。我国《反垄断法》明确规定农业生产者及农村经济组织在农产品生产、加工、销售、运输、储存等经营活动中实施的联合或者协同行为，不适用本法。

第三节　反垄断法的执法机构

一、反垄断法的执法机构的设置

根据反垄断法的规定，目前我国已设立的《反垄断法》的执法机构主要有：

国务院反垄断委员会，该委员会的具体工作由商务部承担；

商务部下设的反垄断局；

国家发展改革委员会下设的价格监督检查司；

国家工商行政管理总局下设的反垄断与不正当竞争执法局。

二、反垄断法的执法机构的职责

（一）国务院反垄断委员会的主要职责

研究拟订有关竞争政策；组织调查、评估市场总体竞争状况，发布评估报告；制定、发布反垄断指南；协调反垄断行政执法工作；国务院规定的其他职责。

（二）反垄断局的主要职责

主要负责审查经营者集中行为，指导我国企业在国外的反垄断应诉工作以及开展多双边竞争政策国际交流与合作。

（三）价格监督检查司的主要职责

主要负责依法查处价格垄断协议行为。国家和省两级具有行政执法权，市县两级是配合调查，跨省案件由国家发改委负责指定牵头办案或者联合办案，重大案件由国家发改委直接组织查处。

（四）反垄断与不正当竞争执法局的主要职责

主要负责垄断协议、滥用市场支配地位、滥用行政权力排除限制竞争的反垄断执法（价格垄断协议除外）等方面的工作。

第四节 违反反垄断法的法律责任

违反反垄断法的法律责任是指违反反垄断法应当承担的民事责任、行政责任和刑事责任。根据我国《反垄断法》的规定，《反垄断法》的法律责任以行政责任和民事责任为主。

一、达成并实施垄断协议的法律责任

1. 对于经营者，是责令停止违法行为，没收违法所得，并处上一年度销售额 1% 以上 10% 以下的罚款；尚未实施所达成的垄断协议的，可以处 50 万元以下的罚款。

2. 对于行业协会，如有组织本行业的经营者达成垄断协议行为的，可以处 50 万元以下的罚款；情节严重的，社会团体登记管理机关可以依法撤销登记。

二、滥用市场支配地位的法律责任

由反垄断执法机构责令停止违法行为，没收违法所得，并处上一年度销售额 1% 以上 10% 以下的罚款。

三、经营者违法实施集中的法律责任

由国务院反垄断执法机构责令停止实施集中、限期处分股份或者资产、限期转让营业以及采取其他必要措施恢复到集中前的状态，可以处 50 万元以下的罚款。

四、行政性垄断的法律责任

行政机关和法律、法规授权的具有管理公共事务职能的组织滥用行政权力，实施排除、限制竞争行为的，由上级机关责令改正；对直接负责的主管人员和其他直接责任人员依法给予处分。反垄断执法机构可以向上级有关机关提出依法处理的建议。

此外，《反垄断法》还明确规定，经营者实施垄断行为，给他人造成损失的，依法承担民事责任；对反垄断执法机构依法实施的审查和调查，拒绝提供有关材料、信息，或者提供虚假材料、信息，或者隐匿、销毁、转移证据，或者有其他拒绝、阻碍调查行为的，由反垄断执法机构责令改正，对个人可以处 2 万元以下的罚款，对单位可以处 20 万元以下的罚款；情节严重的，对个人处 2 万元以上 10 万元以下的罚款，对单位处 20 万元以上 100 万元以下的罚款；构成犯罪的，依法追究刑事责任。

【本章小结】

法律上关于垄断的基本含义是指经营者违反法律规定以独占或有组织的联合行动等方式，凭借经济优势或行政权力，操纵或支配市场，排斥或限制竞争，损害消费者权益，违反公共利益的行为。法律意义上的垄断具有危害性和违法性。由于垄断的直接结果是垄断者控制市场，垄断价格，限制和排斥了竞争，从而使市场竞争机制作用失效，因此，为各国竞争法所禁止。

反垄断法是市场经济国家基本的法律制度，是现代经济法的重要组成部分，是市场发展到近代以后出现的旨在规制市场中一系列独占市场、限制竞争、破坏市场竞争机制、损害社会公平利益行为的法律。本身违法原则和合理原则是反垄断法的两个基本原则。

反垄断法以垄断行为和限制竞争行为作为规制的对象。我国《反垄断法》规定的垄断行为包括：经营者达成垄断协议；经营者滥用市场支配地位；具有或者可能具有排除、限制竞争效果的经营者集中以及行政性垄断。根据我国的《反垄断法》，通过竞争取得市场支配地位，占有市场支配地位本身并不必然违法，只有利用这种支配地位排除或限制竞争才被反垄断法所禁止。如利用支配地位任意抬高价格、缩减产量或确定不公平的交易条件等。垄断协议一般有三个要素：一是实施主体是两个或者两个以上的经营者；二是共同或者联合实施；三是以排除、限制竞争为目的。我国《反垄断法》对经营者集中实行的主要控制手段是申报制度。

我国《反垄断法》明确规定国务院设立反垄断委员会，并具体规定了其执法职责。

【理论争鸣】

就行政性垄断问题，不少学者认为，如何规制行政垄断是反垄断执法面临的重大挑战。《反垄断法》第51条规定："行政机关和法律、法规授权的具有管理公共事务职能的组织滥用行政权力，实施排除、限制竞争行为的，由上级机关责令改正；对直接负责的主管人员和其他直接责任人员依法给予处分，反垄断执行机构可以向有关上级机关提出依法处理的建议"。显然，法律并没有把行政垄断的管辖权交给反垄断行政执法机关，而是由违法单位的上级政府部门来解决。致使反垄断法面对行政垄断不过是一只"没有牙齿的老虎"。反垄断法执法机关无权审查和确认行政权力的违法性，无疑使《反垄断法》规制行政垄断的效力大大降低。但也有学者认为，《反垄断法》规制行政垄断是必要的，即使不能治本，也能治标。至少可以使行政垄断得到一定程度的遏制，并客观上会促使、推动行政管理体制的改革。因此，即使未来执行的效果难以预知，《反垄断法》反行政垄断的积极意义仍然值得肯定。

就《反垄断法》法律责任体系，有的学者认为，应当涉及行政责任、民事责任和刑事责任，但我国《反垄断法》仅注重行政责任的规定；对民事责任的规定很笼统，而且放弃了惩罚性赔偿的规定；对于垄断行为的刑事责任，则完全没有规定，这无疑是一大缺憾。这意味着我国《反垄断法》所列举的各种垄断行为，即使情节恶劣，后果严重也无法追究刑事责任。

【关键名词或概念】

垄断
滥用市场支配地位
垄断协议
经营者集中

【简答题】

1. 简述垄断的概念及特征。
2. 谈谈你对反垄断法基本原则的理解。
3. 简述反垄断法对滥用市场支配地位的规制。
4. 为什么反垄断法要规定经营者集中的申报制度？
5. 在我国，《反垄断法》对行政性垄断的规制有何特别意义？

【案例讨论】

案例一

微软拆分案

【案情】

微软公司是世界上最大的软件公司，占世界软件市场的 80% 以上。近年以来，美国有 19 个州和哥伦比亚地区法院指控微软公司利用其市场力量非法挤垮竞争对手。哥伦比亚地区法院的法官认为微软的行为在一定程度上是反竞争的，不仅侵害了消费者的利益，更重要的是打击了竞争对手。一是微软占有巨大的稳定的市场份额；二是微软公司把浏览器捆绑在视窗制作系统上，把软件系统固化到芯片上，从而阻止竞争对手进入市场；三是微软的制作系统到目前为止还没有真正的竞争对手。鉴此，汤姆斯·潘菲尔德·杰克逊法官在审理后判定，由于触犯美国反垄断法律，微软（MSFT）必须拆分为两家互不相关的公司即一家生产视窗操作系统，另一家则生产应用软件。

【问题讨论】

微软与波音、麦道合并的不同境遇说明了什么？从上述案例，分析美国反垄断法给我们的启示。

案例二

百度垄断案

【案情】

唐山市人人信息服务有限公司向北京市第一中级人民法院对百度公司提起诉讼，原告诉称，由于其降低了对百度搜索竞价排名的投入，被告即对全民医药网（www.qmyyw.com）在自然排名结果中进行了全面屏蔽，从而导致了全民医药网访问量的大幅度降低。而被告这种利用中国搜索引擎市场的支配地位对原告的网站进行屏蔽的行为，违反了我国《反垄断法》的规定，构成滥用市场支配地位强迫原告进行竞价排名交易的行为。故请求法院判令被告赔偿原告经济损失1106000元，解除对全民医药网的屏蔽并恢复全面收录。

被告百度公司辩称，被告确实对原告所拥有的全民医药网采取了减少收录的措施，实施该措施的原因是原告的网站设置了大量垃圾外链、搜索引擎自动对其进行了作弊处罚。但是，该项处罚措施针对的仅仅是百度搜索中的自然排名结果，与原告所称的竞价排名的投入毫无关系，亦不会影响原告竞价排名的结果。其次，原告称被告具有《反垄断法》所称的市场支配地位缺乏事实依据。被告提供的搜索引擎服务对于广大网民来说是免费的，故与搜索引擎有关的服务不能构成《反垄断法》所称的相关市场。因此，请求人民法院判决驳回原告的诉讼请求。

法院经过审理，判决驳回原告的诉讼请求。

【问题讨论】

如何认定滥用市场支配地位？什么叫"相关市场"？

第十四章　反不正当竞争法

【本章导读】

　　《反不正当竞争法》是一部国家为维护市场正常秩序，弥补市场缺陷的重要规则。不正当竞争泛指经营者为了争夺市场竞争优势，违反法律规定，违反公认的商业习俗和道德，采用欺诈、混淆等经营手段排挤或破坏竞争，扰乱市场经济秩序，并损害其他经营者和消费者利益的竞争行为。我国《反不正当竞争法》具体规定了限制竞争行为和妨碍公平竞争行为两大类11种不正当竞争行为。学好这部法律有助于学生正确辨别经济生活或企业经营活动中的不正当竞争行为并能依法应对这些行为。本章简述了反不正当竞争法的立法目的、11种不正当竞争行为的具体表现及其法律责任。

【学习目标】

　　本章重点要求学生了解反不正当竞争法与市场经济的关系、反不正当竞争法的立法目的，理解不正当竞争行为的概念，掌握不正当竞争行为的具体表现及其法律责任。

【知识结构图】

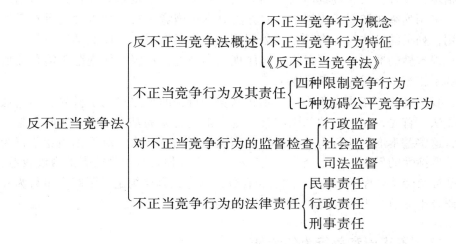

第一节　反不正当竞争法概述

一、不正当竞争行为的概念

不正当竞争行为是相对于市场竞争中的正当竞争行为而言的，它泛指经营者为了争夺市场竞争优势，违反法律规定，违反公认的商业习俗和道德，采用欺诈、混淆等经营手段排挤或破坏竞争，扰乱市场经济秩序，并损害其他经营者和消费者利益的竞争行为。

19世纪末期，西欧各国由于市场经济的迅猛发展，激烈的竞争也随之而来。特别是在商标领域中仿冒行为以及产品名称、包装和装潢等方面的混淆行为尤为严重，自由、公平竞争的市场环境遭到破坏。为了制止这些市场竞争中的不正当行为，1900年年底，《保护工业产权巴黎公约》（简称《巴黎公约》）各成员国在布鲁塞尔对《巴黎公约》进行了修订。在该公约中明确地规定了不正当竞争行为的定义："凡在工商业事务中违反诚实惯例的竞争行为即构成不正当竞争的行为。"1896年德国首先在其国内颁布了《反不正当竞争法》，该法在1909年修正案中把不正当竞争行为定义为"行为人在营业中为竞争的目的而违背善良风俗的行为"。

不正当竞争行为在现实生活中纷繁复杂、形式多样，为了针对某些危害特别严重的行为进行有效的规制，各国在立法中除了对不正当竞争行为进行概括定义以外，又通过具体列举的方式，来补充对不正当竞争行为的概括定义。采用列举式和概括式相结合的方法对不正当竞争行为加以规定具有重要作用，列举的具体行为有特定的处罚规定，更具针对性；而概括性条款作为一种根本性的准则，则可以作为具体规范的补充，克服具体规范不能覆盖所有的不正当竞争行为的局限性。

我国《反不正当竞争法》对不正当竞争行为的界定采用了世界各国的通常做法。首先，在该法的总则部分规定了市场交易的基本准则，实际上是把违背这些基本准则的行为界定为不正当竞争行为。其次，对不正当竞争行为做了概括性的界定，即"经营者违反本法规定，损害其他经营者的合法权益，扰乱社会经济秩序的行为"。之后，在分则部分又具体规定了限制竞争行为和妨碍公平竞争行为两大类 11 种不正当竞争行为。

二、不正当竞争行为的特征

纵观各类不正当竞争行为，一般都具有以下三项基本特征：

（一）主体的特定性

竞争是经营者之间在市场上通过价格、数量、品质或服务等条件，为争取交易机会和经济利益而开展的"商战"，因此，不正当竞争行为的主体都是在商业活动中采用不正当手段竞争的经营者，政府行政机关或其他不以营利为目的的社会团体则应当与此无关。我国《反不正当竞争法》中直接明确规定该法规制的对象是"经营者"，即以营利为目的、从事商品的生产、销售或提供服务的法人、其他经济组织和个人。但是，基于我国的特殊情况，反不正当竞争法亦调整在政府及经营者之间产生的与竞争有牵涉的关系。

（二）行为的违法性

不正当竞争行为具有违法性，竞争行为必须是违反了竞争法律所规定的原则和具体规范，才能确定为不正当竞争行为。但是，这种违法性的确定与其他行为违法性的确定有所不同，它还同时以违反商业道德作为一般的判断依据。商业道德是在长期经济生活中逐渐形成的符合交易各方利益的、得到社会公认的经济行为规范，是社会秩序得以维持的最基本的市场环境条件。由于商业道德规范不可能及时的成为法律规定的内容，而不正当竞争行为的表现又是形式各异且变化多样，大部分的不正当竞争行为是采取了似是而非的手段，混淆真伪的方法。因此，以违反商业道德来概括不正当竞争行为是最为贴切和全面的，并以此作为一般性条款来覆盖已经发生的和潜在的不正当竞争行为，对维护市场竞争秩序，及时规制竞争行为具有重要意义。大多数国家的法律规定，市场竞争主体的行为如有悖于公认的商业道德，即可被作为不正当竞争行为进行规制。我国《反不正当竞争法》也明确规定，"经营者在市场交易中，应当遵循自愿、平等、公平、诚实信用的原则，遵守公认的商业道德。"违背这些基本原则即构成不正当竞争。这一特征揭示了现代经济社会中法律和道德的互补性已经成为趋势，以维护商业道德作为经济立法的宗旨有利于加快市场秩序制度建设的进程。

（三）行为的社会危害性

现代市场经济是充满竞争的社会，竞争的程度日益加剧，对社会的影响也日益增强。因此，对竞争行为的规制已远远超出了传统法律对个体经济行为规制的意义。仿冒他人营业标志、盗窃他人商业秘密、贬低他人的商业信誉等行为，使消费者产生误导、劣质产品鸠占鹊巢、交易内幕贿赂成风，造成市场交易秩序发生混乱。不正当竞争行为的危害性已经从经营者的私权和私益领域扩大到对公众利益的损害和对社会经济运行秩序的破坏。法律之所以把竞争行为从私法规制转而纳入具有公法性质的竞争法规制，正是说明了其社会危害性的本质特征。这也正是不正当竞争行为与一般的民事侵权行为和违约行为的区别所在。

三、反不正当竞争法

反不正当竞争法是指调整在市场竞争过程中因规制不正当竞争行为而产生的社会关系的法律规范的总称。我国于 1993 年 9 月 2 日通过了《中华人民共和国反不正当竞争法》。

这是一部规范经营者的竞争行为，维护社会主义市场竞争秩序的基本法律。多年来，《反不正当竞争法》的实施，对我国的经济生活产生了巨大影响，有效地保护了广大经营者和消费者的合法权益，提高了广大经营者的市场竞争意识，对于市场经济的建立和推进发挥了巨大的作用。

（一）我国《反不正当竞争法》的立法目的

我国《反不正当竞争法》立法目的可以分为如下三个层次：

1. 制止不正当竞争行为，这是该法的直接目的；

2. 保护经营者和消费者的合法权益，这是该法直接目的的必然延伸；

3. 鼓励和保护正当竞争，保障社会主义市场经济的健康发展，这是该法的终极目的。

（二）我国《反不正当竞争法》的基本原则

基本原则主要包括如下三个：

1. 自愿、公平、平等；
2. 诚实信用；
3. 遵守公认商业道德。

第二节 不正当竞争行为及其责任

【案例 14 - 1】 某市煤气公司在即将交工的春华小区大门口贴出告示：为保证煤气管网及居民的人身财产安全，经煤气公司研究决定，本小区居民请使用蓝天灶具厂的炉盘，否则，煤气公司将不予供气。

我国的《反不正当竞争法》把不正当竞争行为划分为限制竞争行为和妨碍公平竞争行为两大类。

一、限制竞争行为

限制竞争行为是指妨碍甚至完全阻止、排斥市场主体进行竞争的协议和行为。在我国，限制竞争行为的实施者通常为两类主体，一是公用企业或其他依法具有独占地位的经营者；二是政府及其所属部门。我国《反不正当竞争法》根据立法时的社会经济状况，列举出四种情形作为不正当竞争行为加以禁止。具体如下：

（一）限购排挤行为

1. 限购排挤行为概述

限购排挤行为是指公用企业或依法具有独占地位的经营者限定他人购买其指定的经营者的商品，以排挤其他经营者的公平竞争的行为。

根据国家工商行政管理总局在 1993 年 12 月 9 日发布的《关于禁止公用企业限制竞争行为的若干规定》，下列行为属于限制竞争的行为，禁止公用企业在市场交易中实施。

（1）限定用户、消费者只能购买和使用其附带提供的相关商品，而不得购买和使用其他经营者提供的符合技术标准要求的同类商品；

（2）限定用户、消费者只能购买和使用其指定的经营者生产或者经销的商品，而不得购买和使用其他经营者提供的符合技术标准要求的同类商品；

（3）强制用户、消费者购买其提供的不必要的商品及配件；

（4）强制用户、消费者购买其指定的经营者提供的不必要的商品；

（5）以检验商品质量、性能等为借口，阻碍用户、消费者购买、使用其他经营者提供的符合技术标准要求的其他商品；

（6）对不接受其不合理条件的用户、消费者拒绝、中断或者削减供应相关商品，或者滥收费用；

（7）其他限制竞争的行为。

2. 行为要件

限购排挤行为的构成要件有三：第一，主体具有特殊性，即必须是公用企业或依法具有独占地位的企业。所谓的公用企业，是指涉及公用事业的经营者，包括供水、供电、供热、供气、邮政、电信、交通运输等行业的经营者。第二，行为的特定性，即主体利用自己的优势地位实施了法律、行政法规明文禁止的限制竞争行为。第三，行为具有现实或潜在社会危害性，表现在一方面排挤了其他经营者的公平竞争；另一方面损害了消费者和用户的合法权益。

3. 法律责任

（1）对公用企业或依法具有独占地位的企业的处罚。这类企业违反法律、行政法规的规定，实施上述行为的，应当承担相应的法律责任。工商行政管理机关可责令其停止违法行为，并可根据情节，处以 5 万元以上 20 万元以下罚款。

（2）对被指定的经营者的处罚。被指定的经营者借此销售质次价高商品或者滥收费用的，工商行政管理机关可没收违法所得，并可根据情节处以违法所得 1 倍以上 3 倍以下的罚款。

由于这种限制竞争行为的主体具有特殊性，法律规定有权查处这类违法行为的职能部门是省级或设区的市的工商行政管理机关，不包括县级工商行政管理机关。

案例 14 - 1 中某市煤气公司在无其他合理原因的情况下限定小区住户只能购买和使用其指定的蓝天灶具公司的灶具，而不得购买和使用其他经营者提供的符合技术标准要求的同类商品，其行为构成限制竞争行为。

（二）滥用行政权力限制竞争行为

1. 滥用行政权力限制竞争行为概述

滥用行政权力限制竞争的行为，是指政府及其所属部门滥用行政权力，限定他人购买其指定的经营者的商品，限制其他经营者正当的经营活动，以及限制外地商品进入本地市场或者本地商品流向外地市场，干扰、阻碍正常的交易活动的行为。

由此可见，滥用行政权力限制竞争行为是一种行政性强制经营行为和地区封锁行为。行政性强制经营行为违反了依法行政的原则，损害了法律所保护的市场竞争秩序。同时，由于这种行为是政府及其所属部门所为，又滋生着官商结合、权钱交易等腐败因素，其危害性极大。而地区封锁行为则是政府及其所属部门以行政权力为后盾，以牟取地方利益为目的的行为，这种行为，人为地分割市场，影响全国性市场经济体系结构的统一和完善，必须予以禁止。

2. 行为要件

根据上述规定，政府及其所属部门滥用行政权力限制竞争行为的构成要件有三：第一，行为主体限于政府及其所属部门。第二，政府及其所属部门，实施了法律、行政法规禁止的限制竞争行为，亦即客观上有滥用行政权力的事实。第三，政府及其所属部门滥用行政权力实施限制竞争的行为，其目的在于保护本部门、本地区的利益，从而损害外地经营者和本地消费者的合法权益。

3. 法律责任

政府及其所属部门违反法律规定，滥用行政权力限定他人购买其指定的经营者的商品、限制其他经营者正当的经营活动，或者限制商品在地区之间正常流通的，由上级机关责令其改正；情节严重的，由同级或者上级机关对直接责任人员给予行政处分。被指定的经营者借此销售质次价高商品或者滥收费用的，监督检查部门应当没收违法所得，可以根据情节处以违法所得 1 倍以上 3 倍以下的罚款。

（三）搭售与附加不合理条件的行为

1. 搭售与附加不合理条件的行为概述

搭售商品是指经营者销售商品时违背购买者的意愿强行搭配其他商品的行为；附加不合理的交易条件主要是指增加购买者的义务、加重购买者的责任，或者剥夺、限制购买者的应有的权利。如限制专售区域、限制技术受让方在合同技术的基础上进行新技术的研制开发等。

经营者销售商品时，利用其经济优势，违背购买者的意愿搭售商品或者附加其他不合理的条件，违反了自愿、平等、公平等基本原则，侵害了相对人的正当权益，因而属于不正当竞争行为。

2. 行为要件

判断交易行为中是否存在搭售，应从以下三个方面进行判断：第一，搭售行为的主体是经营者，并且通常是具有经营优势的经营者。如果是其他主体如政府机关或有一定行政职能的事业单位等，则可能构成其他限制竞争行为而非搭售行为。第二，所搭商品违背了购买者的意愿。第三，搭售行为不当阻碍甚至剥夺了同行业竞争对手相关产品的交易机会。

3. 法律责任

我国《反不正当竞争法》中没有对搭售行为专门规定法律责任，因此，可援引该法中概括性的规定追究行为人的法律责任，即"经营者违反本法规定，给被侵害的经营者造成损害的，应当承担损害赔偿责任"。此外，受侵害的经营者、消费者还可根据《合同法》、《消费者权益保护法》等相关法律、法规保护自己的合法权益。

（四）招标投标中的串通行为

1. 串通行为概述

所谓串通招投标行为，是指招标人与投标人或投标人之间相互恶意串通，采取联合行动限制竞争的行为。其类型可分为两类：第一，投标人之间串通，限制竞争。具体表现为：投标人相互约定一致抬高标价或者一致压低标价；众多投标人参与投标，但事先相互协商确定出最低报价或最高报价的投标人，并在类似项目中轮流中标，即围标行为。第二，招标者和投标者相互勾结，限制竞争。具体表现为：招标者在公开开标前，开启标书，并将投标情况告知其他投标者，或者协助投标者撤换标书，更改报价；招标者向投标者泄露标底；投标者与招标者商定，在招标投标时压低或者抬高标价，中标后再给投标者或者招标者额外补偿；招标者预先内定中标者，在确定中标者时以此决定取舍；招标者与投标者之间其他串通招标投标行为。招标投标是一种竞争性缔约方式，在招标投标过程中，如果招标人与投标人或投标人之间相互串通，则必然破坏招标投标的竞争性，使得招标投标制度失去意义和作用。

2. 行为要件

如前所述，招标投标中的限制竞争行为可分两类。第一类行为的构成要件包括：第一，行为主体是投标者，既可是投标者中的一部分，也可是全体投标者即招标者与投标者；第二，在客观方面，投标者之间实施了串通行为，如进行联络、进行私下协议，做出共同安排等；第三，串通的目的是通过某种安排排挤其他投标者或使招标者得不到竞争利益，即理想的价位及其他合同条件。

第二类行为的构成要件可分为三类：第一，行为主体包含两方，即招标者和投标者；第二，在客观方面，招标者和投标者之间有共谋行为；第三，这种共谋行为的目的或后果是为了使参与共谋的投标者中标，以排挤其他的投标者，排除竞争对手。

3. 法律责任

根据《反不正当竞争法》的规定，投标者串通投标，抬高标价或者压低标价；投标者和招标者相互勾结，以排挤竞争对手的公平竞争的，造成的法律后果首先是中标无效；此外，监督检查部门可以根据情节处以 1 万元以上20 万元以下的罚款。招标投标法对招标投标中的串通行为亦规定了相应的法律责任。主要是中标无效；转让、分包无效；履约保证金不予退还；承担赔偿责任等。

二、妨碍公平竞争行为

【案例14－2】　2009 年 5 月，格力公司发现珠海康德莱医药产业投资有限公司办公楼所装的 24 台空调机上，均标注有"GERE"商标，与本公司注册商标"GREE"极其相似。格力公司认为这些空调的安装厂家——苏州某公司侵犯了自己的商标专用权，安装厂家则认为这两个商标并不相同。

妨碍公平竞争行为，是指经营者在市场竞争中，采用非法的或者有悖于商业道德的手段和方式与其他经营者相互竞争的行为。我国的《反不正当竞争法》列举了七种妨碍公平竞争行为。具体如下：

（一）假冒、仿冒行为

1. 假冒、仿冒行为概述

假冒、仿冒行为是指经营者在自己的商品或者营业标志上假借和冒充其他经营者或其商品的名称、商标、质量和产地标志等，以使人混淆产生误解以牟取不正当利益的行为。

广义上讲，假冒、仿冒行为包括对产品、质量、价格、广告以及一切代表企业商品或者企业商誉的外在标志的仿冒。狭义的仿冒行为仅指经营者在其商品或商品包装上对他人的注册商标、包装、装潢、名称、质量标志、产地等的仿冒行为。我国《反不正当竞争法》第 5 条中，对包括商标、商品名称、包装和装潢、企业名称、产品质量标志等仿冒行为进行了规定，但未涉及其他更为广义上的仿冒行为。具体来说，假冒仿冒行为的种类如下：

（1）假冒他人的注册商标。经营者伪造或者仿冒他人已经注册的商标，将伪造或仿造的商标用于自己生产或销售的商品，目的在于混淆真伪，引起消费者的误认、误购。

（2）擅自使用知名商品特有的名称、包装、装潢，或者使用与知名商品近似的名称、包装、装潢，造成和他人的知名商品相混淆，使购买者误认为是该知名商品。

商品装潢、名称、包装是经营者用做创造商品形象，促销商品，开拓市场的一种竞争手段，是经营者的财富，对这些反映经营者商业信誉和商品声誉标志的仿冒属于破坏竞争秩序的不正当竞争行为。

（3）擅自使用他人的企业名称或者姓名，引人误认为是他人的商品。经营者未经其他商品生产者或者经营者许可，擅自使用其名称或姓名生产或销售商品，使购买者误认、误购。

（4）在商品上伪造或者冒用认证标志、名优标志等质量标志，伪造产地，对商品质量作引人误解的虚假表示。

这些行为的共同特征都是在商品质量上对消费者进行欺骗，因此为《反不正当竞争法》列为不正当竞争行为予以禁止。

2. 行为要件

具有以下要点的行为才构成假冒、仿冒行为：

（1）该行为的主体是从事市场交易活动的经营者。不是经营者，不构成此行为的主体。

（2）假冒、仿冒行为主体具有主观故意。仿冒行为一般都是对质量好、知名度高、市场销售量大的商品进行仿冒，其实质就是掠夺他人的经营优势，侵害他人长期形成的无形资产。因此，假冒、仿冒行为是一种故意的不正当竞争行为。市场上不存在无意识的假冒、仿冒。主观故意就成为假冒、仿冒行为的要件之一。如我国法律中对仿冒行为规定"擅自使用他人商品名称、包装、装潢"中的"擅自"一词，也表明了这一主观上的特征。

（3）经营者在客观上实施了假冒、仿冒行为。假冒、仿冒的行为具有特定性，由于仿冒行为是对市场中经营优势的掠夺，因此，假冒、仿冒行为一般总是发生在特定的具有市场优势的经营者身上及其特定的商品上。假冒、仿冒者通过对这些特定商品的商标、包装、企业名称等的精心模仿，造成市场上用户和消费者受到混淆的后果。因此，认定假冒、仿冒行为首先是确定被仿冒的特定经营者和特定商品。

（4）经营者的假冒、仿冒行为已经或足以使用户或消费者误认，具有误导性。仿冒行为的目的是在于使交易对方对其提供的商品或服务产生混淆或误解，从而接受其商品或服务，以此获得竞争优势。因此，仿冒者往往采用故意缩小自己产品的标志，或有意设计并使用与被假冒、仿冒商标、厂名或其他特有的标志相类似的标志，而以他人的商品形象出现在市场竞争之中，这种引人"误解"的后果就成为认定仿冒行为的要件之一。如何理解"引人误解"是判断仿冒行为的关键。按照大多数国家的法律规定，对仿冒行为是否构成误解以"一般购买者施以普通注意力会发生误认"等综合分析进行认定。"误解"的主体是"一般消费者"，即相关领域中的普通大众。"普通注意力"则是指非专业人员的注意或非特别的注意。案例 14－2 中，苏州某公司的"GERE"商标，与格力公司注册商标"GREE"极其相似，足以造成消费者误认，构成仿冒行为。

3. 法律责任

对于假冒、仿冒行为的处罚规定分为两种情况：第一，经营者假冒他人的注册商标，擅自使用他人的企业名称或者姓名，伪造或者冒用认证标志、名优标志等质量标志，伪造产地，对商品质量作引人误解的虚假表示的，依照《中华人民共和国商标法》、《中华人民共和国产品质量法》的规定处罚。第二，经营者擅自使用知名商品特有的名称、包装、装潢，或者使用与知名商品近似的名称、包装、装潢，造成和他人的知名商品相混淆，使购买者误认为是该知名商品的，由监督检查部门责令停止违法行为，没收违法所得，可以根据情节处以违法所得 1 倍以上 3 倍以下罚款；情节严重的，可以吊销营业执照；销售伪劣商品，构成犯罪的，依法追究刑事责任。

（二）商业贿赂行为

【案例 14－3】 哈尔滨市某医药公司为扩大其产品的市场份额，自 2009 年年底起假借赞助费、促销费等名义，给予药品零售商"好处费"60000 元，获得了这些零售商们的大力支持，最终有效地扩大了其药品的销售量。

1. 商业贿赂行为概述

商业贿赂行为，是指经营者为争取交易机会，暗中给予交易对方有关人员或者其他能影响交易的相关人员以财物或其他好处的行为。我国《反不正当竞争法》第 8 条对商业贿赂行为做出了禁止性规定，即："经营者不得采用财物或者其他手段进行贿赂以销售或者购买商品。在账外暗中给予对方单位或者个人回扣的，以行贿论处；对方单位或者个人在账外暗中收受回扣的，以受贿论处。经营者销售或者购买商品，可以以明示方式给对方折扣，可以给中间人佣金。经营者给对方折扣、给中间人佣金的，必须如实入账。接受折扣、佣金的经营者必须如实入账。"该规定分为两款，可以划分出三层含义："经营者不得采用财物或者其他手段进行贿赂以销售或者购买商品"，是对一般商业贿赂的禁止性规定；"在账外暗中给予对方单位或者个人回扣的，以行贿论处；对方单位或者个人在账外暗中收受回扣的，以受贿论处"，是对商业贿赂的典型形态——回扣做出的专门规定；最后一段话表面上是直接规范折扣和佣金的，但其目的显然是对商业贿赂与折扣、佣金的法律界限的划分。

2. 行为要件

商业贿赂行为的构成要件有以下四个方面：

（1）行为的主体包括行贿者和受贿者双方在内的经营者及其相关人员。由于法律所规定的"不正当竞争行为"是指经营者的行为，所以行贿人和受贿人只能是从事商品经营或者营利性服务的企业、其他经济组织或有关人员。应当说明的是行贿人毋庸置疑是经营者，但是受贿人却不能局限于经营者，还应该包括作为竞争者或交易相对人的经营者及其有关人员，如负责人、经办人、雇员代理人等，还包括有关人员，如对此项交易具有影响力的任何人员。因此，对法律上的受贿主体是"对方单位或者个人"中的"个人"应做广义的理解，不能局限于对方单位中的个人，还包括单位以外的个人。

（2）主观上看，这种行为的目的是排斥商业竞争，争取市场交易机会。商业贿赂行为大多发生在竞争较为激烈的行业中。商业贿赂的行贿者的目的是为了获得商业交易机会。经营者借用贿赂手段促成交易或在交易中排挤同业竞争者，取得竞争优势。

（3）客观上有商业贿赂行为。商业贿赂是以不正当方式进行的行为，不正当的方式表现为向单位或单位的有关人员提供财物或其他利益。其他利益的范围很广，包括高消费招待、娱乐、提供出国机会和风景旅游观光，也包括为对方安装电话、装修住房以及为对方提供明显可营利的业务项目、合同等。随着对商业贿赂的非法性不断为社会所接受，法律对商业贿赂的打击也越来越严厉。商业贿赂的形式开始向非货币化转变，如豪华旅游、住房补贴、境外利益以及提供色情服务等都成为商业贿赂的方式。

（4）商业贿赂行为具有违法性。商业贿赂一般是暗中进行的，钱款等财物的支付与个人收受过程都是通过隐秘的方式进行，通常采用不入账或伪造会计账册的形式进行掩盖。它违反了《反不正当竞争法》等法律的规定，违背了诚实信用原则和公认的商业道德，损害了其他经营者的合法利益，扰乱了市场秩序。案例14－3中哈尔滨市某医药公司之所以给零售商好处费，目的是为了争取市场交易机会，之所以假借赞助费、促销费等名义就是为了掩人耳目，是典型的商业贿赂行为。

3. 商业贿赂的主要表现形式

商业贿赂在实际的经济生活中的表现形式很多，以获得商业交易机会为目的，在交易之外以商业回扣、促销费、宣传费、劳务费、报销各种费用、提供境内外旅游等各种名义直接或间接给付或收受现金、实物和其他利益等都具有商业贿赂的性质。其中，回扣是商业贿赂的主要表现形式。所谓的回扣即在商品交易过程中，一方交易人为争取交易机会和便利的交易条件，在暗中从账外向交易相对人或有影响有决定权的经办人员秘密支付钱财及其他报酬的行为。

回扣的构成必须具备一定条件。这些条件是：

（1）回扣发生在市场交易的双方之间，是一方当事人向另一方及其有关人员提供金钱、有价证券或其他财物等。

（2）回扣是交易双方和有关人员故意进行的行为。给予回扣和收取回扣都采取在账外暗中进行的手段，给予回扣不记账，收受回扣不入账，所以它也是违反财政纪律和财务制度的违法行为。

（3）经营者利用回扣是为了凭借与对方的不正当利益关系来达到排挤竞争对手，获取交易机会的目的。回扣并不是交易价格的减低，相反，它是交易双方恶意串通、损害企业经营者的利益、中饱私囊的不正当行为，在客观上损害了其他经营者的合法利益，扰乱了公平竞争的秩序。因此，回扣是一种不正当的竞争行为。

作为商业贿赂的回扣与作为合法商业行为的折扣、佣金是有着明确法律界限的。

折扣和回扣。折扣也称为让利，是指在商品购销活动中卖方在所成交的价款或数量上以明示的方式给买方一定比例的减让返还以促成交易的一种促销手段。与回扣相比较，折扣一般是付给对方单位或个人的，回扣则是支付给个人的；折扣一般在合同中直接写明，并且入账，公开给付，属于"明扣"；回扣则是在账外暗中秘密进行的，属于"暗扣"。折扣是一种合法的让利销售行为，有的国家也对折扣现象进行规范，对折扣的比例加以一定限制，如德国 1830 年颁布的《折扣法》规定，允许在正常交易中给予顾客不超过交易总额 3% 的折扣。但如超过该比例进行支付的，则被认为是具有商业贿赂性质的违法行为。

佣金和回扣。佣金是指经营者支付给为其经营活动提供服务的中间人（包括经纪人、介绍人）的劳务报酬，是发生在经营者与中介人之间，而并非交易双方当事人之间的一种经济关系。它与商业贿赂的区别在于是否明示公开，佣金的支付者与介绍人、经纪人一般订有服务合同，经营者支付佣金必须公开入账，收受人也必须如实入账，依法纳税。区别之二是：收取佣金的中间人必须是有合法经营资格的中介机构，作为中间人即处于交易双方当事人之间，他既可以从买方处接受佣金，也可以从卖方处收受佣金，还可以接受双方给予的佣金。可见合法佣金和价格折扣一样都不是商业贿赂的形式，而是受法律允许的属于商业惯例的一种交易手段，实践中应注意将回扣与折扣、佣金区别开来。

4. 法律责任

经营者有商业贿赂行为，构成犯罪的，依法追究刑事责任；尚未构成犯罪的，监督检查部门可以根据情节处以1万元以上20万元以下的罚款，并没收其违法所得。

对商业贿赂的治理，就目前的法律规定来看，我国的监管存在巨大的疏漏。在我国现行法律体系中，反商业贿赂的基本权力在工商总局手中。事实上，市场交易过程出现的商业贿赂问题，不仅工商机关有权查处，相关的法律、法规同时赋予其他一些行业监管部门执法的权力。这种政出多门、多头执法的混乱状况导致了不同部门在对查处商业贿赂的标准把握上存在分歧，执法尺度不一，"或争或推"，加大了执法成本。

另外我国刑法规定，受贿主要是追究国家工作人员以及公司的经营行为，对事业单位的个人如医生、教授等的受贿行为都缺乏相应的法律约束。

（三）虚假宣传行为

【案例14-4】　2009年3月6日，格力空调在《重庆晨报》报纸和网络上发布的广告中含有"3天格力空调销售突破15万套，市场占比达81%，空调专卖系统格力市场占比97%"等用语，目的是向一般消费者传递格力空调具有任何其他空调都不可能与之相比的市场优势地位。

1. 虚假宣传行为概述

虚假宣传行为，是指经营者为获取市场竞争优势和不正当利益，利用广告或者其他方法，对产品或者提供的服务、商品的质量、制作成分、性能、用途、生产者、有效期限、产地等作虚假广告或其他形式的引人误解的不实宣传行为。这类行为包括广告的经营者在明知或者应知的情况下，代理、设计、制作、发布虚假的广告。以广告或其他方式销售商品，是现代社会最常见的促销手段。但各类虚假广告和其他虚假宣传，直接误导用户和消费者，使其做出错误的消费决策，引发了大量的社会问题，或侵犯其他经营者，特别是同行业竞争对手的合法利益，造成公平竞争秩序的混乱。因此，《广告法》，《反不正当竞争法》均将此类行为作为必须禁止的违法行为予以规范。

虚假宣传的形式形形色色，主要表现为：

对没有定论的性能、功效等做定论性宣传；对产品性能做夸大宣传；将专利申请号作为专利号宣传；没有事实依据的"忠告"宣传；假冒他人名义、商誉等的宣传；对对手的经营、资金状况等的恶意宣传；采用未经认可的"首创"、"独家经营"等用语宣传；在未经比较的情况下采用"换代产品"、"第二代"等说法宣传。

2. 构成要件

（1）行为的主体是广告主、广告代理制作者和广告发布者。在某种情况下，三者身份可能重叠。

（2）内容的不真实。虚假广告之所以虚假，根本在于广告的内容未能真实客观地介绍有关商品或服务的情况，即广告内容与实际商品或服务情况明显不符。虚假广告违反了我国的《广告法》、《消费者权益保护法》和《反不正当竞争法》等法律的有关规定，违背了公序良俗，损害了消费者或者其他生产经营者的合法权益，具有一定的社会危害性。

（3）客观上造成了引人误解的结果。虚假广告采取虚构事实、隐瞒真相等手段，故意欺骗或误导消费者，使其产生错误的认识，进而购买其宣传的商品或接受其宣传的服务。能影响一般消费者的判断力而误认、误购。

（4）主观上对经营者（广告主）不论其主观上处于何种状态，均构成虚假宣传；而广告商则只有在明知或应知情况下，才构成虚假宣传。

案例 14 - 4 中格力空调的广告数据来源与 2009 年 3 月 5 日格力公司出具的《报告》所涉及的数据不一致，并且五大家电市场的市场占比情况与格力公司提交的实际销售情况不一致，由于这一广告内容不真实，构成了虚假宣传。

3. 法律责任

（1）经营者的法律责任。经营者利用广告或者其他方法，对商品作引人误解的虚假宣传的，监督检查部门应当责令停止违法行为，消除影响，可以根据情节处以 1 万元以上 20 万元以下的罚款。

（2）广告商的法律责任。广告的经营者，在明知或者应知的情况下，代理、设计、制作、发布虚假广告的，监督检查部门应当责令停止违法行为，没收违法所得，并依法处以罚款。这里的"依法"是指《广告法》。根据《广告法》，对违法的虚假广告，可处以广告费用 1 倍以上 5 倍以下罚款。情节严重的，可停止其广告业务；构成犯罪的，依法追究刑事责任。

（3）连带责任。《广告法》规定，发布虚假广告，欺骗和误导消费者，使其合法权益受到损害的，广告主应负担民事责任。广告经营者、广告发布者明知或应知广告虚假仍设计、制作、发布的，应依法承担连带责任。广告经营者、广告发布者不能提供广告主的真实名称、地址的应承担全部民事责任。社会团体和其他组织，在虚假广告中向消费者推荐商品或服务，使消费者的合法权益受到损害，应当依法承担连带责任。

（四）侵犯商业秘密的行为

1. 商业秘密的概念及其特征

所谓商业秘密，是指不为公众所知悉，能为权利人带来经济利益，具有实用性并经权利人采取保密措施的技术信息和经营信息。商业秘密是一类特殊的知识产权客体，既不同于专利、版权等一般知识产权，也不同于个人隐私等一般秘密。商业秘密具备以下一些基本特征：

（1）秘密性。秘密性又称非公开性，它是商业秘密最核心的特征。是指该种信息不为公众所知悉，处于保密状态，不能从公开渠道直接获取。这使得商业秘密区别于其他知识产权法保护的客体。专利或版权是通过技术公开、牺牲其保密性来换取法律的直接保护，以在有限的时期内维持其价值的存续。而商业秘密则处于秘密状态。

（2）经济性。经济性也称为价值性，商业秘密的经济性是指商业秘密的使用可以为权利人带来经济上的利益，使权利人拥有比不知晓或不使用该商业秘密的同行业竞争者更有利的地位和竞争优势，从而能在竞争中领先取胜。商业秘密的经济性包括现实的经济利益和将来使用而可能体现出来的潜在经济利益。商业秘密的经济性正体现了保护商业秘密的内在原因。

（3）采取了保密措施。权利人是否对该技术信息和经营信息采取了保密措施，不仅是信息能否作为商业秘密的要件，而且也是在发生侵权行为后寻求法律保护的前提。

2. 侵犯商业秘密的行为

侵犯商业秘密行为是指以不正当手段获取、披露、使用他人商业秘密的行为。根据《反不正当竞争法》及相关法规的规定，经营者的下列行为为侵犯商业秘密的行为：

（1）以盗窃、利诱、胁迫或者其他不正当手段获取权利人的商业秘密；

（2）披露、使用或者允许他人使用以上述手段所获取的权利人的商业秘密；

（3）违反约定或者违反权利人有关保守商业秘密的要求，披露、使用或者允许他人使用其掌握的商业秘密。

第三人明知或者应知上述所列违法行为，获取、使用或者披露他人的商业秘密，视为侵犯商业秘密。

3. 法律责任

《反不正当竞争法》对侵犯商业秘密行为规定处罚方式，一是由监督检查部门责令停止违法行为；二是可以根据情节处以 1 万元以上 20 万元以下的罚款。实践中，权利人还可以依照《合同法》、《劳动法》的有关规定，对违反约定侵犯商业秘密的行为要求制裁。此外，我国《刑法》第 229 条规定了侵犯商业秘密罪。

（五）低价倾销行为

1. 低价倾销行为概述

低价倾销行为，是指经营者以排挤竞争对手为目的，以低于成本的价格销售商品的行为。低价倾销违背企业生存原理及价值规律，在市场竞争中往往引发价格大战，中小企业纷纷倒闭等恶性竞争事件，甚至导致全行业萎缩的严重后果。为了防患于未然，《反不正当竞争法》及《价格法》等法律禁止经营者为打击竞争对手而以低于成本价销售商品，但同时又规定了例外情况。

《反不正当竞争法》规定，有下列情况之一的，不构成低价倾销行为：

（1）销售鲜活商品；

（2）处理有效期限即将到期的商品或者其他积压的商品；

（3）季节性降价；

（4）因清偿债务、转产、歇业降价销售商品。

2. 行为要件

（1）行为的主体是经营者，而且在绝大多数情况下是大型企业或在特定市场上具有经营优势地位的企业。

（2）经营者客观上实施了低价倾销行为。这里的低价倾销是指以低于成本价销售商品。这与在国际贸易中倾销的概念并不完全相同，国家贸易中的倾销并非以低于成本价为条件。

（3）经营者低价倾销行为的目的是排挤竞争对手，以便独占市场。因此，并非一时就一种商品低于成本价格销售，而是较长时间以较大的市场投放量低价倾销。

（六）不正当的有奖销售行为

1. 不正当的有奖销售行为概述

不正当有奖销售，是指经营者在销售商品或提供服务时，以提供奖励（包括金钱、实物、附加服务等）为名，实际上采取以欺骗或其他不当手段损害用户、消费者利益，或者损害其他经营者合法权益的行为。有奖销售是一种有效的促销手段，法律并不禁止所有的有奖销售行为，而仅仅对可能造成不良后果、破坏竞争规则的有奖销售加以禁止。不当的有奖销售对市场秩序的危害主要表现在：强势企业对弱势企业的不公平竞争。有奖销售往往采取诱惑性宣传，使商品质量、价格的比较受到忽视，从而使生产者、经营者之间的商品竞争演变成诱惑宣传之争，造成竞争结构失衡；消费者的利益受到损害。有奖销售行为使顾客难以判断正确的实际价格，往往使消费者因赠品而实际上支付了超出本来想购买的商品或服务以外的"赠品"价格；导致市场供求信息失实。有奖销售还可能会传递错误的市场信息，诱发错误的购物导向。在奖品诱惑下，消费者往往不去考虑价格、质量、性能以及是否需要等本应考虑的因素，而是由于可得的额外好处才去购买。从而导致市场不能如实反映市场的实际需求，造成市场需求的不平衡。

我国《反不正当竞争法》规定，以下几种欺骗性的抽奖式有奖销售行为应受到禁止：

（1）采用谎称有奖或者故意让内定人员中奖的欺骗方式进行有奖销售；

（2）利用有奖销售的办法，推销质次价高的商品；

（3）抽奖式的有奖销售，最高奖的金额超过5000元的；

（4）其他欺骗性有奖销售行为。

2. 行为要件

（1）不正当有奖销售的主体是经营者；

（2）经营者实施了法律禁止的不正当有奖销售行为，如欺骗性有奖销售或巨奖销售；

（3）经营者实施不正当有奖销售，目的在于争夺消费者，扩大市场份额，排挤竞争对手。

根据我国《反正不正当竞争法》的规定，经营者违法进行不当有奖销售的，监督检查部门应当责令停止违法行为，可以根据情节处以1万元以上10万元以下的罚款。

有关当事人因有奖销售活动中的不正当竞争行为受到侵害的，可依法向人民法院起诉，请求赔偿。

（七）诋毁商誉行为

【案例14-5】　大华公司生产的"其耳"牌电视机式样好、质量高，很受市场欢迎。清美公司生产的"天空"牌电视机由于质量方面存在问题，销路不好。为了打开销路，清美公司在当地一家有影响的报纸上刊登了一条声明：最近市场上的"其耳"牌电视机由于质量不好，不少消费者到我厂要求退货，我厂现郑重声明"其耳"牌电视机不是我厂产品，请广大消费者认准我厂的"天空"标志，以免造成损失。此声明刊登后，大华公司的"其耳"

牌电视机销量大量下降，并且以前售出的产品也遭到退货。大华公司遂起诉到法院，要求清美公司停止侵权、恢复名誉、赔偿损失。

1. 诋毁商誉行为概述

诋毁商誉行为，是指经营者捏造、散布虚假事实，损害竞争对手的商业信誉、商品声誉，从而削弱其竞争力的行为。案例 14 - 5 中清美公司为了打开销路，在完全没有事实根据的情况下，通过在报纸上刊登声明的方式散布虚假事实，损害其竞争对手大华公司的商业信誉，其行为构成了诋毁商誉行为。

商誉是社会公众对市场经营主体名誉的综合性积极评价，是经营者长期诚心经营，刻意创造的结果。良好的商誉本身就是一笔巨大的无形财富，在经济活动中，通常会通过有形的回报，如销售额、利润等。法律明确禁止诋毁商誉的行为。

2. 行为要件

（1）行为的主体是市场经营活动中的经营者，其他经营者如果受其致使从事诋毁商誉行为的可构成共同侵权人。

（2）经营者实施了诋毁商誉行为，如通过广告、新闻发布会等是捏造、散布虚假事实，使用户、消费者不明真相产生怀疑心理，不敢或不再与受诋毁的经营者进行交易活动。

（3）诋毁行为是针对一个或多个特定竞争对手的。如果不是特定的经营者，商誉主体的权利便不会受到侵害。

（4）经营者对其他竞争者进行诋毁，其目的是败坏对方的商誉、声誉，其主观心态出于故意是显而易见的。

第三节　对不正当竞争行为的监督检查

一、行政监督

（一）行政监督机构

1. 工商行政管理部门。县级以上人民政府工商行政管理部门是不正当竞争行为的监督检查部门，应当依法履行制止不正当竞争的法定职责。

2. 其他部门。依照相关法律、行政法规规定，其他部门，主要指与市场管理有关的其他行政职能部门，如质量技术监督部门、价格主管部门、知识产权主管部门、海关等，也应依法履行对不正当竞争行为监督检查的职责。

（二）行政监督机构的职权

1. 询问权。监督检查部门有权按照规定程序询问被检查的经营者、利害关系人、证明人，并要求提供证明材料或者与不正当竞争行为有关的其他资料。

2. 查询复制权。监督检查部门有权查询、复制与不正当竞争行为有关的协议、账册、单据等。

3. 检查权。监督检查部门有权检查与不正当竞争行为有关的财物，必要时可以责令被检查的经营者说明该商品的来源和数量，暂停销售，听候检查，不得转移、隐匿、销毁该财物。

4. 处罚权。即依法对不正当竞争行为人采取行政处罚措施。

二、社会监督

国家鼓励、支持和保护一切组织和个人对不正当竞争行为进行社会监督。

三、司法监督

司法监督即通过法院的审判程序对不正当竞争行为实施监督，包括民事诉讼和行政诉讼。

第四节　不正当竞争行为的法律责任

一、民事责任

经营者违反《反不正当竞争法》规定，给被侵害的经营者造成损害的，应当承担损害赔偿责任，被侵害的经营者的损失难以计算的，赔偿额为侵权期间因侵权所获得的利润；并应当承担被侵害的经营者因调查该经营者侵害其合法权益的不正当竞争行为所支付的合理费用。民事责任，适用于《反不正当竞争法》所禁止的所有违法行为造成的损失。

二、行政责任

不正当竞争行为可能导致的行政责任包括停止违法行为、责令改正、罚款、没收非法所得、给予行政处分、吊销营业执照等。

三、刑事责任

对情节严重的不正当竞争行为给予刑事处罚，是各国竞争法的通行做法。我国法律明确规定对下列行为，即商标侵权行为、侵犯商业秘密行为、销售伪劣商品行为、商业贿赂行为，情节严重构成犯罪的，要依法追究刑事责任。

此外，监督检查不正当竞争行为的国家机关工作人员滥用职权、玩忽职守，构成犯罪的，依法追究刑事责任；监督检查不正当竞争行为的国家机关工作人员徇私舞弊，对明知有违反本法规定构成犯罪的经营者故意包庇不使他受追诉的，依法追究刑事责任。

【本章小结】

不正当竞争行为是相对于市场竞争中的正当竞争行为而言的，它泛指经营者为了争夺市场竞争优势，违反法律规定，违反公认的商业习俗和道德，采用欺诈、混淆等经营手段排挤或破坏竞争，扰乱市场经济秩序，并损害其他经营者和消费者利益的竞争行为。我国《反不正当竞争法》在该法的总则部分规定了市场交易的基本准则，实际上是把违背这些基本准则的行为界定为不正当竞争行为。其次，对不正当竞争行为做了概括性的界定，即"经营者违反本法规定，损害其他经营者的合法权益，扰乱社会经济秩序的行为"。在分则部分又规定了限制竞争行为和妨碍公平竞争行为两大类 11 种不正当竞争行为。

限制竞争行为是指妨碍甚至完全阻止、排斥市场主体进行竞争的协议和行为。在我国，限制竞争行为的实施者通常为两类主体，一是公用企业或其他依法具有独占地位的经营者；二是政府及其所属部门。主要包括限购排挤行为、滥用行政权力限制竞争行为、搭售与附加不合理条件的行为、招标投标中的串通行为。

妨碍公平竞争行为，是指经营者在市场竞争中，采用非法的或者有悖于商业道德的手段和方式与其他经营者相互竞争的行为，包括假冒、仿冒行为，主要是对商标、商品名称、包装和装潢、企业名称、产品质量标志等仿冒行为进行了规定；商业贿赂行为，即指经营者为争取交易机会，暗中给予交易对方有关人员或者其他能影响交易的相关人员以财物或其他好处的行为，回扣是商业贿赂的主要表现形式；虚假宣传行为，行为的主体是广告主、广告代理制作者和广告发布者；侵犯商业秘密行为，即以不正当手段获取、披露、使用他人商业秘密的行为；低价倾销行为，即经营者以排挤竞争对手为目的，以低于成本的价格销售商品的行为；不正当的有奖销售行为，主要规范了欺骗性有奖销售行为；诋毁商誉行为即经营者捏造、散布虚假事实，损害竞争对手的商业信誉、商品声誉，从而削弱其竞争力的行为。

工商行政管理机关是对不正当竞争行为进行监督检查的最主要的行政机关。

对于实施不正当竞争行为的经营者，将会由于不同的情况而分别承担民事责任、行政责任和刑事责任。

【前沿动态】

由于《反不正当竞争法》制定之时，我国刚刚提出市场经济的目标模式，市场经济的许多问题还没有展开和出现，随着我国社会主义市场经济的发展，现行《反不正当竞争法》在调整范围、执法手段、法律责任等方面规定的不足日益凸显，已经不能充分应对市场变化，从对近年来出现的"百度竞价排名"、"蒙牛伊利陷害门"等几起不正当竞争事件的束手无策，可以看出该法的诸多滞后性，因此，该法亟待完善。2011 年 6 月，国家工商总局完成了《反不正当竞争法》修订稿，并已上报国务院法制办。据参加此次修订工作的专家透露，本次修订的重点主要是：如何明确执法主体，维护执法的统一性，并加大行政处罚力度，以强化对消费者权益和社会公众利益的保护。

【关键名词或概念】

不正当竞争
假冒仿冒
商业贿赂
虚假宣传

【简答题】

1. 谈谈你对不正当竞争行为的理解。
2. 简述不正当竞争行为的主要表现。
3. 试述违反《反不正当竞争法》的法律责任。

4. 什么是商业秘密？侵犯商业秘密的行为有哪些？

5. 如何认定商业贿赂行为？与"折扣"、"佣金"有什么区别？

6. 在市场经济条件下，《反不正当竞争法》的意义是什么？

【案例讨论】

案例一

乙厂仿冒注册商标案

【案情】

2010 年 1 月甲厂在国家商标局注册了圆形商标"喜凰"牌，用于白酒产品。2010 年 3 月，乙厂注册了圆形图案"天福山"，其中有"喜凤"字样，整个商标图形图案和文字除"天福山"和"凤"字外，所有的文字、图案都与"喜凰"商标一样，并且都用隶书书写，字形相仿。从 2010 年 3 月到 2011 年 5 月，乙厂用"天福山"的商标共生产白酒 470 万瓶，销售了 340 多万瓶。销售额达 244 多万元。正因为甲、乙厂的商标相似，又加之乙厂采用了与甲厂白酒相似的装潢，致使广大消费者误认为"喜凤"就是"喜凰"，造成了消费者误购。同时也因此造成了甲厂产品滞销，给甲厂造成了巨大的经济损失。因此，2011 年 7 月，甲厂状告了乙厂。

【问题讨论】

1. 何谓假冒或仿冒行为，如何认定？

2. 乙厂的行为违背了我国哪些法律法规的规定？

案例二

某旅行社高薪聘请员工案

【案情】

甲乙两旅行社都是享有盛名的国家承办境外游客到国内观光的经济组织。2009 年，两旅行社均接待海外游客 60 万人次，经济效益不相上下。2010 年上半年，甲旅行社以高薪为条件，致使乙旅行社海外部 15 名工作人员全部辞职，转入甲旅行社工作。甲旅行社为此成立海外旅行二部，该 15 名原乙旅行社的工作人员在转入甲旅行社时将自己的业务资料、海外业务单位名单都带入甲旅行社。2010 年下半年，两旅行社的业务均发生很大的变化，甲旅行社的海外游客骤然上升，效益大增，而乙旅行社业务受到极大影响，造成了较大的经济损失。

【问题讨论】

1. 甲旅行社的行为是否构成不正当竞争？如是，应属哪种不正当竞争行为？为什么？

2. 对甲旅行社是否应进行法律制裁？如何制裁？

第十五章　消费者权益保护法

【本章导读】

《消费者权益保护法》是国家基于消费者的弱者地位而给予其特别保护，以维护实质上的公平交易及市场秩序的专门法律，该适用于消费者为生活消费需要而购买、使用商品或接受服务，以及经营者为消费者提供其生产、销售的商品或者提供服务等行为，农民购买、使用直接用于农业生产的各种生产资料的生产性消费活动，亦受《消费者权益保护法》的保护。学习该法有助于正确行使消费者权利和履行经营者的义务。本章具体介绍了这部法律的适用范围、基本原则以及消费者的权利和经营者的义务等法律规定。

【学习目标】

本章重点要求学生了解《消费者权益保护法》的概念以及立法宗旨、适用范围和基本原则，并在此基础上掌握消费者的权利和经营者的义务，消费者权益争议的解决途径，侵害消费者权益的法律责任及责任主体等内容。

【知识结构图】

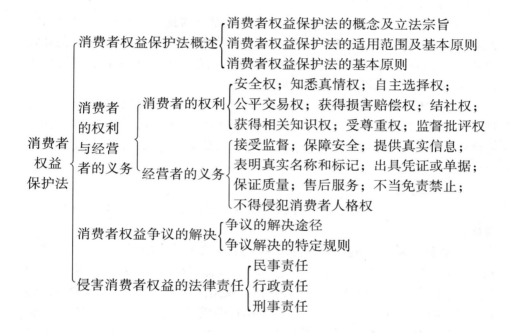

消费者权益保护法
- 消费者权益保护法概述
  - 消费者权益保护法的概念及立法宗旨
  - 消费者权益保护法的适用范围及基本原则
  - 消费者权益保护法的基本原则
- 消费者的权利与经营者的义务
  - 消费者的权利
    - 安全权；知悉真情权；自主选择权；公平交易权；获得损害赔偿权；结社权；获得相关知识权；受尊重权；监督批评权
  - 经营者的义务
    - 接受监督；保障安全；提供真实信息；表明真实名称和标记；出具凭证或单据；保证质量；售后服务；不当免责禁止；不得侵犯消费者人格权
- 消费者权益争议的解决
  - 争议的解决途径
  - 争议解决的特定规则
- 侵害消费者权益的法律责任
  - 民事责任
  - 行政责任
  - 刑事责任

第一节　消费者权益保护法概述

一、消费者权益保护法的概念

消费者权益保护法，是指调整在保护消费者权益过程中产生的社会关系的法律规范的总称。消费者权益保护法有广义和狭义之分。广义的消费者权益保护法是指实质意义上的有关消费者权益保护的法律规范的总称，它不仅包括形式意义上的专门法律，还包括了民法、产品质量法、食品安全法、反不正当竞争法、广告法、合同法等法律中的相关规定。狭义的消费者权益保护法是指专门的消费者权益立法，在我国即指于 1994 年 1 月 1 日起施行的《消费者权益保护法》（以下简称《消法》）。

二、消费者权益保护法的立法宗旨和适用范围

（一）立法宗旨

《消费者权益保护法》是国家基于消费者的弱者地位而给予其特别保护，以维护实质上的公平交易及市场秩序的专门法律。我国《消法》第 1 条开宗明义，明确地指出该法的宗旨是保护消费者的合法权益，维护社会经济秩序，以促进社会主义市场经济的健康发展。

【案例 15－1】 1995 年，王海开始以个人身份"打假"，被称做"王海现象"，获得"消费者打假奖"，成为中国打假获奖第一人。对于王海打假，有些地方法院支持他的诉讼请求，有些地方法院则以知假买假者不是消费者为由判其败诉。

（二）适用范围

《消法》第 2 条、第 3 条和第 54 条对其适用范围做出了规定：具体而言包括：

1. 消费者为生活消费需要购买、使用商品或者接受服务，适用《消费者权益保护法》。所谓的消费者，是指为个人生活消费需要购买、使用商品或者接受服务的自然人。《消费者权益保护法》就是为了保护现代消费社会中的弱者而产生的，将消费者的范围局限于个体社会成员是基于对个体社会成员弱者地位的认识。分散的、单个的自然人，在市场交易中处于弱者地位，需要法律的特殊保护。从事消费活动的社会组织、企事业单位不属于消费者保护法意义上的"消费者"。单位因消费而购买商品或接受服务，其法律关系应当受《合同法》调整，而不应当受《消费者权益保护法》调整。

案例 15－1 中的知假买假者是不是消费者在司法实践中存有较大争议。知假买假者在主观上并无过错，而且法律也从未禁止"王海"们行使买假货的权利。消费者是与经营者相对称的概念，对于知假买假者，不论其在购买商品时主观上是否真正知道该商品是伪劣商品，只要其购买该商品不是为再次投入市场销售，或者说，只要他不是商人或者为了交易而购买的人，就应当是消费者，其购买行为就应当受《消法》第 49 条的保护。现行《消法》有关其适用范围的规定主要就是"消费者为生活需要购买、使用商品或者接受服务，其权益受本法保护"，该规定过于笼统，难以界定，全国性司法解释缺失，虽有地方立法，但都不是有权解释，且存在冲突。如《浙江省实施〈中华人民共和国消费者权益保护法〉办法》明确规定"经营者因提供假冒伪劣商品承担加倍责任的不得以消费者购买商品数量过多为由免责"；而《上海市

消费者权益保护条例（修订草案）》明确规定大宗商品如汽车和商品房的销售欺诈行为可进行双倍赔偿。如《上海市消费者权益保护条例（修订草案）》就含有"知假买假"者不是消费者的意思，与浙江的"办法"不一致。

2. 经营者为消费者提供其生产、销售的商品或者提供服务，适用消费者权益保护法。消费者权益保护法以保护消费者利益为核心，在处理经营者与消费者的关系时，经营者首先应当遵守该法的有关规定；该法未做规定的，应当遵守其他有关法律、法规的规定。

3. 农民购买、使用直接用于农业生产的生产资料，参照《消费者权益保护法》执行。《消费者权益保护法》的立法宗旨在于保护作为经营者对立面的特殊群体，即消费者的合法权益。农民购买、使用直接用于农业生产的生产资料，虽然不是为个人生活消费，但是作为经营者的相对方，其弱者地位是不言而喻的，这是为强化对农民合法权益的保护而做出的例外性规定。

三、消费者权益保护法的基本原则

（一）对消费者特别保护原则

消费者与经营者的法律地位是平等的，但在消费关系中，消费者在客观上处于弱者地位。为真正实现双方地位平等、公平交易，国家对消费者给予特别保护，这是《消费者权益保护法》最基本的原则，也是国家义不容辞的责任。对消费者特别保护原则要求：首先，在立法方面，国家要通过立法形式站在消费者的立场上，对经营者的活动进行一定的限制与约束，偏重其义务规范，对消费者则偏重其权利规范，并对消费者权利的实现给予保障。其次，在法律适用上，当消费者的权利保护与其他权利（如经营者的民事权利）保护发生冲突时，应当优先保护消费者的权利。同一纠纷有多种法律可适用时，应当优先适用《消费者权益保护法》，当然，也并不排斥其他法律对消费者的共同保护。我国《消费者权益保护法》第2章专门规定了消费者的各项权利，第三章专门规定了经营者的各项义务，同时，在广告法、产品质量法、药品管理法、反不正当竞争法中也都对经营者的行为进行了限制和约束，体现了对消费者利益特别保护的原则。此外《消法》总则第5条和第4章"国家对消费者合法权益的保护"规定：国家动用立法、执法和司法力量，采取积极措施，运用预防、控制、制止、处罚和监督等手段，综合地保护消费者的正当权益不受侵害，也是这一原则的重要体现。

（二）自愿、平等、公平、诚实信用原则

虽然消费者在市场中处于弱者地位，国家应予以特别保护，但由于消费

者与经营者之间仍是平等主体的法律关系，所以仍应适用民商法基本原则。

1. 自愿原则，即消费者在与生产经营者进行商品或服务的交易活动中，双方均能充分自主地表达自己的真实意愿，一方不得对另一方施以强迫，也不允许第三者从中干预。消费者与生产经营者的交易关系以双方的真实意思表示一致为基础，任何采用欺诈、强迫、胁迫等手段进行的交易都应归于无效。

2. 平等原则，即消费者与生产经营者在交易过程中有独立的法律人格，法律地位平等，互不隶属，任何一方都不得凌驾于另一方之上，双方均能平等地表达自己的意志。

3. 公平原则，即消费者与生产经营者在市场交易活动中的权利、义务大致相当。"大致相当"不等于完全相等，实践中各国法律往往会对生产经营者特别规定一些义务，而对消费者则会特别强调一些权利。因此，这里对公平不能做机械的理解，要从实质公平的层面来理解。由于消费者弱势地位的客观存在，对消费者的特别保护正是为了避免双方的权利、义务显失公平。

4. 诚实信用原则，即在商品交易过程中，消费者与生产经营者双方应以诚相待，信守承诺，以善意的方式行使权利，履行义务，不得弄虚作假，恶意欺诈，也不得故意规避双方的约定和法律规定。

（三）全社会保护原则

《消法》第 6 条规定："保护消费者的合法权益是全社会的共同责任。国家鼓励、支持一切组织和个人对损害消费者合法权益的行为进行社会监督。大众传播媒介应当做好维护消费者合法权益的宣传，对损害消费者合法权益的行为进行舆论监督。"其实质就是在国家保护的基础上将对消费者权益的保护扩大到全社会范围，动用一切社会力量，对经营者及其他可能或实际侵害消费者的行为进行防范、控制、规范和监督。

社会保护原则的具体体现为社会力量的监督作用。既包括消费者个人的监督也包括消费者组织、大众传媒以及一切与消费者权益有关的企业、事业单位、社会团体的监督。随着我国社会主义市场经济体制的健全与完善，媒体的触角、消费者组织等的活动越来越活跃，越来越多侵害消费者权益的不法经营者被曝光。消费者个人的权益保护意识也逐渐增强，成为不可忽视的监督力量。

（四）补偿性与惩罚性相结合原则

对侵害消费者合法权益的行为给予一定的制裁，是对消费者合法权益的终极保护。我国《消法》根据经营者侵害消费者合法权益的具体情况不同，分别规定了不同的制裁方法，并坚持了补偿性和惩罚性相结合的原则。即当经营者侵害了消费者的合法权益时，首先，应当赔偿消费者的实际损失，包括直接损失和间接损失，以及适当的精神损失。即使经营者侵害了消费者的合法权益尚未造成实际损失，也应负一定的赔偿责任。其次，对生产经营者的不法行为给予相应的惩罚，直至承担行政责任或刑事责任。《消法》第49条规定："经营者提供商品或者服务有欺诈行为的，应当按照消费者的要求增加赔偿其受到的损失，增加赔偿的金额为消费者购买商品的价款或者接受服务的费用的一倍。"即"双倍罚则"，充分体现了《消费者权益保护法》的立法宗旨：尊重弱者，保护弱者，维护公平竞争秩序。

第二节　消费者的权利与经营者的义务

【案例15－2】　喜欢户外运动的王先生，看见网上标注的一顶户外帐篷，只卖到商场一半的价格时，便出价在网上购买了一项。谁知道当货送到的时候，他才发现这项帐篷和商场内的存在诸多不一样，虽然款式差不多，但是不少功能性的拉链没有，而且面料摸着也很差。王先生于是要求商家给予退货，多次沟通后，卖家最终拿出的解决方案是让他付50元的邮费之后，才能办理退货手续。

一、消费者的权利

（一）消费者权利概述

消费者的权利是指消费者在消费活动中，即在购买、使用商品和接受服务的过程中，依照法律规定所享有的各项权利。通常认为，对"消费者权利"的概念加以概括总结的，是美国总统肯尼迪。1962年3月15日，肯尼迪向美国国会提出了"关于保护消费者利益的总统特别国情咨文"，首次概括了消费者具有四项权利，即消费者有权获得商品的安全保障权即安全权、有权获得了解商品的权利即知情权、有权自由选择商品即选择权、有权就消费事务提出意见即建议权。正是由于这项特别国情咨文的重大历史意义，自1983年起国际消费者组织联盟决定将每年的3月15日确定为"国际消费者权益日"，从此，消费者权利得到世界范围内公认，并得到了进一步的发展。

消费者权利是消费者权益保护法的核心，是我国宪法规定的公民享有的基本权利在消费生活领域的具体化。我国《消法》为消费者设立了相互独立又相互关联的九项基本权利。

（二）消费者权利的内容

1. 安全保障权

安全保障权是消费者最主要最基本的人身权利，《消法》第 7 条规定："消费者在购买、使用商品和接受服务时享有人身、财产安全不受损害的权利。消费者有权要求经营者提供的商品和服务，符合保障人身、财产安全的要求。"消费者的安全保障权具体包括两方面的内容：一是消费者的人身安全权；二是消费者的财产安全权。

在不同的消费领域，经营者所应承担的安全义务和责任不尽相同。但消费者在整个消费过程中都享有人身、财产安全不受侵犯的权利。这就要求：

第一，在购买、使用家用电器、家用机械、燃气以及燃气用具、日用百货、文化用品、儿童玩具等生活消费品时，有权要求这些产品的质量具有安全性，或者有安全保障措施，不存在缺陷而使消费者受到损害。

第二，在购买、使用食品、药品、化妆品时，有权要求商品符合国家规定的安全、卫生标准。保护消费者健康、生命权利，首先应当保证在其饮食、使用化妆品、药品等这些生活基本用品方面的安全。

第三，在接受服务时，有权要求相关的服务设施、服务用具用品、服务环境、服务活动以及服务中所提供商品符合安全、卫生的要求，不致使消费者遭到人身伤害或财产损失的威胁。

2. 知悉真情权

《消法》第 8 条规定："消费者享有知悉其购买、使用的商品或者接受的服务的真实情况的权利。"

所谓"知悉"，包括以下两层含义：一是消费者在不明了的情况下有权主动询问，了解其所购买、使用商品的真实情况。二是生产经营者向消费者提供的商品或服务应当真实地记载或说明有关商品或服务的情况，以使消费者一目了然。

所谓"真实"，也同样包含以下两层含义：一是全面、准确地说明有关商品或服务的情况，不避实就虚。二是诚实可信不带任何欺诈隐瞒。

具体来说，消费者的知悉真情权主要包括以下内容：

（1）关于商品或者服务的基本情况，包括商品名称、商标、产地、生产者名称、生产日期等。

（2）有关技术状况的表示，包括商品用途、性能、规格、质量及等级、所含成分、有效期限、使用说明书、检验合格证书等。

（3）有关销售状况，包括售后服务、价格等。

3. 自主选择权

《消法》第 9 条规定："消费者有权自主选择提供商品或者服务的经营者，自主选择商品品种或者服务方式，自主决定购买或者不购买任何一种商品、接受或者不接受任何一项服务。消费者在自主选择商品或者服务时，有权进行比较、鉴别和挑选。"

自主选择权作为消费者的一项重要权利，是民法上的自愿原则的重要体现。经营者不得以任何方式干涉消费者行使自主选择权。

随着电子商务的迅速发展，网络购物逐渐走入了消费者的日常生活，这在给消费者带来消费的便利与实惠的同时，也制造了无数的麻烦。案例 15 - 2 即是一起网络购物纠纷。目前网购、邮购等非固定场所销售方式，因其经营成本低、购物方便等深受商家和消费者的喜欢，但在中国，由于市场经济不成熟，商业伦理发展不足，这样的购物方式又隐藏着风险，比如"所见非所得"、信用造假等现象，在这种情况下，尤其需要保护消费者利益，维护消费者对这一购物方式的信心。

4. 公平交易权

《消法》第 10 条规定："消费者在购买商品或者接受服务时，有权获得质量保障、价格合理、计量正确等公平交易条件，有权拒绝经营者的强制交易行为。"

公平交易权，是消费交易活动的内在要求。根据公平原则，经营者和消费者进行交易，双方都享有公平交易的权利。但是，从市场经济条件下消费交易的实际过程来看，由于各种因素的影响，消费者在实际交易中常常处于弱者的地位。所以通过法律对经营者的行为进行规范，从法律上设定经营者公平交易的义务，并赋予消费者法定的公平交易权就显得尤为重要。

公平交易权主要体现在两个方面：第一，交易条件公平，即消费者在购买商品或者接受服务时，有权获得质量保证，价格合理、计量准确等公平交易条件；第二，不得强制交易。主要是指消费者在交易过程中是否出于自愿，有没有受到强制和歧视，其消费心理是否能够得到满足等。

5. 获取损害赔偿权

《消法》第 11 条规定："消费者因购买、使用商品或者接受服务受到人身、财产损害的，享有依法获得赔偿的权利。"

损害赔偿权的主体包括：

（1）商品的购买者、使用者，服务的接受者；

（2）第三人，指消费者之外的因某种原因在事故发生现场而受到损害的人。

损害赔偿权的内容包括：

（1）财产损失的赔偿。财产损失，既包括财产的直接损失，也包括财产的间接损失。直接损失是经营者的侵权行为所直接造成的被侵权消费者现有财产的减少或者现有支出的直接增加，如经营者所销售的电视机正常使用时发生爆炸，导致旁边的电器也被炸毁，这都属于直接损失，经营者应予以赔偿。间接损失是指被侵权消费者在正常情况下本可以得到的利益，由于经营者提供的商品或服务侵害了消费者的权益，使其未能获得该项权益。

（2）人身损害的赔偿。这一赔偿既包括生命健康的损害赔偿也包括精神损害赔偿。

6. 结社权

《消法》第 12 条规定：消费者享有依法成立维护自身合法权益的社会团体的权利。

目前，我国消费者为了维护自身的利益，组成的中国消费者协会等消费者权益保护组织即是这种权利的体现。实践证明，消费者协会的成立及其活动对于推动我国消费者运动的健康发展，沟通政府与消费者的联系，解决经营者与消费者的矛盾，更加充分地保护消费者权益，起到了积极的作用。

消费者协会履行下列职能：

（1）向消费者提供消费信息和咨询服务；

（2）参与有关行政部门对商品和服务的监督、检查；

（3）就有关消费者合法权益的问题，向有关行政部门反映、查询，提出建议；

（4）受理消费者的投诉，并对投诉事项进行调查、调解；

（5）投诉事项涉及商品和服务质量问题的，可以提请鉴定部门鉴定，鉴定部门应当告知鉴定结论；

（6）就损害消费者合法权益的行为，支持受损害的消费者提起诉讼；

（7）对损害消费者合法权益的行为，通过大众传播媒介予以揭露、批评。各级人民政府对消费者协会履行职能应当予以支持。

7. 获得相关知识权

《消法》第 13 条规定："消费者享有获得有关消费和消费者权益保护方面的知识的权利。消费者应当努力掌握所需商品或者服务的知识和使用技能，正确使用商品，提高自我保护意识。"

消费知识主要指有关商品和服务的知识。消费者权益保护知识主要指有关消费者权益保护方面及权益受到损害时如何有效解决方面的法律知识。这意味着政府、社会应当努力保证消费者能够获得这种知识，除督促经营者充分客观地披露有关商品、服务的信息外，还必须通过各种措施促进有关知识及时传播，保障消费者这一权利能够得到实现。

8. 受尊重权

《消法》第 14 条规定："消费者在购买、使用商品和接受服务时，享有其人格尊严、民族风俗习惯得到尊重的权利。"这既是《消法》所确认的权利，更是我国《宪法》所确认的公民的基本权利。

根据法律规定：消费者受尊重权的内容主要有两方面：

（1）消费者使用、购买商品或者接受服务时，享有人格尊严受到尊重的权利。经营者不得以任何方式就消费者所购商品或接受的服务为借口侮辱消费者，也不得以任何借口限制、妨碍消费者的人身自由，不得强行搜查消费者的人身和物品，也不能公开宣扬有损消费者名誉的言论。

（2）消费者在购买、使用商品或者接受服务时，享有民族风俗习惯得到尊重的权利。如提供给少数民族的商品或者服务应当符合少数民族的风俗习惯；生产经营少数民族急需、特需的商品；尊重少数民族的婚、丧、嫁、娶的特殊礼仪等。

9. 监督批评权

《消法》第 15 条规定："消费者享有对商品和服务以及保护消费者权益工作进行监督的权利。消费者有权检举、控告侵害消费者权益的行为和国家机关及其工作人员在保护消费者权益工作中的违法失职行为，有权对保护消费者权益工作提出批评、建议。"监督权是上述各项权利的延伸，对消费者权利的切实实现至关重要。这种监督权的表现，一是消费者有权对经营者的商品和服务进行监督，在权利受到侵害时提出检举、控告；二是有权对国家机关及其工作人员进行监督，对其在保护消费者权益工作中的违法失职行为进行检举和控告；三是表现为有权对保护消费者权益工作提出批评、建议。

二、经营者的义务

（一）规定经营者义务的意义

在消费法律关系中，消费者的权利就是经营者的义务。为了有效地保护消费者的权益，约束经营者的经营行为，《消法》不仅专章规定了消费者的权利，还专章规定了经营者的 9 项义务。直接规定经营者的义务，可以：

1. 防止经营者利用优势地位进行不公平交易；

2. 为经营者提供基本行为准则；

3. 克服合同约定的任意性，从而使消费者获得基本的保护。

（二）经营者义务的内容

1. 接受监督的义务

《消法》第 17 条规定："经营者应当听取消费者对其提供的商品或者服务的意见，接受消费者的监督。"这条义务要求经营者应当虚心听取消费者关于商品或者服务的看法、批评和建议，把消费者的意见作为改进商品质量、提高服务水平的重要依据，自觉接受消费者的监督和考察。

2. 保障商品和服务安全的义务

《消法》第 18 条规定："经营者应当保证其提供的商品或者服务符合保障人身、财产安全的要求。"经营者应该做到：

（1）对可能危及人身、财产安全的商品和服务，应当向消费者做出真实的说明和明确的警示，并说明和标明正确使用商品或者接受服务的方法以及防止危害发生的方法；

（2）经营者发现其提供的商品或者服务存在严重缺陷，即使正确使用商品或者接受服务仍然可能对人身、财产安全造成危害的，应当立即向有关行政部门报告和告知消费者，并采取防止危害发生的措施。

3. 经营者提供真实信息的义务

《消法》第 19 条规定："经营者应当向消费者提供有关商品或者服务的真实信息，不得作引人误解的虚假宣传。"所谓"应当提供真实的信息"，就是要求经营者必须保证其通过标签、说明、包装、广告以及口头等方式对其商品或者服务的一切宣传都与其商品或者服务的真实情况相符。经营者对消费者就其提供的商品或者服务的质量和使用方法等问题提出的询问，应当做出明确的、完备的、符合实际的答复。此外，商店提供商品应当明码标价。

4. 标明真实名称和标记的义务

《消法》第 20 条规定："经营者应当标明其真实名称和标记。租赁他人柜台或者场地的经营者，应当标明其真实名称和标记。"经营者的名称和标记，是指经营者依法确定的名称和在经营活动中使用的除名称之外的特殊标识。经营者的名称和标记，主要供消费者区别商品和服务的来源，如果名称和标记不实，就会导致消费者误认，无法正确选择自己信赖或喜欢的经营者，发生纠纷时，无法确定赔偿主体。

5. 出具凭证或单据的义务

《消法》第 21 条规定："经营者提供商品或者服务，应当按照国家有关规定或者商业惯例向消费者出具购货凭证或者服务单据；消费者索要购货凭证或者服务单据的，经营者必须出具。"

购货凭证，是指商品销售者在买卖合同已履行完毕后向商品购买者出具的证明合同已履行的书面凭证。服务单据，是指服务的提供者在服务合同履行后向服务对象出具的证明合同履行的书面凭据。在实际的商品交易中，购货凭证与服务单据的表现形式多种多样，如发票、购物小票、保修卡、信誉卡、价格单等。

6. 保证商品或者服务质量的义务

《消法》第22条规定："经营者应当保证在正常使用商品或者接受服务的情况下其提供的商品或者服务应当具有的质量、性能、用途和有效期限；但消费者在购买该商品或者接受该服务前已经知道其存在瑕疵的除外。经营者以广告、产品说明、实物样品或者其他方式表明商品或者服务的质量状况的，应当保证其提供的商品或者服务的实际质量与表明的质量状况相符。"

7. 包修、包换、包退等售后服务义务

《消法》第23条规定："经营者提供商品或者服务，按照国家规定或者与消费者的约定，承担包修、包换、包退或者其他责任的，应当按照国家规定或者约定履行，不得故意拖延或者无理拒绝。"

目前，我国与"三包"责任相关的法律、法规主要有：

（1）《产品质量法》规定了"三包"商品的范围，明确了销售者对商品的先行负责制度，从根本上解决厂家和店家互踢皮球，消费者投诉无门的现象。

（2）《消法》对经营者的"三包"责任做出了更为具体的规定：即在保修期内两次修理仍不能正常使用的，经营者就应当负责更换或者退货；依法经有关行政部门认定为不合格的商品，消费者要求退货的，经营者应当负责退货。

（3）1995年发布的《部分商品修理更换退货责任规定》，对部分商品的"三包"责任做了更为详尽的规定。

（4）2001年国家发布了手机三包的规定。

8. 不当免责禁止的义务

《消法》第24条规定："经营者不得以格式合同、通知、声明、店堂告示等方式做出对消费者不公平、不合理的规定；或者减轻、免除其损害消费者合法权益应当承担的民事责任。"

格式合同，是指生产经营者事先单方制定的，对生产经营者与消费者的权利、义务做出规定的合同，消费者在购买商品或者接受服务时只能接受，而没有改变其内容的机会。经营者做出的通知、声明、店堂告示等亦属于单方意思表示，侧重于保护经营者的利益。因此，在经营者的格式合同、通知、声明、店堂告示等中如果含有对消费者不公平、不合理的规定的，或者减轻、免除其损害消费者合法权益应当承担的民事责任的，其内容无效。

9. 不得侵犯消费者人格权的义务

《消法》第 25 条规定："经营者不得对消费者进行侮辱、诽谤，不得搜查消费者的身体及其携带的物品，不得侵犯消费者的人身自由。"

第三节　消费者权益争议的解决

一、消费者权益争议的解决途径

消费者权益争议是指消费者在购买、使用商品和接受服务过程中与经营者发生的消费权益争议。我国《消法》第 34 条规定了五种消费纠纷解决制度，即消费者和经营者发生了消费权益争议的，可以通过下列途径解决：

（一）与经营者协商和解

这是指在平等自愿的基础上，消费者或其委托的代理人与经营者就有关的争议进行协商，最终解决纠纷的方式。

（二）请求消费者协会调解

这是指在发生消费纠纷后，由消费者向消费者协会提出请求，在经营者同意的情况下，由消费者协会作为第三方，就有关的争议依法进行协调，促使双方达成协议，并由双方自愿接受和执行的解决纠纷的方式。

（三）向有关的行政部门申诉

即消费者可根据具体情况，依法向不同的行政职能部门，如工商行政管理机关、技术监督机关、物价部门等提出申诉，求得行政救济。行政部门受理后，依照法律、法规的规定：在各自职责范围内对消费纠纷进行调解或依法处理。

（四）根据仲裁协议提请仲裁

采用这种方式的前提是需要消费者和经营者在纠纷发生后达成仲裁协议，然后依照《仲裁法》向有关仲裁机关提请仲裁，由仲裁机关做出裁决以解决纠纷。

（五）向人民法院提起诉讼

消费者与经营者发生纠纷后，消费者可根据《民事诉讼法》的有关规定径直向人民法院提起民事诉讼，经人民法院审理后，依法做出裁判，以解决消费纠纷。

《消法》规定的这五种纠纷解决途径，其约束力度和效力是依次增强的，但关系是并列的，可以由消费者做出选择。在《消法》颁布之后，请求消费者协会调解和向人民法院提起诉讼成为消费者寻求法律保护的两个主要途径。

二、解决争议的几项特定规则

（一）销售者的先行赔付义务

消费者在购买、使用商品时，其合法权益受到损害的，可以向销售者要求赔偿，销售者赔偿后，属于生产者的责任或者属于向销售者提供商品的其他销售者的责任的，销售者有权向生产者或者其他销售者追偿。

（二）生产者与销售者的连带责任

消费者或者其他受害人因商品缺陷造成人身、财产损害的，可以向销售者要求赔偿，也可以向生产者要求赔偿。属于生产者责任的，销售者赔偿后，有权向生产者追偿。属于销售者责任的，生产者赔偿后，有权向销售者追偿。此时，销售者与生产者被看做一个整体，对消费者承担连带责任。这是为了方便消费者寻求法律保护，降低维权成本，更好地保护消费者权益。

（三）消费者在接受服务时，其合法权益受到损害时，可以向服务者要求赔偿。

（四）变更后的企业仍应承担赔偿责任

企业的变更是市场经济活动中常见的现象。为防止经营者利用企业变更之机逃避对消费者应承担的责任，《消法》第36条规定，"消费者在购买、使用商品或者接受服务时，其合法权益受到损害，因原企业分立、合并的，可以向变更后承受其权利、义务的企业要求赔偿。"

（五）营业执照持有人与租借人的赔偿责任

出租、出借营业执照或租用、借用他人营业执照是违反工商行政管理法规的行为。《消法》第37条规定，"使用他人营业执照的违法经营者提供商品或者服务，损害消费者合法权益的，消费者可以向其要求赔偿，也可以向营业执照的持有人要求赔偿。"

（六）展销会举办者、柜台出租者的特殊责任

通过展销会、出租柜台销售商品或者提供服务，不同于一般的店铺营销方式。为了在展销会结束后或出租柜台期满后，使消费者能够获得赔偿，《消法》第38条规定，"消费者在展销会、租赁柜台购买商品或者接受服务，其

合法权益受到损害的，可以向销售者或者服务者要求赔偿。展销会结束或者柜台租赁期满后，也可以向展销会的举办者、柜台的出租者要求赔偿。展销会的举办者、柜台的出租者赔偿后，有权向销售者或者服务者追偿。"

（七）虚假广告的广告主与广告经营者的责任

广告对消费行为的影响是人尽皆知的。为规范广告行为，《广告法》、《消法》均对虚假广告做了禁止性规定。《消法》第 39 条规定，"消费者因经营者利用虚假广告提供商品或者服务，其合法权益受到损害的，可以向经营者要求赔偿。广告的经营者发布虚假广告的，消费者可以请求行政主管部门予以惩处。广告的经营者不能提供经营者的真实名称、地址的，应当承担赔偿责任。"

第四节　违反消费者权益保护法的法律责任

当消费者的权益因经营者的原因无法行使或受到损害时，根据《消法》的规定可以采取相应的措施对违法者予以制裁。《消法》第 7 章对侵害消费者合法权益的行为区分不同情况，规定了经营者应分别或者同时承担民事责任、行政责任和刑事责任。

一、侵犯消费者合法权益的民事责任

（一）经营者应承担民事责任的情形

《消法》第 40 条对经营者应承担民事责任的法定情形做了明确规定：根据该规定：经营者提供商品或者服务有下列情形之一的，除该法另有规定外，应当依照《产品质量法》和其他有关法律、法规的规定：承担民事责任：

1. 商品存在缺陷的，这是指经营者提供的商品存在危及人身、他人财产安全的不合理的危险；如果商品有保障人体健康和人身、财产安全的国家标准、行业标准的，则是指不符合该标准。由于《消法》对缺陷商品经营者责任的认定未做专门规定：故主要适用《产品质量法》。

2. 商品不具备应当具备的使用性能而出售时未做说明的，在这种情形下，如经营者做了说明而消费者在知情的情况下自愿购买，则意味着消费者同意经营者提出的条件，因此，事后不得要求经营者承担已经默示免除的责任。

3. 商品不符合在商品本身或者其包装上注明采用的商品标准的，这里包括以下两种情形：一是经营者提供的商品质量低劣，达不到国家的强制性标准；二是经营者提供的商品虽然是符合国家强制性标准的商品，但与经营者在商品或者其包装上注明采用的推荐性标准不相符合。

4. 商品不符合以商品说明、实物样品等方式表明的质量状况的。

5. 生产国家明令淘汰的商品或者销售失效、变质的商品的，所谓国家明令淘汰的商品，是指被国务院及其行政部门依据行政职能，按照法定程序和方式如发布文件等，向社会公布禁止继续生产、销售、使用的商品。主要包括以下三类：某些耗能高、性能落后、严重污染环境的商品；危害人体健康和人身、财产安全的产品，如六六六、滴滴涕、敌枯宁等农药以及疗效不明显、毒副作用大或者因其他原因不能继续服用的药品；违反法律规定的商品等。

凡被国家明令淘汰的商品，自规定之日起不得再行生产、销售和使用，否则构成违法，致消费者损害的应向消费者承担民事责任。有关文件发布前已经生产的被淘汰商品应按国家规定进行处理，如停止销售、予以销毁等。

所谓失效、变质商品是指全部或部分丧失功能、效用，或者质量发生物理、化学变化以致失去原有安全性、适用性和使用价值的商品。

6. 销售的商品数量不足的。

7. 服务的内容和费用违反约定的。

8. 对消费者提出的修理、重做、更换、退货、补足商品数量或赔偿损失等合理要求，故意拖延或者无理拒绝的。

9. 法律、法规规定的其他损害消费者权益的情形的。

（二）经营者承担民事责任的方式

1. 经营者侵犯消费者人身权的民事责任形式

（1）经营者提供商品或者服务，造成消费者或者其他受害人人身伤害的，应当支付医疗费、治疗期间的护理费、因误工减少的收入等费用，造成残疾的，还应当支付残疾者生活自助费、生活补助费、残疾赔偿金以及由其扶养的人所必需的生活费等费用；

（2）经营者提供商品或者服务，造成消费者或者其他受害人死亡的，应当支付丧葬费、死亡赔偿金以及由死者生前扶养的人所必需的生活费等费用；

（3）经营者侵害消费者的人格尊严或者侵犯消费者人身自由的，应当停止侵害、恢复名誉、消除影响、赔礼道歉，并赔偿损失。

2. 经营者侵犯消费者财产权的民事责任形式

（1）经营者提供商品或者服务，造成消费者财产损害的，应当按照消费者的要求，以修理、重做、更换、退货、补足商品数量、退还货款和服务费用或者赔偿损失等方式承担民事责任。消费者与经营者另有约定的，按照约定履行。

（2）对国家规定或者经营者与消费者约定包修、包换、包退的商品，经营者应当负责修理、更换或者退货。对包修、包换、包退的大件商品，消费者要求经营者修理、更换、退货的，经营者应当承担运输等合理费用。

（3）经营者以邮购方式提供商品的，应当按照约定提供。未按照约定提供的，应当按照消费者的要求履行约定或者退回货款；并应当承担消费者必须支付的合理费用。

（4）经营者以预收款方式提供商品或者服务的，应当按照约定提供。未按照约定提供的，应当按照消费者的要求履行约定或者退回预付款；并应当承担预付款的利息、消费者必须支付的合理费用。

（5）消费者购买的商品，依法经有关行政部门认定为不合格，消费者可以要求退货，经营者应当负责退货。

3. 对欺诈行为的惩罚性规定

【案例 15 -3】 2011 年 5 月 22 日，郭女士在北京西单科技广场购买手机时，见某移动电话超市入口处的玻璃上贴有一张告示"手机'三包'，七天包退、假一罚十"。因为有这个承诺，郭女士便花 2525 元现金在该商场内众弘公司经销柜台购买了一部摩托罗拉 A388 手机。后经摩托罗拉公司鉴定，这个手机不是摩托罗拉公司原装手机。而众弘公司只同意双倍赔偿，并称"五一"期间广告已过时。郭女士便以对方存在欺诈行为为由诉至法院。

经营者提供商品或者服务有欺诈行为的，应当按照消费者的要求增加赔偿其受到的损失，增加赔偿的金额为消费者购买商品的价款或者接受服务的费用的 1 倍。这是我国第一个适用惩罚性赔偿的立法例。

（1）欺诈消费者行为的概念及判断标准

这里所说的欺诈行为，是指经营者故意在提供的商品和服务中，以虚假陈述或者其他不正当手段欺骗、误导消费者，致使消费者权益受到损害的行为。实践中，对这类行为的判断主要是看经营者在出售商品或提供服务时所采用的手段。所以，只要证明下列事实存在，即可认定经营者构成欺诈行为：第一，经营者对其商品或服务的说明是虚假的，足以使一般消费者受到欺骗或误导；第二，消费者因受误导而接受了经营者的商品或服务，即经营者的虚假说明与消费者的消费行为之间存在因果关系。

（2）欺诈消费者行为的法定情形

国家工商行政管理总局 1996 年发布的《欺诈消费者行为处罚办法》规定：经营者在向消费者提供商品中，有下列情形之一的，属于欺诈消费者行为：

① 销售掺杂、掺假，以假充真，以次充好的商品的；

② 采取虚假或者其他不正当手段使销售的商品分量不足的；

③ 销售"处理品"、"残次品"、"等外品"等商品而谎称是正品的；

④ 以虚假的"清仓价"、"甩卖价"、"最低价"、"优惠价"或者其他欺骗性价格表示销售商品的；

⑤ 以虚假的商品说明、商品标准、实物样品等方式销售商品的；

⑥ 不以自己的真实名称和标记销售商品的；

⑦ 采取雇用他人等方式进行欺骗性的销售诱导的；

⑧ 作虚假的现场演示和说明的；

⑨ 利用广播、电视、电影、报刊等大众传播媒介对商品作虚假宣传的；

⑩ 骗取消费者预付款的；

⑪ 利用邮购销售骗取价款而不提供或者不按照约定条件提供商品的；

⑫ 以虚假"有奖销售"、"还本销售"等方式销售商品的；

⑬ 以其他虚假或者不正当手段欺诈消费者的行为。

经营者在向消费者提供商品中，有下列情形之一，且不能证明自己确非欺骗、误导消费者而实施此种行为的，应当承担欺诈消费者行为的法律责任：

① 销售失效、变质商品的；

② 销售侵犯他人注册商标权的商品的；

③ 销售伪造产地、伪造或者冒用他人的企业名称或者姓名的商品的；

④ 销售伪造或者冒用他人商品特有的名称、包装、装潢的商品的；

⑤ 销售伪造或者冒用认证标志、名优标志等质量标志的商品的。

长期以来，加倍罚款已经被认为是对不法经营者的一种比较严厉的经济处罚，不法经营者通常以承诺超出了法律的规定：应属于无效承诺（或部分有效，即增加一倍的部分为有效）推诿辩解。案例 15 - 3 主要涉及经营者对消费者做出的"缺一赔十"、"假一罚十"的承诺是否有效。该案中商家"假一罚十"的承诺符合要约的具体规定：且在送达消费者时即已生效，当消费者购买了商家出售的手机后，要约已经不可撤回，构成买卖合同中的重要部分。经营者对消费者的"假一罚十"的承诺并未违反法律、法规的规定。《消法》第 10 条规定：经营者向消费者提供商品或者服务，应当依照《中华人民共和国产品质量法》和其他有关法律、法规的规定履行义务。经营者和消费者有约定的，应当按照约定履行义务，但双方的约定不得违背法律、法规的规定。经营者所做出的"假一罚十"的承诺，是有条件实际履行的。这一点不同于"保证无毒副作用"、"终身保修"等不切实际的虚假宣传。综上所述，本案中，法院认定众弘公司的承诺有效，判决按"假一罚十"赔偿消费者是符合法律规定的。

二、违反《消费者权益保护法》的行政责任

根据《消法》第 50 条的规定：在消费领域，经营者应承担行政责任的法定情形及具体责任形式主要有以下几类：

（一）存在质量问题的情形

1. 生产、销售的商品不符合保障人身、财产安全要求的；

2. 在商品中掺杂、掺假，以假充真，以次充好，或者以不合格产品冒充合格产品的；

3. 生产国家明令淘汰的商品或者销售失效、变质商品的。

（二）虚假、伪造的情形

1. 伪造商品的产地、伪造或冒用他人的厂名、厂址，伪造或冒用认证标志、名优标志等质量标志的；

2. 销售应当检验、检疫的商品而未检验、检疫或者伪造检验、检疫结果的；

3. 对商品或服务作引人误解的虚假宣传的。经营者利用广告或者其他方法，对商品作引人误解的虚假宣传的，监督检查部门应当责令停止违法行为，消除影响，可以根据情节处以 1 万元以上 20 万元以下的罚款。广告的经营者，在明知或者应知的情况下，代理、设计、制作、发布虚假广告的，监督检查部门应当责令停止违法行为，没收违法所得，并依法处以罚款。

（三）其他情形

1. 对消费提出的修理、重做、更换、退货、补足商品数量、退还货款和服务费用获赔偿损失的要求，故意拖延或无理拒绝的；

2. 侵害消费者人格尊严或侵犯消费者人身自由的；

3. 法律、法规规定的对损害消费者权益应当予以处罚的其他情形。

经营者有以上行为的，可以根据情节，由有关行政处罚机关单处或者并处责令改正、警告、没收违法所得、没收违法经营的商品或器具、处以违法所得 1 倍以上 5 倍以下的罚款，没有违法所得的处以 1 万元以下的罚款；情节严重的，责令停业整顿、吊销营业执照等。

经营者对行政处罚决定不服的，可以自收到处罚决定之日起 15 天内向上一级机关申请复议，对复议决定不服的，可以自收到复议决定书之日起 15 天内向人民法院提起诉讼；也可以直接向人民法院提起诉讼。

三、违反《消费者权益保护法》的刑事责任

违反《消费者权益保护法》，构成犯罪的行为包括：

1. 经营者提供商品或者服务，造成消费者或其他受害人受伤、残疾、死亡的；

2. 以暴力、威胁等方法阻碍有关行政部门工作人员依法执行职务的；

3. 国家机关工作人员玩忽职守或者包庇经营者侵害消费者合法权益的。

对上述行为，有关部门将根据具体情节，依法追究责任者的刑事责任。

【本章小结】

《消费者权益保护法》，是指调整在保护消费者权益过程中产生的社会关系的法律规范的总称。狭义的消费者权益保护法是指专门的消费者权益立法，即 1993 年 10 月 31 日全国人大常委会通过的《消费者权益保护法》。

《消费者权益保护法》适用于消费者为生活消费需要而购买、使用商品或接受服务，以及经营者为消费者提供其生产、销售的商品或者提供服务等行为，农民购买、使用直接用于农业生产的各种生产资料的生产性消费活动，亦受《消费者权益保护法》的保护。《消费者权益保护法》的基本原则主要有：对消费者特别保护原则；自愿、平等、公平、诚实信用原则；全社会保护原则以及补偿性与惩罚性相结合原则。

消费者的权利是指消费者在消费活动中，即在购买、使用商品和接受服务的过程中，依照法律规定所享有的各项权利。我国《消费者权益保护法》为消费者设立了相互独立又相互关联的九项基本权利，包括安全权、知情权、自主选择权、公平交易权、受偿权、结社权、获得知识产权、受尊重权和监督权。为了切实保护消费者权益，我国《消费者权益保护法》还为经营者设定了九项义务，包括依法定或者约定履行义务，听取意见和接受监督，保证商品和服务安全，提供真实信息，出具凭证和单据，保证质量，不得从事不公平、不合理的交易，不得侵犯消费者的人身权。

消费者和经营者发生消费者权益争议的，可以与经营者协商解决，也可以请求消费者协会调解，也可以向有关行政部门申诉，或者根据与经营者达成的仲裁协议提请仲裁机构仲裁，或者向人民法院起诉。消费者在购买、使用商品时，其合法权益受到损害的，销售者有先行赔付的义务，生产者与销售者负有连带责任。

对于侵害消费者合法权益的行为，《消费者权益保护法》区分不同情况，规定了经营者应分别或者同时承担民事责任、行政责任和刑事责任。

【前沿动态】

没有哪一部法能像《消费者权益保护法》（简称《消法》）这样与人们的日常生活紧密相关，现行《消法》已经实施了 17 年，在保护消费者权益方面取得了一定的成就，但其许多内容已经严重脱离了社会的发展，亟待修订。目前，修订《消法》已列入全国人大立法计划，由国家工商总局所承担的《消法》修订草案的具体工作已近尾声。新《消法》将坚持与时俱进、科学发展的原则，扩大其适用范围，确定"冷却期"制度，提高广告欺诈的违法成本，增加消费者享有个人信息受保护权等，彻底转变"重生产、轻消费"的观念。其中，值得注意的是《消法》（修订）第 9 条新增：对通过电话销售、邮售、上门销售等非固定场所的销售方式购买的商品，消费者有权在收到商品后 30 天内退回商品，并不承担任何费用，但影响商品再次销售的除外。此条修订可以称之为"后悔权"，来源于美国，最早出现在直销和保险行业中，又被称为"冷却制度"。由于推销员通过拜访方式向消费者推销商品和服务，不免会夸大其辞，后悔权的建立使处于产品信息弱势的消费者在一定期限内，享有退货并收回全额退款的权利。后悔权是消费者自主选择权的一种延伸，给予消费者单方解除或撤销合同的一种权利。

【关键名词或概念】

消费者
知情权
惩罚性赔偿
消费者协会

【简答题】

1. 简述我国《消费者权益保护法》的适用范围。
2. 简述消费者权利的内容。
3. 简述经营者应承担民事责任的法定情形。

4. 解决消费者争议的主要规定有哪些？

5. 经营者应当承担的义务主要内容是什么？

6. 法律对经营者的欺诈行为有哪些规定？

【案例讨论】

案例一

野生动物园伤人案

【案情】

1999 年 11 月 17 日，某中学组织了学生到野生动物园秋游。校方事先向一家汽车租赁公司预定了四辆大巴，并由汽车租赁公司提供司机。游玩进行到中午时，几辆大巴先后缓缓驶入了猛兽区。入区不远，不知什么原因，行驶在前的一辆大巴突然抛锚停了下来，怎么也没再发动起来。紧跟其后的大巴也只好纷纷停了下来。过了好久，动物园排除故障的牵引车没有出现。可能是担心等得太久，后面大巴的一名司机打开车门，步入猛兽区，想去看个究竟，并帮助抛锚的车。他来来回回与前后的车辆联络着。数分钟后，他的行动被不远处正在嬉戏的 6 只老虎发现了，它们很快向司机围拢。等注意力完全集中在大巴的司机发现自己处于极度危险状态时，老虎们已向他扑了上去。大巴内的学生惊叫起来，几分钟后，动物园的斑马车（用于驱散动物）和驯养人员才赶到现场。他们驱散了老虎，将已被撕咬得很惨的司机送入医院。但该司机终因伤势太重而不治身亡。据后来的验尸报告表明，死者被咬断喉管、咬断双手神经，腰腹处也有老虎利牙似刀劈样的咬痕。另据调查，野生动物园的《游园须知》中对车入游览区有如下规定："进入游览区的自备大巴，必须保持车辆的性能良好，防止中途抛锚；发生抛锚，支付一定的牵引费用。""在车入游览区，禁止停车、打开窗门、擅自下车，否则发生意外，一切责任自负。"在车辆入口处还规定"车辆若在园内发生故障，司机不能下车，应通知园内值班人员到场处理"等。鉴于野生动物园的特殊危险性，动物园门票中包含了 2 元的保险费。

对此案，有如下几种观点：

1. 该司机违反野生动物园的规定，擅自下车，发生的意外由其自己负责。动物园已尽了提醒义务，没有责任。

2. 野生动物园没有责任，但司机所在的汽车公司应对其在工作中所受到的这一不幸负责，给予家属抚恤。

3. 司机在这一事件中有不可推卸的责任，野生动物园和司机所在公司都没有过错，如果事先进行了保险，可由保险公司给予赔偿。

【问题讨论】

你是否同意上述观点？说明你的理由。

【分析】

野生动物园应当承担相应的民事责任。首先，野生动物园作为经营者有保障商品和服务安全的义务，应当保证其提供的商品或者服务符合保障人身、财产安全的要求。经营者应该做到：对可能危及人身、财产安全的商品和服务，应当向消费者做出真实的说明和明确的警示，并说明和标明正确使用商品或者接受服务的方法以及防止危害发生的方法。从本案来看，虽然有所警示，但相应的救助措施不到位，牵引车没有及时出现，且没有告示出园内值班人员到场处理的联络方式，没有尽到保障服务安全的义务。

其次，经营者有不当免责禁止的义务。经营者不得以格式合同、通知、声明、店堂告示等方式做出对消费者不公平、不合理的规定，或者减轻、免除其损害消费者合法权益应当承担的民事责任。在本案中，"在车入游览区，禁止停车、打开窗门、擅自下车，否则发生意外，一切责任自负"的告示，属于不当免责条款，因违反了《消费者权益保护法》的上述规定，是无效的。

案例二

某服装经营者假冒名牌案

【案情】

一服装经营者以一款国产普通服装冒充进口名牌服装，该服装的实际价格为每件 200 元，其标价为 600 元，一消费者与经营者经讨价还价以 400 元成交。后消费者发现上当，那么该消费者应如何主张权利呢？

对此案，有如下几种观点：

1. 该经营者的行为太可恨，消费者买的服装退还给经营者，然后让经营者退还消费者 600 元，借以惩罚该经营者。

2. 应当做出对消费者更有利的处罚，即消费者退还服装，经营者先退还消费者 400 元，然后再赔偿消费者 600 元，真正实现惩罚性赔偿。

3. 在适用这一制度时，应考虑实质公平。因此，应当是消费者退还服装，经营者先退还消费者 400 元，然后再赔偿消费者 200 元，因为该服装的实际价值就是 200 元。

4. 应在成交价上加倍，即应当是消费者退还服装，经营者先退还消费者 400 元，然后再赔偿消费者 400 元。

【问题讨论】

你认为哪种主张正确？为什么？

【分析】

显然，第四种观点是正确的。我国《消费者权益保护法》第 49 条规定："经营者提供商品或者服务有欺诈行为的，应当按照消费者的要求增加赔偿其受到的损失，增加赔偿的金额为消费者购买商品的价款或者接受服务的费用的一倍。"这一规定即著名的惩罚性赔偿制度或者称加倍赔偿制度。这是新中国立法史上第一个惩罚性赔偿的立法例，它的确定打破了传统民事赔偿损一赔一的理论，是符合消费法律关系的双方主体客观上处于不平等地位这一要求的。这里需要注意的三点内容是：

1. 使用这一赔偿制度的前提为欺诈（即一方故意告知对方虚假情况或者故意隐瞒真实情况，诱使对方做出错误的意思表示），非欺诈不加倍。

2. 加倍的幅度为 1 倍，而不是无限的。

3. 加倍的依据或称参照系是商品的价款或者服务费用，而不是其他。

案例三

宏美百货商场有奖促销案

【案情】

2010 年 7 月，某市宏美百货商场正在进行有奖销售活动。商场的现场海报上写着："凡 7 月份中任何一天在本商场购物满 100 元（家用电器满 500 元）者，均可参加当天的摸奖活动两次……以此类推。奖品多多，摸到什么就得什么！大奖为彩电一台，二等奖为微波炉一台，三等奖为……商场购物另有赠品的仍有摸奖机会。"

7 月 25 日，顾客朱中华来到宏美百货商场购买 VCD 机。在众多的 VCD 机品牌前，朱中华一时不知选哪一种好。这时，一位 30 多岁的女营业员（身着商场统一服装）迎上前来，极力向他推荐某品牌的 VCD 机。她除了陈述该机器的功能外，还对其他品牌进行了比较，指出其他品牌机器质量或者功能等各方面均有问题；此外，她还告诉朱中华，若购买该品牌 VCD 机，将获赠名牌话筒一对。朱中华听了营业员的介绍后付了 1000 多元买了一台该品牌 VCD 机。同时，朱中华又凭发票参加了商场的摸奖活动。没想到竟然摸到了大奖——一台 18 英寸彩电。更没想到的是，朱中华把彩电抱回家后发现该奖品彩电根本无法使用。而那对赠送的话筒在一周后也成了"哑巴"。于是，朱中华向商场提出换货。商场称，他们对奖品彩电不实行"三包"；关于话筒，那是租赁商场柜台的厂家赠送的，应找厂家，与商场无关。朱中华来到上次购买 VCD 机的柜台，已找不到那天的营业员。后来才知道，营业员是厂家的职工，厂家已于月底结束了租赁，不知去向。朱中华再找到商场，商场表示他们也无能为力，遂发生争执。商场的一位客户部经理还用言语辱骂朱中华，说他是"瘪三"，"用不起就不要买"，并叫保安把他推出商场。

对此案，有如下几种观点：

1. 奖品是无偿的，也没有发票，商场对此不需负责。赠品属于赠送，也是无偿的，消费者不能要求"三包"。

2. 奖品虽然是无偿的，但商场不能提供不合格的商品作为奖品，所以应予以更换。赠品也能换，但应向厂家要求。

3. 虽然奖品、赠品都是无偿的，但它们都是消费者到商场消费这一活动的组成部分，所以商场及厂家应连带保证它们的质量。

【问题讨论】

你同意上述哪种观点？请说明你的理由。

【分析】

赠品是附属于主要商品之外的产品，其具有一定的附属性。因为赠品的前提是消费者必须购买商品，消费者与经营者之间在本质上形成的是一种买卖合同关系，而不是赠予关系。这种捆绑式的销售行为实质上是"羊毛出在羊身上"，也就是说商家附赠商品的价值已经包含在了其欲出售的商品之中了，而且，附赠的商品也是商品，既然是商品，那么商品的生产和销售就应该符合我国《民法通则》、《产品质量法》、《消费者权益保护法》等有关规定。我国《消费者权益保护法》第 16 条规定"经营者向消费者提供商品或者服务，应当依照《中华人民共和国产品质量法》和其他有关法律、法规的规定履行义务"。第 22 还规定"经营者应当保证在正常使用商品或者接受服务的情况下，其提供的商品或者服务应当具有的质量、性能、用途和有效期限"。由此可见，只要是商品，并且在社会上流通了，其生产商和销售商就应该对其生产和销售的商品负瑕疵担保责任，对因商品质量问题而引起的财产和人身侵害负责。

根据《消费者权益保护法》第38条规定：消费者在展销会、租赁柜台购买商品或者接受服务，其合法权益受到损害的，可以向销售者或者服务者要求赔偿。展销会结束或者柜台租赁期满后，也可以向展销会的举办者、柜台的出租者要求赔偿。展销会的举办者、柜台的出租者赔偿后，有权向销售者或者服务者追偿。因此，在本案中，消费者可以向商场要求赔偿。

第十六章 产品质量法

【本章导读】

对于建立和完善我国的产品质量法律体系，起着基础性的作用的《产品质量法》在明确规定了产品质量监督管理制度的同时，直接规定了生产者和销售者的产品质量义务，规定了产品质量责任，这些法律规范对于维护市场秩序，保护消费者的合法权益，提高我国产品质量总体水平，增强产品的国际竞争力有着极重要的作用。本章简述了该法的调整范围、质量监督管理制度和产品质量责任等内容。

【学习目标】

本章重点要求学生了解《产品质量法》的概念和特点，理解《产品质量法》的立法宗旨和调整范围，掌握产品质量的监督管理制度及生产者、销售者的产品质量责任和义务、产品责任及违反《产品质量法》的法律责任。

【知识结构图】

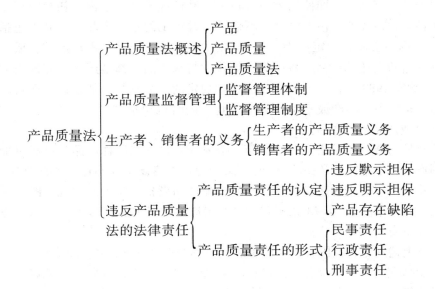

第一节　产品质量法概述

一、产品与产品质量

（一）产品

"产品"一词可以从自然属性和法律属性两个不同的范畴进行定义。从自然属性来讲，"产品"是指经过人类劳动获得的具有一定使用价值的劳动成果。从法律属性来讲，"产品"是指经过某种程度或方式加工用于消费和使用的物品，是指生产者、销售者能够对其质量加以控制的产品，而不包括内在质量主要取决于自然因素的产品。法律意义上的产品是由法律明确界定其内涵和外延，即由法律确定了一定范围和类别的产品。因此，法律上的产品具有一定历史时代的经济、地域特性和法律标志。产品是构筑产品责任法体系和确立产品责任承担的基点。纵观各国法律与国际公约，对"产品"范围的界定并不相同。在美国，产品指一切经过加工处理的有形物，包括农产品在内，且现已扩展到无形财产在内。在《关于产品责任的法律适用公约》中，产品是指"天然产品和工业产品，无论是未加工的还是加工的，也无论是动产还是不动产。"《欧共体产品责任指令》规定，"产品是指初级农产品和狩猎物以外的所有动产，即使已被组合在另一动产或不动产之内。初级农产品是指种植业、畜牧业、渔业产品，不包括经过加工的这类产品。产品也包括电。"《法国民法典》规定："一切动产物品，即使已与某一不动产结合成一体，其中包括土地的产品、畜产品、猎获物与水产品，都是产品，应都视为产品。"德国1989年在《产品责任法》中规定的产品是指一切动产，而且动产也包括构成另一动产或不动产之一的物，同时也包括"电"，但"未经加工"的农业产品不是产品。

我国的《产品质量法》第2条第2款规定："本法所称产品是指经过加工、制作，用于销售的产品。"同时，又规定："建设工程不适用本法规定；但是，建设工程使用的建筑材料、建筑构配件和设备，属于前款规定的产品范围的，适用本法。"第73条规定："军工产品质量监督管理办法，由国务院、中央军委另行规定。"

根据上述规定，我国《产品质量法》所称的产品必须具备两个条件：

1. 必须经过加工、制作。这就排除了未经过加工的天然品（如原煤、原矿、天然气、石油、人体的器官及其组织体等）及初级农产品（如未经加工、制作的农、林、牧、渔业产品和猎物）。

2. 必须是用于销售。这是区分产品责任法意义上的产品与其他物品的又一要点。由此排除了非为销售而加工、制作的物品。这里的产品必然存在于商品社会中，存在于经营者与用户、消费者双方构成的商品关系之中。

此外，由于建设工程、军工产品在质量监督管理方面的特殊性，它们被排除在该法所称的产品范围之外，另由专门的法律予以调整；但建设工程所用的建筑材料、建筑构配件和设备，军工企业生产的民用产品，适用该法的规定。因核设施、核产品造成损害的赔偿责任，法律、行政法规另有规定的，依照其规定。

借鉴世界各国的经验，结合我国司法实践，越来越多的学者对我国上述产品的概念和范围提出立法建议。对于电，利用管道输送的燃气、油品、热能，血液及其制品，计算机软件和类似的电子产品，经过初加工的农产品等是否属于产品责任法中的产品范围，学者们各持不同的意见。

（二）产品质量

1. 产品质量的概念

根据国际标准化组织（ISO）对产品质量的界定，产品质量是指产品能满足规定的或者潜在需要的特性和特性的总和。这里所谓"规定的需要",是指以法律、合同、产品说明、广告、实物样品或其他明确的方式表明的要求;"潜在的需要",是指虽未明示,但可以通过法律、法规、有关标准的强制性规定以及用户和消费者对产品的基本期望等依据做出判断的要求。而所谓的总和是指产品自身应具有的安全性、适用性、可靠性的一般性能,以及可替换性、可维修性等个别性能。

在我国,产品质量是指产品应具有满足需要的适用性、安全性、可用性、可靠性、维修性、经济性和环境性等特征和特性的总和。我国《产品质量法》第26条对产品质量做了细化,规定产品质量应当符合下列要求:

(1)不存在危及人身、财产安全的不合理的危险,有保障人体健康和人身、财产安全的国家标准、行业标准的,应当符合该标准。

(2)具备产品应当具备的使用性能,但是,对产品存在使用性能的瑕疵做出说明的除外。

(3)符合在产品或者其包装上注明采用的产品标准,符合以产品说明、实物样品等方式表明的质量状况。

2. 产品质量的分类

根据"产品的特性"是否符合法律的规定,是否满足用户、消费者的要求,以及符合、满足的程度,产品质量可分为合格与不合格两大类。

合格产品是指产品符合相关质量标准。

不合格产品包括:

(1)瑕疵。瑕疵是指产品质量不符合用户、消费者所需的某些要求,但不存在危及人身、财产安全的不合理危险,或者未丧失原有的使用价值。产品瑕疵可分为表面瑕疵和隐蔽瑕疵两种。

(2)缺陷。缺陷是指产品存在危及人身、财产安全的不合理的危险。产品缺陷包括设计上的缺陷、制造上的缺陷和未预先通知的缺陷。

(3)劣质。是指产品质量不符合产品质量法规定的要求,并且存在危及人体健康,人身、财产安全的危险,或者失去原有使用性能的产品。如其标明成分的含量与法律规定的标准不符;已超过有效使用期限等。

(4)假冒。假冒是指产品伪造或者冒用认证标志、名优标志等质量标志;伪造产品的产地,伪造或者冒用他人的厂名、厂址;在生产、销售的产品中掺杂、掺假,以假充真、以次充好。

二、产品质量法

【案例16-1】　也许你没听过盐酸克伦特罗,但一定知道它的别名"瘦肉精"，这种对人有平喘功效的药给猪吃了，会间接提高猪的瘦肉率，再进入人体之后，则会引起中毒。事实上，不该在食品中发现的东西远不止"瘦肉精"，还有用来增色的苏丹红、用来漂白的吊白块、泡火腿的敌敌畏、给大米抛光的石蜡、用来防腐的甲醛等。

（一）《产品质量法》的概念

《产品质量法》是指调整产品质量监督管理关系和产品质量责任关系的法律规范的总称。广义的《产品质量法》包括所有调整产品质量及产品责任关系的法律、法规。到目前为止，我国已经先后颁布了数十个与质量有关的法律、法规。例如《计量法》、《标准化法》、《药品管理法》、《食品安全法》、《进出口商品检验法》、《产品质量认证管理条例》等。我们通常所说的产品质量法是指狭义的《产品质量法》，即 1993 年 9 月 1 日实施的《中华人民共和国产品质量法》（简称《产品质量法》）。该法于 2000 年 7 月 8 日修订。这部法律的颁布和实施对于建立和完善我国的产品质量法律体系，起着基础性的作用。

长期以来，我国关于食品安全的规定散见于《食品卫生法》、《产品质量法》等法律法规中，未从全局进行细致的统筹规划，食品安全监管远远滞后于食品工业的迅猛发展，从而导致近年来食品安全事件屡次发生，（如案例 16 - 1 中的情形）。在此背景下，第十一届全国人民代表大会常务委员会第七次会议于 2009 年 2 月 28 日通过，由中华人民共和国第 9 号主席令公布，自 2009 年 6 月 1 日起施行《中华人民共和国食品安全法》（简称《食品安全法》）。该法体现了预防为主、科学管理、明确责任、综合治理的食品安全工作指导思想，确立了食品安全风险监测和风险评估制度、食品安全标准制度、食品生产经营行为的基本准则、索证索票制度、不安全食品召回制度、食品安全信息发布制度，明确了分工负责与统一协调相结合的食品安全监管体制，为全面加强和改进食品安全工作，实现全程监管、科学监管，提高监管成效、提升食品安全水平，提供了法律制度保障。《食品安全法》的施行，对于防止、控制、减少和消除食品污染以及食品中有害因素对人体的危害，预防和控制食源性疾病的发生，对规范食品生产经营活动，防范食品安全事故发生，保证食品安全，保障公众身体健康和生命安全，增强食品安全监管工作的规范性、科学性和有效性，提高我国食品安全整体水平，切实维护人民群众的根本利益，具有重大而深远的意义。

（二）《产品质量法》的立法宗旨

1. 加强国家对产品质量的监督管理，促使生产者、销售者保证产品质量，提高产品质量水平。

2. 明确产品质量责任。严厉惩治生产、销售假冒伪劣产品的违法行为。

3. 保护用户、消费者的合法权益，完善我国的产品质量民事赔偿制度。

4. 维护正常、有序的市场经济秩序。市场秩序规制旨在维护交易秩序，进而达到交易安全。而交易安全在市场交易中的一个决定因素，是交易客体是否"货真价实"，其安全性如何。遏制假冒伪劣产品的生产和流通，依法规制产品，以保证市场的健康发展。

（三）《产品质量法》的调整对象及其法律关系

我国境内从事生产、销售活动的企业、其他组织和个人均必须遵守《产品质量法》。我国《产品质量法》包括关于产品质量监督管理、产品质量责任、产品质量损害赔偿和处理产品质量争议等方面的法律规定。从产品质量法内容看，其调整的法律关系包括如下三方面：

1. 产品质量监督管理关系。即各级技术质量监督部门、工商行政管理部门等行政机关在履行产品监督管理职能的过程中与市场经营主体所发生的法律关系。这是一种管理与被管理、监督与被监督的关系。

2. 产品质量责任关系。即因产品质量问题引发的市场经营主体与消费者、用户及其相关第三人之间的法律关系，包括因产品缺陷导致的损害赔偿法律关系。

3. 产品质量检验、认证关系，即因中介服务所产生的中介机构与市场经营主体之间的法律关系，因产品质量检验和认证不实损害消费者利益而产生的法律关系。

第二节 产品质量监督管理

一、产品质量的监督管理体制

产品质量监督管理体制是指由《产品质量法》确认的产品质量监督管理机构、制度、方式的总称，是国家从宏观上组织管理产品质量的重要措施。新修订的《产品质量法》进一步加强了各级人民政府在质量监督管理中的职能，确立了整体规划、统一管理、分工负责的产品质量管理体制。

（一）政府对产品质量的宏观管理

1. 加强统筹规划和组织领导。《产品质量法》第7条明确规定："各级人民政府应当把提高产品质量纳入国民经济和社会发展规划，加强对产品质量工作的统筹规划和组织领导，引导、督促生产者、销售者加强产品质量管理，提高产品质量，组织各有关部门依法采取措施，制止产品生产、销售中违反本法规定的行为，保障本法的施行。"

2. 鼓励与奖励。《产品质量法》第 6 条规定："国家鼓励推行科学的质量管理方法，采用先进的科学技术，鼓励企业产品质量达到并且超过行业标准、国家标准和国际标准。对产品质量管理先进和产品质量达到国际先进水平、成绩显著的单位和个人，给予奖励。"

3. 运用法律手段，强化个人责任。《产品质量法》第 9 条规定："各级人民政府工作人员和其他国家机关工作人员不得滥用职权、玩忽职守或者徇私舞弊，包庇、放纵本地区、本系统发生的产品生产、销售中违反本法规定的行为，或者阻挠、干预依法对产品生产、销售中违反本法规定的行为进行查处。各级地方人民政府和其他国家机关有包庇、放纵产品生产、销售中违反本法规定的行为的，依法追究其主要负责人的法律责任。"

（二）产品质量的行政监督

1. 产品质量行政监督部门

国务院产品质量监督部门主管全国产品质量监督工作。国务院有关部门在各自的职责范围内负责产品质量监督工作。县级以上地方产品质量监督部门主管本行政区域内的产品质量监督工作。县级以上地方人民政府有关部门在各自的职责范围内负责产品质量监督工作。这里的产品质量监督管理部门是指国家及地方各级技术质量监督局；有关部门是指各级卫生行政部门、劳动部门、商品检验部门等，它们依相关法律授予各自的职权，对某些特定产品的质量进行监督管理。

2. 质量行政监督部门的职权

为增强《产品质量法》的刚性，使产品质量监督部门有职有权依法行政，有效扭转假冒伪劣产品屡打不绝的严重局面，《产品质量法》规定，县级以上产品质量监督部门根据已经取得的违法嫌疑证据或者举报，对涉嫌违反本法规定的行为进行查处时，可以行使下列职权：

（1）对当事人涉嫌从事违反本法的生产、销售活动的场所实施现场检查；

（2）向当事人的法定代表人、主要负责人和其他有关人员调查、了解与涉嫌从事违反本法的生产、销售活动有关的情况；

（3）查阅、复制当事人有关的合同、发票、账簿以及其他有关资料；

（4）对有根据认为不符合保障人体健康和人身、财产安全的国家标准、行业标准的产品或者有其他严重质量问题的产品，以及直接用于生产、销售该项产品的原辅材料、包装物、生产工具，予以查封或者扣押。

县级以上工商行政管理部门按照国务院规定的职责范围，对涉嫌违反本法规定的行为进行查处时，可以行使上述职权。

（三）产品质量的社会监督

1. 公民个人的监督权

消费者有权就产品质量问题，向产品的生产者、销售者查询，向技术监督管理、工商行政管理等部门申诉，接受申诉的部门应当负责处理。

2. 社会组织的监督权

保护消费者权益的社会组织可以就消费者反映的产品质量问题建议有关部门负责处理，支持消费者对因产品质量造成的损害向人民法院起诉。

3. 公众的检举权

任何单位和个人有权对违反本法规定的行为，向产品质量监督部门或者其他有关部门检举。产品质量监督部门和有关部门应当为检举人保密，并按照省、自治区、直辖市人民政府的规定给予奖励。

二、产品质量的监督管理制度

产品质量监督管理制度是指由《产品质量法》确认的互相联系、互相依存、自成体系的管理规定，具有严格的秩序性和规律性。根据《产品质量法》规定，质量监督管理制度主要由下列内容构成：

（一）产品质量检验制度

产品质量检验是指专门承担产品质量检验工作的法定技术机构根据一定标准对产品品质进行检验，并判断合格与否的活动，而对这一活动的方法、程序、要求和法律性质用法律加以确定就形成了产品质量检验制度。

1. 检验机构

在我国，"产品质量检验机构"是指县级以上人民政府产品质量监督管理部门依法设置和依法授权的、为社会提供公证数据的产品质量检验机构。其任务是承担产品质量的监督检验、仲裁检验等公证检验工作。处理产品质量的争议，以依法设置和依法授权的产品质量检验机构出具的检验数据为准。

产品质量检验机构必须具备相应的检测条件和能力，经省级以上人民政府产品质量监督管理部门或者其授权的部门考核合格后，方可承担产品质量检验工作。法律、行政法规对产品质量检验机构另有规定的，依照有关的法律、行政法规的规定执行。

2. 检验标准

我国《产品质量法》明文规定：产品质量应当检验合格，不得以不合格产品冒充合格产品。可能危及人体健康和人身、财产安全的工业产品，必须符合保障人体健康和人身、财产安全的国家标准、行业标准；未制定国家标准、行业标准的，必须符合保障人体健康和人身、财产安全的要求。禁止生产、销售不符合保障人体健康和人身、财产安全的标准和要求的工业产品。

（二）产品质量标准制度

【案例 16 -2】　徐州高新技术研究所开发出一种 PCXFL1000 型立轴复合式超细破碎机，并获得实用新型专利。该研究所将其委托徐州朋飞机械厂生产的一台 PCXFL1000 型复合超细破碎机以单价 7 万元销售给某水泥厂，在其提供的产品合格证上，注明其产品标准为代号 JC445 -91 的立轴锤式破碎机的行业标准。

该水泥厂使用这台复合式超细破碎机不久，就因出现质量故障而停止使用，并向法院起诉，认为该产品系无标产品，要求研究所退货退款。研究所认为其产品是立轴锤式破碎机的改进产品，享有专利权，仍执行立轴锤式破碎机的生产标准，同时主张水泥厂购买的破碎机系样品。在诉讼期间，研究所到当地标准化行政主管部门将立轴锤式破碎机的行业标准 JCT445 -91 进行备案登记。

产品质量标准可以分为以下种类：

1. 统一标准与约定标准

统一标准可以是国家标准，也可以是行业标准。根据《中华人民共和国标准化法》（以下简称《标准化法》）的规定，国家标准是由国务院标准化行政主管部门根据在全国范围内统一技术要求的需要制定的，亦即在一国范围内统一实施的标准；行业标准是由国务院有关行政主管部门对没有国家标准而又需要在全国某个行业范围内统一技术要求来予以制定，并报国务院标准化行政主管部门备案的标准，亦即某行业范围统一实施的标准，一般用 QB 表示。

国家鼓励积极采用国际标准。企业生产的产品没有国家和行业标准的，应当制定企业标准。

2. 强制性标准与推荐性标准

保障安全、健康，是产品最基本的要求，以此为出发点，国家标准和行业标准又可分为强制性标准（GB）和推荐性标准（GB/T）两种。保障人体健康、人身、财产安全的标准和法律、行政法规规定强制执行的标准是强制性标准，其他标准是推荐性标准。

强制性标准必须执行。不符合强制性标准的产品，禁止生产、销售和进口。推荐性标准，国家鼓励企业自愿采用。

下列标准属于强制性标准：

（1）药品标准，食品卫生标准，兽药标准；

（2）产品及产品生产、储运和使用中的安全、卫生标准，劳动安全、卫生标准，运输安全标准；

（3）工程建设的质量、安全、卫生标准及国家需要控制的其他工程建设标准；

（4）环境保护的污染物排放标准和环境质量标准；

（5）重要的通用技术术语、符号、代号和制图方法；

（6）通用的试验、检验方法标准；

（7）互换配合标准；

（8）国家需要控制的重要产品质量标准。

从经济学角度，产品的标准化，能获得最佳秩序和社会效益。标准化的目的之一，就是企业建立起最佳的生产秩序、安全秩序、管理秩序，企业的各个环节都建立起相互配套的标准体系。标准化的另一目的，是获得最佳社会效益，标准的制定，不仅要考虑标准在技术上的先进性，还要考虑经济上的合理性，使企业获得最佳经济效益。

从交易安全与效率角度，标准是确定用于交易的产品的质量、性能是否与合同、样品所承诺的一致的检测方法、依据。根据我国《合同法》的规定，在交易活动中，标的物的质量是合同的重要内容，如果当事人在合同中对标的物的质量没有约定或约定不明的，事后也不能达成补充意见的，按照国家标准、行业标准履行，没有国家标准、行业标准的，按照通常标准或符合合同目的的标准履行。

可见，任何一项产品都必须有标准。这样使《产品质量法》第7条关于"产品质量应当检验合格，不得以不合格产品冒充合格产品"的规定有了执行依据，不符合标准的产品就是不合格产品，没有标准的产品是无标产品。"

案例16-2中，PCXFL1000型复合超细破碎机是技术改进产品，企业应当依法制定企业标准并向当地标准化行政主管部门进行标准化审查后方可组织生产，研究所将其换代前产品的推荐性行业标准进行备案的行为不能掩盖该新型产品没有质量标准的事实。

虽然研究所在诉讼中主张其销售给水泥厂的产品为样机，但不能举出证据加以证明，因此认定研究所销售的产品系无标产品，由于无标产品没有检验其是否合格的标准与依据，因此无标产品不能作为交易的标的物，双方关于无标产品的买卖合同应认定无效。

（三）质量认证制度

1. 企业质量体系认证制度

企业质量体系认证是指依据国家质量管理和质量保证系列标准，由国家认可的认证机构，对自愿申请认证企业的产品质量保证能力和质量管理水平进行的综合性检查和评定，对符合条件的企业颁发认证证书，确认和证明该企业质量管理达到国际通用标准的一种制度。该制度通过对产品质量构成的各种因素，如产品设计、工艺准备、制造过程、质量检验、组织机构和人员素质等质量保证能力进行严格评定，使企业形成稳定生产符合标准产品的能力。

国家根据国际通用的质量管理标准，推行企业质量体系认证制度，但以企业自愿申请为前提。

在我国，企业质量体系认证机构是指由国家质检总局下属的中国认证认可监督管理委员会批准的认证机构。

企业质量体系认证的目的是为了对内加强企业质量管理，实现质量目标，对外提高企业质量信誉，提高顾客对供方的信任，减少顾客对供方的检查评定，提升企业竞争力；

企业质量体系认证的依据是国家质量管理和质量保证条例。我国采用的是国际通用的质量管理标准即 CB/T19000 – ISO9001，CB/T19002 – ISO9002，或者 CB/T19003 – ISO9003 三种质量保证标准模式。对于某些特殊行业的质量体系认证，还可以依据其他国际公认的质量体系规范性标准，如美国石油学会（API）发布的 QI 等。认证机构也可以在现行标准不能满足标准时制定补充标准，经国家技术质量监督局确认后使用。

企业通过体系认证获得的体系认证证书不能用在所生产的产品上，但可以用于正确的宣传，并可以在申请产品质量认证时免除对企业质量体系认证的检查。

2. 产品质量认证制度

产品质量认证是依据产品标准和相应技术要求，经认证机构确认并通过颁发认证证书和认证标志来证明某一产品符合相应标准和相应技术要求的活动。《产品质量法》第 14 条第 2 款规定：国家参照国际先进的产品标准和技术要求，推行产品质量认证制度，企业根据自愿原则可以向国务院产品质量监督部门认可的或者国务院产品质量监督部门授权的部门认可的认证机构申请产品质量认证。经认证合格的，由认证机构颁发产品质量认证证书，准许企业在产品或者其包装上使用产品质量认证标志。

产品质量认证可分为安全认证和合格认证。安全认证是以安全标准为依据进行的认证或只对产品中有关安全的项目进行的认证。合格认证是对产品的全部性能、要求，依据标准或相应技术要求进行的认证。我国的产品质量认证工作由专门的认证委员会承担，每类开展质量认证的产品都有相应的认证委员会。自1982年我国加入国际电工委员会以来，至今已先后成立了电子器件、电工产品、水泥等十多个认证委员会，已经对一大批企业颁发了有关的认证证书。获得产品质量认证的产品，除接受法律、法规的检查外，免于其他检查；并且享有实行优质优价、优先推荐评为国优产品等优惠待遇。

产品质量认证还可分为强制性认证和自愿认证。实行强制性认证的产品，是由国家公布统一的目录，确定统一适用的国家标准、技术规则和实施程序，制定统一的标志的产品。凡列入强制性产品认证目录内的产品，必须经国家指定的认证机构认证合格，取得相关证书并加施认证标志后，方能出厂销售、进口和在经营性活动中使用。我国目前有效的强制性产品认证制度于2002年5月1日起实施。国家强制性认证标志的名称为"中国强制认证"，英文缩写为"CCC"。强制性认证的产品由国家质量监督检验检疫总局和中国国家认证可监督管理委员会联合发布。第一批实施强制性产品认证的产品目录包括电工机械、农机医疗、家用电器等在内的19类132种产品。除强制性认证的产品以外的产品，企业可以根据自愿原则申请产品质量认证。经认证合格的，由认证机构颁发相应的标志和产品质量认证证书。企业可在产品标识或者其包装上、广告宣传中使用产品质量认证标志，使产品对消费者更具竞争力，并为进入国际市场提供了通行证。

获得认证的企业仍必须接受认证委员会对其认证产品及质量标准的监督检查，一旦达不到认证标准，应该立即停止使用认证标志，严重时可以撤销认证证书。

企业质量体系认证与产品质量认证既有共同点也有不同点。两者的共同之处表现为，均由企业自愿申请（法律另有规定的除外）；均由国家认可的认证机构根据有关标准和技术要求进行认证。两者的不同之处在于：前者认证的对象是企业的整体质量体系，后者认证对象是企业的某一产品质量；前者认证的依据是质量管理标准，后者认证的依据是产品标准。从认证结论上看，前者是要证明企业质量体系是否符合质量管理标准，后者是要证明产品是否符合产品标准。

（四）产品质量监督检查制度

《产品质量法》规定，国家对产品质量实行以抽查为主要方式的监督检查制度。监督检查制度的目的在于加强对生产、流通领域的产品质量的监督，以督促企业提高产品质量，从而保护国家和广大消费者的利益，维护社会经济秩序。

1. 监督抽查的范围和方式

监督抽查的范围：可能危及人体健康和人身、财产安全的产品；影响国计民生的重要工业产品；消费者、有关组织反映有质量问题的产品。

监督抽查的方式：由国务院产品质量监督部门规划和组织，一般由国家质量监督检验中心进行抽查，县级以上地方产品质量监督部门在本行政区域内也可以组织监督抽查。抽查的样品应当在市场上或者企业成品仓库内的待销产品中随机抽取，根据监督抽查的需要，可以对产品进行检验。检验抽取样品的数量不得超过检验的合理需要，抽查事先不通知企业，不得向企业收取费用。国家监督抽查的产品，地方不得另行重复抽查；上级监督抽查的产品，下级不得另行重复抽查。

对依法进行的产品质量监督检查，生产者、销售者不得拒绝。监督抽查的产品质量不合格的，由实施监督抽查的产品质量监督部门责令其生产者、销售者限期改正。逾期不改正的，由省级以上人民政府产品质量监督部门予以公告；公告后经复查仍不合格的，责令停业，限期整顿；整顿期满后经复查产品质量仍不合格的，吊销营业执照。监督抽查的产品有严重质量问题的，可以施以罚款、没收违法所得、吊销营业执照等处罚措施，构成犯罪的，依法追究刑事责任。

2. 质量状况信息的发布

为了使社会公众及时了解产品质量状况，引导督促企业提高产品质量，《产品质量法》规定，国务院和省、自治区、直辖市人民政府的产品质量监督部门应该定期发布其监督抽查的产品的质量状况公告，这是消费者知情权的要求，也是政府部门的职责。

第三节　生产者、销售者的义务

一、生产者的产品质量义务

（一）作为的义务

1. 产品内在质量应当符合法定或约定要求

具体而言，产品质量应该符合三点要求：

（1）不存在危及人身、财产安全的不合理的危险，有保障人体健康和人身、财产安全的国家标准、行业标准的，应当符合该标准；

（2）具备产品应当具备的使用性能，但是，对产品存在使用性能的瑕疵做出说明的除外；

（3）符合在产品或者其包装上注明采用的产品标准，符合以产品说明、实物样品等方式表明的质量状况，即产品应该符合明示担保。

2. 产品包装标识符合要求

产品标识是表明产品的名称、产地、质量状况等信息的表述和指示。产品包装标识首先必须真实，此外还应当符合如下要求：

（1）普通产品的包装应该有产品质量检验合格证明，有中文标明的产品名称、生产厂厂名和厂址；根据产品的特点和使用要求，需要标明产品规格、等级、所含主要成分的名称和含量的，用中文相应予以标明；需要事先让消费者知晓的，应当在外包装上标明，或者预先向消费者提供有关资料；限期使用的产品，应当在显著位置清晰地标明生产日期和安全使用期或者失效日期；使用不当，容易造成产品本身损坏或者可能危及人身、财产安全的产品，应当有警示标志或者中文警示说明。但裸装的食品和其他根据产品的特点难以附加标识的裸装产品，可以不附加产品标识。

（2）对特殊产品（包括易碎、易燃、易爆的物品、有毒、有腐蚀性、有放射性的物品和其他危险物品、储运中不能倒置的物品和其他有特殊要求的产品）其包装质量必须符合相应要求，依照国家有关规定做出警示标志或者中文警示说明，标明储运注意事项。

（二）不作为的义务

生产者在必须履行作为的义务同时，还必须承担禁止性义务，生产者违反下列禁止性规定，不仅要对用户、消费者承担民事责任，还要向国家承担行政责任，构成犯罪的则要承担刑事责任。具体而言，不作为的义务包括：

1. 不得生产国家明令淘汰的产品；

2. 不得伪造产地，不得伪造或者冒用他人的厂名、厂址；

3. 不得伪造或者冒用认证标志等质量标志；

4. 不得掺杂、掺假，不得以假充真、以次充好，不得以不合格产品冒充合格产品。

二、销售者的产品质量义务

【案例16-3】　某供销合作社将不含磷的氯化钾复合肥与含氮、磷、钾的进口"阿康"商标复合肥做了类似包装，上面都标注有"16 – 16 – 16"的显著字样。由于土豆种植中氮、磷、钾是其肥料的三要素，供销社的类似包装误导了大批种植土豆的农民前来采购了上述氮化钾复合肥，以致千亩土豆绝收，赖以为生的百户农民因此陷入了生活的困境。

与生产者的产品质量义务相似，销售者的产品质量义务也包括作为的义务和不作为的义务两类。

（一）作为的义务

1. 进货验收的义务

销售者应当建立并执行进货检查验收制度，验明产品合格证明和其他标识。该制度相对国家和用户、消费者而言是销售者的义务，相对供货商而言是销售者的权利。进货验收本是销售者基于自身利益必须而为的行为，《产品质量法》将其上升为义务性规范，目的是为了加强销售者的注意义务，保护用户和消费者的利益。

2. 保持产品质量的义务

销售者在进货后应对保持产品质量负责，应当根据产品的特点，采取必要的防雨、防晒、防霉变，对某些特殊产品采取控制温度、湿度等措施，防止产品变质、腐烂、丧失或降低使用性能，使得产品因保管不善产生瑕疵或缺陷。

3. 有关产品标识的义务

销售者在销售产品时，应保证产品标识符合《产品质量法》对产品标识的要求，符合进货验收时的状态，不得更改、覆盖、涂抹产品标识，以保证产品标识的真实性。

案例 16 – 3 中，供销社的行为违反了正确标识的义务，因为他们将不含磷的国产复合肥与进口含磷的"阿康"化肥在外包装上做了类似标识，造成了农民的重大误解，而且也没有用中文将产品规格、等级、含量、所含主要成分的名称表明清楚，违反了正确标识的义务。

（二）不作为的义务

《产品质量法》规定，销售者不得违反下列禁止性规范：

1. 不得销售国家明令淘汰并停止销售的产品和失效、变质的产品；

2. 销售者不得伪造产地，不得伪造或者冒用他人的厂名、厂址；

3. 销售者不得伪造或者冒用认证标志等质量标志；

4. 销售者销售产品，不得掺杂、掺假，不得以假充真、以次充好，不得以不合格产品冒充合格产品。

第四节 违反产品质量法的法律责任

【案例 16 - 4】 原告的亲属林某在乘坐被告生产的日本三菱吉普车时，因前挡风玻璃在行驶途中突然爆裂而被震伤致猝死。事故发生后，被告三菱公司即将破损玻璃封存。应车主单位的要求，被告将破损玻璃的照片寄回日本国内玻璃的生产厂家进行鉴定，结论为：判断为受外强力致破损，实验均满足规格要求。车主单位对此不予以认可，要求被告将封存的玻璃交北京中国建筑材料科学研究院国家进出口商检局安全玻璃认可的实验室进行鉴定。但是被告却擅自将玻璃运回国内，交玻璃生产厂家进行鉴定，鉴定结论为：挡风玻璃本身不存在品质不良现象，破损系由外部原因造成。后车主单位委托国家质检中心进行鉴定。国家质检中心出具的报告称："由于所提供的样品是从原吉普车上拆卸后经过多次运输，已经相当破损，无法从上面切取做强度实验所需的试验片。我中心只能结合委托方提供的玻璃破损照片进行推断、分析；从玻璃破碎的塌陷形式看，能够造成此种破坏状态的外力来自外部。"

一、产品质量责任的认定

产品质量责任是指产品生产者、销售者以及对产品质量负有直接责任的第三人违反法律规定，不履行法定的义务，应当依法承担的法律后果。产品质量责任既包括因产品缺陷而给消费者、使用者造成人身财产损失时，由生产者和销售者根据法律规定应承担的责任，还包括违反标准化法、计量法以及规范产品质量的其他法规应当承担的责任。

在下列三种情况下，可认定上述主体应承担产品质量责任。

（一）违反默示担保义务

默示担保义务是指国家法律、法规对产品质量所作的强制性要求。即使当事人之间有合同的约定，也不能免除和限制这种义务。默示担保义务要求生产、销售的产品应该具有安全性和普通公众期待的使用性能，因此是对产品内在质量的基本要求。违反该义务，无论是否造成了消费者的损失，均应承担产品质量责任。

（二）违反明示担保义务

明示担保义务是指生产者、销售者通过标明采用的标准、产品标识、使用说明、实物样品以及订立合同、广告宣传等方式，对产品质量做出的明示承诺和保证。一旦生产者、销售者以上述方式明确表示产品所依据和达到的质量标准，就产生了明示担保义务。如果产品质量不符合承诺的标准，必须承担相应的法律责任。

（三）产品存在缺陷

认定产品存在缺陷的核心标准，大部分国家的相关法律规定是产品存在危及人身、财产安全的不合理的危险。合理的危险是不可避免的危险，不是产品缺陷，但要如实说明，如香烟一般都含有焦油，否则便无香味，包装上应明确注明"吸烟有害健康"。

我国《产品质量法》不仅保留了安全性条款，即存在危及人身、财产安全的不合理的危险，而且，还将产品标准条款引入产品缺陷领域，明确规定产品有保障人体健康和人身、财产安全的国家标准、行业标准的，是指不符合该标准。如是，更便于认定产品是否存在缺陷，有利于对消费者权益的保护。

二、产品质量责任的形式

产品质量责任可分为民事责任、行政责任和刑事责任三种。民事责任的主要目的在于对受害人的补偿，而行政责任和刑事责任主要在于对侵害人的惩戒。民事责任是产品质量责任的主要责任形式。

（一）产品质量的民事责任

产品质量民事责任的发生，以该产品存在质量问题为前提条件。根据质量问题的程度，又可分为一般性的质量问题和严重的质量问题。反映在法律上，就出现了两个基本概念：瑕疵和缺陷。由此，产品质量责任的民事责任可分为产品瑕疵担保责任和产品缺陷损害赔偿责任。

1. 产品瑕疵担保责任

产品瑕疵担保责任是指在产品买卖关系中，产品的生产者或销售者向对方的保证和承诺，按照这种承诺，如果产品存在瑕疵，生产者或销售者应当承担由此引起的法律后果。"瑕疵"是合同法上的概念，是指产品质量不符合法律规定或当事人约定的质量标准，但尚未丧失产品原有的使用价值，可以说，产品存在除危险之外的其他质量问题，即为瑕疵。瑕疵担保责任是一种法定责任，属于无过错责任的一种。

（1）承担瑕疵担保责任的条件

产品有下列情形之一的，即构成承担瑕疵担保责任的条件：

① 不具备产品应当具备的使用性能而事先未做说明的；

② 不符合在产品或其包装上注明的产品标准的；

③ 不符合以产品说明、实物样品等方式所表明的质量状况的。

（2）承担瑕疵担保责任的方式

产品有上述三种情形之一的，销售者应当负责修理、更换、退货；给购买用户和消费者造成损失的，销售者应当赔偿损失。

（3）履行瑕疵担保责任后的损失追偿

销售者依照上述要求负责修理、更换、退货、赔偿损失后，属于生产者的责任或者属于向销售者提供产品的其他销售者的责任的，销售者有权向责任者追偿。

2. 产品缺陷损害赔偿责任

产品缺陷损害赔偿责任即产品责任，是指因产品存在缺陷而给消费者或者他人造成人身财产损害所产生的法律责任。"缺陷"是《产品质量法》上的概念，是指产品存在危及人身、他人财产安全的不合理的危险。其与瑕疵的根本区别在于是否存在不合理的危险。产品缺陷是承担产品责任的基础，产品责任的性质为侵权责任。

（1）产品质量责任与产品责任的区别。这是两个相关却不相同的概念。两者都是经营者违反《产品质量法》应承担的法律责任，但产品责任专指因产品缺陷引起的赔偿责任。

产品责任与产品质量责任的区别在于：

① 判定责任的依据不同。判定产品责任的依据是产品存在缺陷，而判定产品质量责任的依据包括默示担保、明示担保和产品缺陷，较产品责任更为广泛。

② 承担责任的条件不同。承担产品责任的充分必要条件是产品存在缺陷，并且造成了他人人身伤害、财产损失，两者缺一不可。只有因产品缺陷发生了损害后果，方可追究缺陷产品的生产者和销售者的民事侵权赔偿责任；而承担产品质量责任的条件是只要产品质量不符合默示担保条件或者明示担保条件之一的，无论是否造成损害后果，都应当承担相应的责任。

③ 责任性质不同。产品责任是一种特殊的民事责任，仅指产品侵权损害赔偿责任，而产品质量责任是一种综合责任，包括民事责任、行政责任和刑事责任。其中民事责任是产品质量责任的主要责任形式。

在产品质量责任的归责原则上，我国是实行无过错责任，即不要求产品生产者对造成的损害具有过错，只要证明其生产的产品存在缺陷、有受损害事实且产品缺陷与损害事实之间有因果关系即可。案例 16－4 中，根据我国《产品质量法》、《民事诉讼法》，因产品缺陷致人身损害应承担无过错责任，无须证明生产者有过错。此外产品是否存在缺陷的举证责任应由生产者承担。本案中玻璃生产厂家的两次鉴定，由于生产厂家不是法定的鉴定机构且生产厂家具有利害关系，该两份鉴定结论均不具法律效力。国家质检中心的鉴定是在前挡风玻璃从日本运回中国后已失去检验条件的情况下，仅凭照片和相当破碎的玻璃实物得出的推断性分析结论，并且没有说明致前挡风玻璃突然爆破的外力是什么，对本案事实没有证明力，故不予采信。本案唯一证明产品是否存在缺陷的物证——爆破后的前挡风玻璃，车主单位在与被上诉人三菱公司约定封存后，曾数次提出要交国家质检中心检验鉴定。三菱公司承诺后，却不经车主单位许可，擅自将玻璃运往日本；后虽然运回中国，但三菱公司无法证明运回的是原物，且玻璃此时已破碎得无法检验。三菱公司主张将与事故玻璃同期、同批号生产出来的玻璃提交给国家质检中心进行实物鉴定，遭上诉人的反对。由于种类物确实不能与特定物完全等同，上诉人的反对理由成立。在此情况下，举证不能的败诉责任理应由三菱公司承担。据此，法院判令三菱公司败诉。

（2）产品责任的承担主体

生产者是产品责任的主要承担者，但是，因销售者的过错使产品存在缺陷，造成人身、他人财产损害的，或者销售者不能指明缺陷产品的生产者也不能指明缺陷产品的供货者，则销售者应当承担赔偿责任。这就是说，销售者承担缺陷责任实行过错责任原则和过错推定原则。

生产者能够证明有下列情形之一的，不承担赔偿责任：

① 未将产品投入流通的；

② 产品投入流通时，引起损害的缺陷尚不存在的；

③ 将产品投入流通时的科学技术水平尚不能发现缺陷的存在的。

因产品存在缺陷造成人身、他人财产损害的，受害人可以向产品的生产者要求赔偿，也可以向产品的销售者要求赔偿。属于产品的生产者的责任，产品的销售者赔偿的，产品的销售者有权向产品的生产者追偿。属于产品的销售者的责任，产品的生产者赔偿的，产品的生产者有权向产品的销售者追偿。

（3）产品责任的赔偿范围

因产品存在缺陷造成受害人财产损失的，侵害人应当恢复原状或者折价赔偿。受害人因此遭受其他重大损失的，侵害人应当赔偿损失。

因产品存在缺陷造成受害人人身伤害的，侵害人应当依法赔偿医疗费等法律规定的费用，造成受害人残疾的，还应当支付残疾者生活自助费、生活补助费、残疾赔偿金以及由其扶养的人所必需的生活费等费用；造成受害人死亡的，应当支付丧葬费、死亡赔偿金以及由死者生前扶养的人所必需的生活费等费用。

（4）产品责任的诉讼时效

因产品存在缺陷造成损害要求赔偿的诉讼时效期间为 2 年，自当事人知道或者应当知道其权益受到损害时起计算。

因产品存在缺陷造成损害要求赔偿的请求权，在造成损害的缺陷产品交付最初消费者满 10 年时丧失；但是，尚未超过明示的安全使用期的除外。

3. 产品质量争议的处理

因产品质量发生民事纠纷时，当事人可以通过协商或者调解解决。当事人不愿通过协商、调解解决或者协商、调解不成的，可以根据当事人各方的协议向仲裁机构申请仲裁；当事人各方没有达成仲裁协议的，可以向人民法院起诉。

（二）产品质量的行政责任

产品质量的行政责任是生产者或销售者犯有一般违法行为所应当承担的法律后果，主要是行政处罚。根据产品质量法的规定，承担行政责任的违法行为及处罚形式具体如下：

1. 生产、销售不符合保障人体健康和人身、财产安全的国家标准、行业标准的产品的，责令停止生产、销售，没收违法生产、销售的产品，并处违法生产、销售产品（包括已售出和未售出的产品，下同）货值金额等值以上三倍以下的罚款；有违法所得的，并处没收违法所得；情节严重的，吊销营业执照。

2. 生产国家明令淘汰的商品或者销售失效、变质的商品的，对经营者责令停止生产、销售，没收违法生产、销售的商品，并处违法生产、销售商品货值金额等值以下的罚款；有违法所得的，并处没收违法所得；情节严重的，吊销营业执照。经营者销售失效、变质的商品的，责令停止销售，没收违法销售的商品，并处违法销售商品货值金额 2 倍以下的罚款；有违法所得的，并处没收违法所得；情节严重的，吊销营业执照。

3. 在产品中掺杂、掺假，以假充真，以次充好，或者以不合格产品冒充合格产品的，责令停止生产、销售，没收违法生产、销售的产品，并处违法生产、销售产品货值金额 50% 以上 3 倍以下的罚款；有违法所得的，并处没收违法所得；情节严重的，吊销营业执照。

4. 伪造产品产地的，伪造或者冒用他人厂名、厂址的，伪造或者冒用认证标志等质量标志的，责令改正，没收违法生产、销售的产品，并处违法生产、销售产品货值金额等值以下的罚款；有违法所得的，并处没收违法所得；情节严重的，吊销营业执照。

5. 产品标识或者有包装的产品标识不符合法律规定等行为的，责令改正；有包装的产品标识不符合产品质量法规定，情节严重的，可以责令停止生产、销售，并可以处以违法所得 15% 至 20% 的罚款。

6. 伪造检验数据或者检验结论的，责令更正，可以处以所收检验费 1 倍以上 3 倍以下的罚款；情节严重的，吊销营业执照。

（三）产品质量的刑事责任

我国的《产品质量法》对生产者、销售者违反该法，并触犯刑律的严重行为还规定了应当承担的刑事责任。主要是：生产、销售不符合保障人体健康和人身、财产安全的国家标准、行业标准的产品，在产品中掺杂、掺假，以假充真，以次充好，或者以不合格产品冒充合格产品，性质严重构成犯罪的行为；销售失效、变质的产品的销售者构成犯罪的行为；以暴力方法阻碍国家工作人员依法执行公务的行为；以行贿受贿或者其他非法手段推销、采购假冒、伪劣、不合格等产品构成犯罪的行为。

【本章小结】

《产品质量法》是调整产品质量监督管理关系和产品质量责任关系的法律规范的总称。《产品质量法》所称产品是指经过加工、制作，用于销售的产品。建设工程、军工产品不适用《产品质量法》；但是，建设工程使用的建筑材料、建筑构配件和设备，属于前款规定的产品范围的，适用《产品质量法》。

产品质量是指产品应具有满足需要的适用性、安全性、可用性、可靠性、维修性、经济性和环境性等特征和特性的总和。产品质量监督包括三个层次的监督，即政府对产品质量的宏观管理、产品质量的行政监督和社会监督。我国质量监督管理制度主要有：产品质量检验制度；产品质量标准制度；质量认证制度以及质量监督检查制度。

生产者的产品质量义务包括作为的义务和不作为的义务。作为的义务有：产品内在质量应当符合法定或约定要求；产品包装标识符合要求。不作为的义务包括：不得生产国家明令淘汰的产品；不得伪造产地，不得伪造或者冒用他人的厂名、厂址；不得伪造或者冒用认证标志等质量标志；不得掺杂、掺假，不得以假充真、以次充好，不得以不合格产品冒充合格产品。与生产者的产品质量义务相似，销售者的产品质量义务也包括作为的义务和不作为的义务两类。作为的义务有：进货验收的义务；保持产品质量的义务及有关产品标识的义务。不作为的义务包括：不得销售国家明令淘汰并停止销售的产品和失效、变质的产品；不得伪造产地，不得伪造或者冒用他人的厂名、厂址；不得伪造或者冒用认证标志等质量标志。销售产品，不得掺杂、掺假，不得以假充真、以次充好，不得以不合格产品冒充合格产品。

产品质量责任是指产品生产者、销售者以及对产品质量负有直接责任的第三人违反法律规定，不履行法定的义务，应当依法承担的法律后果。经营者在违反默示担保义务、明示担保义务及产品存在缺陷的情形下，应当承担产品质量责任。产品质量责任的民事责任可分为产品瑕疵担保责任和产品缺陷损害赔偿责任。

因产品存在缺陷造成人身、他人财产损害的，受害人可以向产品的生产者要求赔偿，也可以向产品的销售者要求赔偿。

因产品质量发生民事纠纷时，当事人可以通过协商或者调解解决。当事人不愿通过协商、调解解决或者协商、调解不成的，可以根据当事人各方的协议向仲裁机构申请仲裁；当事人各方没有达成仲裁协议的，可以向人民法院起诉。因产品存在缺陷造成损害要求赔偿的诉讼时效期限为 2 年，自当事人知道或者应当知道其权益受到损害时起计算。

【前沿动态】

《产品质量法》是我国社会主义市场经济法律体系的重要组成部分，作为规范我国产品质量的"基本法"不仅受到立法机关的青睐，而且受到理论界的高度重视。我国《产品质量法》明确了各级政府在产品质量管理工作中的责任，要求企业必须建立健全并严格实施企业内部质量监督管理制度，完善了行政机关实施产品质量监督的执法手段，对产品质量违法行为加大了处罚力度。随着《食品安全法》、《侵权责任法》、《农产品质量安全法》以及产品召回制度的制定与完善，我国产品质量法律体系建设渐趋完善。但同时也应看到我国产品质量法律体系存在诸多不足，如《产品质量法》虽然规定了产品运输、保管、仓储和为以假充真的产品提供制假生产技术者的产品质量责任，规定了服务业经营者的产品质量责任，但是，这些市场主体的产品质量责任都是一种行政责任。能否要求这些市场主体承担民事责任和刑事责任，法律并没有做出明确的规定。完善我国《产品质量法》应明确把提高产品的安全性作为产品质量法的宗旨之一，明确政府监管产品质量的核心是保证产品的安全、明确规定生产者和销售者的产品安全义务、产品质量责任应围绕产品安全进行相应的重构。

【关键名词或概念】

产品
产品质量
产品质量责任
产品责任

【简答题】

1. 简述我国《产品质量法》的适用范围。
2. 试述我国质量监督管理制度的主要内容。
3. 试述生产者、销售者的质量责任。
4. 产品质量责任的判断依据有哪些？
5. 产品出现质量缺陷，哪些情况下生产者可以不承担赔偿责任？
6. 产品质量责任和产品责任有哪些不同？

【案例讨论】

案例一

卡式炉爆炸索赔案

【案情】

2011 年春节前，李某将家里装扮一新，接来老人，准备欢欢乐乐过个年。除夕晚上，李某点燃刚从单位拿回的卡式炉，正打算露一手，谁知"轰"一声，卡式炉爆炸了，老人被炸伤，李某的右手也被炸裂。事后，李某找到有关部门，有关部门对此进行了调查。原来该型号卡式炉是某市一家电器公司的新产品，出事前几天送到李某单位（电子产品检测所）请求检测，李某认为该电器公司产品质量一直不错，于是就顺手拿回一台，准备春节使用，不料却发生了事故。

【问题讨论】

若李某起诉卡式炉制造公司（即某市电器公司）能否胜诉？为什么？

案例二

打火机质量缺陷纠纷案

【案情】

刘某某日夜归，上楼梯时，因楼梯处的灯泡被人打破，刘某想起自己一年前在某商场购得的打火机，便将其拿出并调至最大火苗状态，借此照明上楼。走到家门口时，打火机突然在手中爆炸，刘某手被炸伤，经治疗，花去医疗费9000余元。刘某伤愈，提起诉讼索赔。被告商场认为，商场进货时已经验收，该打火机有检验合格证。至于打火机存在质量缺陷，是生产厂家的责任，商场并无责任。被告打火机厂辩称：该打火机是一年以前投放市场的，至今销路甚好，广受消费者喜爱。该打火机外包装上明示有"产品出售3个月内，可因产品内在质量问题由厂家免费修理或更换，实行三包"。而原告一年前购买的打火机，远远超出"三包"期限；并且打火机是用来点烟的，原告调至最大火苗状态用来照明，此乃原告使用不当，因此，企业不负赔偿责任。法院经审理查明，该种打火机为增大贮气容量，将贮气室增大，贮气室与火苗间仅用一层薄铁皮相隔；当火苗很大又长时间燃烧，并且贮气室内液体燃气多、压力大时，足以导致燃气室压力过高爆炸，因此该打火机在设计上存在缺陷。

【问题讨论】

1. 被告某商场的观点是否成立？为什么？
2. 被告打火机厂的观点是否成立？为什么？本案应如何处理？

第十七章　宏观调控法概论

> 好的法律应该提供的不只是程序正义。它应该既强有力又公平；应该有助于界定公众利益并致力于达到实体正义。
>
> ——［美］诺内特·塞尔兹尼克

【本章导读】

市场经济是以市场作为对资源配置基础性作用的商品经济，其自身无法克服的缺陷决定了必须确立政府的干预。宏观调控法是经济法体系中的重要部门经济法，是经济法的核心之一。本章主要简述了宏观调控法的法律体系、基本原则和调整方法。

【学习目标】

本章重点要求学生了解宏观调控法的概念及其产生原因，并在此基础上理解宏观调控法的特征和基本原则，掌握宏观调控法的调整对象、体系和调整方法。

【知识结构图】

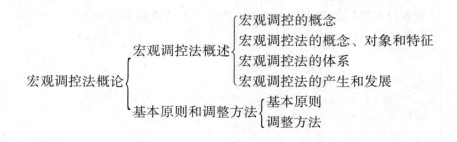

第一节　宏观调控法概述

市场经济是以市场作为对资源配置基础性作用的商品经济，其自身无法克服的缺陷决定了必须确立政府的干预。市场管理法和宏观调控法正是基于这样一种理论而产生的。两者的不同之处在于，市场管理法通过国家对市场经济活动的直接干预来实现其职能，它通过运用行政命令、规章制度之类的公权力直接干预市场主体的经营活动，对市场主体的竞争行为和交易行为进行规制，如通过制定和实施反不正当竞争法和反垄断法，依法严禁市场主体在交易活动中的不正当竞争和垄断行为，为市场主体交易行为确立一个直接的、强制性的选择标准。而宏观调控法则通过国家对市场经济活动的间接干预实现其职能，以间接方式引导或影响市场主体经济行为的选择。由此可以看出，它为市场主体所确立的是一个间接的标准，具有可选性，如通过体现法律规范特点的一些经济政策，如货币政策、财政税收政策等，明确向市场主体传达一种信息，哪些市场交易活动因符合国家经济政策而受到鼓励，哪些不符合国家经济政策而受限制等。本章作为宏观调控法旨在说明宏观调控法的基础理论。

一、宏观调控的概念

要阐明宏观调控法的问题，必须了解宏观调控的概念。所谓宏观调控，即宏观经济调控，是指政府为实现社会总需求与社会总供给之间的平衡，保证国民经济持续、稳定、协调增长，而运用经济的、法律的和行政的手段对社会经济运行的调节与控制。上述定义可以使我们明确认识以下几点：

第一，宏观经济调控的主体是政府。宏观经济调控，是对国民经济总量运行的调控，因此，宏观经济调控的主体只能是政府，尤其是中央政府。因为唯有政府，特别是中央政府才有可能把握国民经济总量运行的经济要求，并可能具备制定克服总量失衡的制度及政策能力。宏观经济调控是政府的主要经济职能，但政府对经济调控不仅包括对宏观经济的调控，而且还包括对经济结构的，甚至直接对微观经济的调控。同时，政府的宏观调控必须建立在尊重市场经济运行规律的基础之上。

第二，宏观经济调控的基本目标是实现社会总供给与总需求的均衡发展。这是总量的均衡，而不是微观经济单位或局部地区、部门的局部均衡。为实现总量目标均衡，就必须通过政策手段和制度方式，使分散的市场行为在宏观调控下最终集合成总量均衡的趋势。

第三，宏观经济调控作为政府对整个国民经济综合的总量的调控，其调控手段必然是综合性的。既包括经济政策的方法，也包括法律制度手段，还包括行政性的等多种手段。这是宏观经济调控的职能及目标的客观要求。

二、宏观调控法的概念、调整对象和特征

所谓宏观调控法，是指调整在宏观调控过程中发生的经济关系的法律规范的总称。宏观调控法是经济法体系中的重要部门经济法，是经济法的核心之一。

（一）宏观调控法的调整对象

宏观调控法的调整对象是宏观调控关系，即国家对国民经济总体活动进行调节和控制过程中所发生的经济关系。宏观调控关系涉及国民经济运行全过程，内容十分广泛。主要包括以下几类：

1. 财政关系

财政作为一种以国家为主体的在全社会范围内的集中性分配活动，同社会再生产有着密切的联系。随着社会经济的发展，财政已从只是单纯地组织收入以满足政府活动的需要，发展为对国民经济运行实行调控的有力手段。政府运用财政调控手段，其中包括预算支出结构的安排、税率的提高和降低、国际信用、财政补贴等，实现宏观调控的目标。

2. 金融关系

由金融活动产生的金融关系是与货币流通和银行信贷相联系的经济活动中形成的一类经济关系。货币调控和信贷资金的调控是国家调控经济的极为重要的手段。因此，调整货币发行和流通关系、银行信贷关系和外汇管理关系是宏观调控法的重要任务。

3. 产业关系

国家通过对产业结构、产业组织形式和产业区域布局的规划和安排，达到对经济建设的总体的合理的布局，这是宏观调控的目标之一。因此，产业关系当属于宏观调控法的调整范围。

4. 固定资产投资关系

要保持经济总量的基本平衡和国民经济的协调发展，必须控制固定资产投资规模，同时不影响国家重大建设项目的安排。所以，调整固定资产投资关系也是宏观经济调控法的任务。

5. 计划关系

在社会主义市场条件下，经济运行要以市场为主体，但这并不排斥计划的作用，而是要实行市场调节手段和计划调节手段相结合。宏观调控应采取经济办法，建立计划、金融、财政三者相互配合和制约的机制，加强对经济运行的综合协调。

6. 对外宏观经济关系

中共中央在《关于建立社会主义市场经济体制若干问题的决定》中指出，国家主要运用汇率、税收和信贷等经济手段调节对外经济活动。同时，对少数实行数量限制的进出口商品的管理，按照效益、公正和公开的原则，实行配额招标、拍卖或规则化分配。为保持对外经济贸易活动的健康发展，保持国际收支平衡，国家需要对涉外对外经济贸易活动进行必要的宏观调控。因此，由国家宏观调控措施作用产生的对外宏观经济关系，应当由宏观调控法调整。

上述宏观经济调控关系，都具有经济活动内容，属于经济关系的范畴。在这些宏观经济调控关系中，国家或国家授权的机关始终是这几类经济关系的一方主体（即调控主体），调控主体与被调控主体之间的关系，既存在着调控与服从的性质，也存在着协调与合作的性质。

（二）宏观经济调控法的特征

1. 调整范围的整体性和普遍性。整体性指宏观调控法是对整个国民经济活动进行调整。普遍性是指宏观经济调控措施以对所有的经济主体调控为目的，而不是以干预个别具体的市场主体行为为目的。

2. 调整方法的指导性和间接性。指导性是指某项特定的法律制度所具有的指导和作用，如计划指导、行业政策指导，它是通过一定的法律规定，为市场主体指明具体的行为方向和行为所能达到的范围。

间接性是指某些特定的法律制度通过鼓励和抑制市场主体的行为以达到宏观调控的目的，如税率、利率、汇率等。即政府不是直接通过权力与义务法律规范规定市场主体可以从事何种交易活动，不可以从事何种交易活动，而是通过法律和体现法律规范特点的一些经济政策，对符合国家经济政策者予以鼓励，如获得贷款支持；对不符合者予以限制，如对投资项目予以严格审批，进而影响市场主体的具体经济行为选择。

3. 调整手段的综合性和协调性。调整手段的综合性和协调性是指宏观经济调控法在调整国民经济的运行时，不仅要适用计划、价格、税收、财政、金融等多种手段，而且这几种调控手段相互渗透、互相配合、相互作用。国家宏观调控所采用的调整手段，虽然也包括使用某些强制性手段，但更多地是在法律的规制下运用财政、税收、金融、信贷、价格、工资等引导方法，特别是对它们的综合运用。

三、宏观调控法的体系

宏观调控法是由众多经济法律规范组成的，它并非一个法典化的部门经济法，有关宏观调控法的基本法律制度和原则也没有集中反映在一个具体的法律文件之中，即我国没有形式意义上的宏观调控法。宏观调控法因存在许多相关法律规范，而被称为一个具有实质法法律意义的独立的法的部门。宏观调控法具有体系庞大、内容丰富，涉及广泛，形式多样的特点。

宏观调控法的体系主要包括：财政法律制度、税收法律制度、金融法律制度、产业法律制度、计划法律制度、能源法律制度、对外贸易法律制度等。

四、宏观调控法的产生和发展

（一）宏观调控法产生的原因

随着"市场失灵"在宏观经济领域凸显，依靠价值规律的自发调节已经不能解决日益严重的经济问题。就世界范围而言，市场调节的天然缺陷曾导致多次经济危机，特别是 1929—1933 年世界性的经济危机打破了亚当·斯密提出的"看不见的手"的神话，市场调节经济的和谐完美性破裂了，由此，使得"看得见的手"——国家干预经济应运而生。但国家及其政府作为权力的中心，权力与经济结合，容易滋生腐败或侵犯市场主体的正当权益，因而，政府调节也存在缺陷，会带来"政府失败"。为防止国家宏观调控的失败，需要规范宏观调控权的行使。确立与规范国家对宏观经济进行调控的法律就是宏观调控法。

（二）宏观调控法产生的历史沿革

1. 19 世纪 50 年代前后是宏观调控法的萌芽阶段。其典型代表是美国 1863 年《国民银行法》、1864 年修正的《所得税法》。

2. 20 世纪初是宏观调控法的奠基阶段。其典型代表是 1909 年英国改革所得税法（1798 年）（对高收入者加重征税）、美国 1913 年《联邦所得税法》、1912 年《预算和审计法》、1913 年《联邦储备法》。

3. 1929—1933 年美国"新政"时期颁布的《全国产业复兴法》、《农业调整法》、《1933 年银行法》等是真正意义上的宏观调控法。这些宏观调控法虽然具有危机对策的性质，但却赋予了当局干预经济的权力。

4. 第二次世界大战以后出现了第四阶段的宏观调控法，典型的如《日本银行法》（1949 年制定，1949 年大幅度修改）、日本《财政法》（1947年）、《小企业现代化促进法》（1963 年）、《德意志联邦银行法》（1957年）等，受凯恩斯主义的影响，这些宏观调控法开始全面、大胆、有意识地干预经济。

5. 20 世纪 70 年代后期以后出现的是第五阶段的宏观调控法，典型为《英格兰银行法》（1979 年）、法国《计划改革法》（1982 年）、美国《存款机构放松管制和金融控制法》（1980 年）以及英、美、日等国降低税率、简化税制为主要内容的税法改革等。此时的宏观调控法已经开始受到减少干预的自由主义经济理论的影响，凯恩斯主义的影响减弱。

6. 20 世纪 60 年代以后，宏观调控法向综合立法的方向发展，最典型的是德国 1967 年颁布的《经济稳定与增长法》和美国 1978 年的《充分就业和国民经济平衡增长法》。各国越来越强调财政政策与货币政策的协调，以及计划与财政政策、货币政策的协调，而这些协调尽管具有很强的政策性和政治性，但是在法律的框架内是非常必要的。

第二节　宏观调控法的基本原则和调整方法

一、宏观调控法的基本原则

宏观调控法的基本原则，是指在宏观经济法的制定、执行以及主体参加宏观经济调控下的具体经济活动中所必须遵循的基础性准则，是各项宏观经济法律制度和全部规范的总的指导思想。我国宏观经济调控法的基本原则主要有以下几项：

（一）宏观调控职权和程序法定原则

国家的宏观调控职能主要是通过政府的行为实现的，政府权力法定是现代法治社会的基本要求。现代市场经济理论和实践表明，国家干预也并非没有缺陷，政府干预的失灵（如过度干预、滥用干预权等）同样会妨碍交易的正常进行。因此，必须确立对政府干预的规范原则，包括规范政府干预经济的权力，约束政府干预的行为，以确保政府的宏观调控权的正当行使。尤其是宏观调控日益成为当代各国政府突出的经济职能，政府参与、干预和调控经济的范围比以往更为广泛；此时，更应强调权力法定的原则。英国著名的行政法学者韦德指出："政府权力的膨胀更需要法治"①。

基于宏观调控具有极大的外部性，因此，宏观调控权必须来源于法律上的明确授权，且须通过程序对政府的行为实施动态的控制，以达到调控权的效果。宏观调控法的调整对象是国民经济整体，针对的是社会产品和服务的总需求和总供给、经济结构等事关经济全局的经济变量，其对经济的影响是全局性的、长期性的，宏观调控运用得适当与否对国民经济的影响是难以估量和无法回复的。宏观调控权作为国家的一项重要权力，对经济的影响、对市场主体和普通民众的影响极大，必须依法规制使之保持谨慎和理性。

宏观调控是一项高度复杂的政府经济行为，应保持一定的弹性，以使之能够及时和灵活应对变幻莫测的国内外经济形势，且因管理的经济社会事务复杂，立法机关不宜也难以就政府具体管理经济的事项做出详尽的法律规定，而不得不留给政府巨大的自由裁量空间。因此，程序的完善更显得重要。事实上，宏观调控的程序规定也比一般的政府管理行为严格得多。例如，依据我国的法律，国民经济和社会发展计划必须经国家最高权力机关批准；国家预算也需由全国人民代表大会批准，预算调整由全国人大常委会批准；中国人民银行就年度货币供应量、利率、汇率和国务院规定的其他重要事项做出的决定，报国务院批准后执行；前述之外的其他有关货币政策事项做出决定后，需报国务院备案。又如根据新修订的《税收征收管理法》的规定，税收的开征、停征以及减税、免税、退税、补税，依照法律的规定执行；法律授权国务院规定的，依照国务院制定的行政法规的规定执行。

（二）维护国家宏观经济利益原则

经济法在很大程度是由于社会公共利益受到损害，国家为了平衡社会公共利益和个体利益而产生的。因此，宏观调控法的第二个原则是维护国家宏观经济利益。这一原则强调宏观调控法律的制定和实施，都必须以国家的宏观经济利益为出发点和归宿。该原则主要包含两层含义：

第一，制定并实施宏观调控法律的出发点只能是维护国家的宏观经济利益，而不是其他。为了保证宏观调控的这一目的，宏观调控法不仅应当从实体法意义上规定政府的调控权力和义务，而且还应当从程序法规范意义规范政府的调控形式和程序，如政府在宏观调控方面实施公开原则，及时发布有关宏观调控的信息，使市场主体在取得信息方面处于平等地位；建立决策过程中的辩论制度、听证会制度、专家委员会咨询制度以及适当的批准和备案

---

① ［英］韦德：《行政法》，中国大百科全书出版社，1997 年版，第28 页。

制度等。

第二，宏观调控部门制定和实施宏观经济法律、政策时不能从狭隘的部门利益出发，应以维护国家的整体利益为目标。例如开征利息税，可以增加政府的财政收入，财政部门会热衷于此；但是开征利息税，等于变相的降低利率，会影响银行的储蓄，银行部门的利润会受到一定的影响，同时利率的调整也会对投资、股市产生影响，可能造成投资的扩张和通货膨胀，会给中央银行造成一定的压力。又如，中央银行货币政策的主要目标是保持货币币值的稳定，为了实现该目标，中央银行会倾向于保持较高的利率水平，但过高的利率会加大企业融资的成本，加重企业的负担，企业的利润会受到影响，投资也会受到抑制；政府的经济增长率以及财政和税务部门的税收收入因此会受到影响。凡此种种，都说明了不同的宏观调控部门具有相对独立的宏观调控目标和部门利益，但是宏观调控措施的制定和实施必须以国家的宏观经济形势为依据，以国家整体的宏观经济利益为目标。在宏观调控的问题上，只存在国家的整体利益而不存在所谓的部门利益；为此，国务院应加强不同部门之间的政策协调。作为宏观调控法的基本原则之一，维护国家宏观经济利益原则可以补充法律明文规定之不足，同时也是宏观调控主体行使自由裁量权的依据和限制。

（三）间接调控原则

政府对市场主体的交易活动进行调控，是间接地通过市场进行的，因为，政府的宏观调控是在充分发挥市场机制作用的基础上进行的。为此，一方面政府应当在健全市场经济的微观法律基础上，通过计划、财政、金融、物价等方面的法律化政策，作用于市场，影响市场主体的经济选择行为，通过市场引导，规范市场主体的交易活动符合宏观经济政策的要求。另一方面，间接调控主要通过集中体现利益机制的经济政策来实现，当然，这种经济手段和行政手段的运用必须在法律确定的宏观调控框架内进行。在有关调控的法律规范形式上，更多地应用选择性规范形式，这是体现间接调控的规律特点。

（四）适度性原则

宏观调控作为一种国家干预经济的手段，受市场竞争的制约，也就是说在市场经济体制下，对社会资源配置起基础性作用的是市场，它是第一性的、基础的。凡是市场可以竞争的，就没必要进行宏观调控。只有在市场调节无法起作用的领域，才有必要实施宏观调控。

从政府与市场的关系而言，宏观调控法要担当起两大重任：作为国家干预之法，要应对市场失灵，防止干预不足；作为规范国家干预经济之法，要应对政府失灵，防止干预过度。干预过度对经济的阻碍是巨大的，其恶果之一是造成了大量的行政垄断，影响了市场秩序的建立；另一个恶果则是滋生、助长了腐败。现代市场经济条件下宏观调控法的双重职能突出体现了国家适度干预原则对于宏观调控法的重要性。

适度性原则具体来说，其内涵有三层意思：一是政府干预不得冲击和削弱市场机制作用的发挥，相反应当促进和保护市场机制调节功能的充分发挥；二是政府的干预必须尊重客观经济规律，依法进行干预；三是政府一般不得直接干预经济组织的生产经营活动。

二、宏观调控法的调整方法

【案例 17-1】　2011 年上半年，CPI 指数的持续攀升，如何有效治理、控制物价上涨？专家一致认为，必须发挥国家的宏观调控职能，切实落实国务院制定的各项措施。2011 年 6 月开始，五部委联合起来积极行动，在全国范围内开展为期一年的收费公路专项清理工作。全面清理公路收费中违规及不合理的项目，纠正各种违规收费行为，降低了运输成本，进而就对控制物价上涨起到了不可低估的促进作用。另外，部分农产品的补贴也需要继续执行。专家强调，粮食产品生产周期性比较长，完全靠市场调节是不能解决问题的，需要政府和市场两手抓，才能解决好。

宏观调控法的调整方法从性质上来说，主要有三种：法律的、经济的、行政的。其中，以经济和法律手段结合为主。首先，政府的宏观调控活动必须依法进行，不论是运用经济手段，还是运用必要的行政手段，都必须严格依照法律规定的调控范围、原则、目标、内容进行，因此法律手段是宏观调控的基本方式；其次，在法律规定的宏观调控框架内，主要运用金融、税收等经济法手段进行调节，这些方式必须由法律来规定；再次，在法律确定的宏观调控框架内，以必要的行政手段为宏观调控的辅助手段。在一些市场机制不能直接或间接发生作用的领域，如生态平衡和资源保护等问题上需要采取必要的行政手段，此外，当市场经济运行发生紧急状态，如重大自然灾害或发生通货膨胀急剧上升等经济危机的情况下，政府可依法采用行政控制措施，诸如冻结物价、利率等。

具体来说，按照宏观经济调控法的调整对象和基本原则的要求，宏观经济调控法的调整方法主要包括引导、规制和监督三种。

（一）引导的方法

所谓引导的方法包括两层含义：

一是采用经济利益诱导的方法。具体说就是国家通过制定经济法规确定价格、利率、税率、汇率和工资标准等经济参数调节经济活动。因为经济参数是一系列变量，这些变量的上下变化，不断改变着经济主体之间的经济利益关系，从而调节各种生产要素，以实现宏观经济目标要求的合理配置和组合。政府通过法律中介将经济参数转换为国家参数或政府参数来使用，即对于经济参数在一定时期的确定与变化，由享有宏观经济调控权的国家机关通过经济立法程序予以确认和公开发布，全体经济主体都必须执行。例如，税率、汇率、利率的确定都是法律规定的，称之为法定参数，分别由税务机关、外汇管理机关和中央银行依法确认和公布。从总体上说，宏观调控主要就是通过运用经济手段调节利益结构，进而诱导地区、行业（产业）和市场主体的行为，即调控主体通过经济手段形成受控主体可选择的不同利益格局，诱导特定行为的实施或不实施，从而配置经济资源。

二是采取计划指导的方法。计划不同于一般的经济诱导方法，计划指导方法是通过直接作用于经济活动的经济计划指标来引导经济行为的，其影响力要比经济参数作用直接得多。但这种计划指导又不是计划部门的行政指令，而是通过计划法确定的原则和程序来制订经济计划、修改经济计划，一切计划执行主体必须依法实施计划，完不成计划要承担一定的法律责任。因此，这种计划指导不是一种行政手段，而是一种由法律规范着的经济手段。

经济利益诱导和计划指导都属于经济手段的范围，我们将两者归为一类，称之为引导的方法。应当注意的是引导不是一般意义的引导，而是通过法律中介转换的引导，它是属于宏观经济调控法的特有的调整方法，而不是民事方法，因为具有行政干预的因素；它们不是行政手段，因为在这里不是偶然的、一次性适用的、临时的行政指令，而是通过法律形式固定的经济利益关系。在市场经济条件下，宏观经济调控法的引导或调整方法是诱导为主，并结合计划指导的方法。

（二）规制的方法

规制作为一种宏观经济调控法的调整方法，其内在含义是：政府依照一定的规则对经济主体的行为所进行的某种限制。这里包含三层意思：

一是施行这种方法的只限于政府或政府授权的机关。

二是必须依照事先制定的规则，这种规则可以是法律、法规，也可以是政府的规章，但社会团体、经济组织的章程和制度不能作为政府规制的依据。

三是规制的目的是限制与宏观经济调控目标相背离的行为和损害宏观经济整体效益的行为。国家干预是宏观经济调控法的最重要的特征。引导和规制两个手段。保证着干预目的的实现。案例 17 - 1 中五部委联合行动清理公路收费中违规及不合理的项目，纠正各种违规收费行为，就是一种规制的方法。

规制的方法在宏观经济调控法中适用性较广，既可规制影响公正分配、经济稳定增长、经济总量和结构保持平衡等行为，也可规制可能造成地区封锁、部门集团垄断、损害消费者利益等行为。

（三）监督的方法

所谓监督是对经济行为的监察和督导。监察宏观经济活动，就是检查、考察宏观经济行为是否符合既定的宏观调控目标，调查一系列体现目标要求的标准、指标与定额是否出现偏差及偏差的程度。指示行为者采取措施加以纠正。督导宏观经济活动，就是通过检查等方式督促、指导经济主体从事符合既定目标的经济活动，从而预防偏离目标的行为发生。

宏观经济调控法所采用的监督方法具有如下四点特征：

第一，监督所参照的标准、指标和定额等是由经济法规如审计法、会计法、统计法、标准化法、质量法等事先规定的，也就是这种监督是以法律为依据的。

第二，这种监督是由政府机关或政府机关授权的单位进行的，而不是任何个人或企事业单位或群众团体可以实施的。

第三，监督者有权责令被监督者纠正偏差行为，这种监督是一种带有强制性的监督。

第四，具有法定的监督程序，任何监督活动均按程序进行。宏观经济调控法的监督办法一般通过计划监督、财政监督、税收监督和国家银行监督等具体方式作用于监督对象。

【本章小结】

市场经济是以市场作为对资源配置基础性作用的商品经济，其自身无法克服的缺陷决定了必须确立政府的干预。市场管理法和宏观调控法正是基于这样一种理论而产生的。宏观调控法是通过国家对经济活动的间接干预实现其职能的。它为市场主体所确立的是一个间接的标准，具有可选性，如通过体现法律规范特点的一些经济政策，如货币政策、财政税收政策等，明确向市场主体传达一种信息，哪些市场交易活动因符合国家经济政策而受到鼓励，哪些不符合国家经济政策而受限制等。宏观经济调控的主体是政府，基本目标是总供给与总需求的均衡发展，其调控手段是综合性的，既包括经济政策的方法，也包括法律制度手段，还包括行政性的等多种手段。

宏观调控法，是指调整在宏观调控过程中发生的经济关系的法律规范的总称。宏观调控法是经济法体系中的重要部门经济法，是经济法的核心之一。作为宏观调控法调整对象的宏观调控关系，主要包括：财政关系、金融关系、产业关系、固定资产投资关系、计划关系、对外宏观经济关系。宏观调控法的体系主要包括：财政法律制度、税收法律制度、金融法律制度、产业法律制度、计划法律制度、能源法律制度、对外贸易法律制度等。

我国宏观经济调控法的基本原则主要有：宏观调控职权和程序法定原则，国家的宏观调控职能主要是通过政府的行为实现的，政府权力法定是现代法治社会的基本要求；维护国家宏观经济利益原则，这一原则强调宏观调控法律的制定和实施，都必须以国家的宏观经济利益为出发点和归宿；间接调控原则，政府的宏观调控是在充分发挥市场机制作用的基础上进行的；适度性原则，即只有在市场调节无法起作用的领域才有必要实施宏观调控。宏观经济调整法的调控方法主要包括引导、规制和监督三种。引导的方法包括采用经济利益诱导的方法和采取计划指导的方法；规制是政府依照一定的规则对经济主体的行为所进行的某种限制；宏观经济调控法所采用的监督是以法律为依据的，由政府机关或政府机关授权的单位按照法定的监督程序进行的，带有强制性的监督。

【关键名词或概念】

宏观调控
政府权力法定
适度性原则
宏观经济利益

【简答题】

1. 谈谈宏观调控与市场经济的关系。
2. 试述宏观经济调控法的特征。
3. 简述宏观调控法的产生和发展。
4. 为什么说宏观调控法是经济法的核心？

5. 如何理解我国宏观经济调控法的基本原则？

6. 宏观经济调控法的调整方法主要有哪些？

【案例讨论】

案例一

政府对城市房价上涨的宏观调控

【案情】

蒜你狠、豆你玩，物价不断走高，2011 年上半年我国居民消费价格总水平（CPI）同比上涨 5.4%，如何抗击通胀，考验政府智慧。国家发改委表示国家将把控制物价上涨作为宏观调控首要任务。上半年以来，国家采取了一系列的措施来控制物价的上涨，包括加息、提高存款准备金率、控制投资项目规模、通过物资调配、进出口等手段调节来保障供应、搞活流通、减少收费等。

【问题讨论】

从以上国家宏观调控政策的出台，谈谈你对宏观调控的作用的理解。

案例二

2006 年消费税制的调整

【案情】

消费税是我国 1994 年税制改革时设置的税种，是对货物征收增值税以后，再根据特定的财政或调节目的选择部分产品（主要是一些消费品）进行征收。当时主要选择了烟、酒、小汽车等 11 类应税产品。十多年来，消费税收入增长较快，已由 1994 年的 516 亿元增加到 2005 年的 1634 亿元，增长三倍多，同时在有效组织财政收入、促进资源合理配置和正确引导生产消费等方面发挥了重要的作用。但是，随着我国经济的快速发展，这一消费税制产生了一些问题：一是征税范围只限于 11 个应税品目，范围有些偏窄，不利于在更大范围内发挥消费税的调节作用；二是原来确定的某些属于高档消费品的产品，这些年已经逐渐具有大众消费的特征，再征收消费税，不利于鼓励生产和消费；三是有些应税品目的税率结构与国内产业结构、消费水平和消费结构的变化不相适应，不能满足消费税发挥调节作用的需要；四是消费税促进节约资源和环境保护的作用有待加强。

鉴此，经国务院批准，从 2006 年 4 月 1 日起我国的消费税政策进行了一次重要的调整。这次消费税政策调整的指导思想是：以党的十六届三中全会、十六届五中全会精神为指针，按照贯彻落实科学发展观、建设节约型社会和构建和谐社会的要求，适应社会经济形势的客观发展需要，对消费税税目、税率及相关政策进行调整，完善消费税制，加强税收征管，进一步增强消费税的调控功能，更好地发挥其组织财政收入、促进资源配置、引导生产消费等方面的作用。

【问题讨论】

从消费税制的这次调整，如何理解宏观调控法的特征？

第十八章 经济仲裁与民事诉讼

一次不公的裁判比多次不平的举动为祸尤烈。因为这些不平的举动不过弄脏了水流，而不公的裁判则把水源败坏了。

——培　根

【本章导读】

经济仲裁与民事诉讼是现代社会两种并行的解决经济争议的途径。经济仲裁以仲裁协议为前提，其优势和特点在于充分体现了当事人双方的自愿性；民事诉讼则是指审判机关在当事人和其他诉讼参与人参加下，对民事纠纷案件进行审理并做出裁决的活动。了解这两种经济争议的解决方式，有利于市场经济主体依法保护自己的合法权益。本章简述了经济仲裁的基本原则和仲裁协议的具体要求以及民事诉讼的主要相关规定。

【学习目标】

本章重点要求学生了解经济仲裁与民事诉讼的区别，掌握经济仲裁的范围、基本原则、仲裁协议的规定，了解仲裁机构的设置和仲裁程序；了解审判程序以及执行程序，掌握经济案件的管辖、诉讼时效和举证责任制度以及财产保全。

【知识结构图】

```
                            ┌ 经济仲裁概述
                            │ 仲裁协议
                     经济仲裁 ┤ 仲裁机构
                            │ 仲裁程序及仲裁裁决的撤销、执行
                            └ 涉外仲裁的特别规定
                            ┌ 民事诉讼及其基本原则
经济仲裁与民事诉讼 ┤           │ 民事诉讼的基本制度
                            │ 民事诉讼的审判管辖
                            │ 民事诉讼中当事人的权利与义务
                     民事诉讼 ┤ 民事诉讼证据
                            │ 财产保全
                            │ 民事审判程序
                            │ 执行程序
                            └ 涉外民事诉讼的特别规定
```

第一节　经济仲裁

【案例18－1】　某实业公司与某商场签订了一份合同，合同中约定双方如因合同发生纠纷，由市仲裁委员会仲裁解决。后某实业公司请求仲裁委员会裁决某商场赔偿其损失。而某商场则认为整个合同无效，因此该仲裁协议也无效，拒不赔偿。

问题：某商场的理由是否合法？

一、经济仲裁概述

（一）经济仲裁的概念和特征

仲裁，也称公断，是指当事人双方在争议发生后，依照双方达成的书面仲裁协议，将争议提交仲裁机构审理，并做出对争议各方均有约束力的裁决，从而解决争议的一种方式。而经济仲裁，则是指经济纠纷的当事人通过订立仲裁协议，自愿将有关争议提交仲裁机构，仲裁机构以第三者的身份对争议案件做出裁决，双方必须执行的一种解决经济纠纷的方式。仲裁与诉讼是现代社会两种并行的纠纷解决方式，与诉讼相比，仲裁有其优势和特点：

1. 经济仲裁充分体现了当事人双方的自愿性。"自愿性"主要体现的是：

（1）当事人采取仲裁方式解决经济争议，完全出于双方的自愿，这种自愿表现为双方达成的书面仲裁协议，没有仲裁协议，一方申请仲裁的，仲裁机构不予受理。当事人可以自行和解，达成和解协议后，可以请求仲裁庭根据和解协议做出仲裁裁决书；当事人也可以撤回仲裁申请。

（2）提交仲裁的事项或内容，取决于当事人的自愿。即就哪些问题或争议提交仲裁，也必须由双方协商一致。

（3）仲裁机构、仲裁员、仲裁地点，可以由当事人自主选择。仲裁不受级别管辖与地域管辖的限制。

（4）当事人还可以通过协商一致选择适用的仲裁规则和法律。

当事人不仅可以在仲裁协议中约定解决争议所适用的仲裁规则，也可以约定选择法律（实体法）。如果没有选择，由仲裁庭确定。

2. 经济仲裁具有灵活性和快捷性。经济仲裁在程序上简便易行，方式灵活、审理快捷。仲裁规则和具体程序可以按当事人的选择适用，几乎每一个步骤当事人都能够主动作为，因此，仲裁的灵活性很强，很多环节可以被简化，没有诉讼程序的严格和限制。同时，经济仲裁实行一裁终局制，不存在上诉或重申的可能性，避免讼累。有利于当事人之间的经济纠纷的迅速解决，也降低了解决争议的成本。

3. 经济仲裁一般不公开进行，具有较强的保密性。仲裁案件以不公开审理为原则，纠纷当事人、争议内容、裁决结果均依法不得向外披露。这与诉讼正好相反。而且仲裁法和仲裁规则都规定了仲裁员及相关人员的保密义务，因此，有利于维护当事人的商业信誉和商业秘密。

4. 经济仲裁具有权威性、专业性。仲裁员一般均为各行各业的专家、学者，他们不仅具有丰富的法律知识和良好的道德品质，同时具备精深的专业素质，因此，对于案件的判断和裁决更容易做到公正公平。

5. 经济仲裁具有强制约束性。仲裁裁决依法做出后，争议双方当事人均须自觉执行，如一方不执行，另一方可以申请强制执行。

我国经济仲裁依据的基本法律是第八届全国人大常委会第九次会议于1994 年 8 月 31 日通过的自 1995 年 9 月 1 日起施行的《中华人民共和国仲裁法》（以下简称《仲裁法》）

（二）经济仲裁的范围

我国《仲裁法》第 2 条规定："平等主体的公民、法人和其他组织之间发生的合同纠纷和其他财产权益纠纷，可以仲裁。下列纠纷不能仲裁：婚姻、收养、监护、扶养、继承纠纷；依法应当由行政机关处理的行政争议。"

此外，劳动争议和农业集体经济组织内部的农业承包合同纠纷不能按《仲裁法》的规定进行仲裁。

根据上述规定，我国经济仲裁范围的特点是：主体的平等性；仲裁事项的可处分性和争议内容的财产性。

（三）经济仲裁的原则

1. 协议仲裁原则

仲裁协议是当事人仲裁意愿的体现。当事人申请仲裁、仲裁委员会受理仲裁案件以及仲裁庭对仲裁案件的审理和裁决都必须依据当事人之间订立的有效的仲裁协议，没有仲裁协议就没有仲裁制度。

2. 或裁或审制度

仲裁与诉讼是两种不同的争议解决方式。因此，当事人之间发生的争议只能在仲裁或者诉讼中选择其一加以采用，有效的仲裁协议即可排除法院的管辖权，只有在没有仲裁协议或者仲裁协议无效的情况下，法院才可以行使管辖权。

3. 独立裁决原则

独立裁决原则，首先是指仲裁机构在仲裁案件时，只能依据客观事实和法律，实事求是地裁决，不受任何行政机关、团体和个人的干涉。其次是指仲裁员个人独立，基于独立的意志做出裁决意见。

4. 以事实为根据，以法律为准绳，公平合理地解决纠纷原则

仲裁机构做出仲裁裁决须以客观事实为依据，以民事实体法和程序法作为处理案件的标准。为了准确地认定事实，仲裁庭必须充分听取双方当事人的陈述、证人证言和鉴定人的鉴定意见，防止偏听偏信和主观臆断。仲裁庭认为有必要收集的证据，可以自行收集。在适用法律时，法律有明文规定的，按照法律的规定；无明文规定的，则按照法律的基本精神和公平合理原则处理。

5. 保密审理原则

保密审理即指仲裁案件不公开审理以及当事人、仲裁员、证人、鉴定人等承担不向外界透露案件实体和程序进行情况的义务。不公开仲裁是出于对当事人自由意志的尊重和商业保密的考虑。如果双方当事人申请公开审理，必须征得仲裁庭的同意和认可。

6. 一裁终局原则

我国《仲裁法》明确规定，仲裁实行一裁终局制度。即仲裁庭做出的仲裁裁决即为终局裁决，裁决做出后，当事人就同一纠纷再申请仲裁或者向人民法院起诉，仲裁委员会或者人民法院不予受理。当事人应当自动履行裁决，一方当事人不履行的，另一方当事人可向法院申请执行。

二、仲裁协议

（一）仲裁协议概述

1. 仲裁协议的概念

仲裁协议是指双方当事人自愿将他们之间业已发生的或将来可能发生的争议提交仲裁机构仲裁的书面意思表示。

仲裁协议就其性质来看，是一种合同。仲裁协议按其外在表现形式，在实践中有两种：即以合同条款形式表现的仲裁条款和以独立形式表现的仲裁协议书。仲裁条款表面上是合同中的一项条款，但其实质上是与其所在的合同既有紧密联系又独立于其外的另一项合同，是明确争议解决方式的程序性合同。这一程序性合同与明确双方当事人权利、义务关系的实体性合同可以说是某种特殊的主合同与从合同的关系。

2. 仲裁协议的表现形式

《仲裁法》第 16 条规定："仲裁协议包括合同中订立的仲裁条款和以其他书面方式在纠纷发生前或者纠纷发生后达成的请求仲裁的协议。"由此可见，仲裁协议必须采取书面的形式。一般来说，仲裁协议有两种表现形式：

（1）仲裁条款

仲裁条款是指争议发生前，双方当事人在合同中订立的，将有关合同争议提交仲裁的条款，仲裁条款是合同的一部分。这是国际经济贸易合同中最常用的仲裁解决方式。案例 18 - 1 中，双方即采用合同中订立的仲裁条款作为争议解决方式。

（2）仲裁协议书

仲裁协议书是指争议发生后，双方当事人订立的，将其争议提交仲裁处理的协议。仲裁协议是单独的协议，独立于合同存在。

仲裁协议的这两种表现形式，其效力和作用是一样的，大多数国家的仲裁立法和有关的国际公约都允许采用这两种方式。

3. 仲裁协议的内容

根据《仲裁法》的规定，仲裁协议应当具备以下内容：第一，请求仲裁的意思表示，即当事人协商同意在合同纠纷或其他财产权益纠纷发生后，以仲裁的方式解决，如在合同中载有："凡由于本合同而发生的或与本合同有关的一切争议；双方当事人自愿提交××仲裁委员会解决；"第二，仲裁事项，即当事人协商同意将什么纠纷提交仲裁。当事人提请仲裁的争议，以及仲裁机构所受理的争议，都不得超过仲裁协议所规定的范围。合同纠纷中，提请仲裁的事项应与合同主要条款的违约责任基本一致；第三，选定的仲裁委员会，即当事人协商选定一个特定的仲裁委员会仲裁他们之间的纠纷。具备了上述三方面的内容才是一个有效的仲裁协议。

（二）仲裁协议的独立性

我国《仲裁法》第5条规定："仲裁协议独立存在，合同的变更、解除、终止或者无效，不影响仲裁协议的效力"。该法条的规定，充分体现了仲裁协议的独立性，不因主合同的某些变动而影响从合同的效力，即主合同是否有效、是否已经履行完毕、是否有所变更均不影响仲裁协议的效力，当事人仍可依仲裁条款或单独的仲裁协议提请仲裁。

仲裁协议的独立性在世界上已经得到国际公法、国内法的普遍承认，实际上已成为商事仲裁的稳固的原则。仲裁协议的独立性表明在当事人在选择解决他们之间纠纷的方式上拥有一定的意思自治，并且这种意思自治不仅受到法律的保护和尊重，而且当事人自己也要受到自己选择的制约。案例18－1中，即使合同无效，解决争议的条款也可不受合同无效的影响，这充分体现了仲裁协议的独立性。因此案中仲裁条款有效，商场的理由不合法。

（三）仲裁协议的效力

仲裁协议是某一仲裁机构受理争议案件的主要依据，它使该仲裁机构取得对争议案件的管辖权，从而排除了其他仲裁机构和法院的管辖权。当事人之间在订有仲裁协议的情况下，就不能再将争议提交法院解决，如果一方当事人将争议提交法院，法院明知有仲裁协议的，将不予受理。

仲裁协议还是仲裁裁决得以执行和承认为前提条件。如果仲裁机构越权仲裁或仲裁协议本身不合法，仲裁裁决将得不到法院的承认和执行。

（四）仲裁协议的无效

根据《仲裁法》的规定，有下列情形之一的，仲裁协议无效：

1. 约定的仲裁事项超出法律规定的仲裁范围的，仲裁协议约定的争议应当具有可仲裁性。仲裁协议约定提交仲裁机构仲裁的争议是法律规定可以仲裁解决的争议。

2. 无民事行为能力人或者限制民事行为能力人订立的仲裁协议，签订仲裁协议的当事人具有缔约能力，即无民事行为能力和限制民事行为能力人签订的仲裁协议无效。这里的无民事行为能力人和限制民事行为能力人应理解为包括自然人和法人及其他组织。这样规定是由于仲裁协议涉及当事人诉权之处理，是重大权益处分之法律行为，所以只能由完全民事行为能力人为之。

3. 一方采取胁迫手段，迫使对方订立仲裁协议的。当事人选择仲裁意思表示的真实。意思表示真实，要求仲裁协议必须是当事人自愿达成，故一方以欺诈、胁迫手段或乘人之危使对方在违背真实意思的情况下签订的仲裁协议，不具备法律效力。

4. 仲裁协议对仲裁事项或者仲裁委员会没有约定或者约定不明确的，当事人可以补充协议；达不成补充协议的，仲裁协议无效。

仲裁协议不得违反法律和社会公共利益。签订仲裁协议作为一种法律行为，必须符合法律规定和不得损害社会公共利益，才能产生法律效力。这里所指的法律，应理解为法律上的禁止性规定。

三、仲裁机构

（一）法定的仲裁机构

我国《仲裁法》规定的仲裁机构是仲裁委员会和仲裁协会。

1. 仲裁委员会

仲裁委员会属于常设性的仲裁机构，可以在直辖市和省、自治区人民政府所在地的市设立，也可以根据需要在其他设区的市设立，不按行政区划层层设立。

设立仲裁委员会应当具备下列条件：

（1）有自己的名称、住所和章程；

（2）有必要的财产；

（3）有该委员会的组成人员；

（4）有聘任的仲裁员。

设立仲裁委员会，应当经省、自治区、直辖市的司法行政部门登记。

仲裁委员会独立于行政机关，与行政机关没有隶属关系。各仲裁委员会的法律地位平等，相互之间也没有隶属关系。

仲裁委员会由主任1人、副主任2人至4人和委员7人至11人组成。

仲裁委员会的主任、副主任和委员由法律、经济贸易专家和有实际工作经验的人员担任。仲裁委员会的组成人员中，法律、经济贸易专家不得少于2/3。

2. 仲裁协会

仲裁协会是仲裁委员会的自律性组织，是社会团体法人。仲裁委员会是中国仲裁协会的会员。仲裁协会的章程由全国会员大会制定。仲裁协会根据章程对仲裁委员会及其组成人员、仲裁员的违纪行为进行监督。

仲裁协会依照本法和民事诉讼法的有关规定制定仲裁规则。

（二）仲裁员与仲裁庭

1. 仲裁员

仲裁委员会不设专职仲裁员，而是由仲裁委员会从公道正派、具有较高业务水准，并符合下列条件之一的人员中聘任。

从事仲裁工作满 8 年的；从事律师工作满 8 年的；曾任审判员满 8 年的；从事法律研究、教学工作并具有高级职称的；具有法律知识、从事经济贸易等专业工作并具有高级职称或者具有同等专业水平的。

仲裁委员会按照不同专业设仲裁员名册，以供当事人选择。

2. 仲裁庭

仲裁委员会并不直接审理案件，而是组成仲裁庭负责审理案件，因此，仲裁庭是指为审理某一具体案件而设立的临时性组织。

仲裁庭可以由 3 名仲裁员或者 1 名仲裁员组成。

由 3 名仲裁员组成的，为合议庭，设首席仲裁员。

当事人约定由 3 名仲裁员组成仲裁庭的，应当各自选定或者各自委托仲裁委员会主任指定一名仲裁员，第三名仲裁员由当事人共同选定或者共同委托仲裁委员会主任指定。第三名仲裁员是首席仲裁员。

当事人约定由一名仲裁员成立仲裁庭的，为独任仲裁庭。应当由当事人共同选定或者共同委托仲裁委员会主任指定仲裁员。

当事人没有在仲裁规则规定的期限内约定仲裁庭的组成方式或者选定仲裁员的，由仲裁委员会主任指定。仲裁庭组成后，仲裁委员会应当将仲裁庭的组成情况书面通知当事人。

四、仲裁程序及仲裁裁决的撤销、执行

（一）仲裁程序

根据《仲裁法》的规定，仲裁程序的主要步骤如下：

1. 申请和受理

当事人申请仲裁应当符合下列条件：

（1）有仲裁协议；

（2）有具体的仲裁请求和事实、理由；

（3）属于仲裁委员会的受理范围。

当事人申请仲裁必须采取书面形式，应当向仲裁委员会递交仲裁协议、

仲裁申请书及副本。仲裁申请书应当载明下列事项：

（1）当事人的姓名、性别、年龄、职业、工作单位和住所，法人或者其他组织的名称、住所和法定代表人或者主要负责人的姓名、职务；

（2）仲裁请求和所根据的事实、理由；

（3）证据和证据来源、证人姓名和住所。

仲裁委员会对于当事人的仲裁申请，应当在法定期限内即自收到仲裁申请书之日起 5 天内进行审查，认为符合受理条件的应当受理，并通知当事人；认为不符合受理条件的，应当书面通知当事人不予受理，并说明理由。

仲裁委员会受理仲裁申请后，应当在仲裁规则规定的期限内将仲裁规则和仲裁员名册送达申请人，并将仲裁申请书副本和仲裁规则、仲裁员名册送达被申请人。

被申请人收到仲裁申请书副本后，应当在仲裁规则规定的期限内向仲裁委员会提交答辩书。仲裁委员会收到答辩书后，应当在仲裁规则规定的期限内将答辩书副本送达申请人。被申请人未提交答辩书的，不影响仲裁程序的进行。

当事人达成仲裁协议，一方向人民法院起诉未声明有仲裁协议，人民法院受理后，另一方在首次开庭前提交仲裁协议的，人民法院应当驳回起诉，但仲裁协议无效的除外；另一方在首次开庭前未对人民法院受理该案提出异议的，视为放弃仲裁协议，人民法院应当继续审理。

2. 审理与裁决

（1）审理方式

仲裁案件应当开庭审理。仲裁庭审理案件由两种方式：一是书面审理，即当事人协议不开庭的，仲裁庭可以根据当事人提供的仲裁申请书、答辩书以及其他材料做出裁决；另一种是开庭审理，即仲裁庭通知双方当事人到庭，仲裁庭在当事人或其法定代表人或委托代理人、律师等参加下，对仲裁请求进行实体审理和裁决。通常情况下，应当采取开庭审理的方式。

仲裁开庭审理案件不公开进行，如果双方当事人协议公开的，可以公开进行，但涉及国家秘密的除外。

（2）开庭

仲裁庭组成后，仲裁员有下列情形之一的必须回避，当事人也有权提出回避申请：①是本案当事人或者当事人、代理人的近亲属；②与本案有利害关系；③与本案当事人、代理人有其他关系，可能影响公正仲裁的；④私自会见当事人、代理人，或者接受当事人、代理人的请客送礼的。

仲裁委员会应当在仲裁规则规定的期限内将开庭日期通知双方当事人。

当事人有正当理由的，可以在仲裁规则规定的期限内请求延期开庭。是否延期，由仲裁庭决定。申请人经书面通知，无正当理由不到庭或者未经仲裁庭许可中途退庭的，可以视为撤回仲裁申请。被申请人经书面通知，无正当理由不到庭或者未经仲裁庭许可中途退庭的，可以缺席裁决。

（3）证据

仲裁庭审理案件，当事人应当对自己的主张提供证据。仲裁庭认为有必要收集的证据，可以自行收集。仲裁庭对专门性问题认为需要鉴定的，可以交由当事人约定的鉴定部门鉴定，也可以由仲裁庭指定的鉴定部门鉴定。根据当事人的请求或者仲裁庭的要求，鉴定部门应当派鉴定人参加开庭。当事人经仲裁庭许可，可以向鉴定人提问。

证据应当在开庭时出示，当事人可以质证。

在证据可能灭失或者以后难以取得的情况下，当事人可以申请证据保全。当事人申请证据保全的，仲裁委员会应当将当事人的申请提交证据所在地的基层人民法院。

（4）审理

在开庭审理过程中，当事人可以申请财产保全；可以自行和解，达成和解协议的，可以请求仲裁庭根据和解协议做出裁决书，也可以撤回仲裁申请；可以达成调解协议；双方可以进行辩论；被申请人有权进行答辩和提起反请求。

仲裁庭应当将开庭情况记入笔录。当事人和其他仲裁参与人认为对自己陈述的记录有遗漏或者差错的，有权申请补正。如果不予补正，应当记录该申请。

笔录由仲裁员、记录人员、当事人和其他仲裁参与人签名或者盖章。

（5）裁决

仲裁庭在做出裁决前，可以先行调解。当事人自愿调解的，仲裁庭应当调解。调解不成的，应当及时做出裁决。

调解达成协议的，仲裁庭应当制作调解书或者根据协议的结果制作裁决书。调解书与裁决书具有同等法律效力。

调解书应当写明仲裁请求和当事人协议的结果。调解书由仲裁员签名，加盖仲裁委员会印章，送达双方当事人。调解书经双方当事人签收后，即发生法律效力。在调解书签收前当事人反悔的，仲裁庭应当及时做出裁决。

裁决应当按照多数仲裁员的意见做出，少数仲裁员的不同意见可以记入笔录。仲裁庭不能形成多数意见时，裁决应当按照首席仲裁员的意见做出。

裁决书应当写明仲裁请求、争议事实、裁决理由、裁决结果、仲裁费用的负担和裁决日期。当事人协议不愿写明争议事实和裁决理由的可以不写。裁决书由仲裁员签名，加盖仲裁委员会印章。对裁决持不同意见的仲裁员可以签名，也可以不签名。

仲裁庭仲裁纠纷时，其中一部分事实已经清楚，可以就该部分先行裁决。

裁决书自做出之日起发生法律效力。

（6）裁决的执行

仲裁裁决是终局的，对双方当事人都有约束力，任何一方当事人都不得向法院起诉，也不得向其他机构提出变更仲裁裁决的请求。当事人应当履行裁决。一方当事人不履行的，另一方当事人可以依照民事诉讼法的有关规定向人民法院申请执行。受申请的人民法院应当执行。

一方当事人申请执行裁决，另一方当事人申请撤销裁决的，人民法院应当裁定中止执行。人民法院裁定撤销裁决的，应当裁定终结执行。撤销裁决的申请被裁定驳回的，人民法院应当裁定恢复执行。

（二）仲裁裁决的撤销

当事人在符合法律规定的情况下，可以申请撤销仲裁裁决。设立撤销仲裁裁决程序不仅有利于维护当事人合法权益，而且有助于督促仲裁员公正仲裁，有利于完善我国仲裁监督机制。

1. 申请撤销裁决的法定情形

当事人提出证据证明裁决有下列情形之一的，可以向仲裁委员会所在地的中级人民法院申请撤销裁决：

（1）没有仲裁协议的。

（2）裁决的事项不属于仲裁协议的范围或者仲裁委员会无权仲裁的。

（3）仲裁庭的组成或者仲裁的程序违反法定程序的。仲裁的程序违反法定程序，主要是指没有将仲裁庭的组成情况、仲裁开庭的时间、地点等事项通知当事人，当事人在仲裁开庭中未能陈述、辩论等。

（4）裁决所根据的证据是伪造的。

（5）对方当事人隐瞒了足以影响公正裁决的证据的。

（6）仲裁员在仲裁该案时有索贿受贿，徇私舞弊，枉法裁决行为的。

人民法院经组成合议庭审查核实裁决有前款规定情形之一的，应当裁定撤销。人民法院认定该裁决违背社会公共利益的，应当裁定撤销。

2. 申请撤销裁决的时效

当事人申请撤销裁决的，应当自收到裁决书之日起 6 个月内提出。

人民法院应当在受理撤销裁决申请之日起两个月内做出撤销裁决或者驳

回申请的裁定。

仲裁裁决被人民法院依法撤销后，仲裁机构对当事人之间的纠纷所做出的裁决归于无效。当事人双方可以再重新协商达成仲裁协议，双方根据重新达成的仲裁协议，将争议重新提交仲裁机构予以仲裁，也可以向人民法院起诉，以诉讼方式解决纠纷。

当事人申请被驳回后，仲裁裁决对双方当事人仍然有法律约束力。

（三）仲裁裁决的执行

所谓仲裁裁决的执行，就是仲裁裁决的强制执行，是指人民法院的执行组织经当事人申请，将生效仲裁裁决的内容，运用国家强制的力量，依法强制负有义务的当事人履行义务的行为。执行裁决是当事人的权利得以实现的有效保证，也是仲裁得以存在和发展的最终保证。

1. 执行的申请。当事人应当履行裁决。一方当事人不履行的，另一方当事人可以依照民事诉讼法的有关规定向有管辖权的人民法院申请执行。受申请的人民法院应当执行。

2. 执行的管辖。法律规定由人民法院执行的其他法律文书，由被执行人住所地或者被执行的财产所在地人民法院执行。国内仲裁裁决应由基层人民法院执行，如果是涉外仲裁裁决应由中级人民法院执行。

当事人向有管辖权的人民法院提出执行的，受申请的人民法院应当执行，人民法院的执行工作由执行员进行。

3. 执行方式。被执行人未按照执行通知履行仲裁裁决确定的义务，人民法院有权采取下列方式强制执行：

冻结、划拨被执行人的存款；扣留、提取被执行人应该履行义务部分的财产；搜查被执行人及其住所或者财产隐匿地；强制被执行人迁出房屋或者退出土地；强制被执行人交出指定的财物或票证；强制被执行人履行指定的行为。

另外，被执行人未按仲裁裁决书或调解书指定的期间履行给付金钱义务的，应当加倍支付迟延履行期间的债务利息；未按规定期间履行其他义务的，应当支付延迟履行金。人民法院采取有关措施后被执行人仍不能偿还债务的，应当继续履行义务。

在执行中，双方当事人可以自行和解，达成和解协议，被执行人不履行和解协议的，人民法院可以根据申请执行人的申请，恢复执行程序。被执行人向人民法院提供担保，并经申请执行人同意的，人民法院可以决定暂缓执行及暂缓执行的期限。被执行人逾期仍不履行的，人民法院有权执行被执行人的担保财产和担保人的财产。

4. 仲裁的执行的例外情况。如果被申请人提出证据证明裁决有下列情形之一的，人民法院应当裁定不予执行：

（1）当事人在合同中没有订立仲裁条款或者事后没有达成仲裁协议的；

（2）裁决的事项不属于仲裁协议的范围或者仲裁机构无权仲裁的；

（3）仲裁庭的组成或者仲裁的程序违反法定程序的；

（4）认定事实的主要证据不足的；

（5）适用法律确有错误的；

（6）仲裁员在仲裁该案时有贪污、徇私舞弊、枉法裁决行为的。

一方当事人申请执行裁决，另一方当事人申请撤销仲裁裁决的，人民法院应当裁定中止执行；

《民事诉讼法》规定有下列情形之一的，人民法院应当裁定中止执行：

（1）申请人表示可以延期执行的；

（2）案外人对执行标的提出确有理由的异议的；

（3）作为一方当事人的公民死亡，需要等待继承人权利或承担义务的；

（4）作为一方当事人的法人或者其他组织终止，尚未确定权利、义务承受人的；

（5）人民法院认为应当中止的其他情形。

人民法院裁定撤销裁决的，应当裁定终结执行。

撤销裁决的申请被裁定驳回的，人民法院应当裁定恢复执行。

五、涉外仲裁的特别规定

当事人一方或双方是外国人、无国籍人、外国企业或组织之间的合同纠纷和其他财产权益纠纷，适用有关涉外仲裁的规定。一方或双方为中国香港、中国澳门、中国台湾当事人的纠纷的仲裁，参照涉外仲裁的规定进行。

涉外仲裁委员会可以由中国国际商会组织设立。涉外仲裁委员会由主任一人、副主任若干人和委员若干人组成。涉外仲裁委员会的主任、副主任和委员可以由中国国际商会聘任。涉外仲裁委员会可以从具有法律、经济贸易、科学技术等专门知识的外籍人士中聘任仲裁员。

涉外仲裁的当事人申请证据保全的，涉外仲裁委员会应当将当事人的申请提交证据所在地的中级人民法院。

当事人提出证据证明涉外仲裁裁决有下列情形之一的，经人民法院组成合议庭审查核实，裁定撤销：当事人在合同中没有订有仲裁条款或者事后没有达成书面仲裁协议的；被申请人没有得到指定仲裁员或者进行仲裁程序的通知，或者由于其他不属于被申请人负责的原因未能陈述意见的；仲裁庭的组成或者仲裁的程序与仲裁规则不符的；裁决的事项不属于仲裁协议的范围或者仲裁机构无权仲裁的。

此外，人民法院认定执行涉外仲裁裁决违背社会公共利益的，裁定不予执行。

涉外仲裁委员会做出的发生法律效力的仲裁裁决，当事人请求执行的，如果被执行人或者其财产不在中华人民共和国领域内，应当由当事人直接向有管辖权的外国法院申请承认和执行。

国外仲裁机构的裁决，需要中华人民共和国人民法院承认和执行的，应当由当事人直接向被执行人住所地或者其财产所在地的中级人民法院申请，人民法院应当依照中华人民共和国缔结或者参加的国际条约，或者按照互惠原则办理。

第二节　民事诉讼

【**案例 18－2**】　居住在甲市 A 区的乔小×从事汽车修理业，其所开的汽车修理铺位于甲市 C 区。该汽车修理铺的个体工商户营业执照所登记的业主是其兄乔大×（居住在甲市 B 区），乔大×实际上并不经营汽车修理。乔小×为了承揽更多的业务，与乡办集体企业正华汽车修理厂（位于甲市 L 县）签订了一份协议，约定乔小×的汽车修理铺可以以正华汽车修理厂的名义从事汽车修理业务，乔小×每年向正华汽车修理厂交管理费 2 万元。2009 年 1 月，乔小×雇用的修理工钱财×（常年居住在甲市 D 区），为客户李有×（居住在甲市 E 区）修理一辆捷达车。修好后，钱财×按照工作程序要求在汽车修理铺前试车时，不慎将车撞到了一棵大树上，造成汽车报废，钱财×自己没有受伤。相关各方就如何赔偿该汽车损失发生纠纷，未能达成协议。现李有×拟向法院起诉。

对于经济纠纷，当事人可以申请仲裁，也可以直接向人民法院起诉。民事诉讼也是一种极为重要的解决经济纠纷的方法，因此，我们有必要了解民事诉讼的主要规定。

一、民事诉讼及基本原则

民事诉讼是指审判机关在当事人和其他诉讼参与人参加下，对民事纠纷案件进行审理并做出裁决的活动。我国民事诉讼的主要法律依据是 1991 年 4 月 9 日第七届全国人民代表大会第四次会议通过的《中华人民共和国民事诉讼法》（简称《民事诉讼法》）和相关的司法解释。我国《民事诉讼法》第 3 条明确规定了民事诉讼的受案范围：人民法院受理公民之间、法人之间、其他组织之间以及他们相互之间因财产关系和人身关系提起的民事诉讼。

人民法院在审理民事纠纷案件时，应遵循以下基本原则：

（一）当事人诉讼权利平等原则

当事人诉讼权利平等原则，是指在民事诉讼中，当事人平等地享有和行使诉讼权利。这一原则包括以下两个方面的内容：一方面，民事诉讼当事人平等地享有诉讼权利；另一方面，人民法院应当为当事人平等地行使法律规定的诉讼权利提供保障和方便，当事人在适用法律上一律平等。平等原则是程序正义的必然要求，反映了民事诉讼的基本特征，也体现着对法院的约束作用。

（二）以事实为依据，以法律为准绳的原则

以事实为根据，要求人民法院在审理民事纠纷时，应当查清案件事实。"以事实为根据"中的"事实"，是指以诉讼证据证明、经过法定程序认定的客观存在的事实，其真实性为"法律真实"；"以法律为准绳"则是要求人民法院在民事诉讼中在适用法律上程序合法，并能准确地理解所适用法律的内容和实质，正确应运法律，以法律作为衡量是非责任的唯一尺度。这一原则对法院和当事人都有约束力，并贯彻诉讼的全过程。只有正确贯彻这一基本原则，才能真正保障当事人的合法权益。

（三）依法独立审判原则

民事案件的审判权由人民法院行使。人民法院依照法律规定对民事案件独立进行审判，不受任何行政机关、社会团体和个人的干涉。

（四）处分原则

所谓处分原则是指在民事诉讼中当事人有权依法根据自己的意志，自由决定是否行使及如何行使自己的民事权利和诉讼权利，不受别人干涉。当事人的处分行为对法院有约束力。其含义包括以下内容：

第一，在民事诉讼中当事人有权处分自己的民事权利和诉讼权利；第二，法院审查当事人的处分行为应以现代法治精神为指向，即"法不禁止为自由"。防止审判权侵害当事人的处分权；第三，当事人的处分行为对法院应有约束力。其主要表现为法院应在当事人请求范围内，以双方当事人辩论过的事实和证据为判决的基础，即审判保护的范围和方法，一般要尊重当事人的意愿。

（五）辩论原则

民事诉讼中的辩论原则，是指在人民法院主持下，当事人有权就案件事实和争议的问题，各自陈述其主张和根据，互相进行反驳和答辩。这一原则包括以下内容：

第一，辩论的主体只限于当事人及其诉讼代理人；第二，辩论的形式包括书面和口头两种；第三，辩论的内容，主要是就有争议的主要案件事实和证据等实质性问题展开，法院只能以经过当事人辩论的事实和证据作为判决的基础，但也包括案件涉及的诉讼程序问题。

二、民事诉讼的基本制度

民事诉讼的基本制度，是指人民法院审判民事案件所必须遵循的基本操作规程。民事诉讼的基本制度不同于《民事诉讼法》的基本原则，基本原则具有很强的抽象性和概括性。而基本制度却是一整套系统的规范体系，有具体的内容和要求。基本制度主要规范法院的审判行为。

根据我国《民事诉讼法》第 10 条规定，民事审判的基本制度包括合议制度、回避制度、公开审判制度和两审终审制度。

（一）合议制度

合议制度（简称合议制），是指由三名以上的审判人员组成审判集体，代表人民法院行使审判权，对案件进行审理并做出裁判的制度。合议制度的组织形式为合议庭。

合议制度包括合议庭的组成、合议庭的职能及其活动原则三个方面的内容。

合议庭的组成因审级和案件的性质不同而不同，包括以下几种情况：

第一，人民法院审理第一审民事案件，由审判员、陪审员共同组成合议庭或者由审判员组成合议庭。第二，人民法院审理第二审民事案件，由审判员组成合议庭。第三，发回重审的案件，原审人民法院应当按照第一审程序另行组成合议庭。第四，人民法院审理再审案件，原来是第一审的，按照第一审程序另行组成合议庭；原来是第二审的或者是上级人民法院提审的，按照第二审程序另行组成合议庭。但不论上述哪种组成形式，合议庭的人数都必须是三人以上的单数，并且要由其中一人担任审判长，主持审判活动。合议庭的审判长由院长或者庭长指定审判员一人担任；院长或者庭长参加审判的，由院长或者庭长担任。

合议庭的职能是代表人民法院行使审判权，对具体案件进行审理并做出裁判。但合议庭应当接受审判委员会的指导和监督，并执行审判委员会的决定。

合议庭成员地位平等，享有同等的权利；陪审员在执行陪审职务时，与审判员有同等的权利、义务。合议庭评议案件，实行少数服从多数的原则。评议应当制作笔录，由合议庭成员签名。评议中的不同意见，必须如实记入笔录。

（二）回避制度

回避制度，是指审判人员和其他有关人员遇有法律规定不宜参加案件审理的情形时，而退出案件审理活动的制度。

1. 关于回避的方式

我国《民事诉讼法》规定了自行回避和申请回避两种方式。

2. 关于回避的原因

回避原因即法律规定应当回避的情形，也叫回避的法定事由。我国《民事诉讼法》规定的回避原因包括以下三种：

（1）审判人员是本案当事人或者当事人、诉讼代理人的近亲属；

（2）审判人员与本案有利害关系；

（3）审判人员与本案当事人有其他关系，可能影响对案件公正审理的。

3. 关于回避制度适用的对象

回避制度适用的对象亦即应当回避人员的范围，它是指法律关于回避的规定对哪些人员适用。根据我国《民事诉讼法》第 45 条第 1、3 款的规定，回避制度适用于审判人员、书记员、翻译人员、鉴定人和勘验人。

（三）公开审判制度

公开审判制度包括三项内容：第一，开庭前公告当事人姓名、案由和开庭的时间、地点；第二，开庭时允许群众旁听和允许新闻记者采访报道；第三，公开宣告判决。

公开审判制度是实现公正的一种保障性制度，是诉讼民主的内在要求。就现代法治国家而言，公开审判制度是一国民主政治的组成部分，是诉讼程序科学化的标志，也是发挥民事诉讼教育功能的一个重要条件。把审理过程和裁判结果以及判决依据的法律和程序规则公开，增加了审判活动的透明度，从而有助于审判人员增强责任感，正确行使审判权，提高办案质量。可在很大程度上防止"背后交易"现象的发生，有利于保障诉讼民主与公正原则的实现。

当然，公开审判制度也不是绝对的。根据我国《民事诉讼法》的规定，下列三种案件不公开审理：第一，涉及国家秘密的案件；第二，涉及个人隐私的案件；第三，法律另有规定的案件。这是指除上述两种案件外，凡是法律另有专门规定不公开审理的案件，均应当不公开审理。

（四）两审终审制度

两审终审制度，是指一个民事案件经过两级法院的审判，案件的审判即宣告终结的制度。

三、民事诉讼的审判管辖

审判管辖是指确定各级法院之间和同级法院之间受理第一审民事案件的分工和权限。我国《民事诉讼法》规定的民事案件的管辖，包括级别管辖、地域管辖、专属管辖、移送管辖、指定管辖和管辖权的转移。

（一）级别管辖

级别管辖，是指上下级人民法院之间受理第一审民事案件的分工和权限。确定级别管辖的依据是案件的性质、案件影响的大小、诉讼标的金额大小等。

1. 基层法院管辖的第一审民事案件

根据《民事诉讼法》第 18 条规定，基层人民法院管辖第一审民事案件，除法律规定由中级人民法院、高级人民法院和最高人民法院管辖的第一审民事纠纷案件外，其余的第一审民事案件都由基层人民法院管辖。

2. 中级法院管辖的第一审民事案件

根据《民事诉讼法》第 19 条规定，中级法院管辖的一审民事案件有三类：

（1）重大涉外案件；

（2）在本辖区有重大影响的案件；

（3）最高人民法院确定由中级人民法院管辖的案件。

3. 高级人民法院管辖的第一审民事案件

高级人民法院管辖的第一审民事案件为在本辖区有重大影响的案件。

4. 最高人民法院管辖的第一审民事案件

最高人民法院只受理在全国有重大影响的案件和认为应当由本院审理的案件。

（二）地域管辖

地域管辖，是指同级人民法院之间受理第一审民事案件的分工和权限。我国法律规定的地域管辖，包括一般地域管辖、特殊地域管辖、协议管辖和专属管辖。

1. 一般地域管辖，是指以当事人住所地与法院辖区的关系来确定管辖法院。原则上为原告就被告，即原告起诉应到被告所在地人民法院提出。这是民事诉讼最基本的地域管辖原则。但在下列情况下，遵循被告就原告的原则：

（1）对不在中华人民共和国领域内居住的人提起的有关身份关系的诉讼；

（2）对下落不明或者宣告失踪的人提起的有关身份关系的诉讼；

（3）对正在被劳动教养的人提起的诉讼；

（4）对正在被监禁的人提起的诉讼。

除上述四种情况外，最高人民法院根据司法实践的需要，对被告就原告的适用进行了补充规定。涉及国外华侨的离婚案件的管辖有特殊性，应当根据具体情况确定由原告住所地或者被告住所地法院管辖。

2. 特殊地域管辖，又称特别地域管辖，是指以诉讼标的所在地或者引起民事法律关系发生、变更、消灭的法律事实所在地为标准确定的管辖。但同时这些特殊地域管辖的情形并不排斥一般地域管辖的适用。

（1）因合同纠纷提起的诉讼，由被告住所地或者合同履行地人民法院管辖。

（2）因保险合同纠纷提起的诉讼，由被告住所地或者保险标的物所在地人民法院管辖。

（3）因票据纠纷提起的诉讼，由票据支付地或者被告住所地人民法院管辖。

（4）因铁路、公路、水上、航空运输和联合运输合同纠纷提起的诉讼，由运输始发地、目的地或者被告住所地人民法院管辖。

（5）因侵权行为提起的诉讼，由侵权行为地或者被告住所地人民法院管辖。

案例 18 - 2 中，李有×以侵权起诉，《民事诉讼法》第 29 条规定："因侵权行为提起的诉讼，由侵权行为地或者被告住所地人民法院管辖。"侵权行为地在甲市 C 区，三被告住所地分别在甲市 A 区、B 区与 L 县。李有×以违约起诉，《民事诉讼法》第 24 条规定："因合同纠纷提起的诉讼，由被告住所地或者合同履行地人民法院管辖。"合同履行地在甲市 C 区。故甲市 A 区、B 区、C 区与甲市 L 县法院皆有管辖权。

（6）因铁路、公路、水上和航空事故请求损害赔偿提起的诉讼，由事故发生地或者车辆船舶最先到达地、航空器最先降落地或者被告住所地人民法院管辖。

（7）因船舶碰撞或者其他海事损害事故请求损害赔偿提起的诉讼，由碰撞发生地、碰撞船舶最先到达地、加害船舶被扣留地或者被告住所地人民法院管辖。

（8）因海难救助费用提起的诉讼，由救助地或者被救助船舶最先到达地人民法院管辖。

（9）因共同海损提起的诉讼，由船舶最先到达地、共同海损理算地或者航程终止地人民法院管辖。

3. 专属管辖，是指对某些特定类型的案件，法律强制规定只能由特定的人民法院行使管辖权。专属管辖是排斥其他类型的法定管辖，也排斥协议管辖的管辖制度。根据《民事诉讼法》第34条的规定，下列案件由人民法院专属管辖：

（1）因不动产纠纷提起的诉讼，由不动产所在地人民法院管辖。

（2）因港口作业中发生纠纷提起的诉讼，由港口所在地人民法院管辖。

（3）因继承遗产纠纷提起的诉讼，由被继承人死亡时住所地或者主要遗产所在地人民法院管辖。

4. 移送管辖，是指已经受理案件的人民法院，因发现本法院对该案件没有管辖权，而将案件移送给有管辖权的人民法院审理。

移送管辖必须同时符合以下条件：第一，法院已受理了案件；第二，移送的法院对案件没有管辖权；第三，受移送的法院对案件有管辖权。

5. 指定管辖，是指上级人民法院根据法律规定，以裁定的方式，指定其辖区内的下级人民法院对某一民事案件行使管辖权。依据《民事诉讼法》第36条、第37条的规定，指定管辖适用于以下三种情形：

（1）受移送的法院认为自己对移送来的案件无管辖权。

（2）有管辖权的人民法院由于特殊原因，不能行使管辖权的。

（3）通过协商未能解决管辖争议。

6. 管辖权的转移，是指经上级人民法院的决定或者同意，将某一案件的诉讼管辖权由下级人民法院转移给上级人民法院，或者由上级人民法院转移给下级人民法院。

在法院受理民事案件以后，当事人可以向受诉法院提出不服该法院对本案行使管辖权的意见或者主张的，称为管辖权异议。

四、民事诉讼中当事人的权利与义务

（一）民事诉讼当事人的诉讼权利

主要有：委托代理人的权利；申请回避的权利；申请执行的权利；查阅

案件庭审材料的权利；请求自费复制案件庭审材料和法律文书的权利；自行和解的权利；放弃或变更诉讼请求的权利；承认或反驳诉讼请求的权利；提起反诉的权利；请求重新鉴定、调查或者勘验的权利；认为法庭笔录有误而申请补正的权利；使用本民族语言、文字进行民事诉讼的权利；在法律规定的范围内处分自己的民事权利和诉讼权利的权利等。

（二）当事人的诉讼义务

主要包括：依法行使诉讼权利，不得滥用诉权；不得向办案人员和法院其他干警送礼、请吃或以其他方式行贿、说情；不得伪造、隐匿、毁灭案件证据，或指使、贿买他人作伪证遵守诉讼秩序，以利于诉讼顺利进行；履行发生法律效力的判决、裁定和调解书，维护法律尊严。原告经传票传唤，无正当理由拒不到庭的，或者未经法庭许可中途退庭的，人民法院可以按撤诉处理；被告反诉的，可以缺席判决。被告经传票传唤，无正当理由拒不到庭的，或者未经法庭许可中途退庭的，人民法院可以缺席判决。

五、民事诉讼证据

（一）民事诉讼证据的概述

民事诉讼证据，是指在民事诉讼活动中，诉讼当事人及人民法院用以证明案件事实的根据。证据是正义的基础。人民法院应当以证据能够证明的案件事实为依据依法做出裁判。因此，民事诉讼证据是认定案件事实的唯一载体。人民法院只有借助证据，才能对当事人有争议的事实进行认定，并在此基础上做出正确的裁判。证据是民事诉讼制度的核心。

一般认为，诉讼证据具有客观性、关联性、合法性三个特征。

1. 客观性，是指证据所反映的内容必须是客观存在的事实，而非人们猜测或主观臆造的东西。

2. 关联性，是指证据与待定案件事实之间有内在的联系。这种内在联系表现为，证据应当能证明案件事实的全部或一部分。有无关联性是一项证据材料能否成为证据的重要条件，同时证据的关联性也决定着证据的证明力。

3. 合法性，合法性首先体现在证据应当符合法律要求的形式；其次表现在取得证据的程序和方式必须合法，包括证据来源及调取证据的手段和方法的合法。如最高人民法院《关于适用〈中华人民共和国民事诉讼法〉若干问题的意见》第 70 条规定："人民法院收集调查证据，应由两人以上共同进行。调查材料要由调查人、被调查人、记录人签名或盖章。"严禁用非法的方法搜集证据。

（二）民事诉讼证据的种类

民事诉讼证据在法律上的分类通常称为民事诉讼证据法定种类。民事诉讼法以证据的外在表现形式为标准，将民事诉讼证据分为七类：

1. 书证。表现形式为文字、图形、符号等的证据。书证的证明力，来自于纸张等介质上所载的具体内容。

2. 物证。表现为独立于人的意志之外的有形物品证据。

3. 视听资料。表现为以音像、数据电文等形式为载体的人力制品。

4. 证人证言。须注意的是，聋哑人的手势语言也是一种能理解的特殊证词。

5. 当事人的陈述。包括原被告及第三人在法庭上的陈述和承认。

6. 鉴定结论。又称专家证言，指鉴定机构的专门人员采用现代科技手段对被鉴定人或物进行鉴定后做出的书面结论。

7. 勘验笔录。包括法官或其他专业技术人员对现场所作的检查、勘验笔录。

以上证据必须查证属实，才能作为认定事实的根据。

（三）举证时限与举证责任的分配

1. 举证时限

举证时限，是指负有举证责任的当事人应当在法院指定的或法院认可的期限内提出其主张的相应证据。人民法院根据案件情况指定的举证期限以及逾期提供证据的法律后果。举证期限可以由当事人协商一致，并经人民法院认可。

由人民法院指定举证期限的，指定的期限不得少于 30 天，自当事人收到案件受理通知书和应诉通知书的次日起计算。当事人应当在举证期限内向人民法院提交证据材料，当事人在举证期限内不提交的，视为放弃举证权利。

2. 举证责任的分配

我国《民事诉讼法》及相关司法解释对于我国民事诉讼中举证责任的分配做出了明确而具体的规定，既确立了举证责任分配的一般原则，也明确了相对于该分配原则的例外规定，也就是通常所说的举证责任倒置；同时作为上述两类规定的补充，赋予了法官根据个案具体情况，在法律无明文规定时行使自由裁量权分配举证责任的权利。

（1）举证责任分配的一般原则。我国《民事诉讼法》规定，"当事人对自己提出的主张，有责任提供证据。"即谁主张谁举证。当事人对自己提出的诉讼请求所依据的事实或者反驳对方诉讼请求所依据的事实有责任提供证据加以证明。没有证据或者证据不足以证明当事人的事实主张的，由负有举证责任的当事人承担不利后果。

当事人因客观原因不能自行收集的证据，可申请人民法院调查收集。

（2）举证责任倒置

下列侵权诉讼，按照以下规定承担举证责任：

① 因新产品制造方法发明专利引起的专利侵权诉讼，由制造同样产品的单位或者个人对其产品制造方法不同于专利方法承担举证责任；

② 高度危险作业致人损害的侵权诉讼，由加害人就受害人故意造成损害的事实承担举证责任；

③ 因环境污染引起的损害赔偿诉讼，由加害人就法律规定的免责事由及其行为与损害结果之间不存在因果关系承担举证责任；

④ 建筑物或者其他设施以及建筑物上的搁置物、悬挂物发生倒塌、脱落、坠落致人损害的侵权诉讼，由所有人或者管理人对其无过错承担举证责任；

⑤ 饲养动物致人损害的侵权诉讼，由动物饲养人或者管理人就受害人有过错或者第三人有过错承担举证责任；

⑥ 因缺陷产品致人损害的侵权诉讼，由产品的生产者就法律规定的免责事由承担举证责任；

⑦ 因共同危险行为致人损害的侵权诉讼，由实施危险行为的人就其行为与损害结果之间不存在因果关系承担举证责任；

⑧ 因医疗行为引起的侵权诉讼，由医疗机构就医疗行为与损害结果之间不存在因果关系及不存在医疗过错承担举证责任。

此外，在合同纠纷案件中，主张合同关系成立并生效的一方当事人对合同订立和生效的事实承担举证责任；主张合同关系变更、解除、终止、撤销的一方当事人对引起合同关系变动的事实承担举证责任。

对合同是否履行发生争议的，由负有履行义务的当事人承担举证责任。

对代理权发生争议的，由主张有代理权一方当事人承担举证责任。

（3）法官在举证责任分配问题上的自由裁量权

在法律没有具体规定，依本规定及其他司法解释无法确定举证责任承担时，人民法院可以根据公平原则和诚实信用原则，综合当事人举证能力等因素确定举证责任的承担。

（四）证据的采信

证据应当在法庭上出示并经对方当事人质证，不经质证不能作为认定案件事实的依据。除涉及国家机密、商业机密、个人隐私和法律规定其他应当保密的证据外，质证必须公开进行。对书证、物证、视听资料进行质证时，当事人有权要求举证方出示原件。证人、鉴定人也应出庭接受当事人质询，确有困难不能出庭的，须经人民法院许可，提交书面材料或者视听资料作证和答复当事人质询。

经过法定程序公证证明的法律行为，法律事实和文书，人民法院应当作为认定事实的根据。但有相反证据足以推翻公证证明的除外。

人民法院对当事人的陈述，应当结合本案的其他证据，审查确定能否作为认定事实的根据。当事人拒绝陈述的，不影响人民法院根据证据认定案件事实。

在证据可能灭失或者以后难以取得的情况下，诉讼参加人可以向人民法院申请保全证据，人民法院也可以主动采取保全措施。

六、财产保全

财产保全，是指人民法院在利害关系人起诉前或者当事人起诉后，为保障将来的生效判决能够得到执行或者避免财产遭受损失，对当事人的财产或者争议的标的物，采取限制当事人处分的强制措施。

（一）财产保全的种类

财产保全可以分为诉前财产保全和诉讼中财产保全。

1. 诉讼中财产保全

诉讼中财产保全，是指人民法院在受理案件之后、做出判决之前，对当事人的财产或者争执标的物采取限制当事人处分的强制措施。

关于诉讼中财产保全的主要规定是：

（1）需要对争议的财产采取诉讼中财产保全的案件必须是给付之诉，即该案的诉讼请求具有财产给付内容。

（2）将来的生效判决因为主观或者客观的因素导致不能执行或者难以执行。

（3）诉讼中财产保全发生在民事案件受理后、法院尚未作出生效判决前。

（4）诉讼中财产保全一般应当由当事人提出书面申请。

（5）人民法院可以责令当事人提供担保。

2. 诉前财产保全

诉前财产保全，是指在紧急情况下，法院不立即采取财产保全措施，利害关系人的合法权利会受到难以弥补的损害，因此法律赋予利害关系人在起诉前有权申请人民法院采取财产保全措施。

根据《民事诉讼法》第 93 条的规定，诉前财产保全的适用条件是：

（1）需要采取诉前财产保全的申请必须具有给付内容，即申请人将来提起案件的诉讼请求具有财产给付内容。

（2）情况紧急，不立即采取相应的保全措施，可能使申请人的合法权益受到难以弥补的损失。

（3）由利害关系人提出诉前财产保全申请。利害关系人，即与被申请人发生争议，或者认为权利受到被申请人侵犯的人。

（4）诉前财产保全申请人必须提供担保。申请人如不提供担保，人民法院驳回申请人在起诉前提出的财产保全申请。

（二）财产保全的范围

《民事诉讼法》第 94 条规定："财产保全限于请求的范围，或者与本案有关的财物。"最高人民法院的有关司法解释也认为，人民法院采取财产保全措施时，保全的范围应当限于当事人争执的财产，或者被告的财产，对案外人的财产不得采取财产保全措施。所以，财产保全的范围，不能超过申请人请求的范围，或者不能超过争议财产的价额。

（三）财产保全的措施

根据《民事诉讼法》规定，财产保全可以采取查封、扣押、冻结或者法律规定的其他方法。

查封，是指人民法院将需要保全的财物清点后，加贴封条、就地封存，以防止任何单位和个人处分的一种财产保全措施。扣押，是指人民法院将需要保全的财物移置到一定的场所予以扣留，防止任何单位和个人处分的一种财产保全措施。人民法院在财产保全中采取查封、扣押财产措施时，应当妥善保管被查封、扣押的财产。当事人可以负责保管被扣押物，但是不得使用。

冻结，是指人民法院依法通知有关金融单位，不准被申请人提取或者转移其存款的一种财产保全措施。人民法院依法冻结的款项，任何单位和个人都不准动用。财产已经被查封、冻结的，不得重复查封、冻结。

法律准许的其他方法包括责令被申请人提供担保等方式。责令被申请人提供担保，是指人民法院责令保证人出具书面保证书或者责令被申请人提供银行担保、实物担保的一种财产保全措施。

人民法院对季节性商品，鲜活、易腐烂变质和其他不宜长期保存的物品采取保全措施时，可以责令当事人及时处理，由人民法院保存价款；必要时，由人民法院予以变卖，保存价款。

七、民事审判程序

民事审判程序，是指民事诉讼法所规定的、人民法院为审理民事案件、经济纠纷案件，查明事实，正确适用法律，确认当事人之间民事权利、义务关系，并依法做出和宣布判决、裁定或调解书所适用的程序。根据我国《民事诉讼法》的规定，民事审判程序包括第一审程序、第二审程序、审判监督程序、督促程序、公示催告程序、企业法人破产还债程序等。第一审程序包括普通程序、简易程序和特别程序。我们在这里只介绍最基本的程序。

（一）起诉和受理

起诉是指原告依法向人民法院提起诉讼请求，要求人民法院通过审判予以司法保护的行为。一般来说，民事诉讼采取不告不理原则，即没有原告的起诉行为，人民法院不主动审理案件。因此，起诉是启动民事诉讼程序的前提。根据我国《民事诉讼法》的规定，起诉必须具备如下四个条件：

1. 原告是与本案有直接利害关系的公民、法人和其他组织；

2. 有明确的被告；

3. 有具体的诉讼请求和事实、理由；

4. 属于人民法院受理民事诉讼的范围和受诉人民法院管辖范围。

起诉的形式包括书面和口头两种形式。一般情况下，原告应当向人民法院递交起诉状，但书写起诉状确有困难的，可以口头起诉。

起诉状应当记明下列事项：

1. 当事人的姓名、性别、年龄、民族、职业、工作单位和住所，法人或者其他组织的名称、住所和法定代表人或者主要负责人的姓名、职务；

2. 诉讼请求和所根据的事实与理由；

3. 证据和证据来源，证人姓名和住所。

人民法院接到原告的起诉后，应及时查明起诉状是否符合上述条件。对符合条件的，应当在 7 天内立案，并通知当事人；认为不符合起诉条件的，应当在 7 天内裁定不予受理。原告对裁定不服的，可以提起上诉。

（二）审理前的准备

人民法院在受理案件之后，开庭审理前，为保证审判的顺利进行，应当依法做必要的准备。主要有以下几项工作：

1. 通知当事人受理案件和应诉。人民法院应当在立案之日起 5 天内将起诉状副本发送被告，被告在收到之日起 15 天内提出答辩状。被告提出答辩状的，人民法院应当在收到之日起 5 天内将答辩状副本发送原告。

2. 了解案情，搜集证据。承办案件的审判人员应当审阅诉讼材料，进行调查研究，对于案件必须而当事人又无法提供的证据，人民法院应当依法进行收集。

3. 告知权利。为保障当事人充分行使诉讼权利，正确履行诉讼义务，人民法院应当在受理案件通知书和应诉通知书中向当事人告知有关的诉讼权利与义务。

审理案件的合议庭组成后，在 3 天内将合议庭组成人员告知当事人。

4. 更换和追加当事人。人民法院如发现当事人不符合资格，应当通知更换。应当参加诉讼的当事人没有参加诉讼的，人民法院应当通知其参加。

（三）开庭审理

开庭审理又称为法庭审理，是指人民法院在当事人和其他诉讼参与人的参加下，依照法定程序和形式，对案件进行实体审理的诉讼活动过程。开庭审理是民事诉讼活动中最重要的阶段，是审判活动的中心。

开庭审理采取公开审理和不公开审理两种方式。公开审理是原则规定，除涉及国家秘密、个人隐私或者法律另有规定的之外，一律公开审理。离婚案件和涉及商业秘密的案件，当事人申请不公开审理的，可以不公开审理。

开庭审理由预备阶段、法庭调查阶段、法庭辩论阶段和评议判决阶段组成。

1. 预备阶段

查明、核对当事人及其他诉讼参与人是否到庭，宣布法庭纪律。

2. 法庭调查阶段

由当事人对自己的主张及其所根据的事实进行陈述。具体按原告、被告、第三人及其诉讼代理人的先后顺序依次进行，然后是双方出示证据并质证。

3. 法庭辩论

法庭辩论的参加者只能是原告、被告和诉讼中的第三人以及他们的诉讼代理人。法庭辩论按下列顺序进行：原告及其诉讼代理人发言；被告及其诉讼代理人答辩；第三人及其诉讼代理人发言或者答辩；然后依次展开互相辩论。

4. 案件评议和宣告判决

法庭辩论终结后，合议庭成员在法庭调查和法庭辩论的基础上，认定案件事实，确定适用的法律，提出对案件的处理意见。合议庭评议实行少数服从多数的原则。

不论案件是否公开审理，宣告判决结果一律公开进行。可以是当庭宣判，也可以是定期宣判。不论采取哪种方式宣判，都要告知当事人上诉权利、上诉期限和上诉法院。

（四）上诉

人民法院审理案件，实行两审终审制。当事人不服第一审人民法院的判决、裁定，有权在法定的期限内提起上诉，由上一级人民法院再次进行审理，由二审法院做出最终裁判。

当事人提起上诉的法定期限，判决为送达之日起15天内，裁定为送达之日起10天内。逾期不上诉的，一审判决和裁定即发生法律效力，案件即告终结。

第二审法院审理上诉案件，必须全面审查第一审人民法院认定的事实和适用的法律，不受上诉范围限制，也不受一审裁判的限制，以保证对案件正确裁判。第二审法院也可以进行调解，调解书送达之后生效，原审法院的判决即视为撤销。调解不成的，依法判决。二审判决、裁定是终审的判决、裁定，一经做出，即行生效，当事人不得再次上诉，只能通过审判监督程序申请再审。

（五）审判监督程序

审判监督程序是指人民法院认为已经发生法律效力的判决、裁定、调解书确有错误，对案件进行再次审理的程序，又称为再审程序。审判监督程序不是诉讼的必经阶段，而是特殊的纠错程序，目的在于保证人民法院正确行使审判权，保护当事人的合法权益。

当事人申诉的案件，必须在判决、裁定、调解书生效之日起两年内提出；但人民法院或检察机关根据审判监督权提起再审的案件不受时间限制。

八、执行程序

对于已经生效的判决和裁定、调解书等，当事人应当自觉履行；一方当事人拒绝履行的，另一方当事人有权向有管辖权的人民法院申请执行。执行是人民法院依照法律规定的程序，运用国家强制力，强制当事人履行已经生效的判决和其他法律文书所规定的义务的行为，又称强制执行。执行所应遵守的规则，就是执行程序。

（一）执行申请

当事人向人民法院申请执行时，应当提交申请书。申请应在规定的期限内提出。申请执行的期限，双方或者一方是公民的为一年，双方是法人或者其他组织的为6个月，从法律文书规定履行期限的最后一日起计算。根据

《民事诉讼法》的规定，人民法院制作的具有财产内容的民事判决、裁定、调解书，由第一审人民法院执行。其他机关制作的有强制执行力的法律文书由被执行人住所地或者被执行人的财产所在地人民法院执行。

（二）执行措施

人民法院收到申请执行书后，应当向被执行人发出执行通知，责令其在指定的期间履行，逾期不履行的，强制履行。

强制履行的措施包括查询、冻结、划拨被执行人的存款；扣留、提取被执行人的收入；查封、扣押、拍卖、变卖被执行人的财产、搜查被执行人的财产；强制被执行人交付法律文书指定的财物或票证；强制被执行人迁出房屋或退出土地；强制被执行人履行法律文书指定的行为；强制支付迟延履行期间的债务利息或迟延履行金等。

人民法院采取上述手段，被执行人仍不能偿还债务的，被执行人应当继续履行。债权人发现被执行人有其他财产的，可以随时请求人民法院执行，不受申请执行期限的限制。

在执行过程中，申请执行人和被执行人自愿协商、达成协议的，称为执行和解。经人民法院审查批准之后，结束执行程序。一方当事人不履行和解协议的，人民法院可以根据对方当事人的申请，恢复执行程序。

（三）执行中止和暂缓

在执行过程中，因某种特殊情况的发生而使执行程序暂时停止的，为执行中止。《民事诉讼法》规定，有下列情形之一的，人民法院应当裁定中止执行：申请人表示可以延期的；案外人对执行标的提出确有理由的异议的；作为一方当事人的公民死亡，需要等待继承人继承权利或承担义务的；作为一方当事人的法人或其他组织终止，尚未确定权利、义务承受人的；人民法院认为应当中止执行的其他情形，如双方达成和解协议的，被执行人提供担保并经申请执行人同意的等。

被执行人确有困难暂时没有偿付能力时，可以向人民法院提供财产担保或第三人保证，并经申请人同意，人民法院可以暂缓执行。暂缓期间最长不得超过一年。暂缓期间被执行人或保证人有转移、隐匿、变卖、毁损财产等行为的，或者暂缓期间届满仍不能履行义务的，人民法院应当恢复执行。

（四）执行终结

执行过程中，发生下列特殊情况，执行程序不可能或没必要继续进行，人民法院应当做出裁定，提前终结执行程序：申请人撤销执行申请的；据以执行的法律文书被撤销的；作为被执行人的公民死亡，无遗产可供执行，又无义务承担人的；追索赡养费、抚养费、抚育费的权利人死亡的；作为被执行人的公民因生活困难无力偿还借款，无收入来源，又丧失劳动能力；人民法院认为其他应当终结执行的情形。

九、涉外民事诉讼的特别规定

（一）涉外民事诉讼的概念及其特殊性

涉外民事诉讼，是指具有涉外因素的民事诉讼。诉讼主体、争议的民事法律关系和诉讼标的物只要有一项具有涉外因素，即应当适用有关涉外民事诉讼的规定。涉外民事诉讼与国家主权密切相关。人民法院审理涉外民事纠纷案件，只能适用我国的《民事诉讼法》的规定。在涉外民事诉讼中，不仅存在着双方当事人与人民法院的民事诉讼法律关系，而且还存在着我国与外国的关系。因此，涉外民事诉讼在具体诉讼制度上有其特殊性。由于具有涉外因素且当事人在我国可能没有住所，为方便当事人进行诉讼行为或行使诉讼权利，在某些具体的诉讼制度上，如管辖、期间、送达、财产保全等，法律做出了不同于国内民事诉讼的特别规定。也由于其特殊性，涉外民事诉讼与司法协助密切相关。司法权具有严格的地域性，人民法院只能在我国领域内实施诉讼行为，不能到外国实施诉讼行为。因此，司法协助也是涉外民事诉讼中的一个重要问题。

但涉外民事诉讼程序的特别规定，不是与审判程序、执行程序并列的独立、完整的程序规范，它只是针对涉外民事诉讼中的一般原则、管辖、送达、期间、财产保全、仲裁和司法协助等问题做出的特别规定。涉外民事诉讼程序与一般民事诉讼程序的关系，是特殊与一般的关系，人民法院在审理涉外民事案件时，有特别规定的，应适用特别规定；没有特别规定的，适用《民事诉讼法》的一般规定。涉外民事诉讼由于其含有涉外因素，因而首先在司法原则上即有其特殊性，比如：适用我国《民事诉讼法》的原则；信守国际条约的原则；司法豁免权原则；使用我国通用语言文字的原则；委托中国律师代理诉讼的原则等。

（二）涉外民事诉讼的管辖

1. 特殊地域管辖

《民事诉讼法》第243条规定，因合同纠纷或者其他财产纠纷，对在我国领域内没有住所的被告提起的诉讼，如果合同在我国领域内签订或履行，或者诉讼标的物在我国领域内，或者被告在我国领域内设有代表机构，可以由合同签订地、合同履行地、诉讼标的物所在地、可供扣押财产所在地、侵权行为地或者代表机构所在地人民法院管辖。该条规定是专门针对被告在我国领域内没有住所的合同或其他财产纠纷案件的特殊地域管辖。上述地点与诉讼都有一定的联系，便于人民法院管辖，便于我国当事人起诉，以维护我国的司法管辖权。

2. 协议管辖

协议管辖是涉外民事诉讼中最普遍、最常见的一种管辖规则。协议管辖是指对某一具体的涉外案件的管辖完全由当事人双方自主协商确定。

我国《民事诉讼法》规定："涉外合同或者涉外财产权益纠纷的当事人，可以用书面协议选择与争议有实际联系的地点的法院管辖。选择中华人民共和国人民法院管辖的，不得违反本法关于级别管辖和专属管辖的规定。"因此，我国实行的是有限制的协议管辖。

3. 最密切联系地管辖

在当事人没有通过书面形式选择管辖法院时，则根据最密切联系地原则确定某个与案件有实际联系的法院行使管辖权。

4. 应诉管辖

我国《民事诉讼法》规定："涉外民事诉讼的被告对人民法院管辖不提出异议，并应诉答辩的，视为承认该人民法院为有管辖权的法院。"应诉管辖不得违背级别管辖和专属管辖的有关规定。

5. 专属管辖

我国《民事诉讼法》规定："因在中华人民共和国履行中外合资经营企业合同、中外合作经营企业合同、中外合作勘探开发自然资源合同发生纠纷提起的诉讼，由中华人民共和国人民法院管辖。"对属于我国人民法院专属管辖的案件，当事人不得以书面协议选择其他国家法院管辖，但协议选择仲裁裁决的除外。

6. 国际民事管辖权冲突及其协调

根据有关司法解释，中华人民共和国法院和外国法院都有管辖权的案件，一方当事人向外国法院起诉，而另一方当事人向中华人民共和国人民法院起诉的，人民法院可予受理。判决后，外国法院申请或者当事人请求人民法院承认和执行外国法院对本案做出的判决、裁定的，不予准许；但双方共同参加或者签订的国际条约另有规定的除外。

中国公民一方居住在国外，一方居住在国内，不论哪一方向人民法院提起离婚诉讼，国内一方住所地的人民法院都有权管辖。如国外一方在居住国法院起诉，国内一方向人民法院起诉的，受诉人民法院有权管辖。

（三）涉外民事诉讼的期间、送达

1. 涉外民事诉讼的期间

在我国领域内没有住所的被告接到起诉状副本后，提出答辩状的期限为30天。被告申请延期的，是否准许，由人民法院决定；在我国领域内没有住所的当事人，不服一审法院判决、裁定的上诉期限为30天；被上诉人提出答辩状的期限也是30天。当事人不能在法定期间提起上诉或者提出答辩状，申请延期的，是否准许，由人民法院决定。当事人双方分别居住在我国领域内和领域外，对第一审人民法院判决、裁定的上诉期，居住在我国领域内的为15天，居住在我国领域外的为30天。双方的上诉期均已届满没有上诉的，第一审人民法院的判决、裁定即发生法律效力。

由于涉外民事案件相对于国内民事案件而言，具有较为复杂、审理难度较大的特点，往往需要更长的时间，因此，法律特许它不受《民事诉讼法》第135条关于普通程序的审结期限和第159条关于第二审程序的审结期限规定的限制。

2. 涉外民事诉讼的送达

涉外民事诉讼的送达，是指对在我国领域内没有住所的当事人送达诉讼文书而言的。人民法院可以采用以下送达方式：

（1）依照受送达人所在国与我国缔结或者共同参加的国际条约中规定的方式送达。

（2）通过外交途径送达。

（3）委托我国驻外使、领馆代为送达。

（4）向有权代收的诉讼代理人送达。

（5）向受送达人在我国领域内设立的代表机构、分支机构、业务代办人送达。

（6）邮寄送达。采用该种送达方式，必须以受送达人所在国的法律允许邮寄送达为前提。涉外邮寄送达，自邮寄之日起满6个月，送达回证没有退回，根据各种情况足以认定已经送达的，期间届满之日即视为送达。

（7）公告送达。采用以上方式均无法送达时，可以公告送达。自公告之日起满6个月的，视为送达。

（四）涉外民事诉讼的财产保全

涉外民事诉讼财产保全，是指可能因涉外民事诉讼当事人一方的行为或者其他原因，使将来法院的判决或仲裁裁决不能执行或者难以执行时，人民法院根据申请人的申请，责令被申请人提供担保或者扣押其财产的一种制度。

与国内的财产保全制度相比，涉外民事诉讼财产保全具有如下特点：

1. 涉外财产保全只能由当事人提出保全的申请，人民法院不依职权主动采取财产保全措施。而国内民事诉讼的财产保全在必要时，法院可以主动依职权采取保全措施。

2. 对诉前财产保全的起诉期限规定较长。人民法院裁定准许诉前财产保全后，申请人应当在 30 天内提起诉讼。逾期不起诉的，法院解除财产保全。而国内诉前财产保全，申请人的起诉期为 15 天。

3. 人民法院决定保全的财产需要监督的，应当通知有关单位负责监督，费用由被申请人承担。而国内案件的财产保全，则不存在此问题。

涉外民事诉讼财产保全的措施，主要是发布扣押令，查封、冻结、扣押被申请人的财产。人民法院裁定准许财产保全后，被申请人提供担保的，人民法院应当解除财产保全。因申请人的申请错误，造成被申请人遭受财产损失的，申请人应赔偿被申请人因财产保全所遭受的损失。

（五）司法协助

1. 司法协助的内容。根据中华人民共和国缔结或者参加的国际条约，或者按照互惠原则，人民法院和外国法院可以相互请求，代为送达文书、调查取证以及进行其他诉讼行为。

外国法院请求协助的事项有损于中华人民共和国的主权、安全或者社会公共利益的，人民法院不予执行。

2. 司法协助的途径。请求和提供司法协助，应当依照中华人民共和国缔结或者参加的国际条约所规定的途径进行；没有条约关系的，通过外交途径进行。

外国驻中华人民共和国的使领馆可以向该国公民送达文书和调查取证，但不得违反中华人民共和国的法律，并不得采取强制措施。

除前款规定的情况外，未经中华人民共和国主管机关准许，任何外国机关或者个人不得在中华人民共和国领域内送达文书、调查取证。

3. 司法协助的程序和方式。人民法院提供司法协助，依照中华人民共和国法律规定的程序进行。外国法院请求采用特殊方式的，也可以按照其请求的特殊方式进行，但请求采用的特殊方式不得违反中华人民共和国法律。

4. 裁判的执行。人民法院做出的发生法律效力的判决、裁定，如果被执行人或者其财产不在中华人民共和国领域内，当事人请求执行的，可以由当事人直接向有管辖权的外国法院申请承认和执行，也可以由人民法院依照中华人民共和国缔结或者参加的国际条约的规定，或者按照互惠原则，请求外国法院承认和执行。

外国法院做出的发生法律效力的判决、裁定，需要中华人民共和国人民法院承认和执行的，可以由当事人直接向中华人民共和国有管辖权的中级人民法院申请承认和执行，也可以由外国法院依照该国与中华人民共和国缔结或者参加的国际条约的规定，或者按照互惠原则，请求人民法院承认和执行。

人民法院对申请或者请求承认和执行的外国法院做出的发生法律效力的判决、裁定，依照中华人民共和国缔结或者参加的国际条约，或者按照互惠原则进行审查后，认为不违反中华人民共和国法律的基本原则或者国家主权、安全、社会公共利益的，裁定承认其效力，需要执行的，发出执行令，依照法律的有关规定执行。违反中华人民共和国法律的基本原则或者国家主权、安全、社会公共利益的，不予承认和执行。

此外，涉外民事诉讼还涉及有关海事法的相关程序，如需要了解可参考海商法的相关规定，因篇幅所限，在此不再赘述。

【本章小结】

经济仲裁，是指经济纠纷当事人通过订立仲裁协议，自愿将有关争议提交仲裁机构，仲裁机构以第三者的身份对争议案件做出裁决，双方必须执行的一种解决经济纠纷的方式。经济仲裁能够充分体现当事人双方的自愿性，且具有灵活性、快捷性、保密性及专业性，其范围是平等主体的公民、法人和其他组织之间发生的合同纠纷和其他财产权益纠纷。经济仲裁以仲裁协议为前提。

我国《仲裁法》规定的仲裁机构是仲裁委员会和仲裁协会。仲裁委员会属于常设性的仲裁机构。仲裁委员会不设专职仲裁员，而是由仲裁委员会从公道正派、具有较高业务水准的符合法定要求的人员中聘任。

当事人申请仲裁应当符合下列条件：有仲裁协议；有具体的仲裁请求和事实、理由；属于仲裁委员会的受理范围。仲裁案件应当开庭审理。仲裁裁决是终局的，自做出之日起生效。当事人应当履行裁决。一方当事人不履行的，另一方当事人可以依照《民事诉讼法》的有关规定向人民法院申请执行。

民事诉讼是指审判机关在当事人和其他诉讼参与人参加下，对民事纠纷案件进行审理并做出裁决的活动。民事审判的基本制度包括合议制度、回避制度、公开审判制度和两审终审制度。审判管辖，是指确定各级法院之间和同级法院之间受理第一审民事案件的分工和权限，分为级别管辖、地域管辖、专属管辖、移送管辖、指定管辖和管辖权的转移。

作为民事诉讼制度核心的证据，具有客观性、关联性、合法性三个特征。一般原则是"谁主张谁举证。"在法定情形下，举证责任倒置。证据必须在规定期限内提供。财产保全，是指人民法院在利害关系人起诉前或者当事人起诉后，为保障将来的生效判决能够得到执行或者避免财产遭受损失，对当事人的财产或者争议的标的物，采取限制当事人处分的强制措施。

审理民事案件公开审理是原则。开庭审理由预备阶段、法庭调查阶段、法庭辩论阶段和评议判决阶段组成。当事人不服第一审人民法院的判决、裁定，有权在法定的期限内提起上诉。对于已经生效的判决和裁定、调解书等，当事人应当自觉履行；一方当事人拒绝履行的，另一方当事人有权向有管辖权的人民法院申请执行。

涉外民事诉讼，是指具有涉外因素的民事诉讼。法律对涉外民事案件在某些具体的诉讼制度上做出了不同于国内民事诉讼的特别规定，如管辖、期间、送达、财产保全等。外国法院的裁判必须经我国法院依法审查并予以承认后，才能在我国领域内发生法律效力。

附：经济纠纷解决途径简表：

序号	途径	适用范围	适用对象	选择方式
1	仲裁	适用横向关系经济纠纷的解决方式	平等民事主体的当事人之间发生的经济纠纷	有效的仲裁协议可排除法院的管辖权。只有在没有仲裁协议或者仲裁协议无效，或者当事人放弃仲裁协议的情况下，法院才可以行使管辖权，这在法律上称为或裁或审原则
2	民事诉讼			
3	行政复议	适用纵向关系经济纠纷的解决方式	公民、法人或者其他组织与行政机关（不平等主体）的具体行政行为发生的经济纠纷	（1）有的可以直接向法院起诉，也可以先申请行政复议，对行政复议决定不服时再起诉（2）有的则是行政复议前置，对行政复议决定不服才能提起行政诉讼（3）还有的则只能通过行政复议的方式解决，由行政机关对纠纷做出最终裁决

【关键名词或概念】

　　经济仲裁
　　仲裁协议
　　审判管辖
　　举证责任

【简答题】

　　1. 试述经济仲裁与民事诉讼的主要不同之处。
　　2. 谈谈你对仲裁原则的理解。
　　3. 简述法律对仲裁条款和仲裁协议的主要规定。
　　4. 我国民事诉讼管辖的规定主要有哪些？
　　5. 我国法律规定的举证责任的主要规定有哪些？
　　6. 涉外民事诉讼的特别规定是什么？

【案例讨论】

案例一

C 公司仲裁管辖权异议案

【案情】

　　某地仲裁庭在第一次开庭审理申请人 A 公司与被申请人 B 公司工程建筑合同纠纷一案后，B 公司即并入 C 公司而被注销，为此，C 公司以其与 A 公司之间并无仲裁协议为由，向该仲裁委员会所在地人民法院提出管辖权异议，认为仲裁委员会对本案已无管辖权。

　　法院受理后，对本案是否由仲裁庭继续审理存在两种意见。

　　一种意见认为，根据我国《仲裁法》及相关司法解释的规定，仲裁协议只能约束订立协议的当事人，对未订立仲裁协议的第三人不发生法律效力，现 B 公司被注销，其法人资格消灭，因此 C 公司与原合同当事人 A 公司之间属于新的合同关系，当新的合同关系中的双方当事人不能重新达成仲裁协议时，原合同中的仲裁条款对 C 公司就不具有强制执行力，因此，法院应裁定仲裁委员会对本案不具有管辖权。

另一种意见认为，当 B 公司被 C 公司兼并时，B 公司的权利与义务是作为一个整体由兼并后的主体 C 公司承继，这种概括性的承继，当然包括了本案合同中的权利与义务。现仲裁委员会受理本案是依据合同中的仲裁条款，而该条款是合同中的一部分，当 C 公司承继整个合同时，就意味着接受了该合同中的仲裁条款，并包括仲裁及仲裁程序中的权利与义务，当 C 公司取代了 B 公司的法律地位后，就应接受仲裁委员会对本案的管辖。因此，法院对 C 公司的申请应裁定不予支持，并由仲裁庭直接变更主体后继续行使仲裁权。

【问题讨论】

你认为哪种意见正确？为什么？

案例二

稻田污染赔偿管辖权案

【案情】

A 省的个体户姜某由 B 省的甲县运 5 吨化工原料到丙县，途经 B 省的甲、乙、丙三县交界时，化学原料外溢，污染了甲县村民王某、乙县李某和丙县张某的稻田，造成禾苗枯死。受害村民要求赔偿，但由于赔偿数额争议较大，未能达成协议。为此，甲县的王某首先向甲县人民法院提起诉讼。甲县人民法院受理后，认为该案应由被告所在地人民法院管辖，于是将案件移送到姜某所在地的基层人民法院。与此同时，村民李某、张某也分别向自己所在地的基层人民法院提起诉讼，要求赔偿损失。乙县和丙县人民法院都认为对该案有管辖权，与 A 省姜某住所地的基层人民法院就管辖问题发生争议，协商不成，A 省姜某住所地的基层法院即向 A 省某中级人民法院报请指定管辖。

【问题讨论】

1. 哪个法院对此案有管辖权？

2. 甲县人民法院的移送是否正确？

3. A 省基层人民法院报请指定管辖是否正确？

模 拟 试 卷

一、判断题：(每题 1 分，共 10 分。正确打√，错误打×。)

1. 公司是企业，企业都是法人。 （　　）

2. 合同的保全包括代位权和撤销权两种 （　　）

3. 只要是垄断就构成违法性和危害性。 （　　）

4. 股份有限公司就是上市公司，两者没有区别。 （　　）

5. 经营者不得搜查消费者的身体，但可以根据需要检查消费者
   携带的物品。 （　　）

6. 定金的数额不得超过主合同标的额的 20%。 （　　）

7. 入伙的新合伙人只对入伙后发生的企业债务承担无限连带责任。
    （　　）

8. 建筑工程中使用的建筑材料不适用《产品质量法》的调整。 （　　）

9. 《消法》的调整范围仅指生活消费，对任何购买生产资料的
   行为一概不予调整。 （　　）

10. 产品责任就是产品存在质量问题。 （　　）

二、单项选择题。(每题 1 分，共 10 分)

在以下 4 个备选答案中，选出你认为最恰当的一个，并将其填入括号内。

1. 非货币财产作为出资占注册资本比例的最高限制是 （　　）。
   A. 50%　　　　B. 60%　　　　C. 70%　　　　D. 80%

2. 甲、乙、丙三人成立一家合伙企业，甲出资 5 万元，乙出资 3 万元，丙出资 2 万元，三人签订了合伙协议，约定甲是合伙企业事务的执行人，但在合伙协议中却没有约定企业的利润和亏损如何分配。经营 1 年后，由于乙提供错误的商业情报致使企业发生亏损 5 万元，则 （　　）。

   A. 亏损应由甲承担

   B. 亏损应由乙承担

   C. 亏损应按甲、乙、丙的出资比例分配承担

   D. 亏损应由甲、乙、丙平均承担

3. 在募集设立方式中，《公司法》要求发起人认购的股份不得少于公司股份总额的（　　　）。

　　A. 25%　　　　　B. 30%　　　　　C. 35%　　　　D. 40%

4. 甲明知自己的车子被盗，仍然积极地与乙磋商订立车子买卖合同，致使乙花费一定的订约费用，甲对乙应承担（　　　）。

　　A. 违约责任　　　　　　　　B. 侵权责任

　　C. 缔约过失责任　　　　　　D. 欺诈责任

5.《公司法》规定，股份有限公司注册资本的最低限额为人民币（　　　）。

　　A. 200 万元　　　B. 500 万元　　　C. 1000 万元　　　D. 2000 万元

6. 下列不属于滥用市场支配地位的表现形式是（　　　）。

　　A. 掠夺性定价　　　　　　　B. 差别待遇

　　C. 强制交易　　　　　　　　D. 固定向第三人转售商品的价格

7. 根据《合同法》的规定，当事人既约定违约金，又约定定金的，一方违约时，对方可以采取的追究违约责任的方式是（　　　）。

　　A. 只能适用定金条款　　　　B. 只能适用违约金条款

　　C. 合并适用违约金和定金条款　　D. 选择适用违约金或定金条款

8. 甲与乙订立货物买卖合同，约定甲于 1 月 8 日交货，乙在交货期后的一周内付款。交货期届满时，甲发现乙有转移资产以逃避债务的行为。对此甲可依法行使（　　　）。

　　A. 后履行抗辩权　　　　　　B. 同时履行抗辩权

　　C. 不安抗辩权　　　　　　　D. 撤销权

9. 乙公司向甲公司发出要约，第三天甲公司发函给乙公司，提出只要将交货日期推迟两个星期，其他条件都可接受。甲公司的回函属于（　　　）。

　　A. 承诺　　　　　　　　　　B. 要约的撤回

　　C. 要约邀请　　　　　　　　D. 反要约

10. 根据我国法律规定，一个产品存在危及人身、他人财产安全的不合理危险或者不符合保障人体健康和人身、财产安全的国家标准、行业标准的，该产品属于（　　　）。

　　A. 缺陷产品　　　　　　　　B. 瑕疵产品

　　C. 失效产品　　　　　　　　D. 假冒产品

三、简述下列四题：（每题 5 分，共 20 分）

1. 举例说明什么是合同的相对性。

2. 简述我国企业的破产申请要件。

3. 什么叫竞业禁止义务？请举例说明。

4. 举例说明商标申请的优先权制度。

四、综合题：（60%）

1. 请撰写一份购买西瓜的合同（10分）

2.

案例分析1：（20分）

甲、乙、丙、丁四个自然人签订协议，投资建立一个以软件开发与销售为主的公司，注册资本为60万元人民币。甲以货币出资，出资额为10万元，首次出资3万元，其余三年之内交清；乙以房产作价25万元出资，丙以劳务作价5万元出资，丁以专利技术投资，该专利协议作价20万元。同时，协议还规定：①公司章程由丁独立起草，无须经其他股东签字。②公司不设董事会，只设执行董事，甲为执行董事，并担任法定代表人及公司总经理。③由甲提议，乙担任公司财务负责人，并兼任公司监事。④公司定名为"中国软件开发股份有限公司"。⑤公司成立以后，各股东可以抽回各自的投资。

请回答下列问题：

1. 根据以上资料，结合《公司法》规定，分析说明以上不合法之处。请先说出不符合法律之处，再根据《公司法》的规定说出理由。（找出一处得1分）

2. 若公司修正以上错误，合法成立以后，由于经营需要增加注册资本，应履行什么程序？（3分）

3. 在公司经营过程中，发生了如下情况：

甲将自己已出资的10万元抽回了8万元，从而导致无法清偿张某的到期债权；

乙欲转让其股权，而其他股东不同意。

作为副总经理的丁另外又与其弟合伙开设了一家软件技术企业。

由甲、乙、丙三人合伙设立的光明百货商店拖欠该公司的货款30万元，之后宣告商店解散，并表示将以商店的全部剩余财产15万元清偿债务，超过部分的债务不再清偿。

根据上述情况请回答下列问题：

（1）甲抽回其出资，张某依法可以怎么保护自己的债权？（2分）法律依据是什么？（2分）

（2）乙欲转让其股权，而其他股东不同意，应该怎么办？（1分）股权转让的规定有哪些？（2分）

（3）丁另外又与其弟合伙开设了一家软件技术企业是否可以？为什么？（3分）

（4）光明百货商店拖欠红光公司的货款应该如何偿还？为什么？（3 分）

案例分析 2：（20 分）

甲乙两公司采用合同书形式订立了一份买卖合同，双方约定由甲公司向乙公司提供 100 台精密仪器，甲公司于 8 月 31 日以前交货，并负责将货物运至乙公司，乙公司在收到货物后 10 天内付清货款。合同订立后双方均未签字盖章。7 月 28 日，甲公司与丙运输公司订立货物运输合同，约定由丙公司将 100 台精密仪器运至乙公司。8 月 1 日，丙公司先运了 70 台精密仪器至乙公司，乙公司全部收到，并于 8 月 8 日将 70 台精密仪器的货款付清。8 月 20 日，甲公司掌握了乙公司转移财产、逃避债务的确切证据，随即通知丙公司暂停运输其余 30 台精密仪器，并通知乙公司中止交货，要求乙公司提供担保；乙公司请丁公司为之提供了担保。8 月 26 日，甲公司通知丙公司将其余 30 台精密仪器运往乙公司，丙公司在运输途中发生交通事故，30 台精密仪器全部毁损，致使甲公司 8 月 31 日前不能按时全部交货。根据以上事实及《合同法》的规定，回答下列问题：

1. 甲公司订立买卖合同是否成立？请说明理由。（3 分）

2. 甲公司 8 月 20 日中止履行合同的行为是否合法？（1 分）请说明法律的相关规定。（2 分）如果乙公司拒不提供担保，甲公司可以采取什么措施？（2 分）

3. 乙公司可以要求哪个公司承担违约责任？请说明理由。（3 分）

4. 丁公司为乙公司提供的担保属于哪一类担保？（2 分）假如丁公司只是口头答应提供担保，担保是否有效？为什么？（3 分）

如果担保合同中没有约定担保方式，保证人丁公司在债务人乙公司不履行债务时，应负什么责任？（2 分）根据法律规定，保证人有什么权利呢？（2 分）

案例分析 3：（10 分）

某甲与某工厂订立了一份买卖汽车的合同，约定由工厂在 6 月底将一部行驶 3 万公里的卡车交付给甲，价款 3 万元，甲交付定金 5000 元，交车后 15 天内余款付清。合同还约定，工厂晚交车一天，扣除车款 50 元，甲晚交款一天，应多交车款 50 元；一方有其他违约情形，应向对方支付违约金 6000 元。合同订立后，该卡车因外出运货耽误，未能在 6 月底以前返回。7 月 1 日，卡车途经山路时，因遇暴雨，被一块落下的石头砸中，车头受损，工厂对卡车进行了修理，于 7 月 10 日交付给甲。10 天后，甲在运货中发现卡车发动机有毛病，经检查，该发动机经过大修理，遂请求退还卡车，并要求工厂双倍返还定金，支付 6000 元违约金，赔偿因其车辆不能正常使用造成的经营收入损失 3000 元。另有人向甲提出,甲可以按照《消费者权益保护法》请求双倍赔偿。工厂意识到对自己不利,即提出本合同总经理没有签字,合同无效,双方只需返还财产。请回答下列问题:

1. 汽车买卖合同是否有效?为什么?(2 分)

2. 甲能否按照《消费者权益保护法》请求双倍赔偿?为什么?(3 分)

3. 甲能否要求退车?为什么?(2 分)

4. 甲能否请求工厂支付违约金并双倍返还定金?为什么?(3 分)

课程教学大纲

英文名称： Economic Law

建议学时： 必修课 64 学时，选修课 52 学时或 36 学时

适用对象： 国际经济与贸易、金融、财务管理、会计、旅游、营销、物流、人力资源管理等相关的经济与贸易、商务管理各专业

先修课程： 经济学、法学基础

课程性质、目的和任务：

1. 经济法是高等院校经济与管理各专业学生必修的专业基础课程。

2. 本门课程的教学目的是培养学生的规则意识、法律责任意识以及具有一定经济法学基础理论和基本的实务知识，并能运用这些理论和知识分析判断和解决经济活动中的法律实务问题。

3. 本门课程的教学基本任务如下：

（1）正确认识本门课程的性质及其调整对象为一定经济关系，全面了解课程的体系、结构，对经济法学形成一个整体的认识；

（2）培养学生对法律规则的信念，树立以法律责任为核心的观念；

（3）掌握本学科的基本概念、基本理论以及具体法律制度及其相应的规范；

（4）培养学生运用经济法理论和知识分析判断和解决经济活动中的法律实务问题的能力。

教学基本要求：

1. 《经济法》课程的教学指导思想

经济法具有确立市场主体地位、维护市场秩序、规范市场行为、宏观调控经济等作用，极具实践性。鉴于大部分学生对经济活动的接触几乎可以说是空白，没有感性认识，所以，在注重本学科的基本理论、基本知识介绍的同时要特别注意深入浅出地讲解，尽量通过采用案例教学方法、情景教学方法，在讲授基本理论的同时，力求把理论和实践结合起来，使教学工作生动、形象、具体，激发引导学生的学习兴趣，以利于融会贯通、消化吸收。同时，

在教学中注意反映经济法研究的最新成果，反映我国经济法的前沿动向。

2.《经济法》的教学方法、学时安排与学分

根据上述指导思想与本课程的特点，为提高教学效果，本课程的教学中采用课堂教授与课外阅读相结合、课堂讲授与课后案例讨论相结合、用理论阐释市场经济实践、通过模拟公司运作、撰写合同、处理经济争议等多样化的教学方法，力求培养学生独立思考能力、知识的应用能力。

《经济法》作为经济与管理各专业的专业基础课，课程总计可为 3～4 学分，教学时间为 1 学期，每周 3～4 学时，共计 52～64 学时。

课程考核办法：

1. 期中采用笔试形式，开卷考试，当堂完成，可带教材、笔记、参考资料及计算器。

2. 期末采用闭卷；考试时间一般为 2 小时。

3. 总评成绩构成：平时作业 10%，期中 20%，期末 70%。

教学内容时间分配见下表：

章	教学内容	参考学时	备注
1	经济法概述	2	选修课可合并为 2 课时
2	经济法律关系	2	
3	市场主体与市场准入制度	2	选修课时可略
4	企业法	4	
5	公司法	6	选修课可减少 2 课时
6	外商投资企业法	2	选修课时可略
7	企业破产法	4	选修课时可略
8	市场管理法一般原理	2	
9	合同法	8	选修课可减少 2 课时
10	工业产权法	4	选修课时可略
11	票据法	2	
12	证券法	2	选修课时可略
13	反垄断法	4	
14	反不正当竞争法	4	
15	消费者权益保护法	2	
16	产品质量法	2	
17	宏观调控法概论	2	选修课时可略
18	经济仲裁与民事诉讼	4	选修课可减少 2 课时

教学与学习的重点内容：

第一章　经济法概述

教学内容

第一节　经济法的产生和发展

　　一、西方国家经济法的产生和发展

　　二、中国经济法的产生和发展

第二节　经济法的概念、调整对象与体系

　　一、经济法的概念

　　二、经济法的调整对象

　　三、经济法的体系和渊源

　　　　1. 经济法的体系

　　　　2. 经济法的渊源

第三节　经济法的地位和作用

　　一、法律体系与经济法

　　二、市场经济就是法治经济

教学要求：

　　了解：经济法的产生和发展

　　掌握：掌握经济法的概念、特征、调整对象和体系

　　应用：法律观念的培养

教学要点：经济法的概念与调整对象

　　　　　经济法在法律体系中的地位和作用

第二章　经济法律关系

教学内容

第一节　经济法律关系概念及构成要素

　　一、经济法律关系的概念

　　二、经济法律关系的构成要素

　　　　1. 经济法律关系主体

　　　　2. 经济法律关系内容

　　　　3. 经济法律关系客体

第二节　经济法律关系的确立与保护

　　一、经济法律关系的确立

　　二、经济法律关系的保护

教学要求：

　　了解：了解现实中的经济法律关系的表现

　　掌握：掌握经济法律关系的构成要素及产生、变更和终止以及保护方法

　　应用：在经济活动中正确应用经济权利，履行经济义务

教学要点：经济法律关系的构成要素；经济法律关系的产生、变更和终止以及保护方法

第三章　市场主体与市场准入制度

教学内容：

第一节　市场主体概述

　　一、市场主体的概念和范围

　　二、企业的概念和种类

　　三、企业的立法

第二节　市场准入制度概述

　　一、市场准入制度的概念和意义

　　二、设立市场准入制度的原则

　　三、市场准入制度体系

第三节　一般市场准入的工商登记制度

　　一、工商登记的概念

　　二、工商登记制度的作用

　　三、工商登记的基本类型

　　四、工商登记机关及程序

第四节　特殊市场准入的审批许可制度

　　一、审批许可制度的概念及适用范围

　　二、审批许可的机构

　　三、审批许可的方式

　　四、审批许可的分类

第五节　涉外的市场准入

教学要求：

　　了解：市场主体的构成及种类

　　掌握：市场准入制度的主要内容

　　应用：能在实际需要时以正确的途径和方法取得市场主体资格

教学要点：企业的法律形态；市场准入制度

第四章　企 业 法

教学内容：

第一节　个人独资企业法

　　一、个人独资企业法概述

　　二、个人独资企业的设立

　　三、个人独资企业的事务管理及权利、义务

　　四、个人独资企业的解散、清算与法律责任

第二节　合伙企业法

　　一、合伙企业法概述（概念、特征、种类）

　　二、合伙企业的设立

　　三、合伙企业的财产

　　四、合伙企业的事务执行及内部管理

　　五、合伙企业的入伙、退伙及与第三人的关系

　　六、合伙企业的解散与清算

教学要求：

　　了解：个人独资企业与合伙企业的概念

　　掌握：掌握个人独资企业的设立条件及事务管理、合伙企业中普通
　　　　　合伙、有限合伙企业的设立、财产及事务执行、合伙人与第
　　　　　三人的关系、入伙和退伙的法律规定

　　应用：能够顺利完成这两种企业的设立申请，正确处理在企业经营
　　　　　活动中遇到的内外部关系

教学要点：

　　1. 个人独资企业的无限责任与家庭财产

　　2. 合伙企业的特征、合伙协议、有限合伙

　　3. 合伙企业的内外部关系

第五章　公 司 法

第一节　公司与公司法概述

　　一、公司的概念和法律特征

　　二、公司法的概念、调整对象和基本原则

　　三、公司的种类

第二节　公司的设立

　　一、公司设立概述

　　二、公司设立的方式

　　三、公司设立的条件

　　四、公司设立的程序

　　　　1. 发起设立的程序

　　　　2. 募集设立的程序

　　五、公司设立的法律责任

第三节　公司的资本制度

　　一、公司资本的概念及意义

　　二、我国公司的资本制度

第四节　公司的治理结构

　　一、股东

　　二、有限责任公司的治理结构

　　三、股份有限公司的治理结构

　　四、上市公司的组织机构、治理规则的特别规定

　　五、董事、监事及高级管理人员

第五节　特殊形态公司的特别规定

　　一、一人有限责任公司的特别规定

　　二、国有独资公司的特别规定

第六节　公司债券与公司财务、会计

　　一、公司债券

　　二、公司财务、会计制度

第七节　公司的合并与分立

　　一、公司合并

　　二、公司分立

第八节　公司的解散和清算

　　一、公司的解散

　　二、公司的清算

教学要求：

　　了解：公司的种类、合并分立、解散和清算

　　掌握：公司的概念、特征、公司的基本原则、公司的设立条件和治理结构

　　应用：能在实践中操作公司的设立

教学要点：有限责任制度、法定资本制度、公司设立的条件、公司治理结构的规则

第六章　外商投资企业法

教学内容：

第一节　外商投资企业概述

第二节　中外合资经营企业法

第三节　中外合作经营企业法

第四节　外资企业法

教学要求：

了解：外商投资企业的立法概况

掌握：外商投资企业的含义、种类、设立的条件、组织形式、资本
及出资方式以及经营管理方面的规定

应用：能辨别三种外商投资企业的不同

教学要点：外商投资企业设立、资本及出资方式、组织形式以及经营管
理方面的规定

第七章　企业破产法

教学内容：

第一节　企业破产法概述

一、破产的概念与特征

二、破产法的概念、作用与立法

第二节　破产申请与受理

一、破产申请的要件及申请人

二、破产申请的管辖与受理

三、受理破产案件的法律效力

第三节　管理人、债权人会议

一、管理人

二、债权人会议

第四节　和解与重整制度

一、和解制度

二、重整制度

第五节　破产宣告与破产清算

一、破产宣告

二、破产清算

第六节　破产法律责任

一、债务人及其相关人员的法律责任

二、管理人的法律责任

第七节　其他相关规定

一、金融机构破产程序

二、跨境破产问题

教学要求：

了解：我国企业破产法的立法宗旨和适用范围

掌握：破产的概念和特征、破产界限、破产的申请受理程序、破产管理人制度、破产财产、破产债权的范围及分配顺序

应用：破产界限的识别、破产有关法律手续的办理

教学要点：破产及申请要件、破产管理人制度、破产财产、破产债权的范围及分配顺序

第八章　市场管理法的一般原理

教学内容：

第一节　市场管理法概述

一、市场管理法的概念和调整对象

二、市场管理法的社会基础

第二节　市场管理法的体系和调整方法

一、市场管理法的体系

二、市场管理法的调整方法

第三节　市场管理法的地位、作用和基本原则

一、市场管理法的地位

二、市场管理法的作用

三、市场管理法的基本原则

教学要求：

了解：市场经济与市场经济管理法的关系

掌握：市场经济管理法的调整对象，并在此基础上通过对市场经济管理法体系的掌握，进一步理解其作用和基本原则

教学要点：市场经济管理法的本质；市场经济管理法的作用和基本原则；应理解市场经济与市场经济管理法的关系以及重点内容

第九章　合　同　法

教学内容：

第一节　合同法概述

一、合同的概念与法律特征

二、合同的种类

三、合同法的概念与基本原则

第二节 合同的订立

一、订立合同的主体

二、合同的形式与内容

三、合同的订立程序

四、缔约过失责任

第三节 合同的效力

一、合同效力概述

二、合同的生效

三、无效合同

四、可变更及可撤销合同

五、效力待定合同

第四节 合同的履行

一、合同履行的原则与规则

二、双务合同履行中的抗辩权

三、合同的保全

第五节 合同的担保

一、合同担保概述

二、保证

三、抵押

四、质押

五、留置

六、定金

第六节 合同的变更、转让和终止

一、合同的变更

二、合同的转让

三、合同的终止

第七节 违约责任

一、违约责任概述

二、承担违约责任的方式

三、违约责任的免除

教学要求：

了解：合同法的立法概况

　　　　掌握：合同法律制度的基本内容，包括合同的概念及其种类，合同
　　　　　　　法的基本原则、合同的订立、缔约过失责任、合同的效力、
　　　　　　　合同的履行及抗辩权与保全、合同的变更与转让、合同的终
　　　　　　　止、违反合同应承担的违约责任等基本知识
　　　　应用：正确撰写合同、处理合同纠纷
　　教学要点：合同的订立；合同的效力；合同的履行；违约责任以及合同
　　　　　　　担保的几种方式

第十章　工业产权法

教学内容：
第一节　工业产权法概述
第二节　商标法
第三节　专利法
第四节　工业产权的国际保护
教学要求：
　　　　了解：工业产权的概念、特征、工业产权的国际保护，了解相关条
　　　　　　　约和国际组织
　　　　掌握：商标权与专利权取得的条件、申请程序、权利内容及与权利
　　　　　　　保护的有关内容
　　　　应用：能够应用所学到的知识申请商标权与专利权并处理有关争议
　　教学要点：商标权的取得及法律保护制度；专利权的取得及法律保护
　　　　　　　制度

第十一章　票　据　法

第一节　票据法概述
第二节　票据行为
第三节　票据权利
第四节　我国支付结算中的票据
第五节　涉外票据的法律适用
教学要求：
　　　　了解：票据的概念、特征和种类、票据法律关系以及涉外票据的法
　　　　　　　律适用
　　　　掌握：出票、背书、提示、付款、拒付、追索等票据行为，理解票
　　　　　　　据权利以及票据抗辩等内容

应用：能够根据我国银行结算中的票据及要求正确使用票据

教学要点：票据及其法律特征；票据行为；票据权利

第十二章　证　券　法

教学内容：

第一节　证券法概述

第二节　证券市场的主体

第三节　证券发行

第四节　证券上市与交易

第五节　上市公司收购

第六节　证券投资基金

第七节　违反证券法的法律责任

教学要求：

了解：证券的概念和种类、证券法的概念和基本原则、证券市场主体、了解上市公司的收购、证券投资基金的基本规定

掌握：证券发行制度，证券上市、证券交易的一般规则以及相关证券机构及作用

应用：能够辨别违法的证券交易行为

教学要点：证券发行的条件、程序；证券交易制度；上市公司收购

第十三章　反　垄　断　法

教学内容：

第一节　垄断及反垄断法概述

第二节　反垄断法的基本规定

第三节　反垄断法的执法机构

第四节　违反反垄断法的法律责任

教学要求：

了解：我国制定反垄断法的必要性、反垄断法的概念和模式以及反垄断法的执法机构

掌握：垄断的含义和特征、反垄断法的基本原则，掌握对滥用市场支配地位的规制、对垄断协议的规制、对企业集中的规制、对行政性垄断的规制、反垄断法的适用除外条款的内容

应用：较为熟练的运用知识分析、辨别各类垄断行为

教学要点：反垄断法的基本原则；反垄断法的基本规定了解

第十四章　反不正当竞争法

教学内容：

第一节　反不正当竞争法概述

第二节　不正当竞争行为及其责任

第三节　对不正当竞争行为的监督检查

第四节　不正当竞争行为的法律责任

教学要求：

　　　　了解：反不正当竞争法与市场经济的关系、反不正当竞争法的立法目的

　　　　掌握：不正当竞争行为的概念，掌握不正当竞争行为的具体表现及其法律责任

　　　　应用：较为熟练的运用知识分析、辨别各类不正当竞争行为

教学要点：竞争规则与市场经济体制；不正当竞争行为的具体表现及其法律责任

第十五章　消费者权益保护法

教学内容：

第一节　消费者权益保护法概述

第二节　消费者的权利与经营者的义务

第三节　消费者权益争议的解决

第四节　违反消费者权益保护法的法律责任

教学要求：

　　　　了解：消费者权益保护法的概念以及立法宗旨、适用范围和基本原则

　　　　掌握：消费者的权利和经营者的义务，消费者权益争议的解决途径，侵害消费者权益的法律责任及责任主体等内容

　　　　应用：较为熟练的运用知识保护自己的合法权益

教学要点：消费者权益保护法的适用范围；消费者的权利和经营者的义务；侵害消费者权益的法律责任及责任主体

第十六章　产品质量法

教学内容：

第一节　产品质量法概述

第二节　产品质量监督管理
第三节　生产者、销售者的义务
第四节　违反产品质量法的法律责任
教学要求：
　　了解：产品质量法的概念和特点，理解产品质量法的立法宗旨和调
　　　　　整范围
　　掌握：产品质量的监督管理制度及生产者、销售者的产品质量责任
　　　　　和义务、产品责任及违反《产品质量法》的法律责任
　　应用：较为熟练的运用知识保护自己的合法权益
教学要点：产品生产者、销售者的质量义务；产品质量责任和产品责任

第十七章　宏观调控法概论

教学内容：
第一节　宏观调控法概述
第二节　宏观调控法的基本原则和调整方法
教学要求：
　　了解：宏观调控法的概念及其产生原因，并在此基础上理解宏观调
　　　　　控法的特征和基本原则
　　掌握：宏观调控法的调整对象、体系和调整方法
　　应用：较为熟练的运用知识保护自己的合法权益
教学要点：宏观调控法的调整对象和特征；宏观调控法的基本原则

第十八章　经济仲裁与民事诉讼

教学内容：
第一节　经济仲裁
　　一、经济仲裁概述
　　二、仲裁协议
　　三、仲裁机构
　　四、仲裁程序及仲裁裁决的撤销、执行
　　五、涉外仲裁的特别规定
第二节　民事诉讼
　　一、民事诉讼及其基本原则
　　二、民事诉讼的基本制度
　　三、民事诉讼的审判管辖

　　四、民事诉讼中当事人的权利与义务

　　五、民事诉讼证据

　　六、财产保全

　　七、民事审判程序

　　八、执行程序

　　九、涉外民事诉讼的特别规定

教学要求：

　　了解：经济仲裁与民事诉讼的区别；仲裁机构的设置和仲裁程序；
　　　　　审判程序、执行程序以及涉外民事诉讼的特别规定

　　掌握：经济仲裁的范围、基本原则、仲裁协议的规定；经济案件的
　　　　　管辖、诉讼时效和举证责任制度以及财产保全

　　应用：较为熟练的运用知识保护自己的合法权益

教学要点：经济仲裁的概念和特征；仲裁协议；民事诉讼的管辖、时效
　　　　　和举证责任

参 考 文 献

　　［1］杨紫烜主编. 经济法 ［M］. 北京：北京大学出版社、高等教育出版社，2006

　　［2］徐杰主编. 经济法概论 ［M］. 北京：首都经济贸易大学出版社，2006

　　［3］田立军主编. 市场经济法律教程 ［M］. 上海：复旦大学出版社，2006

　　［4］李昌麒主编. 经济法学 ［M］. 北京：法律出版社，2007

　　［5］刘俊海著. 现代公司法 ［M］. 北京：法律出版社，2011

　　［6］中国民商法律网站的相关资料. http://www.civillaw.com.cn

　　［7］法大民商经济法律网. http://www.ccelaws.com

　　［8］中国法律信息网. http:www.law-star.com/cac/1105071446.htm

教学课件索取说明

各位教师：

  中国商务出版社为方便采用本教材教学的教师需要，我社免费提供此教材的教学课件（PPT 课件、教学讲义、模拟试卷、参考答案）等。为确保课件等参考资料仅为教学之用，烦请填写如下内容，并寄至北京市东城区安定门外大街东后巷 28 号 7216 室，中国商务出版社组稿编辑部 种清苑收，邮政编码：100710，电话：010-64242964 或传真至：010-64240576；我们收到并核实无误后，通过电子邮件尽快发出。特此。

证　　明

  兹证明_____大学（学院）_____院/系_____年级_____名学生使用书名《　　　　　》、作者：　　　　　的教材，教授此课教师共计_____位，现需课件_____套。

教师姓名：_____　　联系电话：_____

传　　真：_____　　E-mail：_____

通信地址：_____

邮政编码：_____

        院/系主任：_____签字

      （院/系公章_____年____月_____日